本书为 2020 年度教育部哲学社会科学重大委托项目
"中国共产党百年教育史研究"（项目批准号：20JZDW006）研究成果。

朱旭东　施克灿

总主编

中国共产党领导下的

百年教育

第一卷

1921—1949

孙邦华　张铭雨　等著

北京师范大学出版集团
BEIJING NORMAL UNIVERSITY PUBLISHING GROUP
北京师范大学出版社

图书在版编目(CIP)数据

中国共产党领导下的百年教育. 第一卷，1921—1949/朱旭东，施克灿总主编；孙邦华等著. —北京：北京师范大学出版社，2022.9（2024.9重印）

ISBN 978-7-303-28059-9

Ⅰ.①中… Ⅱ.①朱… ②施… ③孙… Ⅲ.①教育史－中国－1921—1949 Ⅳ.①G529.7

中国版本图书馆 CIP 数据核字（2022）第 139258 号

联　系　电　话　010-58807068
北师大出版社教师教育分社微信公众号　京师教师教育

ZHONGGUO GONGCHANDANG LINGDAO XIA DE BAINIAN JIAOYU
DI-YI JUAN 1921—1949

出版发行：北京师范大学出版社　www.bnup.com
　　　　　北京市西城区新街口外大街 12-3 号
　　　　　邮政编码：100088
印　　刷：北京虎彩文化传播有限公司
经　　销：全国新华书店
开　　本：710 mm×1000 mm　1/16
印　　张：144.5
字　　数：1310 千字
版　　次：2022 年 9 月第 1 版
印　　次：2024 年 9 月第 3 次印刷
定　　价：720.00 元（全四卷）

策划编辑：鲍红玉　郭兴举　　　　责任编辑：周　鹏
美术编辑：焦　丽　　　　　　　　装帧设计：王齐云
责任校对：段立超　　　　　　　　责任印制：马　洁

总 序

2021年，中国共产党迎来百年华诞，习近平总书记指出："我们党的一百年，是矢志践行初心使命的一百年，是筚路蓝缕奠基立业的一百年，是创造辉煌开辟未来的一百年。"[①]作为中共党史的重要组成部分，中国共产党领导的教育事业也走过了百年历程。回首百年，我们党始终高度重视教育，推动教育事业取得了巨大成就，走出了一条中国特色社会主义教育发展道路。立足中国共产党百年华诞的重大时刻和"两个一百年"历史交汇的关键节点，全面梳理中国共产党建党百年来在教育理论和实践探索方面付出的努

[①] 习近平：《在党史学习教育动员大会上的讲话》，载《求是》，2021(7)。

力与艰辛，充分反映在中国共产党的领导下我国教育事业取得的辉煌成就，系统总结中国共产党百年教育历程所积累的经验教训，可以为我们党在新时代进一步完善教育体制、加快推进教育现代化、建设教育强国、办好人民满意的教育、培养党的事业接班人提供历史借鉴。

　　教育发展的历史是一个整体，研究教育史通常从教育思想、教育制度与教育实践等角度入手。在中国共产党教育思想史方面，目前学界的研究主要有三类：一是研究中国共产党创建者及领袖如陈独秀、李大钊、毛泽东、邓小平等人的教育思想，二是研究教育行政领导如徐特立、吴玉章、陆定一、蒋南翔、林砺儒等人的教育思想，三是研究马克思主义教育理论的传播及其中国化历程。从中国共产党的教育制度与教育实践层面来说，学界对于中国共产党教育方针的演变、革命根据地的教育实践、中国共产党的干部教育等已有不少研究，有的是从教育体制层面进行的，有的是着眼于某个专题或某个特定历史阶段进行的，都取得了较为丰硕的理论成果，但从整体上进行系统、全面、深入研究的成果比较薄弱。因此，研究中国共产党教育通史，不仅可以系统总结学界的研究成果，进一步拓展中共党史与中国现当代教育史的研究领域，而且有助于我们全面把握党的教育理论，深化对马克思主义教育学的理解与认识，对我们构建有中国特色、时代精神的社会主义教育理论体系提供重要启示。

中国共产党百年教育史的发展与党的发展历史是一致的，大致经历了四个发展时期，即新民主主义革命时期、社会主义革命和建设时期、改革开放和社会主义现代化建设新时期、中国特色社会主义新时代。因此，本书也相应地分为四卷。每一个时期都有其独特的时代特征，每一个时期的教育理念和教育实践都是党对时代的政治、经济、文化综合考量后做出的选择。

《中国共产党领导下的百年教育》第一卷为新民主主义革命时期，研究时段为1921—1949年。这一时期是中国共产党教育思想形成和发展的重要时期，以马克思主义为指导的中国共产党，从建党之初就将建立和发展革命教育事业列为重点工作，重视教育的政治性、阶级性、革命性，将教育为革命战争服务、教育为工农大众服务作为该时期的基本教育主张。在这一时期，中国共产党以马克思主义作为理论基础和指导思想，结合当时的社会条件，有针对性地探索教育理论，开展教育实践。陈独秀、李大钊、毛泽东等早期马克思主义者通过创办学会、报刊和勤工俭学运动等一系列教育活动传播马克思主义，更深入工农当中开展平民教育运动、工农教育运动，奠定了教育为人民服务的基础。苏维埃政权建立后，党开始提出明确的教育方针，在苏区实行完全免费的普及教育，保证了苏区教育的有序开展。抗日战争爆发后，毛泽东明确提出了"民族的、科学的、大众的"新民主主义教育方针，主张党领导的教育是反帝、反封建、为工农劳苦民众服务的教育，这一时期，抗日救国成为党开办各级各类教育的主要目的。抗战胜利后，党对解放区的教会学校等旧学校进行接管和改良，并创办新学校，教育开始逐步走上正规化道路。本卷在厘清中国共产党关于新民主主义教育的理论发展脉络基础上，重点梳理新民主主义教育纲领、教育思想的发生形成过程，突出李大钊、陈独秀、杨贤江、毛泽东、徐特立等老一辈中国共产党人在新民主主义教育思想探索上的贡献，并分析这一时期党领导教育的时代性、民族性、革命性和民主性的特色，探寻当代教育的红色基因。

《中国共产党领导下的百年教育》第二卷为社会主义革命和建设时期，研究时段为 1949—1978 年。这一时期是中国共产党作为执政党领导教育事业吐旧纳新、继往开来的重要历史时期。以毛泽东同志为主要代表的中国共产党人，高度重视教育工作，深刻诠释了教育工作在我国社会主义革命和建设事业中的地位和作用，提出了一系列符合中国国情的教育思想和政策。在党的领导下，中国教育实现了从新民主主义教育向社会主义教育的转变。在社会主义革命和建设时期，党制定并实践"教育为工农服务""教育为生产建设服务"和德智体全面发展的教育方针，在教育各领域全面学习苏联的理论和经验，改造旧教育，创建新教育。注重面向工农，提倡两条腿走路办教育，推行两种教育制度，建构起中国共产党领导下的、与社会主义革命和建设时期经济社会发展相适应的教育体系。本卷重点梳理了新中国成立后教育方针的演变、旧教育的改造、面向工农的新教育制度的建立以及中国共产党领导下各级各类教育的发展，重点分析了全面学习苏联教育经验和独立探索社会主义教育道路的经验和教训，并就这一时期中国共产党教育的基本经验予以总结。这个阶段中国共产党教育的主要成就和基本经验，对于探讨改革开放之后中国特色社会主义教育的基本规律具有深远意义。

《中国共产党领导下的百年教育》第三卷为改革开放和社会主义现代化建设新时期，研究时段为 1978—2012 年。这一时期党领导下的教育事业，一方面完成了教育领域的拨乱反正，落实知识分子政策，恢复高考制度；另一方面开始探索有中国特色的社会主义教育发展道路，确立了教育在社会主义现代化建设中的优先战略地位，把发展教育事业同全面推进中国特色社会主义现代化建设紧密结合。随着改革开放的深化，党的教育思想不断得到丰富和发展，邓小平提出的"教育要面向现代化，面向世界，面向未来"的指导方针为新时期教育领域的改革开放指明了发展方向。围绕"三个面向"，我国相继颁布《中共中央关于教育体制改革的决定》(1985)、《中国教育改革和发展纲要》(1993)、《中华人民共和国教育法》(1995)、《中共中央国务院关于深化教育改革，全面推进素质教育的决定》(1999)等一系列重要文件，直接推动了各项教育事业的改革发展。本卷立足社会主义初级阶段的基本国情，以党领导下的教育发展为主线，梳理了以邓小平同志、江泽民同志、胡锦涛同志为主要代表的中国共产党人对中国特色社会主义教育思想的探索和发展。以党领导下的重大教育改革为重点，分析教育发展的阶段性特征，揭示中国特色社会主义教育的本质和发展规律。

《中国共产党领导下的百年教育》第四卷为中国特色社会主义新时代，研究时段为2012—2021年。党的十八大以来，以习近平同志为核心的党中央，坚持马克思主义指导地位，坚持中国特色社会主义教育发展道路，围绕"培养什么人、怎样培养人、为谁培养人"这一根本性问题，提出了"教育必须为社会主义现代化建设服务、为人民服务，必须与生产劳动和社会实践相结合，培养德智体美劳全面发展的社会主义建设者和接班人"的新时代教育方针，在此思想的指导下，出台了一系列有关教育改革发展的重要政策。这一时期，党始终把教育摆在优先发展的战略位置，深入落实立德树人的根本任务，以人民为中心发展教育，办人民满意的教育。本卷将新时代党的教育思想的丰富发展建立在前90年的发展基础上，以十八大以来中共中央、国务院发布的政策文件以及有关的重大教育变革实践为主线，思想和实践的逻辑相结合，主要研究内容包括新时代中国特色社会主义的教育思想、深化教育改革创新、加快推进教育现代化建设、各级各类教育的发展等，揭示了中国共产党在实践基础上深化和发展对教育事业规律性的认知，形成了系统的新时代中国特色社会主义教育理论体系，丰富和发展了马克思主义教育理论的内容。

本书的编撰，遵循学术逻辑、问题逻辑与历史逻辑相结合原则，采用时段和专题形式来安排分卷章、节、目。具体到各卷，采用教育思想和教育实践"两分法"的写作方式，以专题形式来安排章、节、目，大致包括教育方针与政策、各级各类教育的发展、主要成就和基本经验等内容，而教育为人民服务的指导思想作为主线贯通百年史，做到各卷有分期，分期之间有贯通。

本书的编撰，坚持辩证唯物主义和历史唯物主义相结合，将党领导的百年教育思想和教育实践放置在波澜壮阔的中国历史整体发展脉络中，不是孤立地就教育谈教育。一百年来，中国共产党的教育思想在实践中不断发展。中国早期马克思主义者李大钊等人运用马克思主义理论来思考和分析中国教育问题，诠释了教育的本质、作用及其与政治、经济之间的关系，强调中国教育必须与中国政治、经济实践相结合，主张教育为工农大众服务，这些思考对党早期教育思想的形成起到了重要的理论导向作用，由此奠定了中国共产党领导中国教育发展的理论起点。我们在写作时坚持马克思主义的立场观点方法，坚持全面正确的历史观，反对历史虚无主义。比如对于新中国成立后的两个历史时期，既不以改革开放后的历史时期否定改革开放前的历史时期，也不以改革开放前的历史时期否定改革开放后的历史时期。

本书的编撰，注重梳理马克思主义教育理论与中国革命实践相结合、中华优秀文化教育传统的现代传承的过程，讲好党扎根中国大地办教育的百年故事。中国共产党教育思想体系是一个非常开放、包容性很强的体系，其思想来源不仅有马克思主义教育理论的重要影响，还广泛吸收了中华优秀文化教育传统以及欧美、日本、苏联等适合中国共产党领导百年教育实践的思想理念。在中国共产党百年教育历史长河中，几代共产党人不仅前赴后继将马克思主义教育理论与中国革命实践相结合并不断进行中国化的探索，而且还从中华优秀文化教育传统中吸收营养，扎根中国大地办教育。在百年进程中，党领导的教育事业既取得了辉煌成就，也遭遇过挫折和低谷。我们以实事求是的科学态度，不仅要总结经验，还要直面挫折，讲好真实的、有历史温度的百年教育故事。

本书的编撰，注意党史和国史之间的区别和联系，妥善处理党的教育和党领导的教育、党的历史和党的教育历史、党的教育史和专业教育史等几对关系。本着实事求是的原则，在第一卷新民主主义革命时期，将党史与国史、党的教育史和国家

教育史区别处理；1949 年之后，中国共产党成为执政党，国家
层面的教育思想、重大的教育方针政策和教育领导体制等，都
是中国共产党来决策的，由党员干部执行，包括现在发展到党
对教育的全面领导都是一脉相承的，过去分离反而是一种教训，
所以第二卷至第四卷不再纠结拘泥、刻意处理两者的区别，更
多强调它们之间的联系和基本一致性。

按照上面的写作原则，本书系统梳理了中国共产党成立以
来对中国教育改造、改革、发展的百年历史，厘清中国共产党
领导下的教育百年史发展变化的阶段性；深入总结以毛泽东同
志、邓小平同志、江泽民同志、胡锦涛同志为主要代表的中国
共产党人和以习近平同志为核心的党中央的教育思想，形成中
国共产党基本教育学说。在此基础上，深入分析汲取国外教育
理论与中国教育实践相结合、吸收中华优秀传统文化而形成的
中国特色社会主义的教育理论、教育制度、教育实践，总结中
国共产党百年教育史的伟大成就、中国经验、中国教育模式，
形成的主要结论有以下几个。

第一，中国共产党领导下的百年教育是坚持党全面领导教
育工作的历史。坚持和加强党对教育的全面领导，是党领导我
国教育事业百年发展的基本经验。无论是土地革命时期的苏维
埃文化教育总方针，还是抗日战争时期教育必须与抗战相配合，
抑或是解放战争时期号召动员各级学校及一切社会教育组织要

为解放战争服务，都体现了党对教育工作的全面领导。新中国成立后，中国共产党作为执政党，特别强调要坚持社会主义的办学方向，强调党对教育的领导权。1958 年，中共中央首次将"教育工作必须由党来领导"明确列入社会主义教育方针之中，中国共产党成为中国社会主义事业的领导核心；2018 年，习近平总书记在全国教育大会上专门指出"党的领导是党和国家事业不断发展的'定海神针'"。只有切实加强中国共产党对教育工作的领导，通过正确的教育方针政策的实施，才能始终保证最为广泛的工农群众能充分享有受教育权利的政治基础，才能将制度优势转化为发展教育事业的强大动力，保持教育事业的社会主义发展方向。

第二，中国共产党领导下的百年教育是全面确立马克思主义教育思想指导地位的历史。回顾中国共产党教育思想的百年探索历程，会发现它就是中国共产党人始终坚持以马克思主义为指导思想，结合中国政治、经济、文化传统，不断丰富和发展马克思主义教育思想的过程。以毛泽东同志、邓小平同志、江泽民同志、胡锦涛同志和习近平同志为代表的数代中国共产党人教育思想的探索，丰富和发展了马克思主义教育理论，是马克思主义中国化理论成果的重要组成部分。

第三，中国共产党领导下的百年教育是党探索中国特色社会主义教育发展道路的历史。一百年来，中国共产党在中国革命、建设和改革实践中，根据中国独特的政治、经济传统，不断研究新情况，解决新问题，逐渐形成了中国特色社会主义教育理论体系，构建了中国特色社会主义教育制度体系和德智体美劳全面培养的教育体系，不断探索深化中国特色社会主义教育体制机制改革模式，坚持社会主义办学方向，立足基本国情，遵循教育规律。这百年历程，是党探索中国特色社会主义教育发展道路的历史。坚定不移走中国特色社会主义教育发展道路，为把我国建设成为富强民主文明和谐美丽的社会主义现代化强国提供有力支撑。

第四，中国共产党领导下的百年教育是全面确立以人民为中心的教育历史。中国共产党人的初心和使命就是为中国人民谋幸福，为中华民族谋复兴。人民是历史的创造者，人民立场是我们的根本立场，习近平总书记指出："人民是我们党执政的最大底气，是我们共和国的坚实根基，是我们强党兴国的根本所在。"①坚持教育为人民服务，是党的性质和执政理念在教育工作中的具体体现，中国共产党领导下的百年教育保证了最广大人民受教育的权利和受教育的机会，幼有所育，推进城乡教育一体化的均衡发展，解决人民群众关心、关注和关切的教育问题，办人民满意的教育始终是中国共产党百年来全面领导教育工作的宗旨。以人民为中心的教育巩固和加强了以无产阶级

---

① 《习近平谈治国理政》第三卷，137 页，北京，外文出版社，2020。

为领导、以工农联盟为基础的人民民主专政的国家政权。

第五，中国共产党领导下的百年教育是党推动教育为国家战略服务的历史。一百年来，中国共产党以敢为天下先的气概，着眼党和国家革命和建设事业发展全局，将教育发展定位为国家战略，从"国之大计、党之大计"的高度重视教育、改革教育和发展教育。将教育发展的宗旨和使命，与各个时期党的中心任务紧密结合，坚持教育为工农服务、教育为经济社会发展服务，体现出中国共产党人推进教育改革事业发展的大视野和战略格局。

第六，中国共产党领导下的百年教育是党不断深化教育改革开放的历史。改革开放后，中国以全新的姿态重新走向世界，向一切教育先进国家和民族学习，积极参与和构建全球教育治理，推动共建"一带一路"教育行动，中华文化影响力不断增强。中国教育大步走向世界，植根中国教育传统和实践，摆脱用中国的教育实践套用西方理论的困境，体现中国特色、文化自信和教育自信，融通中外、面向未来，构建高质量教育新体系，推进教育现代化，建设教育强国。

修史问道，以启未来。中国共产党领导中国人民走过的百年历程，是奠基立业的一百年，也是开辟未来的一百年。百年来，在党的领导下，我国各级各类教育事业从无到有，由弱变强，形成了许多宝贵的基本经验。习近平总书记指出："党的历史是最生动、最有说服力的教科书""历史是最好的老师""中国革命历史是最好的营养剂""了解历史才能看得远，理解历史才能走得远".①《中国共产党领导下的百年教育》作为第一部研究中国共产党教育的通史，不仅是为建党百年献礼的重要学术成果，而且更希望本书能够为中国共产党教育工作提供重要经验，为党和国家的教育事业发展提供有效的支撑。

朱旭东　施克灿

2021 年 7 月

---

① 习近平：《在党史学习教育动员大会上的讲话》，载《求是》，2021(7)。

前　言

"教育兴则国家兴，教育强则国家强。"①
教育对一个国家、一个民族的未来起着不可
忽视的重要作用，承担着培养未来接班人的
重要使命。2018 年 9 月 10 日，习近平在全
国教育大会上强调：教育是民族振兴、社会
进步的重要基石，是国之大计、党之大计。
中国共产党人对教育的重视是一脉相承的。
自 1921 年成立以来，中国共产党始终将教
育视作革命、建设和改革工作的重要组成
部分。

中国共产党领导的新民主主义教育书写
了中国近代教育史上崭新的一页。从 1921 年

---

① 习近平：《在北京大学师生座谈会上的讲话》，载《人民日报》，2018-05-03。

到 1949 年，中国共产党在新民主主义教育思想和方针的指导下，培养出了一批又一批优秀的革命战士和高觉悟的普通群众。中国共产党领导的民族的、科学的、大众的新民主主义教育是中国历史上一种全新的教育。中国共产党的教育思想、教育实践具有如下特点。

第一，中国共产党领导的新民主主义教育是以马克思主义为理论基础，以共产主义思想为指导，在具体革命实践中形成的教育。在探索新民主主义教育的过程中，李大钊、毛泽东、陈独秀、杨贤江、恽代英、张闻天、徐特立、成仿吾、吴玉章等一批党的理论家、思想家、教育家对中国的教育问题进行了深入探讨，提炼出了适合中国国情的教育方法和教育思想，为中国新民主主义教育的未来指明了道路。理论与实践是辩证统一的。从土地革命时期到抗日战争时期，再到解放战争时期，中国共产党人创办工人学校、农民学校、列宁小学、民众教育馆，建立干部培训体系，在实践中探索教育之路，让教育理论在教育实践中生根发芽。

第二，中国共产党重视工农教育和群众教育。中国共产党是无产阶级的政党，代表着中国广大工农和其他劳动群众的根本利益。因此，中国共产党所领导的教育是面向大众的教育。在近代教育史上，中国共产党所开展的普通教育的关键特征在于：它是一种无条件面向广大工农的免费义务教育。同时，为了号召更多的民众参与到教育中来，中国共产党人广泛开展"扫盲运动"，办夜校、识字班，组织妇女参与识字，让广大工农群众摆脱了"文盲""半文盲"的身份。

第三，中国共产党重视干部教育。干部群体是中国共产党事业的骨干力量，中国革命的成败很大程度系于干部队伍。对此，毛泽东曾指出"指导伟大的革命，要有伟大的党，要有许多最好的干部"①。要锻造精兵强将，干部教育就是重中之重。中国共产党的干部教育主要通过鼓励干部在职学习和创办干部培训学校、培训班两种方式进行，同时要求干部在革命斗争的具体实践中锻炼自身。

第四，中国共产党的教育是为现实斗争服务的教育。不论是苏区的教育还是根据地、解放区的教育，都将政治教育、思想教育、干部教育放在第一位，注重实践，要求学生关心时事、心系革命。这一时期，中国共产党领导的新民主主义教育始终围绕革命总任务展开，旨在为革命培养后备力量。

第五，中国共产党的教育是与生产劳动相结合的教育。在苏区，中国共产党被白色恐怖包围；在根据地，人民群众时刻面临着日本侵略者的威胁；在解放区，生产力亟待恢复：这段时期中国人民艰难前行。面对极度匮乏的生产资料，中国共产

---

① 毛泽东：《为争取千百万群众进入抗日民族统一战线而斗争》，见《毛泽东选集》第一卷，277 页，北京，人民出版社，1991。

党将教育与生产劳动紧密地联系在一起，各级各类学校都要组织学生进行生产劳动，边干边学，在劳动中学习，在学习中生产。

本卷的研究内容是中国共产党领导的新民主主义革命时期的教育史，研究时段为1921—1949年，考虑到教育历史梳理延展的需要，本卷的部分内容适当追溯至清末和民国初年。

本卷的研究思路如下：第一，将学术逻辑、问题逻辑与历史逻辑相结合，学术逻辑以专题形式来安排章、节、目。本卷采用"两分法"的写作方式，内容包括教育思想与教育实践。教育思想包括教育纲领、教育方针、教育法规及政策，教育实践包括工农教育暨群众教育和干部教育。第二，辩证唯物主义和唯物史观是本书的理论基础，也就是将党的教育思想和教育实践置于中国近现代历史的整体发展脉络当中，不是孤立地就教育谈教育。第三，重视探讨在新民主主义教育的理论发展过程中马克思主义教育家的杰出代表，如李大钊、毛泽东、陈独秀、杨贤江、恽代英、张闻天、徐特立、成仿吾、吴玉章等人的理论贡献。第四，注重梳理马克思主义与中国革命实践相结合并不断中国化的过程和成果，即新民主主义教育纲领、新民主主义教育理论的形成与发展历程、内容和意义。第五，从历史文献入手。基于历史文献和史实，并注意文本和语境之间的关系，不说空话、大话，把历史文献置于具体的历史场景之中，做历史主义的分析，史论结合，论从史出。

本卷共设五章，其结构框架如下：第一章分析中国共产党的教育思想，厘清中国共产党关于新民主主义教育的理论发展脉络，论述留日、留欧、留苏（俄）等中国共产党人对马克思主义教育思想的引进，重点梳理中国共产党新民主主义教育纲领、新民主主义教育思想的形成与发展过程，并突出以毛泽东、李大钊、陈独秀、杨贤江、恽代英、张闻天、徐特立、成仿吾、吴玉章等为代表的老一辈中国共产党人在马克思主义（新民主主义）教育思想探索上的贡献。第二章至第四章以时间为线索，分别论述中国共产党在成立初期，在苏区、抗日根据地及解放区的工农教育和群众教育、干部教育、青少年教育等教育实践活动，剖析中国共产党在学校教育和社会教育方面的目标、内容、方法和成果。第五章对中国共产党在新民主主义革命时期教育的基本经验进行总结。

本卷的研究目的主要有两个：第一，探寻当代中国红色教育"基因"，从中国共产党在新民主主义革命时期领导的教育到中国社会主义革命和社会主义建设时期的教育，无论是教育思想还是教育制度和教育实践，其中有很多东西是一脉相承的。换言之，当代很多教育方面的因素、特质，都要追溯到中国共产党在新民主主义革命时期的教育，在继承中发展，在发展中继承。因此，本卷注重挖掘中国红色教育遗传的"基因"。第二，着力研究、探讨在新民主主义革命时期中国共产党领导的教育的特色：时代性、民族性、革命性、民主性。所谓时代性，是指中国共产党领导的新民主主义教育既吸收了世界现代优秀文化成果，又不断学习马克思主义、俄国十月革命经验，以及代表中国教育现代性、时代性转化的最新成果。所谓民族性，是指中国共产党领导的新民主主义教育是在吸收中华民族优秀文化和优秀教育的思想中形成的，是马克思主义思想、西方现代文明优秀成果与中国民族文化教育相结合的产物。所谓革命性，是指中国共产党从马克思主义理论宝库中找到了阶级斗争、无产阶级专政等法宝，把教育作为一个很重要的革命手段，形成了教育为新民主主义革命服务的理论，并指导了新民主主义教育实践。所谓民主性，是指与传统教育为少数人服务的贵族性的本质相区别，中国共产党从诞生时起，就提出了教育为工农大众服务的思想，并且指导了为工农大众创办的学校教育和社会教育实践活动。从中国共产党成立时的工农教育到中华人民共和国成立以后教育向工农大众开门，再到当下提出的以人民为中心的教育思想，体现了中国共产党领导下的教育民主性一以贯之的本质特点。

回望百年教育历程，新民主主义时期的教育思想和实践是中国共产党百年教育史的第一个历史阶段，为社会主义革命和建设时期的教育既奠定了坚实的基础，也指明了教育改造和教育建设的方向。值中国共产党百年诞辰之际，也是教育发展"十四五"规划开局之时，我们撰写此卷，旨在通过论述中国共产党领导的新民主主义教育历程，总结党的教育理想、教育实践与基本经验。这既有助于我们进一步认识中国共产党在新民主主义时期的教育探索及成就，又能够为中国全面实现教育现代化、迈入教育强国提供历史经验。

本卷的撰写人员为北京师范大学教育学部教育历史与文化研究院的教师和研究生。其中，孙邦华教授负责主持本卷的编写工作，审定书稿，各章具体撰写和修改工作如下：第一章，孙邦华、吴鑫鑫、唐玉秋、王鼎；第二章，张铭雨、刘畅；第三章，张铭雨、张楠；第四章，张铭雨、李飞成；第五章，孙邦华。感谢北京师范大学出版社的策划编辑鲍红玉和责任编辑周鹏为本卷的出版所付出的辛勤劳动。由于个人学识和能力所限，加之时间仓促，书中恐有错漏之处，敬请读者批评指正。

孙邦华

2021 年 5 月

目　录

第一章 | 新民主主义教育思想的形成

1917年俄国十月革命一声炮响，给中国送来了马克思主义，其中也包括马克思主义教育思想。马克思主义和马克思主义教育思想在民国初期以留日、留欧、留俄（苏）学生为主体传入中国，产生了中国早期马克思主义教育思想和思想家。中国共产党成立后，把马克思主义与中国革命实践和中国教育问题相结合，逐渐形成了有鲜明时代性、民族性、革命性、大众性、科学性特色的中国新民主主义教育思想，这是中国共产党百年教育思想宝库中的瑰宝。李大钊、毛泽东、陈独秀、杨贤江、恽代英、徐特立、成仿吾、吴玉章等人为新民主主义教育思想的形成做出了巨大贡献。

一、马克思主义教育思想的传播

(一)留日学生与马克思主义教育思想的传入

甲午战争之后，中国青年纷纷涌入日本留学。清末民国初年，留学日本运动走向高潮。这些学生在日本踊跃成立社团，出版杂志，翻译书籍，向国内传播新思想。在选择日本人翻译的书籍时，学生们也自然而然地接触到了马克思主义理论与教育思想。例如，载于《译书汇编》第 2 期的杨荫杭译的《近世政治史》(有贺长雄著)中的第三章"社会党镇压及社会政策"导言写道："西国学者，悯贫富之不等，而为佣工者，往往受资本家之压制，遂有倡均贫富制恒产之说者，谓之社会主义。社会云者，盖谓统筹全局，非为一人一家计也。中国古世有井田之法，即所谓社会主义。"[①]此为早期留日学生对社会主义学说进行介绍之先河。分别载于《译书汇编》第二年第 11 期和第 12 期的马君武著的《社会主义与进化论比较——附社会党巨子所著书记》《社会主义之鼻祖德麻司摩尔之华严界观》也介绍了西方社会主义学

---

① 《译书汇编》，见吴相湘：《中国史学丛书》初编，161 页，台北，台湾学生书局，1966。

说。值得注意的是，马君武的文末附有马克思、恩格斯的著作
书单——包括《共产党宣言》《哲学的贫困》《政治经济学批判》《资
本论》和《英国工人状况》。

1902 年前后，湖北、湖南、浙江、直隶、江苏等留学大省
陆续成立了以省为单位的同乡会，并纷纷创办报纸杂志。例如，
湖南同乡会的《游学译编》(1902 年创刊)，湖北同乡会的《湖北学
生界》(第 6 期起改名为《汉声》)、直隶同乡会的《直说》、浙江同
乡会的《浙江潮》、江苏同乡会的《江苏》(以上 4 刊均为 1903 年
创刊)，云南同乡会的《云南》(1906 年创刊)、河南同乡会的《河
南》(1907 年创刊)、四川同乡会的《四川》(1907 年创刊)等。除
同乡会出版的留学生杂志以外，梁启超创办的《新民丛报》(1902
年创办)、《新小说》(1902 年创刊)，同盟会的机关报《民报》
(1905 年 11 月创办)以及其前身《二十世纪之支那》(1905 年 6 月
创办)等大批报纸杂志纷纷涌现。[①] 这类报刊的创办宗旨大体都
是为了导入西方思想，广开民智。正是在这段时期，留日学生
直接从日本人删繁就简后的西学中汲取营养，学习效率非常高。
以上这些在日本创办的报刊都或多或少地发表了一些关于马克
思主义经典的节译文，其中关于人名的译法还未统一，有"马克
司""埋蛤司""马儿克""马陆斯"等。内容也大都只是将关于马克

---

① 吴汉全、王中平：《留学生与近代中国社会变迁》，158～160 页，长春，
吉林人民出版社，2012。

思主义思想的文章作为众多新思潮中的一种加以译介，对马克思主义观点未有系统深入的理解，甚至也不乏误读和偏颇之处，但这些零碎的介绍无疑对马克思主义学说及教育思想的传入起了引导作用，并且为此后的系统传播奠定了必要的基础。李大钊、陈独秀、周恩来、李达、陈望道、邵飘萍、许崇清、林砺儒等人在留日期间接受了一些日本学者所介绍的民主主义、马克思主义思想，其中以河上肇的影响最大。河上肇1914 年在德国获得法学博士学位，1915 年成为京都帝国大学法学院教授，1919 年创办私人杂志《社会问题研究》，宣传马克思主义。[1]

　　陈独秀自 1901 年至 1915 年先后五次东渡日本，或留学或短期游历，先后入东京（专门）学校、东京高等师范学校速成科（亦乐书院）、成城学校、正则英语学校、雅典娜法语学院、早稻田大学等预备学校、大学[2]，学习日语、英语、法语等外语，以及普通科、军事、大学专门科。1914 年 7 月，陈独秀应章士钊之邀，前往日本协助编辑《甲寅》杂志。其间，陈独秀以文会友，认识了在该杂志发表文章且正在日本东京留学的李大钊、

---

　　① 中国大百科全书出版社编辑部、中国大百科全书总编辑委员会《经济学》编辑委员会：《中国大百科全书·经济学》，303 页，北京，中国大百科全书出版社，1998。

　　② 沈寂：《陈独秀传论》，87～101 页，合肥，安徽大学出版社，2007。

高一涵、易白沙等人。① 至 1915 年 6 月回国前，陈独秀接触了民主主义、马克思主义学说，接受了民主主义思想，以反对中国传统的独裁专制制度。9 月，陈独秀在上海创办《青年杂志》（自第 2 卷起改名为《新青年》），宣传民主与科学，反对专制和迷信。俄国十月革命发生后，《新青年》成为宣传马克思主义的主要阵地。

1914 年 1 月至 1916 年 5 月，李大钊在东京早稻田大学政治学本科留学。吉野作造、今井嘉幸、河上肇、安部矶雄、加藤弘之、幸德秋水、堺利彦、市村选次郎、大山郁夫、美浓部达吉等老师，或者在课堂上，或者在报刊上发表论文，或者出版著作，大力宣扬民主主义、自由主义、社会主义思想，对李大钊产生了深刻的思想影响。② 李大钊的民主主义、社会主义、马克思主义思想受河上肇、安部矶雄、加藤弘之、堺利彦等人的影响最大。李大钊在留学日本期间及回国后所发表的几篇重要文章《民彝与政治》（1916 年）、《自然的伦理观与孔子》（1917 年）、《我的马克思主义观》（1919 年）、《物质变动与道德变动》（1919 年）、《由经济上解释中国近代思想变动的原因》（1920 年）

---

① 任建树：《陈独秀大传》，78 页，上海，上海人民出版社，2012。
② 杨树升：《留学日本对李大钊的影响》，见中共中央党史研究室科研局：《李大钊研究文集》，114～127 页，北京，中共党史出版社，1991；李权兴、张春伶：《试论日本学者对李大钊早期哲学思想的影响》，见河北省李大钊研究会：《李大钊研究第一辑》，145 页，石家庄，河北人民出版社，1991；吴汉全：《李大钊早期思想体系与中外思想文化》，321～340 页，长春，吉林人民出版社，2014。

等，基本上分别是以吉野作造的《论宪政的本义及其贯彻到底之方法》、加藤弘之的《自然与伦理》、河上肇的《马克思主义的理论体系》、堺利彦的《道德之动物的起源及其历史的变迁》《宗教及哲学之物质基础》等文章为蓝本的[①]，且接受了他们的思想观点。其中，李大钊的马克思主义观受河上肇的影响最大。

1913 年，李达考取湖南留日官费生，带着"实业救国"的理想，准备学习"理工科"。第一年学习成绩优异，但因用功过度，得了肺病，不得不在次年辍学回国。1917 年春，他再次以官费生身份考入日本东京第一高等学校[②]，可以如愿地学习理工科。但是，帝国主义不断加强对中国的侵略，军阀政府完全沦为帝国主义侵略中国的工具，李达感到"如果不找寻新的出路，中国是一定要灭亡了"，于是与其他留日学生罢学归国，组成"留日学生救国团"，发起救国运动。他领导示威请愿运动失败后，开始反思。"要想救国，单靠游行请愿是没有用的；在反动统治下'实业救国'的道路也是一种行不通的幻想。只有由人民起来推翻反动政府，象俄国那样走革命的道路。而要走这条道路，就

① 杨树升：《留学日本对李大钊的影响》，见中共中央党史研究室科研局：《李大钊研究文集》，114～127 页，北京，中共党史出版社，1991；吴汉全：《李大钊早期思想体系与中外思想文化》，321～340 页，长春，吉林人民出版社，2014。

② 宋镜明：《李达传记》，15 页，武汉，湖北人民出版社，1986。

要加紧学习马克思列宁主义的理论，学习俄国人的革命经验。"①他再次回到日本东京后，专事马克思主义的学习，如唯物史观、剩余价值、阶级斗争等学说。在 1920 年夏回国前，李达不仅确立马克思主义信仰，并且在上海《民国日报》副刊《觉悟》发表《什么是社会主义?》《社会主义的目的》，简要介绍科学社会主义，翻译《唯物史观解说》《马克思经济学说》《社会问题总览》三部书稿，寄回国内出版，把自己最新学到的理论知识通过报刊和书籍与国人分享，较为系统地传播哲学、政治经济学、科学社会主义等马克思主义理论。②

1915 年年初至 1919 年 6 月，陈望道留学日本。在东亚预备学校补习一段时间日语后，他相继在早稻田大学法科、东洋大学文科、中央大学法科学习，并到东京物理夜校学习数学、物理等，最终获得中央大学法学学士学位。留学日本 4 年，他除了学习各种专业知识外，"还非常关心当时的政治"③。他在课余时间十分喜欢阅读河上肇、山川均等日本进步学者的文章、著作，通过他们的论著第一次接触到了马克思主义、社会主义新思想，从而逐渐放弃了"实业救国""科学救国"幻想，开始认

① 李达：《沿着革命的道路前进——为纪念党成立四十周年而作》，见《李达文集》编辑组：《李达文集》第四卷，733～734 页，北京，人民出版社，1988。

② 丁晓强、李立志：《李达学术思想评传》，5～6 页，北京，北京图书馆出版社，1999。

③ 邓明以：《陈望道传》，13 页，上海，复旦大学出版社，2005。

识到要解决中国的问题"还必须进行社会革命"，因而同河上肇、山川均等一起，"积极开展十月革命的宣传和马列主义的传播活动，热烈向往十月革命的道路"①。1920 年 4 月，陈望道受陈独秀所托（陈独秀与李大钊正商议创建中国共产党），以日文本为主并参考英文本，将《共产党宣言》全文译为中文，8 月由上海社会主义研究社（又叫"上海马克思主义研究会"）出版。② 这是《共产党宣言》第一个中文全译本在中国面世。这部马克思主义第一篇纲领性文献系统阐述了科学社会主义原理，其中也包含了马克思主义的基本教育观。

著名进步报人邵飘萍曾经两次因避祸而亡命日本（1914 年春至 1915 年年底与 1920 年 2 月至当年秋季③）。第二次赴日本期间，他购买和阅读了大量有关俄国十月革命和马克思主义的书刊。"在这一段时间里，他如饥似渴地从日文译著中学习和研究马克思主义，了解和思考有关十月革命和革命后的苏维埃俄国的问题，使他的思想有了一个很大的飞跃。他的那两部曾经对马克思主义在中国的传播起过重大影响的，介绍科学社会主

---

① 邓明以：《陈望道传》，14～15 页，上海，复旦大学出版社，2005。

② 宁树藩：《陈望道参加创建中国共产党活动追记——从〈关于上海马克思主义研究会的回忆〉谈起》，见陈立民、萧思健：《千秋巨笔 一代宗师——纪念陈望道先生诞辰 120 周年》，103 页，上海，复旦大学出版社，2013。

③ 郭汾阳：《铁肩辣手——邵飘萍传》，42、157 页，杭州，浙江人民出版社，2006；方汉奇：《发现与探索——记祝文秀和她所提供的有关邵飘萍的一些材料》，见《方汉奇文集》，357～369 页，汕头，汕头大学出版社，2003。

义、介绍新俄国、介绍列宁和斯大林的专著《综合研究各国社会思潮》和《新俄国之研究》，就是这一时期在日本完成的。"①这两部专著于 20 世纪 20 年代在国内出版，其中包含了苏俄新教育制度和马克思主义教育理论。此后，他又在"复活"后的《京报》上发表他本人和李大钊、瞿秋白等人介绍苏俄建设成就和教育制度的文章②，宣传马克思主义教育理论和制度。

李大钊、陈独秀、李达、陈望道等人在清末民初留学日本期间接受了马克思主义学说，回国后不仅成为中国共产党的创建者，而且是中国第一代马克思主义理论的宣传家、翻译家。他们或者通过报刊等出版物，或者在大学（北京大学、北京高等师范学校、北京女子高等师范学校等）讲台上宣传马克思主义理论。第一代马克思主义理论宣传家侧重于从经济基础与上层建筑的关系，从整体上、本质上论述教育与政治、经济、文化的关系。文化、教育作为社会的"表层构造"决定于"基础构造"的物质和经济，并且受政治制度、意识形态的制约，教育只具有相对的独立性，同时，教育又是"社会进步的重要工具"。在中国社会，主张人人受教育权平等，提倡平民主义教育、普及教

---

① 郭汾阳：《铁肩辣手——邵飘萍传》，162 页，杭州，浙江人民出版社，2006。

② 方汉奇：《邵飘萍是共产党员》，426～427 页，见《报史与报人》，北京，新华出版社，1991。

育、男女共同教育，教育与生产劳动相结合。①

1927 年 10 月，杨贤江根据中共的指示东渡日本，1929 年 5 月，返回上海。旅居日本的 20 个月里，他参考日本学者的有关教育学论著，潜心从事教育问题的研究和翻译，发表与出版近百万字的教育论文、译文和著作。② 其中，最重要的成果是《教育史 ABC》和《新教育大纲》两部书稿，前者在日本成稿，后者于回国后当年 12 月成稿，分别于 1929 年和 1930 年出版。《教育史 ABC》是现代中国最早一部运用马克思主义的历史唯物主义观点和方法研究人类教育史的著作，《新教育大纲》是现代中国第一本运用马克思主义观点阐明教育基本理论的著作，代表了中国早期马克思主义教育理论的较高水平。

（二）勤工俭学运动与马克思主义教育思想的传入

留欧勤工俭学运动以留法勤工俭学运动为主。中国赴法留学活动兴起于清末的洋务运动时期，作为一场大规模留法勤工俭学运动始于民国初年，五四运动以后，一批具有共产主义思想的先进分子组织和参与留法勤工俭学运动，使得这场留学运动的性质和内容发生了变化。

---

① 周谷平：《马克思主义教育思想的中国化历程——选择·融合·发展》，29～33 页，杭州，浙江大学出版社，2008。
② 潘懋元、宋恩荣、喻立森等：《马克思主义教育理论家杨贤江》，128～130 页，北京，光明日报出版社，2005。

这场留法勤工俭学运动的发起者带着"科学救国""教育救国"理想，希望中国青年到欧洲学成先进的科学知识和文化后报效祖国，以达到中国富强的目的。"诸先生所以有此教育运动者，实欲将欧洲近世文明之'科学真理''人道主义'二大要素输入本国。"①据统计，截至 1923 年 1 月，在法国中学与高等学校就读的留法勤工俭学生分别是 255 人、225 人，在法国高校学习的专业有法科、政治学、文科、教育学、医学、理工、药学、商科、美术等，其中有 43 人后来在法国获得博士学位。② 这些勤工俭学生学成回国后，成为中国教育、科学、文化、经济等领域发展的杰出人才。但是，留法勤工俭学运动对中国现代历史所产生的最深远的影响则是一批勤工俭学生在此期间接受了马克思主义，并成为中国共产党早期领导人。

在俄国十月革命和中国五四爱国运动的影响下，一大批青年知识分子是抱着学习新思想、寻求救国救民真理和探索改造中国的革命道路的目的，而远赴法国勤工俭学的。勤工俭学生中的先进分子通过亲身参加劳动，与法国工人接触，积极参加革命斗争，学习和比较欧洲各种思潮、学说，逐渐确立了马克思主义信仰。

---

① 华法教育会：《旅欧教育运动》，载《新青年》，1917，3(3)。
② 霍益萍：《20 年代勤工俭学学生在法受教育实况》，载《近代史研究》，1996(1)。

　　蔡和森于 1920 年 1 月底以勤工俭学生名义抵法，在南部蒙达尼镇安顿后，经过 4 个月的刻苦攻读，法文学习进步很快。他通过阅读法文报纸和书籍，获得了不少欧洲各国工人运动情况和俄国十月革命的知识，很快就利用书店里丰富的书籍，"猛看猛译"各种马克思主义小册子，研究世界革命运动的大势，对各种"主义"进行"综合审缔"。1920 年 5 月至 9 月，蔡和森在写给国内的毛泽东的书信中明确提出阶级战争——无产阶级专政是"现世革命唯一制胜的方法"，即主张马克思主义和俄式革命，明确主张中国需要组织"共产党"，作为"革命运动的发动者、宣传者、先锋队、作战部"[①]；"唯物史观"是"无产阶级的思想"，是"吾党哲学的根据"；他鲜明地提出以"创造共产主义的社会"为目的，"无产阶级专政乃是一个唯一无二的方法"。[②] 1921 年 1 月 21 日，毛泽东回信表示，对于蔡和森信中所提观点"没有一个字不赞成"[③]。蔡和森不仅在法国通过自学确立了马克思主义信仰，而且及时地通过书信将自己的最新思想传播给国内毛泽东等人，对毛泽东等人接受马克思主义思想产生了重要的影响。1921 年 10 月 18 日，蔡和森与李立三、陈毅等 104 名勤工俭学

　　① 蔡和森：《蔡林彬给毛泽东：社会主义讨论主张无产阶级专政》，见《蔡和森文集》上册，23～24 页，长沙，湖南人民出版社，1979。

　　② 蔡和森：《蔡林彬给毛泽东：共产党之重要讨论》，见《蔡和森文集》上册，27～35 页，长沙，湖南人民出版社，1979。

　　③ 《毛泽东给蔡和森》，见中国革命博物馆、湖南省博物馆：《新民学会资料》，163 页，北京，人民出版社，1980。

生被法国当局以"从事布尔什维克活动"和过激党的罪名，强行遣送回国。① 蔡和森回国后立即担负起了宣传马克思主义、反帝反封建的重任。

周恩来于 1920 年 12 月抵达法国港口城市马赛。在接下来的三年半时间里，他在法国、英国、比利时、德国之间来回奔波②，考察欧洲工人运动和研究各种不同的思潮（如基尔特社会主义、无政府主义、马克思主义等）。经过几个月的反复学习和

① 1921 年 10 月，里昂中法大学建成，当时留法勤工俭学生正面临失工、失学的困境，因而把争取里昂中法大学开放给勤工俭学生作为解决求生存和求学的重要办法之一。9 月 12 日，里昂中法大学发布法文通告，称该校为"高级教育机关"，旨在培养高级人才，言下之意，勤工俭学生达不到该校入学标准。17 日，各地留法勤工俭学生齐聚巴黎，商议后提出以开放里昂中法大学作为勤工俭学生问题的根本解决方法。20 日，各地勤工俭学生联合委员会发出勤工俭学生行动起来向里昂中法大学进军的号召。25 日，里昂中法大学首任校长、勤工俭学运动发起人之一吴稚晖拒绝了关于该校向勤工俭学生无条件开放的要求，进驻该校的百余名学生被警察逐出校外，并被囚禁于附近兵营达 28 天。蔡和森、李立三、赵世炎、陈毅等人在这场斗争中担负了组织角色，并且是进驻里昂中法大学的先锋队成员。蔡和森、李立三、陈毅等 104 人被遣送回国，赵世炎则逃离了兵营，留在法国继续从事革命活动。蔡和森回国后，于 1921 年 11 月经陈独秀等人的介绍，在上海加入中国共产党。

② 周恩来抵法后，于 1921 年 1 月转到英国，准备入英国的大学就读三四年，然后再往美国读书一年。他申请了爱丁堡大学，爱丁堡大学同意免去他的入学考试，只需考试英文。但因考试期是在 9 月，开学在 10 月，需要等待几个月，英国的生活费用在欧洲最高，于是，他又回到法国，补习法语。他注意进行社会调查，经常给天津《益世报》撰写文章和翻译一些稿子，有稿费收入，加上南开学校的创始人严修也按期给他寄钱，因此，周恩来在留法期间并没有进过工厂勤工俭学，而把时间用在考察欧洲社会与工人运动状况和研究马克思主义上。这是他与其他留法勤工俭学生的不同之处。参见金冲及、中共中央文献研究室：《周恩来传（一）》，61～62 页，北京，中央文献出版社，2011。

深入思索，特别是阅读了英文版《共产党宣言》《社会主义从空想到科学的发展》《家庭、私有制和国家的起源》《法兰西内战》《国家与革命》等马克思主义经典著作后，他最终确立了共产主义信仰①，郑重宣布："我们当信共产主义的原理和阶级革命与无产阶级专政两大原则，而实行的手段则当因时制宜！"②1921年春，周恩来经张申府、刘清扬的介绍而加入中国共产党（巴黎共产主义小组），于1922年6月与赵世炎、李维汉等人组织旅法、德、比的先进分子成立"旅欧中国少年共产党"。1923年2月，该组织加入中国社会主义青年团，改称"旅欧中国共产主义青年团"，周恩来担任书记。1922年8月1日，他创办机关刊物《少年》月刊（1924年2月改为《赤光》半月刊），对团员进行共产主义教育。周恩来不仅带领李富春、邓希贤（邓小平）进行编辑、印刷、发行，并且亲自撰写了《共产主义与中国——从经济现状上立论》《十月革命》《革命救国论》《军阀统治下的中国》等数十篇文章宣传马克思主义以及反帝反军阀的革命思想，批驳无政府主义、国家主义派。经过周恩来、赵世炎、邓小平等人的努力，旅欧中国共产主义青年团在组织上不断发展。据统计，至1924年6

---

① 中共中央文献研究室：《周恩来年谱（一八九八—一九四九）》修订本，52页，北京，中央文献出版社，1998。

② 周恩来：《西欧的"赤"况》，见中共中央文献研究室、南开大学：《周恩来早期文集》下卷，451页，北京，中央文献出版社，天津，南开大学出版社，1998。

月下旬，已有 10 个支部、211 个团员①，中国共产党党员人数也随之发展。1922 年冬，在旅欧中共党员已达 10 余人的条件下，中共旅欧支部正式建立，里昂中法大学教师张申府担任支部书记。在赴法、德、比勤工俭学运动期间确立马克思主义信仰及正式加入中国共产党的勤工俭学生中，周恩来、邓小平、赵世炎、蔡和森、朱德、陈毅、王若飞、李富春、聂荣臻、李维汉等人，随后发展成中国共产党暨中国革命与建设的第一代卓越领导人。

周恩来、蔡和森等人通过《少年》《赤光》《益世报》《先驱》《向导》《晨报》《新青年》等刊物和翻译出版物、书信，以及成立党团组织等方式宣传马克思主义学说，其中也包含了初步的马克思主义教育思想。最基本的思想有：首先，他们认识到教育、科学的不足，因而抛弃了赴法时所抱的"教育救国""科学救国""实业救国"的旧思想，"资本家久握教育权，大鼓吹其资本主义"，"教育的方法是不行的"②，在国际帝国主义侵略和国内军阀的统治下，唯有走俄国革命的救国之路，走共产主义之路。周恩来指出："共产主义之为物，在今日世界上已成为无产阶级全体

---

① 鲜于浩：《留法勤工俭学运动史》，235 页，北京，人民出版社，2016。

② 《毛泽东给萧旭东蔡林彬并在诸法会友（1920 年 12 月 1 日）》，见中国革命博物馆、湖南省博物馆：《新民学会资料》，148 页，北京，人民出版社，1980。

的救时良方。"①蔡和森认为"社会主义真为改造现世界对症之方"②。其次，辩证地理解教育与社会经济、政治的关系。马克思和恩格斯的《共产党宣言》、列宁的《共青团的任务》等经典著作精辟地分析了教育与政治、经济的辩证关系，教育作为上层建筑的一部分，依赖于经济基础，教育一方面随着社会生产力与生产关系的矛盾运动而向前发展，另一方面又对社会的发展有反作用，在阶级社会里，教育具有阶级性、社会性。留法勤工俭学中的先进分子通过学习马克思主义理论，接受和领会了这一思想。1922 年，周恩来在《共产主义与中国——从经济现状上立论》一文中初步分析了教育与生产力、经济基础的关系与教育的性质。他在文章中开宗明义地提出"从经济现状上立论"，显然是把包括教育在内的上层建筑置于经济基础之下。他进一步指出："欲期未来社会造出自由发展的人群，自不能不先使现今的人类脱去物质上的桎梏；欲期今日世界的经济乱象、阶级对抗情势、文化颓机不再长久下去，自不能不先使现今的人类全无产化了，好绝灭这个最大的乱源。"只有采用革命这一彻底的改造良方，实现无产阶级专政，变革生产关系，解决"乱源"，

---

① 伍豪（周恩来）：《共产主义与中国——从经济现状上立论》，见中共中央文献研究室、南开大学：《周恩来早期文集》下卷，457 页，北京，中央文献出版社，天津，南开大学出版社，1998。

② 蔡和森：《蔡林彬给毛泽东：社会主义讨论主张无产阶级专政》，见《蔡和森文集》上册，23 页，长沙，湖南人民出版社，1979。

"脱去物质上的梏械"，才能解决中国教育发展的"桎梏"。① 蔡和森坚信马克思的唯物史观是无产阶级的思想，他认识并宣传了教育的历史性、阶级性，把教育置于经济、政治等因素所构成的整体之中，认为只有通过中国社会的根本改造才能解决中国的教育问题。再次，周恩来、蔡和森等人通过实地观察、阅读书刊和组织社团等方式，徐特立、邓小平、王若飞、陈毅等人通过半工半读的实践，树立了教育与生产劳动、知识分子与工农相结合的新观念。留法勤工俭学运动的参加者大都来自贫苦家庭，以青年学生为主体，只有极少数人是中小学校的校长或教师、政府官员。徐特立放弃中等师范学校校长之尊，脱下长衫，赴法进入化工厂做一名工人，并且认为：勤工俭学生"如此坚忍作工，实为吾国造平等自由之幸福"，这种"勤工俭学之精神"大可"击破"读书人不劳动与苦力不读书这一传统的"流弊"。② 当时有人总结留法勤工俭学运动的特别之处就在于：这些青年学生，"一旦脱去长衫，亲自下马，进工厂、农场去作工，我们相信这真是极可纪念的事实"③。徐特立认为半工半读

---

　　① 伍豪（周恩来）：《共产主义与中国——从经济现状上立论》，见中共中央文献研究室、南开大学：《周恩来早期文集》下卷，457～461 页，北京，中央文献出版社，天津，南开大学出版社，1998。

　　② 徐特立：《法化学厂之中国苦学生》，见清华大学中共党史教研组：《赴法勤工俭学运动史料》第二册（上），201 页，北京，北京出版社，1980。

　　③ 子晖：《留法俭学勤工两年来之经过及现状》，见清华大学中共党史教研组：《赴法勤工俭学运动史料》第一册，84 页，北京，北京出版社，1979。

的勤工俭学，"知识技能兼到，言之即能行之"，与中国传统教育"重知识而轻技能"相对应。① 王若飞认为通过勤工俭学活动，学校教育"当求活学活智，不可注重文凭，专读死书"②。徐特立、王若飞、邓小平、陈毅等人半工半读，在劳动实践中，通过与来自中国的勤工俭学生和法国工人等比较多的接触之后，对工农劳动者有了感性认识，对法国社会的工人生活有了较多了解，从而对资本主义的本质有了深刻理解。如陈毅所说，由此，"我才知欧洲资本界，是罪恶的渊薮"，"觉社会革命是极合道理的事"。③ 毛泽东当时积极组织湖南青年去法国工厂做工的一个重要动机，就是认为勤工俭学活动既有学习新技术、新思想的机会，又能与穷苦的工人在一起生活，同工人建立起深厚的感情，"这样的人才能真正了解劳苦大众的问题，担当起改造国家社会的艰巨工作。这是青年学生的好出路，也是培养和提高新民学会会员的好途径"④。实践证明，毛泽东的这一目的完全达到了。

① 徐特立：《徐懋恂由巴黎致湘学界书》，见清华大学中共党史教研组：《赴法勤工俭学运动史料》第二册（上），192页，北京，北京出版社，1980。

② 王若飞：《圣夏门勤工日记》，见清华大学中共党史教研组：《赴法勤工俭学运动史料》第二册（上），238页，北京，北京出版社，1980。

③ 陈毅：《我两年来旅法勤工俭学的实感》，见清华大学中共党史教研组：《赴法勤工俭学运动史料》第三册，50页，北京，北京出版社，1981。

④ 周世钊：《湘江的怒吼——"五四"前后毛泽东同志在湖南的革命活动》，见《青年运动回忆录——五四运动专集》第二集，34页，北京，中国青年出版社，1979。

(三)苏俄马克思主义教育思想的传入

在俄国十月革命和五四运动等政治因素的影响下，国内掀起了研究和学习苏俄革命经验和马克思主义的新思潮，一些进步青年产生了赴苏俄留学的强烈愿望。从20世纪20年代开始，在苏联的积极帮助之下，中国共产党派遣大批人员赴苏学习，苏联也专门创建了莫斯科东方大学、莫斯科中山大学等政治、军事院校，进行苏联革命经验、马克思列宁主义教育。

20世纪20年代，苏俄设立莫斯科东方大学、莫斯科中山大学、莫斯科国际列宁学院、伏龙芝军事学院。学校除了设置外语(俄语、英语)课程外，最重要的课程是思想政治课，其次是军事课。例如，莫斯科东方大学开设的思想政治课程有：联共(布)党史、国际共产主义运动史、中国革命运动史、东方革命运动史、西方革命运动史、社会发展史、马克思主义哲学、政治经济学、列宁主义、经济地理等。[①] 莫斯科中山大学的课程除外语课外，还有马克思主义哲学、政治经济学、历史、列宁主义教程、地理、军事等课程，它们也都是以思想政治教育为主要目的的。历史课包括社会发展史、俄国革命史、中国革命

---

① 郝世昌、李亚晨：《留苏教育史稿》，123页，哈尔滨，黑龙江教育出版社，2001。

史、西方革命史和东方革命史等。① 莫斯科中山大学进行思想政治教育的主课——联共（布）党史、政治经济学和列宁主义教程的学期课时量分别为 146 课时、106 课时、104 课时，无疑成为留苏学生学习的主要内容。② 列宁格勒托尔马乔夫军事政治学院以培训团以上单位的政治委员为宗旨，所以教学内容和课程仍然偏重于政治教育，社会科学课程占 40%，政工课程占 20%，军事课程占 40%。其中，社会科学课程主要有政治经济学、哲学、马恩列斯经典著作、列宁主义教程、联共（布）党史等。③ 总之，马克思主义的唯物辩证法、历史唯物主义、政治经济学、无产阶级革命和专政的理论、俄国革命经验等成为这些教育机构灌输的核心思想。这 1000 多名留学苏俄的人回国投身中国革命和建设运动，把马克思主义带到中国，对中国产生了深刻而长久的影响。中国共产党无论是在革命时期创办的上海大学，还是在革命根据地创办的各类干部学校，都把思想政治教育放在首位。中华人民共和国成立后，各级各类学校，尤其是高等学校，始终重视思想政治课程建设，这些都是直接借

---

① 孙耀文：《风雨五载——莫斯科中山大学始末》，71～72 页，北京，中央编译出版社，1996；郝世昌、李亚晨：《留苏教育史稿》，143～144 页，哈尔滨，黑龙江教育出版社，2001。

② 张泽宇：《留学与革命——20 世纪 20 年代留学苏联热潮研究》，149 页，北京，人民出版社，2009。

③ 张泽宇：《留学与革命——20 世纪 20 年代留学苏联热潮研究》，141 页，北京，人民出版社，2009。

鉴苏联教育的明证。莫斯科东方大学和莫斯科中山大学为解决苏联教员与中国留学生之间的语言沟通问题，曾经组织英语和俄语较好的学生把苏联教员的讲义和理论著作翻译成中文，印制出来，以应教学之需。后来，又在学校设立"中国工人出版社"，铅印出版《共产党宣言》《资本论（第一卷）》《反杜林论》《家庭、私有制和国家的起源》《国家与革命》《卡尔·马克思》《中国的革命》《中国的战争》《马克思主义的三个来源和三个组成部分》《列宁论东方革命》《列宁论苏维埃》等马列主义理论著作、共产国际和联共（布）中央的纲领性文件的中文版。① 张闻天、吴亮平、李敬永、钱亦石、秦邦宪、徐冰、何思敬、沈志远、蒋光慈、罗觉、王一飞等学员，或者自己或者托人把这些译本带回中国出版发行，或者回国后继续翻译马列主义经典著作，如《反杜林论》《费尔巴哈与德国古典哲学的终结》《法兰西内战》《共产党宣言》《辩证唯物主义和历史唯物主义》等。赵世炎、瞿秋白等人撰写马克思主义理论和中国革命的文章，在《新青年》《觉悟》《向导》《东方杂志》《民国日报》上发表②，既推动了马克思主义在中国的传播，也为马克思主义教育理论中国化奠定了必要的

---

① 郝世昌、李亚晨：《留苏教育史稿》，125 页，哈尔滨，黑龙江教育出版社，2001；张泽宇：《留学与革命——20 世纪 20 年代留学苏联热潮研究》，133 页，北京，人民出版社，2009。

② 张泽宇：《留学与革命——20 世纪 20 年代留学苏联热潮研究》，405～408 页，北京，人民出版社，2009。

基础。

钱亦石（原名城，字介磐）于 1928 年与徐特立、董必武、吴玉章、叶剑英等人被选派到莫斯科中山大学特别班（又叫"老头子班"）学习。[①] 在学习期间，他对恩格斯的《德国农民战争》非常感兴趣，于 1930 年暑期译成中文，随后在国内出版。1932 年经中共党组织联系，他在上海法政学院和暨南大学执教，主讲现代教育原理、中国政治史等课程。1933 年左右，他写成《现代教育原理》讲义，1934 年由中华书局出版。钱亦石用他在苏联留学时所学到的辩证唯物主义、历史唯物主义、阶级斗争等马克思主义原理阐述教育学的一些基本问题，主要分析了教育的本质与目的、教育原理的理论基础（生物学基础、社会学基础、哲学基础）、教育的三种形态（政治教育、生产教育、文化教育）、教育的社会作用（效能）四个方面的问题。钱亦石批判了当时流行的"教育神圣说""教育清高说""教育中正说""教育独立说"等种种错误教育观，认为教育"固然说不上有决定的效能，但是确有相当的效能"。"要使教育上一点一滴的效能有助于人类的发展，……至少必须与那些为谋人类发展的运动取得联络，以同一步骤，从必然的世界向自由的世界走"。教育本质就是一种工具，"在某种社会条件之下，是帮助

---

① 余子侠、刘振宇、张纯：《中俄（苏）教育交流的演变》，104～105 页，济南，山东教育出版社，2010。

人类经营社会生活的一种工具"，在半殖民地半封建社会，中国的教育目的只能是"养成为民族独立与民主政治而奋斗的公民"。教育作为上层建筑之一，既受社会经济的决定，也受政治制度的决定，教育与政治息息相关。[①] 钱亦石的《现代教育原理》是继杨贤江的《新教育大纲》之后又一部马克思主义教育学著作，后者是通过日本学习和借鉴苏联学者的马克思主义教育理论，钱亦石则是直接从苏联学习和借鉴马克思主义理论和马克思主义教育理论。20 世纪 20—30 年代留学苏俄运动成为马克思主义学说和马克思主义教育理论传入中国的重要渠道。

二、新民主主义教育纲领的提出

（一）面向工农大众的教育思想

1. 中国共产党的成立

外国资本主义（帝国主义）与中国封建专制统治者相勾结，中国一步步成为半殖民地半封建社会。1901 年，《辛丑条约》签订，清政府献媚地表示"量中华之物力，结与国之欢心"，彻底

---

① 钱亦石：《现代教育原理》，74、74、16、20 页，福州，福建教育出版社，2006。

成为帝国主义侵略中国的工具，中国已完全成为半殖民地半封建社会。孙中山、邹容、黄兴等革命党人强调中国要想达到"扫除数千年种种之专制政体，脱去数千年种种之奴隶性质"之"伟大绝伦之"目的，"不可不革命"，中国要想"独立"，"与世界列强并雄"，"不可不革命"。① 孙中山联合反清革命团体，于1905年成立中国同盟会，提出"驱除鞑虏，恢复中华，创立民国，平均地权"②的三民主义政纲。1911年发生的武昌起义，引发各省的纷纷响应。1912年元旦，中华民国临时政府在南京成立，孙中山就任临时大总统。随后清政府倒台，2000多年的君主专制制度灭亡了。但是，在帝国主义的扶植下，革命胜利果实被北洋军阀的首领袁世凯篡夺。袁世凯复辟帝制失败并暴毙后，北洋政府内部分化，各派军阀、官僚、政客之间矛盾重重，加上日本、英美等列强为了维持其在华利益，各自扶植某一派军阀作为代理人，形成了军阀割据与连年混战的局面。"民国"只存一个空招牌，名实不符。"无量金钱无量血，可怜购得假共和。"③资产阶级领导的旧民主主义革命以失败而告终，不过，

---

① 邹容：《革命军》，1页，上海，民智书局，1928。

② 孙中山：《东京军事训练班誓词》，见广东省社会科学院历史研究室、中国社会科学院近代史研究所中华民国研究室、中山大学历史系孙中山研究室：《孙中山全集》第一卷，224页，北京，中华书局，1981。

③ 蔡济民：《书愤》，见襄阳县政协文史资料研究委员会：《辛亥革命襄阳人物简介：纪念辛亥革命七十五周年专辑》第一辑，111页，襄阳县政协文史资料研究委员会自刊，1986。

它毕竟结束了中国漫长的君主专制统治，民主制度和民主观念从此深入人心。历史呼唤一个新阶级、新的政治力量担负领导中国反帝反封建的民主革命重任。

1917年11月7日（俄历10月25日），列宁领导的俄国布尔什维克发动武装起义，推翻了资产阶级临时政府，并建立了苏维埃政权。十月革命鼓舞了世界殖民地、半殖民地国家的民族解放运动，以李大钊、陈独秀为代表的先进分子从俄国十月革命中找到了中国革命的新理论——马克思主义。

五四运动期间，工人阶级以巨大的声势参与其中，并发挥了主力军作用，标志着工人阶级作为一支独立的政治力量开始登上中国历史舞台。以李大钊、邓中夏为代表的先进知识分子在这场运动中认识到了工人阶级的巨大作用和力量，开始主动到工人中去，开展平民教育，宣传马克思主义，走与中国工人运动相结合的道路。

自1920年8月至1921年7月，上海、北京、武汉、长沙、广州、济南以及旅日、旅法的先进分子纷纷创立共产党的早期组织，并有组织、有计划地进行马克思主义的学习和宣传，同各种反马克思主义思潮进行论战，积极开展工人运动，进一步促进了马克思主义与中国工人运动的结合。正式创立中国工人阶级的先锋队组织——中国共产党——的条件已经基本具备。

1921 年 7 月 23 日晚，中国共产党第一次全国代表大会在上海法租界望志路 106 号（今兴业路 76 号）李汉俊的兄长李书城住宅开幕，国内各地的党组织和旅日的党组织共派出李达、李汉俊、董必武、陈潭秋、毛泽东、何叔衡、王尽美、邓恩铭、张国焘、刘仁静、陈公博、周佛海、包惠僧 13 人，代表 50 多名党员。党的一大通过的纲领，确定党的名称为"中国共产党"。党纲规定：革命军队必须与无产阶级一起推翻资本家阶级的政权；承认无产阶级专政；消灭资本家私有制。[①] 这表明中国共产党从建党开始就把实现社会主义、共产主义作为奋斗目标，从此中国新民主主义革命有了坚强的领导力量。

2. 面向工农教育思想的形成

中国 2000 多年的封建社会非常重视教育，建立了官学、私学、书院三种形式的学校教育，培养了无数人才，创立了察举制度、科举制度等当时非常先进的选士制度。但是，中国封建社会接受学校教育的人主要限于地主阶级的子弟，下层民众几乎没有接受学校教育的机会与权利，广大妇女基本上被排除在学校大门之外。清末民初以来，中国学习和借鉴西方近代教育

---

① 《中国共产党第一个纲领（俄文译稿）》，见中国社会科学院现代史研究室、中国革命博物馆党史研究室：《"一大"前后——中国共产党第一次代表大会前后资料选编（一）》，6 页，北京，人民出版社，1980。

制度，陆续颁布和实施了癸卯学制、壬子癸丑学制，但是能够接受新式学校教育的人极少，新教育的光辉依旧无法照射到广大农民阶级和新兴工人阶级的身上。中国共产党的阶级基础是工人阶级与农民阶级，代表的是工农大众利益和要求，为工农大众谋求幸福。中国共产党早期领导工人运动的领袖罗亦农曾经指出："现在共产党的革命主要的力量是无产阶级，帮助的力量是农民，引起其他的阶级革命分子。所以，中国共产党应组织工农，预备革命的基础。"①

　　1921 年 7 月，中国共产党一大通过的《中国共产党的第一个决议》对领导工人运动和宣传教育做了具体规定，指出，"党在工会里要灌输阶级斗争的精神"，"工人学校应逐渐变成工人政党的中心机关，否则无需存在，可加以解散或改组。学校的基本方针是提高工人的觉悟，使他们觉得有成立工会的必要"。②8 月 11 日，党在上海成立中国劳动组合书记部，作为领导工人运动的总机关，"为劳动者说话"。③

---

　　①　罗亦农：《应组织工农，预备革命的基础》，见《罗亦农文集》，4～5 页，北京，人民出版社，1999。

　　②　《中国共产党的第一个决议（俄文译稿）》，见中国社会科学院现代史研究室、中国革命博物馆党史研究室：《"一大"前后——中国共产党第一次代表大会前后资料选编（一）》，12～13 页，北京，人民出版社，1980。

　　③　《中国劳动组合书记部宣言》，见中国社会科学院现代史研究室、中国革命博物馆党史研究室：《"一大"前后——中国共产党第一次代表大会前后资料选编（一）》，19 页，北京，人民出版社，1980。

1922 年 5 月，在广州召开的第一次全国劳动大会讨论了对工人阶级进行社会主义教育的问题。1922 年 8 月，《中国劳动组合书记部拟定的劳动法案大纲》要求"国家须以法律保证男女工人有受补习教育的机会"①。当年 10 月，中国共产党又利用全国教育会联合会在山东济南召开第八届年会的机会，向大会提出《实行劳动教育建议案》。该建议案阐述了对劳动工人的教育的重要性和注意事项。当时中国大多数劳动者无受教育的机会，"一国之中，既有大多数不得受教育之同胞，则所讨论者不足言普及，亦直不足以称教育矣"。建议凡劳动工人在 50 人以上的工厂，应该专设补习学校；不及 50 人者，也需要与最近工厂联合设立。应该缩短工作时间，每天受教育时间最少在 2 小时之上。② 1925 年 5 月，在广州召开的第二次全国劳动大会讨论通过了《工人教育决议案》，阐述了工人教育的目的、内容、方法和重点等内容。工人教育的目的是"促进工人阶级觉悟"。

1922 年 7 月，党的二大召开，《中国共产党第二次全国代表大会宣言》指出，中国共产党领导的民主革命正是为了"工人和

① 《中国劳动组合书记部拟定的劳动法案大纲》，见中共中央文献研究室、中央档案馆：《建党以来重要文献选编（一九二一——一九四九）》第一册，177 页，北京，中央文献出版社，2011。

② 《实行劳动教育建议案》，见中共山东省委党史研究室、常连霆：《中共山东编年史》第一卷，54～55 页，济南，山东人民出版社，2015。

贫民的目前利益"。会议提出的具体奋斗目标不仅包括工人和农民的政治权利，而且提出了实现工农的教育权和男女平等的教育目标。"废除一切束缚女子的法律，女子在政治上、经济上、社会上、教育上一律享受平等权利"；"改良教育制度，实行教育普及"。① 党的二大上发布的一系列决议案蕴含了党"面向工农大众办教育"的思想。《关于"工会运动与共产党"的议决案》指出："工会自身一定要是一个很好的学校，他应当花许多时候努力去教育工会会员，用工会运动的实际经验做课程，为的是要发展工人们的阶级自觉。""工会是所有工人的组合（不管政治见解怎样），工人们在工会里，去接受'怎样用社会主义和共产主义精神去奋斗'的教育，与共产党向同一目的进行，但是较缓的全阶级的组合。"② 工会是贯彻教育面向工农大众的重要手段，必须有正确的教育纲领。《关于共产党的组织章程决议案》提出，"党的一切运动都必须深入到广大的群众里面去"，"我们既然不是讲学的知识者，也不是空想的革命家，我们便不必到大学校到研究会到图书馆去，我们既然是为无产群众奋斗的政党，我

① 《中国共产党第二次全国代表大会宣言》，见中共中央文献研究室、中央档案馆：《建党以来重要文献选编（一九二一—一九四九）》第一册，133～134 页，北京，中央文献出版社，2011。

② 《关于"工会运动与共产党"的议决案》，见中共中央文献研究室、中央档案馆：《建党以来重要文献选编（一九二一—一九四九）》第一册，153～154 页，北京，中央文献出版社，2011。

们便要'到群众中去'要组成一个大的'群众党'"。① 这些文件表明中国共产党坚持"从群众中来，到群众中去"，在这一政治纲领之下，教育纲领也必须面向工农大众。

彭湃、毛泽东等共产党人在国共合作的大革命时期，在调查分析农民的状况的基础上着重开展农民革命运动，其中也包括农民教育的思想。彭湃以广东海丰为个案，对当地农民的文化教育状况做了具体而深入的分析。

"海丰虽有中学师范高等小学国民小学之设，但只限于城市的地主们或富商的儿孙们才得到教育的机会。至于农民呢？只有负担有钱佬的儿孙们的教育经费。全县教育经费之收入大约百分之八十是抽诸农民，而农民倒不知教育是甚么东西！全县的农民能自己写自己的名字者不到百分之二十，其他百分之八十连自己的名字都不会写的。"②

中国共产党领导的湖南农民运动在不断高涨时，于1926年召开的湖南省第一次农民代表大会通过了《农民教育决议案》，对湖南省农民教育状况做了十分详尽的分析。城乡的教育经费直接或间接都由农民负担，农民却不能接受教育。

---

① 《关于共产党的组织章程决议案》，见中共中央文献研究室、中央档案馆：《建党以来重要文献选编（一九二一——一九四九）》第一册，162页，北京，中央文献出版社，2011。

② 彭湃：《海丰农民运动》，见《第一次国内革命战争时期的农民运动资料》，143～144页，北京，人民出版社，1983。

"农民负担了一切的教育经费，而农民所受的教育怎么样呢？专门学校、大学校，完全为城乡特殊阶级所专有的，当然找不出一个农民子弟的影子；中等学校至少要中小地主的子弟才够得上有入学的资格；进得高等小学起的人，也多属有余钱剩米的富农子弟；就是国民小学校的学生，也是少数比较有饭吃人家的子弟。多数贫苦农民是完全没有份的。总结一句：出教育经费的，是贫苦的农民，受教育的则大多数是贫苦农民以外的特殊阶级。据近来教育统计，全国受教育的不过百分之三，没有受教育的，竟至百分之九十七。这就是表明中国百分之九十七的贫苦人民，供给百分之三的特殊分子的教育经费。不但贫苦农民不能得到一点教育机会，反造成少数特殊阶级，这些特殊阶级，利用其优越的知识，来愚弄压迫贫苦人民，而且时常笑骂贫苦人民，指为'无知愚民'，这是何等样不平的事呵！"①

毛泽东也曾经在《湖南农民运动考察报告》中指出："中国历来只是地主有文化，农民没有文化。可是地主的文化是由农民造成的，因为造成地主文化的东西，不是别的，正是从农民身上掠取的血汗。中国有百分之九十未受文化教育的人民，这个

———————————

① 《农村教育决议案》，见《第一次国内革命战争时期的农民运动资料》，427～428 页，北京，人民出版社，1983。

里面，最大多数是农民。"①

中共早期党员沈定一领导的浙江萧山县衙前农民协会农民运动发表宣言，痛斥中国农民以自己辛勤的劳动养活了中国的大多数人却没有接受教育的机会这一不合理的社会制度。"农民出了养活全中国人最大多数的气力，所有一切政费，兵费、教育费，以及社会上种种正当和不正当的消费，十有八九靠农民底血汗作源泉，而这许多血汗所换来的，只是贫贱，困顿，呆笨，苦痛。积了许多人的贫贱，困顿，呆笨，苦痛，才造成田主地主做官经商聪明的威福。我们农民，从小没有受教育的机会，长大时做了田主地主不用负担维持生存条件的牛马奴隶，老来收不回自己从来所努力的一米半谷来维持生活。"②

正是在这样的背景下，中国共产党既以工农为新民主主义革命的动力，在组织发动工农运动的过程中，形成了面向工农教育的思想。

3. 面向工农教育的内容

1925 年 5 月，第二次全国劳动大会通过了《工人教育的决议案》，阐述了工人教育的内容。首先，文件阐明了工人教育的原

---

① 毛泽东：《湖南农民运动考察报告》，见《毛泽东选集》第一卷，39 页，北京，人民出版社，1991。

② 《衙前（在浙江省萧山县）农民协会宣言》，见中共浙江省委党史资料征集研究委员会、中共萧山县委党史资料征集研究委员会：《衙前农民运动》，23 页，北京，中共党史资料出版社，1987。

则包括"促进阶级觉悟"和"训练斗争能力"。文件提出，不仅应注意工人日常生活的需要，如识字、常识等，但更重要的还在于"要用这些日常生活知识材料说明其原因结果，引用他们生活困苦之根源及现社会之罪恶，以唤醒其阶级觉悟"，"促进阶级觉悟的教育"是我们工人教育的生命。要着重"在行动中去教育工人"，把劳资冲突和工人受迫害的事，当作提高工人觉悟的良好机会。即在这些事件中去做教育宣传工作，以"激发他们阶级斗争的勇气，训练他们作战的能力"。其次，指明工人教育的实施办法。文件指出，补习学校、工人子弟学校、工人阅书报社、化装演讲、公开讲演、游艺会等都是进行工人教育的办法，不论工会在秘密时期还是公开时期，都应设法进行。其中，应当以工人补习学校教育为重点，通过它来教育成年工人和青年工人，以培养"目前斗争上唯一的战士"。工人子弟学校教育也要陆续举办，以培养"有力的后备军"。①

乡村现有的教育，私塾与学校同时存在，要么不适应日益变化了的现代社会，要么不合乎农民的需要。

"私塾是旧式农村经济的产物，到现在还拿着四书五经做教本，宣传封建思想，这是极大的缺点，但私塾能投合农民的要求，课余教些杂字杂文，私塾教师亦能为农民书写应用文字，

———————————

① 《工人教育的决议案》，见中华全国总工会中国工人运动史研究室：《中国工会历次代表大会文献》第一卷，30～31页，北京，工人出版社，1984。

这些都合农村的需要，故现在的私塾，尚能得农民拥护。学校的好处，在于向封建思想完全笼罩的农村中间，灌输进步思想。……旧学校教材的内容，半是说些城市中间的东西，太不合农村的需要，同时学校教师态度亦多与农民隔绝，所以农民对于学校，大多是怀疑的。以前乡村教育之又一缺点，只有儿童教育，没有成人教育；只有男人教育，没有女人教育。其结果使目前实际生产社会中坚的大多数人物，陷于知识缺乏的状态，影响到革命之完成，国家之建设，实在大极了。"[1]

广东海丰地区新式学校教育同样不适合农民的需要，"农民怕新学如怕老虎，谈起新学就变色。何以呢？一、教育局系官厅性质，教育局下一训令到乡村去，农民先要敬奉局丁的茶钱，如教育局所限期间，该乡不办起来，就拿学董。二、教育局完全不会指导农民办教育。三、农民无钱，教员又贵。四、学生学费也昂。五、农民子弟多劳动，以生活为紧，无暇去享受教育。有这几个原因，迫他办教育，就把他弄怕了"[2]。湖南省的新式学堂（"洋学堂"）的情况也是这样，毛泽东曾经指出："'洋学堂'，农民是一向看不惯的。……乡村小学校的教材，完全说些城里的东西，不合农村的需要。小学教师对待农民的态度又

① 《农村教育决议案》，见《第一次国内革命战争时期的农民运动资料》，428页，北京，人民出版社，1983。
② 彭湃：《海丰农民运动》，见《第一次国内革命战争时期的农民运动资料》，159页，北京，人民出版社，1983。

非常之不好，不但不是农民的帮助者，反而变成了农民所讨厌的人。"①

　　中国共产党主张对工农实行普遍的义务教育和免除学费的运动。"在私有财产制之下，普遍一般无产者的子女，都被排除于教育之外，所以我们在教育运动上最要努力的就是要为他们争得普遍的义务教育。""我们为代表贫穷学生的利益计，应为他们努力作免除学费的运动，常常与资本家的教育机关争斗。"②中国共产党在领导农民运动时进一步明确提出了普及乡村义务教育的主张。1926 年中共广东区委扩大会通过的《农民运动议决案》提出教育方面的最低限度的政纲为："（一）普及乡村义务教育。（二）以地方公款十分之五以上办乡村义务学校。"③中共湖南区第六次代表大会发表的宣言提出农民最低限度的教育要求是："一、普及义务教育免收学杂费；二、由县政府拨款办理农民补习教育。"④

　　中国共产党人认识到在半殖民地半封建社会里依靠军阀政

① 毛泽东：《湖南农民运动考察报告》，见《毛泽东选集》第一卷，39～40页，北京，人民出版社，1991。
② 《关于教育运动的议决案》，见中共中央文献研究室、中央档案馆：《建党以来重要文献选编（一九二一——一九四九）》第一册，83 页，北京，中央文献出版社，2011。
③ 《农民运动议决案》，见《第一次国内革命战争时期的农民运动资料》，346 页，北京，人民出版社，1983。
④ 《农民的最低限度之政治经济要求》，见《第一次国内革命战争时期的农民运动资料》，395 页，北京，人民出版社，1983。

府不可能实现农民普及义务教育的目的，只有农民自己行动起来开展政治和经济斗争，然后自己举办教育，才能实现农民教育普及的目的，这种教育才能真正合于农民自己的需要。"农民教育普及，全靠农民自己起来，有了自己的团结，从特殊阶级达到减租减息及废除苛捐之目的，然后农民才能有余力自己举办教育。……必须由农民自己举办教育，然后这种教育才是真正合于农民所需要的。否则如一般人天天所说普及教育，始终只是一句废话。"①针对乡村农民在现有制度下没有接受教育的机会，中共湖南省委领导的湖南农民协会决定举办适合农民自己的教育。中国共产党成立以后，就把工农教育作为一项重要的革命工作来抓，不仅对工农民众进行识字教育，而且宣传反帝反封建的民主革命思想，并把普及义务教育作为教育发展的目标。

主张男女教育平等，为女子争教育权。女子没有与男子平等的受教育权，是因为女子在经济地位上完全没有立脚地，"所以女子的教育权利，几乎全被剥夺"，"所以我们务必努力为这样最大多数未受教育的女青年奋斗，以求达到男女教育在同一的水平上面"。②

---

① 《农村教育决议案》，见《第一次国内革命战争时期的农民运动资料》，428页，北京，人民出版社，1983。
② 《关于教育运动的议决案》，见中共中央文献研究室、中央档案馆：《建党以来重要文献选编（一九二一——一九四九）》第一册，83页，北京，中央文献出版社，2011。

不过，当时中国共产党人非常清楚在现存制度下很难真正实现工农普及教育、男女教育平等的目的，因此，必须改良教育制度，并且教育制度的改造非与政治革命、经济革命、文化教育等民主革命一起进行不可。"工人要想得到充分的知识，得到许多受教育的机会"，"只有工人夺取政权后，才能办到"①，"教育问题非社会革命不能解决"。②

中国共产党从成立之时起到国共合作的大革命时期，以李大钊、邓中夏、毛泽东、彭湃为代表的共产党人在领导工人运动、农民运动的过程中，把发动工农运动与对工农的教育有机结合起来。对工农教育，不仅有文化知识的补习，而且特别重视进行反帝反封建思想、无产阶级专政等马克思主义革命理论的宣传教育，形成了带有鲜明政治特色的工农教育思想。

4. 面向工农教育思想的意义

面向工农教育是中国共产党一贯坚持的教育理念，并随着革命形势的变化不断更新，具有深远的历史意义。

首先，面向工农教育有利于提高工农大众的文化知识水平，并且从思想上让民众树立革命斗争意识。各地涌现的农民运动

① 毛礼锐、沈灌群：《中国教育通史》第五卷，132页，济南，山东教育出版社，1995。

② 《关于教育运动的议决案》，见中共中央文献研究室、中央档案馆：《建党以来重要文献选编（一九二一——一九四九）》第一册，83～84页，北京，中央文献出版社，2011。

是贯彻工农大众教育的重要手段，并取得了突出的成绩，"农民运动发展的结果，农民的文化程度迅速地提高了"①。1925 年 5 月，中国社会主义青年团第一次全国代表大会发表《关于教育运动的议决案》，其中指出："工人愈无知识，资本家便愈容易加以掠夺和压迫。我们务必将这样可怕的情形，唤起青年工人为争得教育权利而奋斗，并努力从事于识字教育和阶级争斗的教育运动，普遍的启发一般青年工人的阶级和争斗能力。至于乡村青年农人的知识状态，比较城市青年工人更为落后，所以更容易成为城市资本家廉价收买和容易驯服的劳动后备队。"因此，对于广大工人和农民必须努力进行"特殊的教育运动"，即通过教育，让工农大众"知道这样少数人专利的社会，非革命不可"，"非完全实现共产主义的社会不能解决"。②

其次，面向工农教育有利于夯实党的群众基础，以培养革命队伍的后备军。在民族危机空前严重的时刻，每一个中国人都应该负起救亡图存的使命，但工农大众处于文明闭塞之中久矣，没有革命斗争的意识。因此，共产党人必须通过教育启发民众的斗争意识。杨贤江在《新教育大纲》中指出："教育在革命

---

① 毛泽东：《湖南农民运动考察报告》，见《毛泽东选集》第一卷，40 页，北京，人民出版社，1991。

② 《关于教育运动的议决案》，见中共中央文献研究室、中央档案馆：《建党以来重要文献选编（一九二一——一九四九）》第一册，82～83 页，北京，中央文献出版社，2011。

进程上自有它的地位，就是可以作为革命的武器之一。"①在艰苦的革命之中，中国共产党人通过教育活动，既密切了与工农的关系，与工农大众打成一片，又用革命思想唤醒了工农大众，从而使工农大众成为革命队伍的后备军。

再次，面向工农教育有利于培养革命知识分子和党团干部，以增强革命力量。"没有知识分子的参加，革命的胜利是不可能的。"②面向工农大众办教育最重要的意义在于：一方面革命知识分子到工农中去，在革命实践中锻炼自己，充分认识工农大众的巨大的力量和作用，提高自身的马克思主义的水平和领导能力；另一方面通过开办干部学校，在各地培养一批来自工农群体的党团干部的革命知识分子，进一步增强革命力量。

最后，面向工农教育有利于进一步促进马克思主义在中国工农大众中的传播。五四运动之后，马克思主义能通过知识分子传播到广大的工农之中，教育发挥了重要的作用。例如，开办工人夜校、劳动补习学校、工人子弟学校、工人俱乐部、阅报处和图书馆等，或者开设国语、算术、常识、习字、政治等课程，不仅进行文字知识、科学常识、生活常识的教育，而且灌输马克思主义浅显理论和革命道理。

---

① 杨贤江：《新教育大纲》，见《杨贤江全集》第三卷，331 页，郑州，河南教育出版社，1995。

② 毛泽东：《大量吸收知识分子》，见《毛泽东选集》第二卷，618 页，北京，人民出版社，1991。

面向工农大众办教育是新民主主义教育纲领的重要组成部分，是马克思主义与中国实际相结合的先进经验，是党的先进教育思想，为后来革命根据地的教育提供了借鉴，是新民主主义教育思想的萌芽。

(二)改良教育制度的思想

1. 改良教育制度思想的提出

1921 年 7 月，中共一大会议通过了《中国共产党纲领》和《关于当前实际工作的决议》。会议所提出的中国共产党的纲领和奋斗目标，代表着中国社会发展的正确方向，对中国革命和教育变革产生了深远影响。以马克思主义为思想指导的中国共产党诞生不久就提出了改良教育制度的主张，并且把改良教育制度纳入反帝反封建的民主革命纲领之中。

1922 年 1 月 15 日，中国共产党领导下的青年运动机关刊物《先驱》创刊号《发刊词》中明确提出了我们的理想社会是"共产主义的社会"。1922 年 5 月，在广州召开的中国社会主义青年团第一次全国代表大会上通过的《中国社会主义青年团纲领》提出，在政治上"铲除武人政治和国际资本帝国主义的压迫"[①]，从而打出了反对帝国主义和封建军阀的革命旗帜。该纲领提出的教

---

① 《中国社会主义青年团纲领》，见中国新民主主义青年团中央委员会办公厅：《中国青年运动历史资料》第一册，129 页，北京，中国青年出版社，1957。

育方针表达了为贫苦青年接受初步的学校教育而改良教育制度
的思想，"社会主义的青年运动应改革学校制度，使一般贫苦青
年得受初步的科学教育，并极力运动建设普遍的义务教育和学
生参加一切学务管理。取消宗教关系、地方关系及一切不平等
的待遇"①。本次会议还通过了青年团教育工作的行动纲领《关
于教育运动的议决案》，反映了中国共产党在新民主主义革命时
期关于教育问题的基本思想，为之后中国共产党在二大上制定
教育纲领奠定了基础。

　　1922 年 7 月 16 日至 23 日，中国共产党在上海举行的第二
次全国代表大会通过《中国共产党第二次全国代表大会宣言》，
正式提出了关于渐次达到共产主义社会的最高纲领和推翻国际
帝国主义压迫、建立真正的民主共和国的最低纲领。② 大会宣
言初步阐明了党在现阶段关于中国革命的性质、对象、动力、
前途等思想。党的二大把反对帝国主义和封建主义的民主革命
任务与将来进行社会主义革命要实现的长远目标结合起来，这

---

　　① 《中国社会主义青年团纲领》，见中国新民主主义青年团中央委员会办公
厅：《中国青年运动历史资料》第一册，130 页，北京，中国青年出版社，1957。
　　② 《中国共产党第二次全国代表大会宣言》提出在目前的历史条件下，党的
奋斗目标是：消除内乱，打倒军阀，建设国内和平；推翻国际帝国主义的压迫，
达到中华民族完全独立；统一中国为真正的民主共和国。这就是党在现阶段反帝
反封建的民主革命纲领，也就是党的最低纲领。该宣言又提出：党的最终奋斗目
标是要"组织无产阶级，用阶级斗争的手段，建立劳农专政的政治，铲除私有财产
制度，渐次达到一个共产主义的社会"，这就是党的最高纲领。

是中国共产党人对中国国情和中国革命问题认识的一次深化，是党把马克思主义基本原理同中国革命实际相结合的一个重要成果。①

《中国共产党第二次全国代表大会宣言》在"制定关于工人和农人以及妇女的法律"这一具体目标中，不仅提出了在教育上男女平等，而且第一次在党的宣言中明确主张改良教育以实现教育普及："废除一切束缚女子的法律，女子在政治上、经济上、社会上、教育上一律享受平等权利"，"改良教育制度，实行教育普及"。② 这个教育纲领是中国共产党关于新民主主义革命纲领的重要组成部分，与青年团一大通过的《关于教育运动的议决案》相互配合，议决案可以看成是它的行动纲领和具体说明。由于这个教育纲领体现了党的奋斗目标，是作为反对帝国主义和封建主义的斗争武器，立足于为工农大众和广大妇女争取教育平等的权利，因此，与当时其他政治和教育派别或团体的教育主张相比，具有本质区别。它为中国共产党关于面向工农大众的教育思想的形成和党所领导的工农革命教育实践奠定了必要的思想基础。

---

① 中共中央党史研究室：《中国共产党历史》第一卷上册，80页，北京，中共党史出版社，2011。

② 《中国共产党第二次全国代表大会宣言》，见中共中央文献研究室、中央档案馆：《建党以来重要文献选编（一九二一——一九四九）》第一册，134页，北京，中央文献出版社，2011。

2. 改良教育制度思想的内容

中国共产党改良教育制度思想的内容首先反映在 1922 年 5 月中国社会主义青年团第一次全国大会上通过的《关于教育运动的议决案》和 1922 年 7 月颁布的《中国共产党第二次全国代表大会宣言》两个文件中。

1922 年 5 月，中国社会主义青年团第一次全国大会上通过的《中国社会主义青年团纲领》在教育改良方面提出了以下三点要求。

第一，关于社会教育。应当在青年所在地组织俱乐部、学校、讲演会，并发行通俗的日报、月报、小册子，以发展青年的知识和社会觉悟；对于青年农民亦应特别注意；应使年长失学的青年受普通教育。

第二，关于政治教育。应当对大多数青年无产阶级宣传社会主义，特别讲述中国政治情形、其他种种情形，以启发并养成青年无产阶级的政治觉悟及批评力。

第三，关于学校教育。应当开展改革学校制度的运动，使一般贫苦青年接受初步的科学教育，并努力建设普遍的义务教育，让学生参加一切学务管理。取消宗教关系、地方关系及一切不平等的待遇。①

---

① 《中国社会主义青年团纲领》，见中共中央文献研究室、中央档案馆：《建党以来重要文献选编（一九二一——一九四九）》第一册，75 页，北京，中央文献出版社，2011。

此次会上通过的《关于教育运动的议决案》具体阐述了当时教育需要开展的六种运动："青年工人和农人特殊教育的运动""普遍的义务教育和免除学费的运动""男女教育平等运动""学生参加校务运动""非基督教学生在基督教学校内的平等待遇运动""统一国语和推行注音字母的运动"。①

改良教育制度是中国共产党这一时期在教育问题上的重要革命主张，尤其是乡村教育极端落后和不平等，因而把改良乡村教育作为重点。在国共合作背景下，国民党的农民部部长、秘书分别由中共党员、杰出的农民运动领导者林伯渠、彭湃担任。在此情况下，国民党有关农民运动决议案中写入了"改良乡村教育"②，并且提出"厉行农村义务教育，及补习教育""利用地方公款，兴办各种农民补习学校""尽力宣传，使农民自动的筹办各种学校"。③

3. 改良教育制度思想的意义

中国共产党改良教育制度思想是中国共产党新民主主义教育思想的重要组成部分，为新民主主义革命时期中国共产党教

① 《关于教育运动的议决案》，见中共中央文献研究室、中央档案馆：《建党以来重要文献选编（一九二一——一九四九）》第一册，82～84页，北京，中央文献出版社，2011。

② 《本党联席会议对农民问题决议案》，见《第一次国内革命战争时期的农民运动资料》，43页，北京，人民出版社，1983。

③ 《中国国民党第二次全国代表大会农民运动决议案》，见《第一次国内革命战争时期的农民运动资料》，34页，北京，人民出版社，1983。

育纲领、方针的提出和发展奠定了重要的基础。

中国共产党关于改良教育制度的思想推动了国共合作时期的革命教育纲领的制定。1924 年，在共产国际和中国共产党的帮助下，国民党第一次全国代表大会在广州召开。大会通过的《中国国民党第一次全国代表大会宣言》提出了国共合作有关教育方面的主张："于法律上、经济上、教育上、社会上确认男女平等之原则，助女权之发展"，"励行教育普及以全力发展儿童本位之教育。整理学制系统，增高教育经费，并保障其独立"①，在一定程度上反映了中国共产党在教育制度改良上的思想。1926 年 2 月，广东国民政府设立教育行政委员会。担任教育行政委员兼广东教育厅厅长的许崇清，拟定了一个《教育方针草案》。该草案提出了十四条具体纲领："一、教育行政组织的改良及统一。二、义务教育的励行及其教育费的国库补助。三、中等学校的扩张及其设备教学训练的改善。四、产业教育组织的建设。五、乡村教育的改造。六、民众教育事业的扩张。七、贫困儿童就学的补助。八、优良教师的养成。九、大学教育内容的充实。十、军事训练的实施。十一、宗教与教育的分离。十二、外国人经营学校的取缔。十三、革除偏重书本的陋

---

① 顾明远、刘复兴：《从新民主主义教育到社会主义教育（1921—2012）》，42 页，北京，教育科学出版社，2015。

习，励行学校的社会化。十四、打破学科课程的一元主义。"①
上述纲领计划由于时间短促和北伐战争的爆发而未能实现，但
从中可以看到国共合作时期中国共产党致力于推动改良教育制
度的思想。

　　改良教育制度思想是以工农大众为本。中国共产党主张通
过党领导下的工农运动推动民主革命，实现普及教育、男女教
育平等，以彻底达到教育改良的目的，同时对工人、农民进行
文化知识的补习和革命思想的教育活动，来推动民主革命的进
程。由此可见，主张改良教育制度，以推动工农教育运动与民
主革命运动，二者在本质上是一致的。随后苏区时期的新民主
主义文化教育总方针和教育政策、抗战时期的新民主主义教育
方针，则是对中国共产党早期的改良教育制度和工农教育思想
的继承和发展。

（三）早期马克思主义者的教育思想

1. 李大钊的教育思想

（1）论教育的本质

　　李大钊在留学日本期间系统而深入地学习、研究了各种社
会主义思想，接受了马克思主义学说。俄国十月革命成功的消

---

　　① 许崇清：《教育方针草案》，见《许崇清教育论文集》，100 页，广州，中
山大学学报编辑部，1981。

息传入中国后，他发表了《法俄革命之比较观》《庶民的胜利》《我的马克思主义观》《物质变动与道德变动》《由经济上解释中国近代思想变动的原因》等重要文章阐述马克思主义思想。在近代中国，李大利是最早运用马克思主义的辩证唯物主义和历史唯物主义观论述教育的本质问题的思想家。他用唯物史观论述了教育与政治、经济的辩证关系。

　　教育作为上层建筑之一，一方面决定于社会的经济基础。他称社会的精神构造（上层建筑）为"表面构造"或"表层构造"，由"基础构造"——社会的经济基础——所决定，"一切社会上政治的、法制的、伦理的、哲学的，简单说，凡是精神上的构造，都是随着经济的构造变化而变化"①。"物质既常有变动，精神的构造也就随着变动。所以思想、主义、哲学、宗教、道德、法制等等不能限制经济变化、物质变化，而物质和经济可以决定思想、主义、哲学、宗教、道德、法制等等。"②道德作为精神层面只能适应物质社会的要求，随着物质的变动而变动，"就道德与物质的关系论，只有适应，断无背驰"。"道德既是社会的本能，那就适应生活的变动，随着社会的需要，因时因地而

---

① 李大钊：《我的马克思主义观》，见中国李大钊研究会：《李大钊全集》第三卷，27页，北京，人民出版社，2006。
② 李大钊：《物质变动与道德变动》，见中国李大钊研究会：《李大钊全集》第三卷，105页，北京，人民出版社，2006。

变动，一代圣贤的经训格言，断断不是万世不变的法则"。① 另一方面，上层建筑对经济基础又有一定的反作用。"在经济构造上建立的一切表面构造，如法律等，不是绝对的不能加些影响于各个的经济现象，但是他们都是随着经济全进路的大势走的，都是辅助着经济内部变化的"，"不改造人类精神，单等改造经济组织，也怕不能成功。我们主张物心两面的改造，灵肉一致的改造"。②

李大钊从社会与政治互为因果的关系出发，认为教育与政治的关系也十分密切，教育与政治同属于上层建筑，决定于经济基础，教育又受经济基础的制约。他批评当时社会上种种脱离政治谈教育的错误观念："须知政治不好，提倡教育是空谈的。"③要想改革教育在内的社会，必须从政治入手，"欲改良社会，非靠政治的力量不可，因为政治的力量，可以改革一切的社会问题"。对于无产阶级来说，通过革命的手段夺取政权，"盖因有政权，改革社会才有力量"④。

---

① 李大钊：《物质变动与道德变动》，见中国李大钊研究会：《李大钊全集》第三卷，112、116 页，北京，人民出版社，2006。

② 李大钊：《我的马克思主义观》，见中国李大钊研究会：《李大钊全集》第三卷，34、35 页，北京，人民出版社，2006。

③ 李大钊：《在上海社会主义青年团"国际少年日纪念会"上的演讲》，见中国李大钊研究会：《李大钊全集》第四卷，92 页，北京，人民出版社，2006。

④ 李大钊：《社会问题与政治——在北京中国大学哲学读书会上的演讲》，见中国李大钊研究会：《李大钊全集》第四卷，112～113 页，北京，人民出版社，2006。

教育在阶级社会里具有阶级性。在封建专制社会，统治者总是利用思想学说维护自己的利益，孔子的道德思想"确足为专制君主所利用资以为护符"，孔子也变成了"保护君主政治之偶像"。① 在资本主义社会，资本家不仅剥削劳工的劳动成果，而且"暴虐"地"夺去劳工社会精神上修养的工夫"，② 即受教育权。资产阶级的平民政治之下，教育仍然是有钱阶级的教育，工农及其子女没有受教育权；真正的平民主义或民主主义的精神包括政治、经济、教育、文学上的平等，"要求一个人人均等的机会，去应一般人知识的要求"③，"无论他是什么种族、什么属性、什么阶级、什么地域，都能在政治上、社会上、经济上、教育上得一个均等的机会，去发展他们的个性，享有他们的权利"，且男女在政治上、社会上、经济上、教育上、法律上享有同等的权利。④

（2）论青年教育

李大钊作为中国最早的马克思主义者，是革命青年的导师

---

① 李大钊：《自然的伦理观与孔子》，见中国李大钊研究会：《李大钊全集》第一卷，247 页，北京，人民出版社，2006。

② 李大钊：《劳动教育问题》，见中国李大钊研究会：《李大钊全集》第二卷，291 页，北京，人民出版社，2006。

③ 李大钊：《劳动教育问题》，见中国李大钊研究会：《李大钊全集》第二卷，292 页，北京，人民出版社，2006。

④ 李大钊：《战后之妇人问题》，见中国李大钊研究会：《李大钊全集》第二卷，294 页，北京，人民出版社，2006。

和益友，在教育实践和革命活动中不仅在行动上关心、帮助邓中夏、许德珩等一代青年的成长，而且发表了多篇文章，从关系国家前途命运的高度来论述教育问题。

李大钊教导青年用马克思主义思想武装自己，树立革命的人生观。青年一代是民族的希望，关系国家的未来。"国家不可一日无青年，青年不可一日无觉醒，青春中华之克创造与否，当于青年之觉醒与否卜之"，"青年者，国家之魂"。因此，有志青年应当不畏艰难，积极投身于社会改造之中，为民族振兴、国家富强而勇于奋斗、创造。"青年之字典，无'困难'之字，青年之口头，无'障碍'之语"，"一切之新创造，新机运，乃吾青年独有之特权"①，并且"以青春之我"，创建"青春之国家""青春之民族""青春之人类"，为"世界进文明""人类造幸福"。② 青年要肩负起这一重任，就必须自己加强修养，树立坚强的精神、意志、气节，并且希望青年"于读书之余去研究马克思的学说"③。

李大钊希望青年与工农相结合。在五四运动前夕，李大钊就号召青年知识分子到工厂中去，到农村中去，与工农相结合，

---

① 李大钊：《〈晨钟〉之使命——青春中华之创造》，见中国李大钊研究会：《李大钊全集》第一卷，166～170页，北京，人民出版社，2006。

② 李大钊：《青春》，见中国李大钊研究会：《李大钊全集》第一卷，192页，北京，人民出版社，2006。

③ 李大钊：《马克思的经济学说——在北京大学马克思学说研究会上的演讲》，见中国李大钊研究会：《李大钊全集》第四卷，42页，北京，人民出版社，2006。

与劳工阶级打成一片。"要想把现代的新文明，从根底输入到社会里面，非把知识阶级与劳工阶级打成一气不可。我甚望我们中国的青年，认清这个道理"①。一方面，这是中国唤醒、解放工农大众以达到改造中国社会的需要，"去开发他们，使他们知道要求解放、陈说苦痛、脱去愚暗"，"只要知识阶级加入了劳工团体，那劳工团体就有了光明；只要青年多多的还了农村，那农村的生活就有改进的希望；只要农村生活有了改进的效果，那社会组织就有进步了"。② 另一方面，这也是青年脱去自身的旧观念、旧思想而成长为革命知识分子的正确方向和目的。

李大钊作为中国第一个马克思主义者，最早运用马克思主义的唯物辩证法和历史唯物主义观点论述教育本质、青年教育等问题，既有深刻的理论性，又有强烈的现实性（解决中国前途命运和社会改造）。李大钊的教育思想既是他的马克思主义思想不可分割的组成部分，也为中国新民主主义教育理论的形成奠定了坚实的基础。

2. 陈独秀的教育思想

（1）论教育的本质

陈独秀认为教育有狭义与广义之分，狭义的教育指学校教

---

① 李大钊：《青年与农村》，见中国李大钊研究会：《李大钊全集》第二卷，304页，北京，人民出版社，2006。

② 李大钊：《青年与农村》，见中国李大钊研究会：《李大钊全集》第二卷，305、307页，北京，人民出版社，2006。

育，广义的教育还包括社会教育和家庭教育。他以唯物史观立论，唯物史观是"我们的根本思想"，无论是什么教育，它与思想、文化、宗教、道德一样，都是属于受经济基础决定的上层建筑的"心的现象"即"精神现象"，"都是经济的基础上面之建筑物，而非基础之本身"。①

作为上层建筑之一部分的教育，首先，教育的发展与进步决定于经济的发展与进步。在封建社会的经济组织之下，不可能实现资本社会的教育制度，同样，在资本社会制度之下不可能实现"人人都有受教育的机会"，"所谓教育普及，眼前还只是一句空话"。②

其次，教育还受政治的制约，教育的发展必须建立在一定的政治发展之上。他认为，"必政治进化在水平线以上，然后教育、实业始有发展之余地"，当前中国如谋教育的发展，必须"全力解决政治问题"，否则"必无教育实业之可言"。③ 因此，他不赞成当时出现的"教育独立"论，教育既不能脱离政治，教育界也不能不问政治。在"中国政治坏到现在这样地步"的情况下，"'不问政治'这句话，是亡国的哀音，是中国人安心不做人

---

① 陈独秀：《答适之》，见《陈独秀文章选编》中册，377 页，北京，生活·读书·新知三联书店，1984。

② 陈独秀：《答适之》，见《陈独秀文章选编》中册，378 页，北京，生活·读书·新知三联书店，1984。

③ 陈独秀：《答顾克刚（政治思想）》，见《陈独秀文章选编》上册，225 页，北京，生活·读书·新知三联书店，1984。

的表示！"他"希望'教育独立，不问政治'这种毫无常识的话，勿再出诸知识阶级的教育家及学生之口"①。

最后，教育又是社会进步的一种重要力量。"教育虽然没有万能的作用，但总算是改造社会底重要工具之一，而且为改造社会最后的唯一工具"。② 教育、知识、思想、言论等，虽然不能说它们可以"变动社会"，不能与"经济立在同等地位"，但"自然都是社会进步的重要工具"。③ 教育对社会进步产生作用主要是通过培养各种人才、发展文化、唤起民众革命等方式实现的。"社会要是离了教育，那人类的知识必定不能发展，人类知识一不发展，那国的文化就不堪问了。"④因此，他主张新教育要"趋重社会"，实行"开放主义"，注重启发式教学，教育讲究实际应用，密切联系社会，求"活学术"，反对"死学术"。

（2）德智力三者并重的教育方针

陈独秀认为教育的要素包括教育的对象、教育的方针、教育方法等。三者之中，以教育的方针为最要，"如矢之的，如舟

①　陈独秀：《教育界能不问政治吗？》，见《陈独秀文章选编》中册，238～239页，北京，生活·读书·新知三联书店，1984。

②　陈独秀：《平民教育》，见《陈独秀文章选编》中册，167页，北京，生活·读书·新知三联书店，1984。

③　陈独秀：《答适之》，见《陈独秀文章选编》中册，379页，北京，生活·读书·新知三联书店，1984。

④　陈独秀：《新教育的精神——在武昌高师的演讲词》，见《陈独秀文章选编》上册，490页，北京，生活·读书·新知三联书店，1984。

之柁"①。确定今日中国教育方针要注意两点，一要"补偏救弊，以求适世界之生存而已"，二要"外览列强之大势，内鉴国势之要求"，也就是既要适应世界教育的潮流，又要有国内现实的针对性，以补偏救弊、择长补短。"现今欧美各国之教育，罔不智德力三者并重而不偏倚，此其共通之原理也。"②即智育、德育、体育三者并重的原理。陈独秀还是激进民主主义者时，主张中国的新教育必须"取法西洋"，这"不是势力的大小问题，正是道理的是非问题"，西洋教育优于中国传统教育之处在于："是自动的而非被动的，是启发的而非灌输的""是世俗的而非神圣的，是直观的而非幻想的""是全身的，而非单独脑部的"。③"教育之方针者，应采何主义以为归宿也。"④他取法西洋和结合中国现实的情况，认为中国教育的方针应该是四大主义：现实主义、惟民主义、职业主义、兽性主义。现实主义的教育就是以科学和现实生活为内容的教育，即取代旧的理想主义。"现实主义，诚今世贫弱国民教育之第一方针矣。"惟民主义的教育即民主主

---

① 陈独秀：《今日之教育方针》，见《陈独秀文章选编》上册，85 页，北京，生活·读书·新知三联书店，1984。

② 陈独秀：《今日之教育方针》，见《陈独秀文章选编》上册，85 页，北京，生活·读书·新知三联书店，1984。

③ 陈独秀：《近代西洋教育——在天津南开学校演讲》，见《陈独秀文章选编》上册，219~220 页，北京，生活·读书·新知三联书店，1984。

④ 陈独秀：《今日之教育方针》，见《陈独秀文章选编》上册，84 页，北京，生活·读书·新知三联书店，1984。

义的教育，民主国家是以人民为主人，以执政为公仆，保全体
国民之权利，人民有自觉自重之精神。职业主义的教育是适应
现实世界经济的需要，也是为了实现发展生产力、植产兴业、
谋公共安宁幸福的目标。兽性主义就是人性、兽性"同时发展"，
以培养顽强意志、强健体魄为特性的国民为目的的文明教育。①
1920 年 12 月，已转化为中国早期共产主义者的陈独秀针对欧
美、日本资本主义教育、工业发展之中出现的种种问题，明确
主张在中国的资本主义还未发达之时，"用社会主义来发展中国
教育"，"幸而我们中国此时才创造教育、工业在资本制度还未
发达的时候，正好用社会主义来发展教育及工业，免得走欧、
美、日本的错路"。② 在 20 世纪 20 年代初，陈独秀认为中国要
走社会主义教育发展道路，以避免西方资本主义发展的错误之
路，在中国马克思主义教育思想史上具有先驱者之功。

　　五四运动后期（1919 年 11 月），陈独秀已经开始由激进民主
主义者向共产主义者过渡。③ 他在写于此后的文章或发表的演
说中，主要运用马克思主义的唯物史观论述教育与经济、教育
与政治的相互关系以及教育方针的思想，尤其是明确主张"用社

---

　　① 陈独秀：《今日之教育方针》，见《陈独秀文章选编》上册，86～89 页，北京，生活·读书·新知三联书店，1984。
　　② 陈独秀：《致罗素先生》，见《陈独秀文章选编》中册，52 页，北京，生活·读书·新知三联书店，1984。
　　③ 任建树：《陈独秀大传》，154 页，上海，上海人民出版社，2012。

会主义来发展中国教育"，是非常有独创性的思想，也是中国现代新民主主义教育思想体系的重要组成部分。

3. 杨贤江的教育思想

(1)论教育的本质

在《新教育大纲》和《教育史 ABC》以及相关论文中，杨贤江运用马克思主义理论对什么是教育、教育与政治的关系、教育与经济的关系、教育在社会改革中的地位和作用等问题做了比较系统深入的阐述。

首先，教育属于社会的上层建筑。在《新教育大纲》中，杨贤江根据唯物史观，从教育的产生和发展角度论述了教育的本质："教育是社会上层建筑之一，是观念形态的劳动领域之一，是以社会的经济阶段为基础的。"[①]

教育作为上层建筑之一，与法制、政治、宗教、艺术等又不相同，而具有如下特点：第一，教育使劳动者获得知识与才能，把单纯的劳动力变成特殊的劳动力。他认为学校，无论是高等学校还是中等学校，抑或是小学，都是"赋与劳动力以特种的资格的地方，就是使单纯的劳动力转变到特殊的劳动力的地方"[②]。为社会培养各种人才，这是教育区别于其他社会现象的

---

① 杨贤江：《新教育大纲》，见《杨贤江全集》第三卷，271 页，郑州，河南教育出版社，1995。

② 杨贤江：《新教育大纲》，见《杨贤江全集》第三卷，265 页，郑州，河南教育出版社，1995。

最根本特点。第二，教育以别的精神生产的内容为内容。他认为教育与其他上层建筑的另一个不同点，"就是它不像别的精神生产各有各的内容，而是以其他的各项精神生产的内容为内容的"①。学校里科学、哲学、艺术等课程内容，都离不开当时社会的一般科学、哲学、艺术等内容，所以教育的内容与方法要受到其他各项精神生产的制约。认为教育属于社会的上层建筑，在中国马克思主义教育思想史上并不是由杨贤江首先提出来的，但是他是第一个对教育特点做了比较深刻分析的人。

其次，论述教育与经济、政治的关系。他认为"教育这种上层构造，自是依据经济构造以成形，且跟随经济发展以变迁的"②。"政治本身也是受制于经济的"，教育和政治虽然同为受制于经济的上层建筑，但是，教育"更较为第二义的，更较为派生的。因为它不仅由生产过程所决定，也由政治过程所决定"。③ 据此，他还进一步批判了当时中国社会流行的"教育万能说""教育救国说""先教育后革命说"等教育观。但是，他也认为教育并不是无能的，"也不是绝对不必'救国'"。他简要论述了教育的救国作用主要表现在教育与革命的关系上，"是把教育

---

① 杨贤江：《新教育大纲》，见《杨贤江全集》第三卷，271页，郑州，河南教育出版社，1995。

② 杨贤江：《新教育大纲》，见《杨贤江全集》第三卷，415页，郑州，河南教育出版社，1995。

③ 杨贤江：《新教育大纲》，见《杨贤江全集》第三卷，424页，郑州，河南教育出版社，1995。

用作革命的武器，用作斗争的武器"，"要把教育视为革命力量的一个方面军，在推翻帝国主义统治，肃清封建势力的革命任务之下，向着革命胜利的方向走去"。[①]

(2)关于教育的产生与发展

杨贤江在《新教育大纲》和《教育史 ABC》两部著作中根据历史唯物主义的基本观点，彻底否定了教育起源于人性、教育起源于教育者的意识、教育起源于天命等这些脱离现实经济生活的各种唯心主义观点，创造性地提出了教育是由社会生活和生产劳动的需要而产生的。他说："教育的发生，就只根于当时当地的人民实际生活的需要；它是帮助人营社会生活的一种手段。""自有人生，便有教育。因为自有人生，便有实际生活的需要。"[②]

杨贤江进一步论述了不同历史时期的教育特点。他认为在原始社会，教育是无阶级性的、是全人类的，教育与劳动不分，每个人，无论男女，都有受教育的权利与义务。但是，人类进入阶级社会以后，教育就变成了阶级的和对立的，教育性质也就发生了变化，出现了五大特征。

第一，"教育与劳动分家"，产生了治人的"劳心者"和被治

---

① 杨贤江：《新教育大纲》，见《杨贤江全集》第三卷，332～333 页，郑州，河南教育出版社，1995。

② 杨贤江：《新教育大纲》，见《杨贤江全集》第三卷，266 页，郑州，河南教育出版社，1995。

的"劳力者"，"脑与手拆了伙，求知与做工离了婚"。

第二，"教育权跟着所有权走"，教育成为少数有钱人的专利品。

第三，"专为了支配阶级的利益"。教育对于被支配阶级，只是为了统治者"俘虏被压迫者的心意，且使之成为对支配阶级服役的工具"。

第四，"两重教育权的对立"，"即教育制度之组成与教育行动之存在是相对立而不相统一的"。

第五，"男女教育的不平等"。①

由于出现了这些变化，教育就渐次丧失其本义，而成为"阶级的和对立的教育"，这种教育"是人类有文明期历史以来的教育的特质；这在教育的本质上言，却是变质"。② 由此，杨贤江对当时超阶级、超政治的一些教育思想进行了批判。他指出"教育神圣说""教育清高说""教育中正说""教育独立说"都是错误的。教育是统治者手中的工具，不是什么"觉世牖民"的神圣事业，也就无所谓清高，更不能"中正"，也不可能离政治而"独立"。

（3）论青年教育的"全人生指导"

杨贤江在编辑《学生杂志》时发表了大量有关青年问题的文

---

① 杨贤江：《新教育大纲》，见《杨贤江全集》第三卷，279～297 页，郑州，河南教育出版社，1995。

② 杨贤江：《新教育大纲》，见《杨贤江全集》第三卷，273 页，郑州，河南教育出版社，1995。

章、通信、问答，对青年的理想、修养、健康、求学、择业、交友、社交、生理现象、生活习惯、婚恋、家庭等问题给予耐心细致的指导。他认为青年期是人生发展的一个非常重要的时期。在这个时期，人的身心两个方面都发生了很大变化，是"人生改造期"。这个时期的变化十分关键，或向上，或是堕落，因此，对青年进行正确的教育和指导十分重要。为此，他创造性地提出了关于对青年的全方位教育的"全人生指导"思想。

杨贤江主张对青年要全面关心、全面指导，也就是不仅要关心青年的文化知识学习，同时还要对他们生活中的各种实际问题给予正确的教育和指导，使其在德、智、体诸方面都得到健康成长。德育是为了"造就良好之习惯"，智育是为了"造就清楚之头脑"，体育是为了"造就康健之体魄"，总之，学校教育之目的乃"造就完全之人格"，[①] 使青年学生成为德智体、知情意诸方面"圆满发达"的人。

"全人生指导"思想的核心是教育青年树立正确的人生观。人生观即"对于人生的一种见解，即对于人生的意义与价值的一种看法"[②]。青年期是逐渐形成人生观的时期，教育青年树立一种正确的人生观对于青年的健康成长是至关重要的。什么样的

---

① 杨贤江：《论修养宜与教育并行》，见《杨贤江全集》第一卷，143 页，郑州，河南教育出版社，1995。

② 杨贤江：《答广州市薛赤魂君》，载《学生杂志》，1924，11(10)。

人生观才是正确的人生观？杨贤江指出："我以为我们青年的人生观，应肯定人生而谋改善，以求人群普通的幸福。"①"人生的目的，在对于全体人类有贡献，来促进人生的幸福。"②也就是说，他要求青年树立积极向上的人生观，树立为全人类做贡献的远大志向。为此，他要求青年摆脱"专谋自身快乐"的陈腐的人生观的影响，因为这种人生目的把"人"看得太小，"像这种生活，原不能算得真正幸福的生活"。③

杨贤江是中国现代教育史上最早运用历史唯物主义深入阐述教育本质、教育的起源与性质等教育基本问题的思想家，是中国早期马克思主义教育理论家的代表。其对青年"全人生指导"的论述，把道德修养置于首位，"造就完全之人格"、培养"圆满发达"的人，体现了马克思主义关于人的全面发展的思想。杨贤江的教育思想不仅对中国新民主主义教育思想的形成和革命根据地教育活动有着重要的理论和实践意义，而且为中国现代教育基本理论奠定了马克思主义的基石。

4. 恽代英的教育思想

（1）论教育的目的

恽代英的一生虽短暂，但他有多年从事各级各类（中学、中

---

① 杨贤江：《答江苏法政大学茅祖燊君》，载《学生杂志》，1925，12(12)。
② 杨贤江：《论个人改造》，载《学生杂志》，1920，7(5)。
③ 杨贤江：《论个人改造》，载《学生杂志》，1920，7(5)。

师、高师、革命干部教育等）教育实践（教学和教育管理）的经验，且注意在教育实践中进行教育理论的总结。其教育理论文章涉及家庭教育、儿童教育、中学教育、教会教育、教育基本理论等诸领域。在转变为共产主义者之后，他把马克思主义理论运用到教育研究中，形成了有个性特色的马克思主义教育思想。

恽代英认为教育是有目的、有计划的活动。教育目的是关系到培养什么人、怎样培养人的本质问题。他认为教育是培养身（体育）、心（智育）、性（德育）"完全发达"的人。"教育者，以各种方法使儿童身（体育）、心（智育）、性（德育）各方面均完全发达，即使儿童之自我得以完全实现之谓"，"不可以任何之一端概教育全体，抑且不可以此数端概教育之全体，教育之为事，范围至广"。① 他认为体育、智育、德育是一个整体，又特别强调不能以一端或数端"概教育之全体"，即"三育"不能偏废，缺一不可。

为了培养"完全发达"的人，必须树立教育的新观念，"教育要普及于一生"和"教育要普及于全民"。"教育要普及于一生，便是说从婴儿到老年，都要多少受教育的陶冶的意思"，"教育要普及于全民，便是说没有阶级种族的分别，每个人都得受同等的教育"。② 即人的一生都应该受教育，人人都有同等教育的

---

① 恽代英：《家庭教育论》，载《妇女时报》，1916(20)。

② 恽代英：《儿童公育在教育上的价值》，载《中华教育界》，1920，10(6)。

机会和权利。在幼稚教育阶段实行"公育"，"使每个儿童在他下地以后，便在合宜的场所中，合宜的指导下面受教育的训练"，这就必须改变有钱的人的子女便当受良善的教育和有知识的人的子女便当受良善的教育的旧传统。

恽代英用唯物史观论述教育的目的，认为教育培养的人是随着时代的变迁而变动的。在民国以前的君主专制时代，教育所要培养的是"服从""顺受"皇帝的奴仆，"所以一般读书的人，都只知道忠君爱国，只知道有皇帝，不知道有自己，也不知道有民众"。现代社会的主人翁从皇帝变成了民众，现代的教育是养成"主人翁的教育"，也就是"民治的教育"。主人翁的教育目的包括相互联系的两个方面：一要让民众明白"自己的地位"，二要让民众知道"自己的责任"。前者叫"自主自治"的教育，后者叫"养成为民众服务的人"的教育。"自主自治"的教育包括独立思想、独立行动、使其自尊、使其自信、使其练习团体的生活等品格，即通过教育培养具有独立、自尊、自信、服务精神的主人翁；所谓养成为民众服务的人包括使其尊敬民众、使其了解民众、使其愿为民众利益努力等品格[1]，或者说具有品格、学问、能力的现代"国民"。[2] 这种建立在唯物史观基础上的教

---

[1]　恽代英：《民治的教育》，见《恽代英文集》上卷，575～581 页，北京，人民出版社，1984。

[2]　恽代英：《教育改造与社会改造》，见《恽代英文集》上卷，289 页，北京，人民出版社，1984。

育目的观既是对中国君主专制教育思想的否定，也超越了中国近代资产阶级教育家对教育目的的认识，而且已成为现代教育理论的共识。

(2)论改造教育与改造社会

恽代英早期认为"教育是改造世界的唯一工具"，过高地估计了教育的作用，接受了当时的"教育救国"论，因而在 1918 年的日记中写到"吾等以教育救国"。[①] 在接受了马克思主义之后，他辩证地认识到教育与政治、经济的关系，而抛弃了教育救国论。他指出，"旧社会的罪恶，全是不良的经济制度所构成。舍改造经济制度，无由改造社会"，"我们但能认清我们的责任，唯一的是企求社会全部的改造"。[②] "社会全部的改造"包括经济、政治、教育等整体的改造，但以经济制度和政治革命为前提条件，否则教育救国无从实现。"我以为若不说如何能求经济独立，而欲恃教育以求经济独立，以救中国，必为不易成功的事"[③]。他认为中国的经济不独立，是因为帝国主义的侵略；要寻求中国的经济独立就要脱离外国人对中国的经济控制；要求得经济独立，就必须进行反帝反封建的政治革命。同时，他认

---

① 中央档案馆、中国革命博物馆、中共中央党校出版社：《恽代英日记》，433 页，北京，中共中央党校出版社，1981。

② 恽代英：《为少年中国学会同人进一解》，见《恽代英文集》上卷，326、329 页，北京，人民出版社，1984。

③ 恽代英：《读〈国家主义的教育〉》，见《恽代英文集》上卷，410 页，北京，人民出版社，1984。

为改造社会离不开改造教育，"我们要改造教育，必须同时改造社会。要改造社会，必须同时改造教育。不然，总不能有个理想圆满的成效"①。

恽代英认为"教育确实是改造社会的有力的工具"②。教育成为改造社会的工具就在于它的育人功能，教育家通过人的活动，把改造教育与改造社会有机结合。"教育家必须把改造教育与改造社会打成一片，用自己所养的人，去做自己所创的事"③。"我们必须知如何能求经济独立，然后能知在此等独立运动中，须要有何等品性、知识、材能的人，然后能知要施何等的教育，以为国家培养这等人。"④他认为"有价值的教育"就在于它是"改造社会的工具"；教育是改造社会的工具，又在于"使学生一个个成为社会上有益的人"。⑤"社会上有益的人"，就是把学生培养成具有救国品性、知识、才能的人，即革命本质和才能的人。他心目中的"较好的学校"就是"能够到群众中宣

---

① 恽代英：《教育改造与社会改造》，见《恽代英文集》上卷，293 页，北京，人民出版社，1984。

② 恽代英：《革命运动中的教育问题》，见《恽代英全集》第六卷，91 页，北京，人民出版社，2014。

③ 恽代英：《教育改造与社会改造》，见《恽代英文集》上卷，293 页，北京，人民出版社，1984。

④ 恽代英：《读〈国家主义的教育〉》，见《恽代英文集》上卷，410 页，北京，人民出版社，1984。

⑤ 恽代英：《教育改造与社会改造》，见《恽代英文集》上卷，288 页，北京，人民出版社，1984。

传，而且尽力促进革命，以根本改造这种社会"的学校。①

恽代英认为教育目的是通过德智体培养"完全发达"的人，也就是培养具有独立、自尊、自信、服务精神的主人翁；改造教育与改造社会同时进行，教育通过"使学生一个个成为社会上有益的人"达到改造社会的目的，从而成为"有价值的教育"等教育思想，带有很强的时代性、革命性，在中国新民主主义教育理论宝库中有着重要的贡献和价值。

三、新民主主义教育思想的初步形成

土地革命战争时期，中国共产党走农村包围城市、武装夺取政权的道路，从井冈山革命根据地开端，随后陆续创建了湘赣（1930 年 1 月到 1934 年 10 月，赣南、闽西两苏区统称为中央苏区）、湘鄂赣、闽浙赣、左右江、鄂豫皖、川陕、湘鄂西、湘鄂川黔、海陆丰、广东、陕甘宁等十几个革命根据地。因中国共产党在根据地的政权形式采取苏维埃形式，故称"苏区"。中国共产党在苏区开展教育实践活动，并把它作为整个革命活动的一个重要组成部分。在十年时间（1927 年 8 月至 1937 年 7 月）

---

① 恽代英：《什么地方有较好的学校呢?》，见《恽代英文集》下卷，741～742 页，北京，人民出版社，1984。

里，以毛泽东为代表的共产党人十分注意从苏区教育实践中总结经验，把马克思主义教育学说与中国革命具体实践相结合，初步形成了新民主主义教育思想。

(一)苏区文化教育方针政策

1.苏维埃文化教育总方针的形成

教育方针是一个国家或政党在一定的历史时期制定的关于教育事业的总方向和总目标。土地革命战争时期，中国共产党在各苏区文化教育活动的基础上制定了苏维埃文化教育总方针，标志着新民主主义教育思想的初步形成。

1929 年 12 月，古田会议通过的《中国共产党红军第四军第九次代表大会决议案》明确提出"红军党内最迫切的问题，要算是教育的问题"[1]，明确指出这是党的重大任务之一，并且对红军教育的目的、内容、方法和形式提出了具体的要求，对红军教育乃至于整个苏区教育的发展具有极为重要的指导意义。[2]1930 年 7 月 23 日，《闽西苏维埃政府文化教育委员会第二次会议决议案》明确提出以下教育方针："1、养成在革命环境中所需

---

[1]　毛泽东：《中国共产党红军第四军第九次代表大会决议案》，见中共中央文献研究室、中央档案馆：《建党以来重要文献选编（一九二一——一九四九）》第六册，741 页，北京，中央文献出版社，2011。

[2]　彭小奇等：《毛泽东教育思想研究（卷二）·毛泽东中央苏区教育实践与教育思想研究》，8 页，湘潭，湘潭大学出版社，2013。

要的革命工作的干部人材。2、社会教育：普遍而深入地提高群众阶级觉悟，政治水平，文化成度。3、儿童教育：a、采取强迫性质的教育，凡六岁至十一岁的儿童，有必须受小学教育（小学的学制采取三三制的修业年限）的权利和义务。b、施教的方针，以养成智力和劳力作均衡的发展为原则，并与劳动统一的教育之前途。"①

各苏区文化教育事业的发展对苏维埃文化教育总方针提出了更高的要求。1931年11月，《中华苏维埃共和国第一次全国工农兵代表大会宣言》指出，"一切工农劳苦群众及其子弟，有享受国家免费教育之权，教育事业之权归苏维埃掌管，取消一切麻醉人民的封建的、宗教的和国民党的三民主义的教育"，"不论男子和女子，在社会、经济、政治、教育上，完全享有同等的权利和义务"。② 此外，《中华苏维埃共和国宪法大纲》第十二条规定"中国苏维埃政权以保证工农劳苦民众有受教育的权利为目的，在进行阶级战争许可的范围内，应开始施行完全免费

　　① 闽西苏维埃政府文化部：《闽西苏维埃政府文化教育委员会第二次会议决议案》，见赣南师范学院、江西省教育科学研究所：《江西苏区教育资料汇编（一）》，170页，出版地不详，出版者不详，1985。
　　② 《中华苏维埃共和国第一次全国工农兵代表大会宣言》，见赣南师范学院、江西省教育科学研究所：《江西苏区教育资料汇编（一）》，72页，出版地不详，出版者不详，1985。

的普及教育"①，以法律法规的形式将教育方针确定下来，将整个根据地的教育事业向前推进了一大步。

随后，中央苏区不断丰富教育内容，完善教育方法，制定了更加切合实际的教育方针。1932年5月，《江西省苏维埃第一次工农兵代表大会文化教育工作决议》提出："今后的文化教育工作，各级政府应协同群众团体，以十二万分的努力，发展群众的和儿童的文化教育，扫除文盲，使文化教育与目前革命斗争联系起来，使文化教育与工农群众实际生活联系起来，使劳动与知识联系起来。简单说来，就是要使文化教育社会化、政治化、实际化、劳动化。"②文件还就小学教育、师范教育、社会教育等方面做出了详细规定。

这一时期，其他苏区的文化教育事业也有了明显的发展，制定了相应的教育方针。例如，1932年5月，湘鄂赣省苏维埃政府发布的文字第一号训令提出"无产阶级教育"方针，"以教育为阶级斗争的武器，造就无产阶级所需要的政治经济等技术专

---

① 《中华苏维埃共和国宪法大纲》，见中共中央文献研究室、中央档案馆：《建党以来重要文献选编（一九二一——一九四九）》第八册，652页，北京，中央文献出版社，2011。

② 《江西省苏维埃第一次工农兵代表大会文化教育工作决议》，见赣南师范学院、江西省教育科学研究所：《江西苏区教育资料汇编（一）》，107页，出版地不详，出版者不详，1985。

门人材。……以推翻反动统治，巩固苏维埃政权"①。1932 年 5
月，鄂豫皖省苏维埃政府提出，"文化和教育是一种有力的武
器。所以，我们工农劳苦群众也要拿起这个武器来加强我们自
己的战斗力"，"来完成建立新社会的伟大使命（逐渐建立社会主
义社会、共产主义社会）"。②

由于受"左"倾思想的影响，苏区教育一度陷入混乱。特别
是 1933 年年初中国共产党临时中央政治局迁入中央苏区以后，
一些同志批评"一苏大会"制定的教育方针具有"资产阶级思想的
倾向，把教育工作限制在反对封建迷信的范围，没有提出共产
主义的教育"③，因此，制定正确的教育总方针迫在眉睫。

1933 年 8 月，少共中央局和中央教育人民委员部召开的联
席会议做出的《关于目前教育工作的任务与团对教育部工作的协
助的决议》指出："目前教育工作的方针，就是满足战争的需要

---

① 《湘鄂赣省苏维埃政府训令（文字第一号）——确定教育原则，为今后实施
教育方针》，见《湘鄂赣革命根据地文献资料》第二辑，186 页，北京，人民出版
社，1985。

② 《鄂豫皖省苏维埃文化委员会决议案（草案）》，见霍文达等：《鄂豫皖苏区
教育史》，228 页，开封，河南大学出版社，1988。

③ 何凯丰：《苏维埃的教育政策——凯丰在一九三三年十月苏区教育大会上
的报告》，见张挚、张玉龙：《中央苏区教育史料汇编》上册，213 页，南京，南京
大学出版社，2016。

和帮助战争的动员，进行广泛的马克思共产主义的教育。"①
1933 年 9 月，张闻天在《论苏维埃政权的文化教育政策》中指出，
"苏维埃政权的文化教育政策，是在使每个苏维埃公民受到苏维
埃的教育"，就是"马克思与列宁主义的教育，即共产主义的教
育"。② 1933 年 10 月，何凯丰在全苏教育建设大会上指出，"苏
维埃教育政策的基本原则，应当是共产主义的教育"，共产主义
的教育就是"引导千百万的群众学习共产主义"。③ 显然，少共
中央局和中央教育人民委员部所做出的决议与张闻天、何凯丰
等人的论述没有认清新民主主义阶段的教育方针和共产主义教
育方针之间的区别。

　　为了肃清教育事业中的错误思想，明确教育事业进一步的
发展方向和目标，毛泽东在调查总结的基础上，在第二次全国
苏维埃代表大会上就文化教育的方针做了详细报告。

　　首先，报告阐述了文化教育改革的原因，"为着革命战争的
胜利，为着苏维埃政权的巩固与发展，为着动员民众一切力量，

---

　　① 《关于目前教育工作的任务与团对教育部工作的协助的决议》，见中央教
育科学研究所、陈元晖、璩鑫圭等：《老解放区教育资料（一）》，36 页，北京，教育
科学出版社，1981。

　　② 张闻天：《论苏维埃政权的文化教育政策》，见张闻天选集编辑组：《张闻
天文集》第一卷，402 页，北京，中共党史资料出版社，1990。

　　③ 何凯丰：《全苏教育建设大会何凯丰同志的报告》，见中央教育科学研究
所、陈元晖、璩鑫圭等：《老解放区教育资料（一）》，45～46 页，北京，教育科学
出版社，1981。

加入于伟大的革命斗争，为着创造革命的新后代，苏维埃必须实行文化教育的改革，解除反动统治阶级加于工农群众精神上的桎梏，而创造新的工农的苏维埃文化"①。

其次，报告详细说明了苏区教育发展的概况，为总方针提供了现实依据。"谁要是跑到我们苏区来看一看，那他就立刻看见这里是一个自由的光明新天地。"②在苏区，文化教育机关掌握在工农劳苦民众手里，政府通过政策法规保障工农及其子女的受教育权。

1934年1月，毛泽东把马克思主义与当时中国的教育实际相结合，正确论述了新民主主义阶段的教育方针。在第二次全国苏维埃代表大会上，毛泽东在所做的报告中提出了苏维埃文化教育总方针："在于以共产主义的精神来教育广大的劳苦民众，在于使文化教育为革命战争与阶级斗争服务，在于使教育与劳动联系起来。"中心任务"是厉行全部的义务教育，是发展广泛的社会教育，是努力扫除文盲，是创造大批领导斗争的高级

① 毛泽东：《在第二次全国苏维埃代表大会上的报告》，见中共中央文献研究室、中央档案馆：《建党以来重要文献选编（一九二一——一九四九）》第十一册，124页，北京，中央文献出版社，2011。
② 毛泽东：《在第二次全国苏维埃代表大会上的报告》，见中共中央文献研究室、中央档案馆：《建党以来重要文献选编（一九二一——一九四九）》第十一册，124页，北京，中央文献出版社，2011。

干部"。① 这两个表述高度概括了苏区教育的性质、方向、目标、途径和任务，是对苏区教育实践经验的正确认识和科学总结，初步阐述了新民主主义教育和共产主义教育之间的区别和联系，是新民主主义教育方针初步形成的重要标志。

综上所述，苏维埃文化教育总方针的提出，既为苏区的教育发展指明了方向，也为抗日战争时期新民主主义教育思想的最终形成奠定了重要的基础。

2. 苏区的教育政策

教育政策是教育方针的具体化，是党和政府为实现一定时期的教育发展目标和任务而制定的行动纲领，同时是各级各类教育建设和发展的有效保障。苏区政府以苏维埃文化教育总方针为指导，通过制定各项教育政策推动教育事业的发展。

第一，以干部教育为先，造就和培养大批领导革命斗争的高级干部，开展红军教育。

从教育对象上讲，干部教育分为红军干部教育和地方干部教育。红军干部教育包括红军军政干部和技术人才的培养。在井冈山革命根据地创建之初，毛泽东就因陋就简地建立了教导队，培养红军干部。后来，各部红军在创建根据地

---

① 毛泽东：《在第二次全国苏维埃代表大会上的报告》，见中共中央文献研究室、中央档案馆：《建党以来重要文献选编（一九二一——一九四九）》第十一册，127 页，北京，中央文献出版社，2011。

的斗争当中也都根据斗争的需要举办了教导队、训练班、各类红军学校，积极进行红军干部的培养。尤其是红军学校为苏区培养了大批红军干部，它"既是培养红军连、排基层干部的综合性学校，又是红军的总预备队，随时都可参加反'围剿'的战斗"①。

在土地革命战争时期，随着武装斗争的胜利和苏区不断地巩固和发展，特别是为了长期革命战争的需要，必须开展适应革命战争需要的各项根据地建设工作，土地革命、武装斗争、根据地建设三位一体，因此，苏区十分重视包括党务、政权、文化教育、专业技术在内的地方干部的培养工作。1929 年 4 月，毛泽东率领红四军第三纵队到赣南兴国县，举办一期土地革命干部训练班，学员 40 余人。毛泽东亲自讲授当时的政治形势、农民问题、土地问题、武装夺取政权问题和中国共产党的《十大政纲》，特别讲解了《兴国土地法》，并组织学员开展讨论，以提升革命干部的政治素养和军事素养。② 这次训练班成为根据地地方干部教育活动的开端，随后，各根据地陆续开展各种形式的干部教育活动。

红军教育是苏区教育的主要部分。"红军教育是红军建设的

---

① 何长工：《红校和红大》，见张挚、张玉龙：《中央苏区教育史料汇编》上册，292 页，南京，南京大学出版社，2016。

② 皇甫束玉、宋荐戈、龚守静：《中国革命根据地教育纪事》，17 页，北京，教育科学出版社，1989。

根本。离开了这个根本，红军建设便只能是一句空话。"①苏区红军教育的首要任务是提升红军的军事政治素质。"在中国，主要的斗争形式是战争，而主要的组织形式是军队"②，建设强大的红军队伍不仅要增强军队的战斗力，也要提高官兵的军事政治素质。1929年12月，毛泽东在《中国共产党红军第四军第九次代表大会决议案》中提出红军教育已经到了紧要的关头，"为了红军的健全与扩大，为了斗争任务之能够负荷，都要从党内教育做起"③。1934年1月，第二次全国苏维埃代表大会通过的《关于红军问题决议》明确提出："为着提高红军的战斗力，必须使红军的政治自觉英勇与坚定性的巩固和军事技术与战术的进步，同时并进。……必须加强对军事教育机关及学校的领导以及适当利用白军的军事人材来培养出质量更高的红色指挥员。"④

第二，广泛的普通教育是苏区教育政策的重要部分，毛泽东提出苏维埃文化建设的中心任务之一是"厉行全部的义

---

① 董纯才、张腾霄、皇甫束玉：《中国革命根据地教育史》第一卷，97页，北京，教育科学出版社，1991。

② 毛泽东：《战争和战略问题》，见《毛泽东选集》第二卷，543页，北京，人民出版社，1991。

③ 毛泽东：《中国共产党红军第四军第九次代表大会决议案》，见中共中央文献研究室、中央档案馆：《建党以来重要文献选编（一九二一——一九四九）》第六册，741页，北京，中央文献出版社，2011。

④ 《关于红军问题决议》，见赣南师范学院、江西省教育科学研究所：《江西苏区教育资料汇编（三）》，1页，出版地不详，出版者不详，1985。

务教育"①。1934 年 2 月，中华苏维埃共和国中央政府人民委员会颁布的《中华苏维埃共和国小学校制度暂行条例》明确提出："小学教育的目的，要对一切儿童不分性别与成份差别，施以免费的义务教育。但目前国内战争环境中，首先应该保证劳动工农的子弟得受免费的义务教育。"②

苏区推行普通教育的相关政策具有以下特点。

首先，教育政策的制定坚持以马克思主义为指导思想。1933 年 10 月，中央教育人民委员部发布的《小学课程与教则草案》提出学生的"政治水平要达到了解马克思列宁主义的基础，因为儿童目前是参加阶级斗争的一员，同时是共产主义未来的后辈，所以政治水平，必要达到能了解阶级斗争一般的理论和策略，就是要有马克思列宁主义的基础"③。因此，苏区政府制定教育政策始终坚持以马克思主义为基本原则，增强民众对马克思主义的认识和理解。

其次，教育政策的内容囊括教育环节的方方面面，包括教学内容、教学方法、学制、学区设置、学生组织等。其中，苏

---

① 毛泽东：《在第二次全国苏维埃代表大会上的报告》，见中共中央文献研究室、中央档案馆：《建党以来重要文献选编（一九二一——一九四九）》第十一册，127 页，北京，中央文献出版社，2011。

② 《中华苏维埃共和国小学校制度暂行条例》，见中央教育科学研究所、陈元晖、璩鑫圭等：《老解放区教育资料（一）》，308 页，北京，教育科学出版社，1981。

③ 《小学课程与教则草案》，见赣南师范学院、江西省教育科学研究所：《江西苏区教育资料汇编（五）》，5 页，出版地不详，出版者不详，1985。

区的学制是苏维埃文化教育方针的集中体现，在教育制度和政策中发挥重要作用。1933 年 10 月，中央文化教育建设大会通过的《苏维埃学校建设决议案》规定："苏维埃学校制，是统一的学校制。"依据这一原则设立的学校包括以下四类：第一类学校实施青年和成年人的教育，主要是消灭文盲的教育，同时更进一步提高青年和成年人的文化和政治水平。第二类学校是劳动小学校，以培养共产主义的新后代为目的。第三类学校是劳动学校和大学中间的学校，以中央立或省立为原则。第四类学校为大学，以培养高等专门人才为目标。[①] 在实际办学活动中，各根据地依据自身的情况制定相应的学校制度。比如，1932 年 5 月 7 日，《湘鄂赣省苏维埃政府训令（文字第二号）——颁布学制与实施目前最低限度的普通教育》将普通学制分为三类：幼稚园、列宁小学、特别学校（为残疾等特别儿童的教育而设）。[②]

最后，教育政策非常关注教师群体，尽力解决师资建设问题。土地革命战争时期，根据地师资匮乏。为了解决这个问题，尤其是小学教员严重缺乏的问题，苏区政府开办了短期师范学校和小学教员训练班，并且制定了相应的学校简章。其中，短

---

① 《苏维埃学校建设决议案》，见中央教育科学研究所、陈元晖、璩鑫圭等：《老解放区教育资料（一）》，62～64 页，北京，教育科学出版社，1981。

② 《湘鄂赣省苏维埃政府训令（文字第二号）——颁布学制与实施目前最低限度的普通教育》，见《湘鄂赣革命根据地文献资料》第二辑，190 页，北京，人民出版社，1985。

期师范学校以迅速培养教育干部和小学教员为目的。[1] 小学教员训练班只在寒暑假开办，专门招收现任或将任列宁小学教员。[2]

第三，积极开展面对工农群众的社会教育。毛泽东在第二次全国苏维埃代表大会上的报告中明确提出苏维埃文化建设的中心任务之一是"发展广泛的社会教育"，"努力扫除文盲"[3]。根据地的创建和巩固、发展都是建立在群众的支持、参与基础之上，因此，发动群众、教育群众成为地方党组织的中心工作之一。1929 年 8 月，中共福建省委在给永定县委的信中指出：教育群众工作是苏维埃运动中的一项重要工作。[4] 1932 年 5 月，《江西省苏维埃第一次工农兵代表大会文化教育工作决议》指出，"群众教育不独与儿童教育并重，以目前革命需要发展斗争的形势而论，应视为首务"[5]，再次强调了群众教育的重要性。

---

① 《短期师范学校简章》，见中央教育科学研究所、陈元晖、璩鑫圭等：《老解放区教育资料（一）》，242 页，北京，教育科学出版社，1981。

② 《小学教员训练班简章》，见中央教育科学研究所、陈元晖、璩鑫圭等：《老解放区教育资料（一）》，243 页，北京，教育科学出版社，1981。

③ 毛泽东：《在第二次全国苏维埃代表大会上的报告》，见中共中央文献研究室、中央档案馆：《建党以来重要文献选编（一九二一——一九四九）》第十一册，127 页，北京，中央文献出版社，2011。

④ 皇甫束玉、宋荐戈、龚守静：《中国革命根据地教育纪事》，18～19 页，北京，教育科学出版社，1989。

⑤ 《江西省苏维埃第一次工农兵代表大会文化教育工作决议》，见赣南师范学院、江西省教育科学研究所：《江西苏区教育资料汇编（一）》，108 页，出版地不详，出版者不详，1985。

3. 苏区的教育立法

教育立法是政府在宪法、教育方针等总的精神指引下制定教育法律法规的活动，对教育事业起着规范和保障作用，是现代教育的必然要求。为了保障苏区教育在动荡的战争环境中能得到长足发展，苏区政府制定了一系列教育法规，开创了根据地教育或红色教育法制建设的先河。

（1）制定苏维埃教育法规

苏区政府对于教育事业的重视体现在方方面面，其中教育法制建设是基础性部分。

早在 1922 年 7 月，《中国共产党第二次全国代表大会宣言》就对教育事业的建设提出了指导性意见："E. 废除一切束缚女子的法律，女子在政治上、经济上、社会上、教育上一律享受平等权利；F. 改良教育制度，实行教育普及。"[①]这是中国共产党最早的教育纲领，也是中国历史上第一次提出创建工农群众自己的教育，并且第一次明确提出妇女享有平等的受教育权。[②] 1930 年，闽西苏维埃政府制定了苏区最早的一部教育法规，即《小学组织法》。《小学组织法》具体规定了小学设备、儿

---

① 《中国共产党第二次全国代表大会宣言》，见中共中央文献研究室、中央档案馆：《建党以来重要文献选编（一九二一——一九四九）》第一册，134 页，北京，中央文献出版社，2011。

② 董源来、范程、张挚：《中央苏区教育简论》，222 页，南昌，江西高校出版社，1999。

童、学校组织、课程、日课表、成绩考查及记分法、学籍、卫生、训育等问题，使教育教学工作有了统一的标准和要求。[1]此外，闽西苏维埃政府文化部制定了教授法、教学法与训导法等方面的教育法规。这一系列法规的制定和施行，为教育事业的发展提供了规范，逐步加强了中国共产党对教育事业的领导和管理。

1931 年 11 月 7 日至 20 日，中华苏维埃第一次全国代表大会在瑞金召开，宣告成立中华苏维埃共和国临时中央政府，并成立了教育人民委员部。会议通过了《中华苏维埃共和国宪法大纲》《关于中国境内少数民族问题的决议案》。这些重要法规第一次以中央政府的名义，对教育的有关重大问题进行了法律性规定。[2]为进一步落实中央政府的要求，1933 年 4 月 15 日，中华苏维埃共和国临时中央政府教育人民委员部发出第一号训令，对当时的教育任务和中心工作提出了具体的要求，随后连续发出五则训令，对各类教育做出指示。这些训令促进了教育法制的建设，进一步推动了教育事业的有序发展。

1934 年 4 月，中华苏维埃共和国中央教育人民委员部为了各地苏维埃政府更好地贯彻落实教育法规，把之前制定或批准

---

[1]　皇甫束玉、宋荐戈、龚守静：《中国革命根据地教育纪事》，37 页，北京，教育科学出版社，1989。

[2]　董源来、范程、张挚：《中央苏区教育简论》，224～225 页，南昌，江西高校出版社，1999。

的 24 个教育规章以及《兴国乡村的教育》等材料汇编成册，定名为《苏维埃教育法规》，予以正式颁布。这是中国共产党领导下颁布的第一个各级各类教育法规体系，它标志着中央苏区的教育法制建设进入了一个新阶段。[①]《苏维埃教育法规》凝聚了中国共产党有关根据地教育发展的思想精髓，是苏区教育方针政策的具体体现，是中国共产党新民主主义教育思想的重要组成部分，在中国现代教育史上占有重要的地位。

（2）建设教育法规体系

在中央苏区政府的推动下，各级党组织和政府在建设教育法制方面取得了很大的成绩，形成了一定的法律体系（见表 1-1 至表 1-3）。

表 1-1　各级政府包含教育条款的部分重要法规及决议

中央苏区包含教育条款的部分重要法规、决议	地方苏维埃政府包含教育条款的部分重要决议
《中国共产党红军第四军第九次代表大会决议案》	《鄂豫皖省苏维埃文化委员会决议案（草案）》
《中华苏维埃共和国第一次全国工农兵代表大会宣言》	《共青团川陕省委关于文化教育决议（草案）》
《中华苏维埃共和国宪法大纲》	《湘鄂赣省工农兵苏维埃第一次代表大会通过的文化问题决议案》

---

① 董源来、范程、张挚：《中央苏区教育简论》，225 页，南昌，江西高校出版社，1999。

续表

中央苏区包含教育条款的部分重要法规、决议	地方苏维埃政府包含教育条款的部分重要决议
《关于中国境内少数民族问题的决议案》	《湘鄂赣省苏维埃政府训令（文字第一号）——确定教育原则，为今后实施教育方针》
《中华苏维埃共和国劳动法》	《湘鄂西第二次工农兵贫民代表大会文化教育决议案》
《中央教育人民委员部第1号训令》	《江西省苏维埃第一次工农兵代表大会文化教育工作决议》
	《江西省第一次教育会议的决议案》
	《第二次闽浙赣省苏维埃大会工作决议案》
	《闽西苏维埃政府文化委员会决议案》
	《闽西苏维埃政府文化教育委员会第二次会议决议案》

（资料来源见董源来、范程、张挚：《中央苏区教育简论》，226～227 页，南昌，江西高校出版社，1999；皇甫束玉、宋荐戈、龚守静：《中国革命根据地教育纪事》，34、60、97 页，北京，教育科学出版社，1989；川陕革命根据地博物馆：《川陕苏区教育史文献资料选编》，43 页，巴中，川陕革命根据地博物馆，1985；《湘鄂赣革命根据地文献资料》第二辑，12、184 页，北京，人民出版社，1985。）

表 1-2　各类教育法规

学校教育法规	社会教育法规
《小学管理法大纲》	《消灭文盲协会新章程》
《小学课程教则大纲》	《消灭文盲协会组织纲要》
《劳动小学校制度》	《俱乐部纲要》
《列宁小学校学生组织大纲》	《俱乐部的组织与工作》
《列宁初级小学组织大纲》	《苏维埃剧团组织法》
《列宁高级小学组织大纲》	《儿童俱乐部的组织与工作》
《短期职业中学试办章程》	《夜学校及半日学校办法》
《女子职业学校暂行简章》	《夜校办法大纲》
《中央农业学校简章》	《识字班办法》
《高尔基戏剧学校简章》	《业余补习学校的办法》
《短期师范学校简章》	《俱乐部的组织和工作纲要》
《初级师范学校简章》	《俱乐部列宁室的组织与工作》
《高级师范学校简章》	《工农剧社简章》
《苏维埃大学简章》	《红军中俱乐部、列宁室的组织与工作》
《中华苏维埃共和国小学校制度暂行条例》	
《托儿所组织条例》	

（资料来源见董源来、范程、张挚：《中央苏区教育简论》，226～227 页，南昌，江西高校出版社，1999；皇甫束玉、宋荐戈、龚守静：《中国革命根据地教育纪事》，79、97 页，北京，教育科学出版社，1989。）

表 1-3　针对不同主体制定的教育法规

教育行政法规	教师队伍法规	学生组织法规
《教育行政纲要》	《红色教员联合会暂行章程》	《学校公社组织大纲》
《省、县、区、市教育部及各级教育委员会的暂行组织纲要》	《小学教员训练班简章》	《列宁小学校学生组织大纲》
《巡视纲要》	《小学教员优待条例》	

（资料来源见董源来、范程、张挚：《中央苏区教育简论》，226～227页，南昌，江西高校出版社，1999；皇甫束玉、宋荐戈、龚守静：《中国革命根据地教育纪事》，47页，北京，教育科学出版社，1989。）

从以上表格所呈现的内容来看，中国共产党已开始注意通过教育立法来保障苏区教育事业的发展，初步形成了一定的法律法规体系，不仅涵盖各级各类教育，而且针对不同主体做了具体规定。

苏区教育法规体系呈现出以下特点。

一是坚持以苏区教育方针、政策为指导。苏区以教育法律法规的形式贯彻落实教育方针，有利于保障教育事业始终沿着正确的道路前进。例如，苏维埃教育方针指出"以共产主义的精神来教育广大的劳苦民众"[①]，在此指导下，苏区制定了大量有

---

① 毛泽东：《在第二次全国苏维埃代表大会上的报告》，见中共中央文献研究室、中央档案馆：《建党以来重要文献选编（一九二一——一九四九）》第十一册，127页，北京，中央文献出版社，2011。

关社会教育的法规，保障识字运动、消除文盲运动以及夜校、半日校的顺利实施，启发工农民众的思想意识，使之重新认识自己的权利和义务，做社会的主人。

二是坚持理论与实际相结合的教育原则。首先，苏区教育坚持与劳动结合，与根据地的实际情况相结合，扎根苏区办教育，培养社会所需要的真正人才。其次，注意根据形势的变化对教育法律法规进行修订。1934 年 4 月，教育人民委员部基于《长冈乡调查》重新审定了《识字班办法》，规定教法："随时随地随人数都可以教（即是在乘凉时，喝茶时三四个人都可以教），起初划地为字，随后各立一簿，或用识字片。字应以适合环境，适合实用为第一要紧。"①

三是教育法律法规涉及的范围比较广泛。教育立法的主体包括中央和地方各级政府，所涉及的内容覆盖了学校教育和社会教育，包括管理规则、课程设置、教学方法、俱乐部建设、扫盲识字运动等各个方面，并对教育行政机关、教师和学生等各类人员的行为规范做出具体要求，同时也不忘保护教师和学生的权利。

（3）运用教育法规加强对教育事业的领导与管理

苏区的各项教育法制建设将教育问题以法律的形式确定

---

① 《识字班办法》，见赣南师范学院、江西省教育科学研究所：《江西苏区教育资料汇编（五）》，85 页，出版地不详，出版者不详，1985。

下来，直接目的是加强对教育的领导和管理，使教育有法可依，使教育者依法治教、依法执教。这主要体现在以下几个方面。

第一，加强对教育的领导，首先表现在教育事业全面、细致的法律法规上。其次表现在党的领导人亲自办教育，参与教育立法，并根据教育法律法规领导教育事业。除了毛泽东开展田野调查之外，徐特立撰写了《识字运动的办法》，亲自制定了《俱乐部的组织和工作纲要》，并主持编写教材。[①] 还有其他领导人深入各大学担任校长，制定学校管理办法，主持学校工作。

第二，建立教育管理体系，完善教育管理体制机制。例如，中华苏维埃共和国临时中央政府人民委员会发布的《省、县、区、市教育部及各级教育委员会的暂行组织纲要》规定，省、县、区教育部在行政系统上直接隶属于上级教育部及中央教育人民委员部，同时受同级执行委员会及主席团的领导与监督。城市则受市苏维埃政府领导，称教育科。省、县、区教育部长，市教育科长及乡苏维埃政府之下，均要建立教育委员会。[②] 总的来说，苏区在从中央到省、县（市）、区、乡的各级苏维埃政府中，以及各级各类学校和教育团体中，建立了从上而下的教

① 董源来、范程、张挚：《中央苏区教育简论》，243 页，南昌，江西高校出版社，1999。

② 皇甫束玉、宋荐戈、龚守静：《中国革命根据地教育纪事》，74 页，北京，教育科学出版社，1989。

育行政管理体系。①

第三，完善学校管理机制。首先明确学校领导机制，《沈泽民苏维埃大学简章》第六条规定："设校长一人及大学管理委员会，以领导全校。校长为管理委员会的当然主任。"第七条规定："校长由教育人民委员会提出名单，人民委员会委任。大学管理委员会委员则由教育人民委员部委任之。"②文件明确校长为责任主体，领导学校建设。其次强调发挥教师的主体作用，在民主管理的原则之下，实行校务公开，且教师与校长一体，配合学校管理工作。另外注意发挥学生组织的作用，1934年4月教育人民委员部订定的《列宁小学校学生组织大纲》规定："学生会组织学生自己的生活，发展自治的能力，参加学校行政的管理，并动员学生参加校外的社会工作，培养将来社会主义的建设者。"③

总而言之，苏区的教育立法从制定到实施，都形成了适合当时战争环境的体系，囊括了各级各类教育，具有一定的完整性，为后来教育事业的法制建设奠定了基础。

---

① 董纯才、张腾霄、皇甫束玉：《中国革命根据地教育史》第一卷，72页，北京，教育科学出版社，1991。

② 《沈泽民苏维埃大学简章》，见中央教育科学研究所、陈元晖、璩鑫圭等：《老解放区教育资料（一）》，227页，北京，教育科学出版社，1981。

③ 《列宁小学校学生组织大纲》，见中央教育科学研究所、陈元晖、璩鑫圭等：《老解放区教育资料（一）》，334页，北京，教育科学出版社，1981。

（二）新民主主义教育方针的初步形成

"苏维埃文化教育的总方针在什么地方呢？在于以共产主义的精神来教育广大的劳苦民众，在于使文化教育为革命战争与阶级斗争服务，在于使教育与劳动联系起来。"[①]其中，"以共产主义的精神来教育广大的劳苦民众"是苏区教育性质的集中体现；"使文化教育为革命战争与阶级斗争服务"指明了苏区教育为谁服务的问题；"使教育与劳动联系起来"是苏区教育实施的途径和方法。使中国民众都成为享受文明幸福的人，保障工农劳苦民众的受教育权是苏区教育的目标。

1. 以共产主义的精神来教育广大的劳苦民众

"以共产主义的精神来教育广大的劳苦民众"作为苏维埃文化教育方针的一部分，是随着新民主主义革命的不断深入而逐渐清晰的，在教育思想的不断发展和教育实践的不断探索中渐趋完善。

早在1922年5月，中国社会主义青年团第一次全国代表大会就对教育问题做出了论述，"社会主义的青年应宣传社会主义于大多数青年无产阶级"，"以启发并养成青年无产阶级的政治

---

① 毛泽东：《在第二次全国苏维埃代表大会上的报告》，见中共中央文献研究室、中央档案馆：《建党以来重要文献选编（一九二一——一九四九）》第十一册，127页，北京，中央文献出版社，2011。

觉悟及批评力"①，蕴含了共产主义精神，为后来以共产主义精神教育工农大众奠定了思想基础。1932 年 5 月，《湘鄂赣省苏维埃政府训令（文字第一号）——确定教育原则，为今后实施教育方针》明确提出苏维埃教育在这个阶段的原则应该是"反对国民党党化教育、复古教育、教会教育，实施无产阶级教育"②。

　　1933 年，党内关于教育方针的讨论日益激烈。1933 年 8 月，少共中央局在《关于目前教育工作的任务与团对教育部工作的协助的决议》中批评先前的教育方针，并进一步提出实行"共产主义"的教育。但在当时，党内对于"以共产主义教育工农大众"存在一些异议。比如，瞿秋白"不同意当时在'左'倾路线指导下强调以共产主义为内容的国民教育政策和对知识分子的过'左'政策，因而发生了分歧和争论"③。徐特立也不赞同"共产主义教育"，认为以发展成人教育为先，并以实际行动反对"左"倾。④

　　1934 年 1 月，毛泽东在第二次全国苏维埃代表大会上明确

---

　　① 《中国社会主义青年团纲领》，见中共中央文献研究室、中央档案馆：《建党以来重要文献选编（一九二一——一九四九）》第一册，75 页，北京，中央文献出版社，2011。

　　② 《湘鄂赣省苏维埃政府训令（文字第一号）——确定教育原则，为今后实施教育方针》，见《湘鄂赣革命根据地文献资料》第二辑，187 页，北京，人民出版社，1985。

　　③ 杨之华：《回忆秋白》，151 页，北京，人民出版社，1984。

　　④ 陈桂生：《徐特立教育思想研究》，40～41 页，沈阳，辽宁教育出版社，1993。

提出"以共产主义的精神来教育广大的劳苦民众"作为苏维埃文化教育的总方针之一，这一论述明显区别于"共产主义教育"。其内涵是用马克思主义阶级斗争的观点和方法教育群众，激发广大群众反帝反封建的阶级觉悟，反对帝国主义、封建主义、国民党"党化教育"和"三民主义教育"。[1] 其实质是苏区教育的阶级性。"当作国民文化的方针来说，居于指导地位的是共产主义的思想"，"现在整个新的国民文化的内容还是新民主主义的，不是社会主义的"。[2] 因此，我们应当以共产主义的精神来教育广大的劳苦民众，"努力在工人阶级中宣传社会主义和共产主义，并适当地有步骤地用社会主义教育农民及其他群众"[3]。

土地革命战争时期，"以共产主义的精神来教育广大的劳苦民众"集中体现了苏区教育的政治性，是苏区教育的突出特点，既关系到新民主主义教育方针的性质，又为苏区的文化教育建设指明了目标和方向。

2. 保障工农大众的受教育权

苏区教育和以往任何一种教育的根本区别在于广大的工农大众享有受教育权。保障工农大众的受教育权，使工农大众成

---

① 顾明远、刘复兴：《从新民主主义教育到社会主义教育（1921—2012）》，63～64页，北京，教育科学出版社，2015。

② 毛泽东：《新民主主义论》，见《毛泽东选集》第二卷，704～706页，北京，人民出版社，1991。

③ 毛泽东：《新民主主义论》，见《毛泽东选集》第二卷，704页，北京，人民出版社，1991。

为享受幸福的人是苏区教育的主要目的，回答了苏区教育"谁受教育"和"培养什么样的人"的问题。

1931 年 11 月，毛泽东在《中华苏维埃共和国第一次全国工农兵代表大会宣言》中指出："一切工农劳苦群众及其子弟，有享受国家免费教育之权，教育事业之权归苏维埃掌管，取消一切麻醉人民的封建的、宗教的和国民党的三民主义的教育。"[①] 1934 年 1 月，在第二次全国苏维埃代表大会上，毛泽东指出："这里一切文化教育机关是操在工农劳苦群众的手里。工农及其子女有享受教育的优先权。"[②]紧接着，《中华苏维埃共和国宪法大纲》进一步规定中华苏维埃政权保证工农大众的受教育权[③]，对工农受教育权以法律形式给予保障。

值得注意的是，苏区的教育以保障工农大众受教育权利为目的，并且把工农大众的这一权利放在比其他阶级和阶层优先

---

① 《中华苏维埃共和国第一次全国工农兵代表大会宣言》，见赣南师范学院、江西省教育科学研究所：《江西苏区教育资料汇编（一）》，72 页，出版地不详，出版者不详，1985。

② 毛泽东：《在第二次全国苏维埃代表大会上的报告》，见中共中央文献研究室、中央档案馆：《建党以来重要文献选编（一九二一——一九四九）》第十一册，124 页，北京，中央文献出版社，2011。

③ 《中华苏维埃共和国宪法大纲》，见中共中央文献研究室、中央档案馆：《建党以来重要文献选编（一九二一——一九四九）》第十一册，162 页，北京，中央文献出版社，2011。

考虑的地位。[①] 1927 年 3 月，毛泽东在《湖南农民运动考察报告》中指出："中国历来只是地主有文化，农民没有文化。"[②]工农群众是苏区的主体，苏维埃教育是劳苦大众的教育，因此，保障工农大众的受教育权是苏区教育的重要原则。各级各类学校采取不同措施鼓励工农子女入学，尽可能地解决劳苦民众受教育过程中遇到的困难和问题。1931 年 9 月，《湘鄂赣省工农兵苏维埃第一次代表大会文化问题决议案》规定，"凡工农劳苦群众的子弟，读书一律免费"[③]。1932 年 6 月《文化教育问题决议案 永新县四全代表大会通过》规定："在这里，苏维埃要保证劳动阶级免费教育的执行，供给雇农、贫农、中农、红军家属、工人的子弟的书籍和纸墨笔等用具，酌量情形向富农、手工业主、店主要学校捐，与征收其子弟的学费，补助学校用费。"[④]

保障红军子女和女性群体的受教育权是这一教育方针的重要方面。

① 顾明远、刘复兴：《从新民主主义教育到社会主义教育(1921—2012)》，66 页，北京，教育科学出版社，2015。

② 毛泽东：《湖南农民运动考察报告》，见《毛泽东选集》第一卷，39 页，北京，人民出版社，1991。

③ 《湘鄂赣省工农兵苏维埃第一次代表大会文化问题决议案》，见中央教育科学研究所、陈元晖、璩鑫圭等：《老解放区教育资料(一)》，103 页，北京，教育科学出版社，1981。

④ 《文化教育问题决议案 永新县四全代表大会通过》，见中央教育科学研究所、陈元晖、璩鑫圭等：《老解放区教育资料(一)》，143 页，北京，教育科学出版社，1981。

首先，红军家属享受优待政策。1934 年 1 月 8 日，党中央与中华苏维埃共和国人民委员会公布的《关于优待红军家属的决定》规定："凡设立学校的地方，红军子女有免费入学权利，由乡区政府负责执行，对于成年红军家属愿意入补习学校或其他训练班的，应尽可能招收他们。"①2 月 23 日，中央政府内务、教育人民委员部进一步规定："凡是在服务期间的红军子弟入校读书的，由乡优待红军家属委员会于优待红军家属的基金中抽取一部分，作为津贴纸张、笔墨、书籍等费，每名每学期津贴大洋二角五分到三角。"②

其次，强调男女平等，保障妇女受教育的权利。1932 年 7 月，临时中央政府颁布的第六号人民委员会训令《关于保护妇女权利与建立妇女生活改善委员会的组织和工作》规定："各级的文化部应设立妇女半日学校，组织妇女识字班。"③1932 年秋，《第二次闽浙赣省苏大会文化工作决议案》规定："青年女工农妇应使其受男子同等教育，对妇女，也应劝其加入俱乐部、识字

---

① 《关于优待红军家属的决定（节录）》，见赣南师范学院、江西省教育科学研究所：《江西苏区教育资料汇编（一）》，84 页，出版地不详，出版者不详，1985。

② 《中央政府内务、教育人民委员部联合通知——红军子弟免费读书》，见赣南师范学院、江西省教育科学研究所：《江西苏区教育资料汇编（一）》，84 页，出版地不详，出版者不详，1985。

③ 《临时中央政府文告人民委员会训令第六号——关于保护妇女权利与建立妇女生活改善委员会的组织和工作（节录）》，见赣南师范学院、江西省教育科学研究所：《江西苏区教育资料汇编（一）》，75 页，出版地不详，出版者不详，1985。

班、工农补习夜校。"①

总之，苏维埃教育是工农群众的教育，"学校是穷人自己的学校"②。只有工农及其子女都能接受教育，才能动员民众拿起武器英勇抗争，争取属于自己的权利，最终享受幸福。

3. 教育为革命战争服务

教育作为社会的子系统，受到政治、经济、文化等多因素的影响，同时反作用于社会其他子系统。教育独特的阶级性决定着它为社会政治服务的性质。"教育为革命战争服务"是土地革命战争时期对教育性质的进一步阐释，回答了苏区教育为谁服务的问题。

1932年秋，《第二次闽浙赣省苏大会文化工作决议案》提出："在目前日益开展的国内阶级战争中，加紧工农群众的革命的阶级的政治教育，提高工农群众的文化水平，激励工农群众的斗争情绪，坚定工农群众对革命斗争的胜利信心与决心，粉碎反动统治阶级麻醉工农群众的精神工具——封建迷信和国民党教育，团结工农群众在革命的阶级战线上，争取革命战争的

---

① 《第二次闽浙赣省苏大会文化工作决议案》，见赣南师范学院、江西省教育科学研究所：《江西苏区教育资料汇编（一）》，149页，出版地不详，出版者不详，1985。

② 《闽西苏维埃政府文化委员会决议案》，见赣南师范学院、江西省教育科学研究所：《江西苏区教育资料汇编（一）》，168页，出版地不详，出版者不详，1985。

完全胜利，这是文化教育工作的中心任务。"①

　　1933 年 4 月 15 日，《中华苏维埃共和国临时中央政府教育人民委员部训令第一号——目前的教育任务》指出："苏区当前文化教育的任务，是要用教育与学习的方法，启发群众的阶级觉悟，提高群众的文化水平与政治水平，打破旧社会思想习惯的传统，以深入思想斗争，使能更有力的动员起来，加入战争，深入阶级斗争，和参加苏维埃各方面的建设。"②1934 年 1 月，毛泽东在第二次全国苏维埃代表大会上的报告中确定将"使文化教育为革命战争与阶级斗争服务"作为教育方针之一。其实质包括两个方面：一是教育为阶级斗争服务，二是教育为革命战争服务。

　　关于教育为阶级斗争服务。"要组织无产阶级，用阶级斗争的手段，建立劳农专政的政治，铲除私有财产制度，渐次达到一个共产主义的社会"③，因此，阶级斗争是文化教育建设的行动纲领。

　　1932 年 9 月 6 日，《湘赣省苏维埃政府第二次代表大会决议

---

　　① 《第二次闽浙赣省苏大会文化工作决议案》，见赣南师范学院、江西省教育科学研究所：《江西苏区教育资料汇编（一）》，146 页，出版地不详，出版者不详，1985。

　　② 《中华苏维埃共和国临时中央政府教育人民委员部训令第一号——目前的教育任务》，见赣南师范学院、江西省教育科学研究所：《江西苏区教育资料汇编（一）》，85 页，出版地不详，出版者不详，1985。

　　③ 《中国共产党第二次全国代表大会宣言》，见中共中央文献研究室、中央档案馆：《建党以来重要文献选编（一九二一——一九四九）》第一册，133 页，北京，中央文献出版社，2011。

案》规定："文化教育工作，是负有铲除旧社会遗传（留）下来的一切道德宗教风俗旧礼教等封建残余的重要作用，建设工农阶级的文化事业使群众的智识增进，政治水平提高，以发动阶级斗争，坚强阶级意志，而巩固苏维埃政权的社会基础。"①因此，教育活动必须配合阶级斗争活动，并为阶级斗争服务。

土地私有制是民众受到封建压迫的根源，必须让贫苦的农民认识到，土地改革运动是农民从地主手中夺回本就属于自己的土地。解放农民的思想是一个漫长的过程，需要教育发挥最大的功效。1933年7月7日，中华苏维埃共和国中央教育人民委员部为了发挥文化教育工作在查田运动中的作用，发布第四号训令，指出了各级教育部必须完成的具体工作，包括：各级教育部搜集实际材料编制宣传品，各地俱乐部组织化装宣传队、标语口号队、唱歌队，各地列宁小学教员在教课中传授给学生关于查田运动的认识。②

此外，还需要在各类教育中坚持阶级斗争，逐渐提升工农民众的思想意识。例如，1934年4月教育人民委员部订定的《俱

① 《湘赣省苏维埃政府第二次代表大会决议案（节录）》，见赣南师范学院、江西省教育科学研究所：《江西苏区教育资料汇编（一）》，124页，出版地不详，出版者不详，1985。

② 《中华苏维埃共和国中央教育人民委员部训令第四号》，见中央教育科学研究所、陈元晖、璩鑫圭等：《老解放区教育资料（一）》，33～34页，北京，教育科学出版社，1981。

乐部纲要》提出："俱乐部的一切工作，都应当是为着动员群众来响应共产党和苏维埃政府每一号召的，……为着反对封建及资产阶级意识而战斗的。"①

关于教育为革命战争服务。在教育与革命战争的关系问题上，当时的苏区存在一种将两者割裂的错误观点。"有人主张服从战争而取消教育"，"我们要帮助战争，不要做教育工作"②，将教育与革命战争对立。1933 年 10 月 23 日，何凯丰在苏区教育大会上的总结报告中明确提出与忽视教育工作的观点做斗争，纠正过去的错误路线。1933 年 10 月 24 日，毛泽东进一步指出："苏维埃政府领导工农群众与红军，用革命战争粉碎敌人'围剿'，是一切革命任务的中心。因此我们的一切工作、一切生活，都要服从于革命战争。争取战争的胜利，是苏维埃与每个工农同志的第一等责任。"③这明确了苏区教育为革命战争服务的性质。因此，教育是革命总战线中的一条重要的战线，动员广大的劳苦民众参与革命战争、保卫苏维埃政权是苏区文化教

① 《俱乐部纲要》，见中央教育科学研究所、陈元晖、璩鑫圭等：《老解放区教育资料（一）》，283 页，北京，教育科学出版社，1981。

② 何凯丰：《结论——凯丰同志在苏区教育大会上的总结报告》，见赣南师范学院、江西省教育科学研究所：《江西苏区教育资料汇编（一）》，39 页，出版地不详，出版者不详，1985。

③ 毛泽东：《中华苏维埃共和国临时中央政府成立两周年纪念对全体选民的工作报告书》，见中共中央文献研究室、中央档案馆：《建党以来重要文献选编（一九二一——一九四九）》第十册，568 页，北京，中央文献出版社，2011。

育建设的重要任务，这实际上明确了苏区教育的方向。

为解决教育怎样服务于革命战争的问题，苏区政府采取了各种措施，从红军教育、干部教育到社会教育、普通教育，都行动起来，坚持为革命战争服务的原则。

综上所述，苏区在探索教育为革命战争服务方面做出了巨大的努力，"教育为革命战争服务"也是战时教育事业发展的一般特征。正如瞿秋白所说，"现在的教育是革命战争时代的教育"①，因此必须明确教育与革命战争的关系。

4. 教育与生产劳动相结合

阶级社会的教育，"教育与劳动分家"是特征之一，"这种教育的结果，在个人方面，是读书人弄成'手无缚鸡之力'，弄成'四体不勤，五谷不分'；做工人弄成'目不识丁'，弄成'不识不知，顺帝之则'"②。马克思创造性地提出把教育同物质生产结合，在这一基本教育原理的指导下，"教育与生产劳动相结合"成为苏区教育的重要原则，是苏维埃教育的实施途径和具体措施，旨在"把受教育者培养成为有能思想的头脑、有能劳作的双

---

① 瞿秋白：《阶级战争中的教育——论教育系统的检举运动》，见赣南师范学院、江西省教育科学研究所：《江西苏区教育资料汇编（一）》，23页，出版地不详，出版者不详，1985。
② 杨贤江：《新教育大纲》，见《杨贤江全集》第三卷，279页，郑州，河南教育出版社，1995。

手和热爱劳动、掌握劳动技术的全面发展的全新人才"①。

教育与生产劳动相结合在苏区教育事业的建设和发展中有重要的意义，发挥了突出的作用。

首先，提升了工农民众的劳动能力，满足了苏区工农民众的实际需求。对于苏区民众而言，生产劳动是战争环境中维持生计的根本，时间安排不合理以及脱离生产生活实际的教育活动是有害的，无法吸引劳苦大众积极参与教育实践，教育也无法有效发挥作用。因此，苏区教育与生产劳动相结合是由根据地的实际情况所决定的，切实满足了工农群众的生产生活需求。1934 年 4 月，教育人民委员部颁布的《小学课程教则大纲》规定："苏维埃的教育，是要扫除那种'读书'同生产脱离的寄生虫式的教育制度的残余，而使学校教育同生产劳动密切的联系起来"，"小学的一切课目都应当使学习与生产劳动及政治斗争密切联系，并在课外组织儿童的劳作实习及社会工作，劳作实习应当同当地经济情形相配合，有计划的领导学生学习各种工艺、园艺、耕种及其他生产劳动"。②

其次，提高了民众的劳动热情，增强了根据地的后备军需

---

① 宋荐戈、张腾霄：《简明中国革命根据地教育史》，37 页，北京，中国文史出版社，2016。

② 教育人民委员部：《小学课程教则大纲》，见赣南师范学院、江西省教育科学研究所：《江西苏区教育资料汇编（五）》，15、13 页，出版地不详，出版者不详，1985。

保障能力。1934年1月27日，毛泽东发表的《关心群众生活，注意工作方法》指出："如果我们单单动员人民进行战争，一点别的工作也不做，能不能达到战胜敌人的目的呢？当然不能。我们要胜利，一定还要做很多的工作。"①通过教育增强工农民众的劳动热情，是苏区政府的重要工作之一。在动荡的战争环境中，根据地的区域不断变化和发展，群众的劳作也只能断续发展。因此，教育需要不时地为生产劳动注入强心剂，提高工农群众的劳动热情，巩固后方的生产劳动。更重要的是，根据地作为革命战争的重要依托，必须增强后备军需保障能力，而生产劳动是巩固根据地建设的重要手段，所以教育活动要注意通过不同的方式促进生产活动的进步。1933年3月，《少共苏区中央局关于少先队工作的决议》强调："要在少先队中组织热烈的春耕运动，发展生产突击队，广大的运用革命竞赛的方式，提出'每个队员多栽十把禾，多栽十棵棉，多栽十颗菜'的口号，提出队员的最大限度的劳动热情"。②

最后，培养了民众的劳动习惯和劳动态度，解放了苏区工农大众的思想。苏区学校坚持教育与生产劳动相结合的原则，

---

① 毛泽东：《关心群众生活，注意工作方法》，见《毛泽东选集》第一卷，136页，北京，人民出版社，1991。
② 《少共苏区中央局关于少先队工作的决议》，见中央教育科学研究所、陈元晖、璩鑫圭等：《老解放区教育资料（一）》，354页，北京，教育科学出版社，1981。

改进教学方式，调整教学内容，帮助民众养成劳动习惯和劳动态度。在结合的过程中，学生的思想意识发生了很大的变化，开始意识到劳动是自己的权利，受教育也是应有的权利，逐渐解放了被束缚的思想。

苏区教育与生产劳动相结合的原则贯彻落实在苏区各项教育实践活动中。其中，干部教育着重强调加入生产劳动的相关内容。1930 年 11 月，鄂豫皖苏区罗山县苏维埃政府创办宣化列宁模范学校，要求"课余时间，学生经常进行军事训练和参加生产劳动"①。所培养的干部又将教育与生产劳动结合的理念带到各根据地，推动生产劳动成为教育的有机组成部分。女子教育注重结合教育与生产劳动，造就女性专门人才。例如，湘赣省苏维埃政府发布的《女子职业学校暂行简章》规定"以造就女子职业专门人才，发展苏维埃经济，使每个女子都有一种职业，达到女子的经济与职业独立"为任务，"设缝纫科、纺织科、染色科三科"。②

教育与生产劳动相结合是马克思主义在中国大地上的发展，是当时基本国情的客观要求，同时也是发展教育事业的一项有力举措，培养了革命战争所需的大批人才。

---

① 皇甫束玉、宋荐戈、龚守静：《中国革命根据地教育纪事》，35 页，北京，教育科学出版社，1989。

② 《女子职业学校暂行简章》，见赣南师范学院、江西省教育科学研究所：《江西苏区教育资料汇编（四）》，68 页，出版地不详，出版者不详，1985。

"一切新的东西都是从艰苦斗争中锻炼出来的"①，苏区教育思想正是在艰苦卓绝的战争环境中孕育而生的。它以马克思主义为指导，启发大众思想，引导工农群众奋起反抗，并与中国基本国情相结合，在实践中不断探索和发展，提出了苏维埃文化教育总方针，并制定了众多教育政策、法规，为新民主主义教育方针的最终形成奠定了思想基础。

四、新民主主义教育思想的最终形成

新民主主义教育思想作为新民主主义革命思想的重要组成部分，随着中国共产党领导的新民主主义革命的推进而逐步走向丰富和成熟。抗日战争时期，以毛泽东为代表的中国共产党领导人对新民主主义革命纲领进行了系统阐释，新民主主义教育思想也随之最终形成。

(一)新民主主义文化教育方针

1. 新民主主义文化教育方针的提出

1940年1月9日，毛泽东在陕甘宁边区文化界救国协会第

---

① 毛泽东：《新民主主义论》，见《毛泽东选集》第二卷，704页，北京，人民出版社，1991。

一次代表大会上发表了题为《新民主主义的政治与新民主主义的文化》的讲演。同年 2 月 15 日，同名文章首次发表于《中国文化》创刊号之上。2 月 20 日，该篇文章题目改为《新民主主义论》，刊登于《解放》周刊的第 98、99 期合刊之上。《新民主主义论》不仅阐明了关于中国革命的一系列重要理论问题，而且驳斥了关于中国革命前途和指导思想的几种错误言论，同时，还全面阐述了新民主主义的基本纲领，其中就有关于新民主主义文化教育问题的论述。毛泽东在对中国文化革命历史特点、文化分期、文化性质进行分析的基础上，提出了"民族的、科学的、大众的"新民主主义文化教育方针。

　　新民主主义文化教育方针是基于中国共产党对中国革命的理论和实践长期探索而逐渐形成的。中国共产党成立后开展了形式多样的教育实践，形成了以面向工农大众办教育、改良教育制度为核心的新民主主义教育纲领。土地革命战争时期，以毛泽东为代表的中国共产党人通过总结苏区革命根据地教育实践经验，逐步认识到中国共产党应坚持用共产主义精神教育工农劳苦民众，开展面向全体工农劳动大众、反对帝国主义和封建主义的教育，使教育为革命战争和阶级斗争服务，与生产劳动相结合。这些思想认识虽不够系统和完善，但为新民主主义文化教育方针的提出奠定了基础。

　　毛泽东于 1937 年 7 月 23 日发表《反对日本进攻的方针、办法和前途》一文，提出"根本改革过去的教育方针和教育制度。不务之急和不合理的办法，一概废弃"①的主张。1937 年 8 月 22 日至 25 日，中共中央政治局在陕北召开洛川会议，通过了《中国共产党抗日救国十大纲领》，其中第八条"抗日的教育政策"强调"改变教育的旧制度旧课程，实行以抗日救国为目标的新制度新课程。实行普及的义务的免费的教育方案，提高人民民族觉悟的程度。实行全国学生的武装训练"②。以上两份文件反映出全面抗战初期中国共产党实施以抗日救国为目标的国防教育，明确提出改变旧的教育方针、旧的教育制度、旧的教育课程的思想。抗战时期文化教育方针政策旨在为抗战服务，强调废除旧的教育制度，积极创办干部学校，发展民众教育，为新民主主义文化教育方针的最终形成奠定了基础。

1938 年 11 月，抗日战争转入相持阶段，中国共产党面临着极为严峻的内外形势。因日本进攻策略的调整，中国共产党领导的敌后抗日根据地遭到了严重的扫荡和围攻。国民党内部反共投降倾向加剧，在军事领域制造反共摩擦的同时，也从文化、政治领域发起攻势。国民党"理论家"叶青声称："三民主义可以

---

① 毛泽东：《反对日本进攻的方针、办法和前途》，见中共中央文献研究室、中央档案馆：《建党以来重要文献选编（一九二一——一九四九）》第十四册，397 页，北京，中央文献出版社，2011。

② 《中国共产党抗日救国十大纲领》，见中共中央文献研究室、中央档案馆：《建党以来重要文献选编（一九二一——一九四九）》第十四册，477 页，北京，中央文献出版社，2011。

满足中国现在和将来的一切要求。它的实现，中国便不需要社会主义了，从而组织一个党来为社会主义而奋斗的事也就不必要了。"①作为中间党派的国家社会党首领张君劢于 1938 年 12 月发表《致毛泽东先生一封公开信》，提出："目前阶段中，先生等既努力于对外民族战争，不如将马克思主义暂搁一边，使国人思想走上彼此是非黑白分明一涂，而不必出以灰色与掩饰之辞。"②在这样的国际和国内形势下，中国共产党必须回答"中国向何处去"的问题。

为此，毛泽东、张闻天等中共中央领导人以及延安理论界发表了一系列文章和讲话。张闻天在《抗战以来中华民族的新文化运动与今后任务》一文中指出三民主义不符合新文化的倾向，同时强调了"新文化除了应该是民族的、民主的、科学的而外，应该又是大众的"③。周恩来在阐述统一战线的方法时，正确阐释了三民主义与共产主义的实质与关系。他提出："宣传科学思想、民族解放思想、民主思想、社会主义思想以及民族美德与

---

① 胡绳、中共中央党史研究室：《中国共产党的七十年》，190 页，北京，中共党史出版社，1999。

② 张君劢：《致毛泽东先生一封公开信》，载《再生》，1938(10)。

③ 张闻天：《抗战以来中华民族的新文化运动与今后任务》，见张闻天选集编辑组：《张闻天文集》第三卷，44、47 页，北京，中共党史出版社，1994。

优良传统，以反对复古的反动的向后倒退的思想。"①由此，共产党人进一步归纳出"发展抗战文化与提倡进步思想，是我党文化政策的方向"，同时，提出文化运动的口号应该是"民族化，大众化，民主化"②。毛泽东先后发表《〈共产党人〉发刊词》《中国革命和中国共产党》《新民主主义论》等文章，既将三民主义论战与马克思主义中国化结合起来，有力地批判了假三民主义，又对新民主主义理论进行了系统全面、逻辑严谨的阐述，进而提出系统、完整的新民主主义革命理论和纲领。这其中就包含民族的科学的大众的新民主主义文化教育方针。

2. 新民主主义文化教育方针的内涵

毛泽东在《新民主主义论》中用一句话对新民主主义文化的教育方针进行了高度概括："民族的科学的大众的文化，就是人民大众反帝反封建的文化，就是新民主主义的文化，就是中华民族的新文化。"③他还从新民主主义文化与政治、经济的关系，中国文化革命的历史特点和四个时期，文化性质上的偏向，民族的科学的大众的文化几个方面详细阐释了新民主主义文化教

① 周恩来：《关于统一战线的策略、方法和守则（提纲）》，见中共中央统一战线工作部、中共中央文献研究室：《周恩来统一战线文选》，44 页，北京，人民出版社，1984。

② 宋进：《挈其瑰宝：抗战时期中共与三民主义研究》，180 页，桂林，广西师范大学出版社，1994。

③ 毛泽东：《新民主主义论》，见《毛泽东选集》第二卷，708～709 页，北京，人民出版社，1991。

育方针的内涵。

　　毛泽东运用社会存在决定社会意识，社会意识又反作用于社会存在这一历史唯物主义的基本原理，联系当时中国的政治、经济和文化状况，结合中国革命的具体实践，科学地论述了文化与政治、经济的辩证关系。他在《新民主主义论》中指出："一定的文化（当作观念形态的文化）是一定社会的政治和经济的反映，又给予伟大影响和作用于一定社会的政治和经济；而经济是基础，政治则是经济的集中的表现。这是我们对于文化和政治、经济的关系及政治和经济的关系的基本观点。"①毛泽东的这一论述坚持了马克思列宁主义的政治、经济决定文化教育的观点，同时阐明了文化教育同政治、经济的辩证关系。他既指明了政治、经济对文化教育的作用，又确认了文化教育对政治、经济的巨大影响和作用。② 新民主主义文化是新民主主义政治、经济在文化上的反映，并为新民主主义政治和经济服务的。"新民主主义的政治、新民主主义的经济和新民主主义的文化相结合，这就是新民主主义共和国，这就是名副其实的中华民国，这就是我们要造成的新中国。"③

---

　　①　毛泽东：《新民主主义论》，见《毛泽东选集》第二卷，663～664 页，北京，人民出版社，1991。

　　②　彭月英、孙海林、葛意诚等：《毛泽东延安时期教育实践与教育思想概论》，22 页，湘潭，湘潭大学出版社，2012。

　　③　毛泽东：《新民主主义论》，见《毛泽东选集》第二卷，709 页，北京，人民出版社，1991。

新民主主义的文化教育是无产阶级领导的人民大众的反帝反封建的文化教育，是民族的、科学的、大众的完全教育。

新民主主义文化教育是民族的，是"反对帝国主义压迫，主张中华民族的尊严与独立的"。将"民族的"置于首位，是以毛泽东为首的中国共产党在对中国近代社会性质和当时国内外矛盾进行准确分析后提出的。而新民主主义文化在具有民族性的同时，还具有世界性。一方面，它应与其他民族的社会主义文化或新民主主义文化相联合，作为世界新文化的一部分；另一方面，它应以马克思列宁主义为指导，科学地对待外国文化，注意"取其精华，去其糟粕"。值得注意的是，马克思主义在中国的运用也应该"将马克思主义的普遍真理与中国革命的具体实践完全的恰当的统一起来"①。总之，毛泽东主张的新民主主义文化教育是革命的民族文化教育。它要同一切别的民族的社会主义文化和新民主主义文化相联合，建立互相吸收和互相发展的关系，共同形成世界的新文化。

新民主主义文化教育是科学的，它"反对一切封建思想与迷信思想，主张实事求是，主张客观真理，主张理论与实践一

---

① 新教育学会：《论新民主主义文化》，11 页，大连，大连大众书店，1947。

致"①。所谓科学的，是指它本质上坚持了马克思主义世界观和方法论原则。在这些原则的指导下，在建立新民主主义文化教育统一战线时应坚持唯物主义，反对唯心主义。在对待民族文化遗产时，应在尊重唯物辩证法发展的前提下，剔除古代文化中封建腐朽的成分，继承其民主性的精华。同时，既反对民族虚无主义，又与文化保守主义划清界限。②新民主主义文化工作的一个重要任务，就是要提倡和宣传马克思主义的科学世界观和社会革命论，帮助越来越多的人运用实事求是、理论联系实际的唯物主义的思想路线，来认识问题、研究问题和解决问题。

新民主主义文化教育是大众的，"因而即是民主的。它应为全民族中百分之九十以上的工农劳苦民众服务，并逐渐成为他们的文化"③。这里，毛泽东将新民主主义文化的大众化问题与民主内涵放在一起，表明他认为新民主主义文化是彻底的民主主义文化，是民主化与大众化的统一。同时他看到了人民大众在新民主主义文化教育发展中的主体地位。因而他强调"要把教育革命干部的知识与教育革命大众的知识在程度上互相区别又

---

① 新教育学会：《论新民主主义文化》，12 页，大连，大连大众书店，1947。

② 仲伟通：《解读〈新民主主义论〉》，142～143 页，长春，吉林出版集团有限责任公司，2013。

③ 仲伟通：《解读〈新民主主义论〉》，144 页，长春，吉林出版集团有限责任公司，2013。

互相联结起来，把提高与普及互相区别又互相联结起来"①，而且主张"民众就是革命文化的无限丰富的源泉"②。因此，革命文化运动与实践运动都是群众的。新民主主义文化教育只能和必须由中国共产党和无产阶级领导，发展新民主主义文化教育必须坚持群众路线。

3. 新民主主义文化教育方针的意义

新民主主义文化教育方针是马克思主义中国化的产物，标志着新民主主义文化教育思想的最终形成。它为中国共产党领导抗日根据地的文化教育建设提供了行动指南，有利于保障抗日战争的胜利，进而有助于共产党领导的新民主主义革命的胜利。

（1）理论意义

新民主主义文化教育方针是中国共产党以马克思主义为指导，结合中国革命的实际，不断总结实践经验，系统化、理论化的成果。新民主主义文化教育方针一方面继承了马克思的历史唯物主义和唯物辩证法的原则和方法，另一方面丰富和完善了新民主主义教育思想的理论内涵。

新民主主义文化教育方针建立在对新民主主义的政治、经

---

① 新教育学会：《论新民主主义文化》，12 页，大连，大连大众书店，1947。

② 新教育学会：《论新民主主义文化》，13 页，大连，大连大众书店，1947。

济的实际情况科学分析的基础之上，对待古今中外文化教育采用批判继承的态度，站在人民大众的立场发展人民大众的文化教育，充分体现了马克思历史唯物主义思想的精髓。

新民主主义文化教育方针是对中国共产党新民主主义革命时期文化教育纲领的一次全面深入总结。中国共产党通过总结早期革命实践经验，逐步认识到教育的对象是全体工农劳动民众；教育应该为革命战争和阶级斗争服务，应该与生产劳动结合起来；教育的目的在于从思想上和文化上解放工农劳动群众，使之积极参加革命斗争，成为一代新人。尽管这些思想认识还不够系统和完善，但为新民主主义文化教育方针的提出奠定了基础。而新民主主义文化教育方针明晰了中国革命的两个阶段，阐述了新民主主义文化与政治、经济之间的关系，在此基础上从民族的、科学的、大众的三方面系统地论述新民主主义文化教育的总纲领，因而极大地丰富和完善了新民主主义教育思想。

（2）实践意义

新民主主义文化教育方针符合抗日战争时期中国共产党领导的各抗日根据地的实际情况，也契合新民主主义革命时期的文化教育发展的特点。它对于新民主主义革命时期各根据地文化教育政策的制定具有指导意义。

新民主主义文化教育方针强调新民主主义文化教育应反对

帝国主义压迫，主张中华民族的独立尊严。在新民主主义文化教育方针指导下，抗日战争后期，抗日根据地的文化教育继续贯彻了反对日本帝国主义侵略，为战争服务的路线。1941 年 2 月 1 日，《陕甘宁边区小学教育实施纲要》指出："边区小学教育，应依新民主主义教育方针以促进儿童的民族觉悟，养成儿童的民主作风，启发儿童的科学思想，发展儿童的审美观念，提高儿童的劳动兴趣，锻炼儿童的健壮体格，增进儿童生活所必要的知识，培养儿童为大众服务的精神。"[①]

同时，新民主主义文化教育方针对革命文化工作者与人民大众在革命总战线中组成文化大军做了论述。在这项方针的指导下，抗日战争后期，根据地一方面继续开展对文化教育工作者的吸收、教育和改造工作，另一方面主张让人民大众在文化教育工作中发挥更多的积极性。就对文化教育工作者的吸收、教育和改造而言，1940 年 3 月的中共中央书记处发布的《中央关于抗日民主地区的国民教育的指示》和 1940 年 12 月 25 日毛泽东的《论政策》中都曾提及吸收知识分子到抗日根据地开办文化教育事业。1942 年 5 月，毛泽东《在延安文艺座谈会上的讲话》

[①] 《陕甘宁边区小学教育实施纲要》，见陕西师范大学教育研究所：《陕甘宁边区教育资料·小学教育部分》上册，97 页，北京，教育科学出版社，1981。

则呼吁知识分子应与群众结合起来，为群众服务。[①] 1942 年 1 月，《解放日报》发表社论《提高边区国民教育》，强调"大量发展地方文化战线上的辅助部队，由政府明令宣布：奖励并提倡私人兴学讲学，允许教会社团设立学校，赞助同族邻里兴办义塾，并确定在不违反抗日救国的最高原则下，对他们的宗旨、学制、课程、组织机构和教学实施，政府决不加以法令上的干预"[②]，进而巩固和发展文化教育战线，使边区的国民教育在质量上真正提高一步。

总的来说，在新民主主义方针的指导下，各革命根据地文化教育事业得到了进一步发展，有助于新民主主义革命取得最终的胜利。

(二)抗日根据地的教育方针政策

抗日战争时期，中国共产党领导的八路军和新四军创建了敌后抗日根据地，以延安为中心的陕甘宁边区是中共中央的所在地和敌后各抗日根据地的政治指导中心。自 1937 年秋起，国民革命军第八路军和国民革命军新编第四军在华北、华中开展

---

①　毛泽东：《在延安文艺座谈会上的讲话》，见中共中央文献研究室、中央档案馆：《建党以来重要文献选编（一九二一——一九四九）》第十九册，313 页，北京，中央文献出版社，2011。

②　《提高边区国民教育》，见中央教育科学研究所：《老解放区教育资料（二）》下册，338 页，北京，教育科学出版社，1986。

游击作战时，收复了大片国土，在敌人后方开辟晋察冀、晋绥、晋冀鲁豫等多块抗日根据地。到 1945 年 9 月，中国共产党领导的抗日根据地遍布华北、华中、华南，共 19 块，土地总面积达 95.6 万平方千米，人口达 9550 万。[①]

为保存和发展自己，消灭和驱逐敌人，中国共产党将建立和发展抗日根据地作为开展游击战争的战略任务之一。[②] 而为巩固和发展抗日根据地，中国共产党将发展教育作为根据地的"三大任务"之一，进而制定出一系列促进抗日根据地教育发展的方针政策。抗日根据地的教育方针政策随着抗日战争的推进，不断在实践中得到完善和发展，进而构成新民主主义教育思想的重要组成部分。

1. 教育为长期战争服务

中国共产党在领导新民主主义革命的过程中，十分重视教育在阶级斗争和革命斗争中的作用。抗战时期，中国共产党在对抗战形势做出合理判断的基础上，逐步将"教育为长期战争服务"确立为抗日根据地的一项重要教育方针。

毛泽东在《中国共产党在抗日时期的任务》中指出，"中国的救亡抗战，必须用跑步的速度去准备"，而且"政治上、军事上、

① 陈廉：《敌后抗日根据地的创建及基本经验》，见全国中共党史研究会：《抗日民主根据地与敌后游击战争》，86 页，北京，中共党史资料出版社，1987。

② 毛泽东：《抗日游击战争的战略问题》，见《毛泽东选集》第二卷，418 页，北京，人民出版社，1991。

经济上、教育上的国防准备，都是救亡抗战的必需条件，都是不可一刻延缓的"。① 即把发展教育作为抗日救亡的必需条件之一。1937年，全面抗战爆发后，中国共产党随即在抗日救国的方针路线中阐明实施以抗战救国为中心的国防教育的总方针。

1938年10月，毛泽东根据抗战形势在六届六中全会上做了《论新阶段》的政治报告。毛泽东在报告中总结了全面抗战以来15个月的战况，再次强调抗日战争是长期的，相应的战略方针也是持久战，进而提出"实行抗战教育政策，使教育为长期战争服务"的方针，并围绕此方针制定了改订学制、发展干部教育、发展民众教育、办理义务的小学教育等具体政策。1940年12月25日，面对国民党顽固派掀起的反共高潮，为维护和巩固抗日民族统一战线，毛泽东在《论政策》一文中阐明了中国共产党抗日民族统一战线的策略原则，指出："关于文化教育政策。应以提高和普及人民大众的抗日的知识技能和民族自尊心为中心。"②

各抗日根据地"教育为长期战争服务"的方针政策主要包括

---

　　① 毛泽东：《中国共产党在抗日时期的任务》，见中共中央文献研究室、中央档案馆：《建党以来重要文献选编（一九二一——一九四九）》第十四册，181～182页，北京，中央文献出版社，2011。

　　② 毛泽东：《论政策》，见中共中央文献研究室、中央档案馆：《建党以来重要文献选编（一九二一——一九四九）》第十七册，705页，北京，中央文献出版社，2011。

以下几个方面：首先，将在抗日根据地的教育中发扬民族精神、树立民族自尊心和自信心作为国防教育的宗旨。1938年1月，《晋察冀边区军政民代表大会决议案》将"发挥高度的民族精神，加强抗战力量"作为根据地文化教育的基本原则之一。[①] 1940年3月6日，《山西省政府第二游击区行署教育纲领》指出："为求民族的独立自由解放，必须高度的发扬民族意识，培养民族的自尊心与抗战必胜的信念，方能完成抗战到底，争取最后胜利的光荣任务，斯为教育之急务。"[②]

其次，培养专业人才和干部，争取知识分子，以推进抗日根据地各项事业的建设。1938年1月，《晋察冀边区军政民代表大会决议案》指出，"培养健全的军事、政治干部，领导抗战"和"造就专门技术人才，建立抗战时期各种事业"是此决议案的两项重要原则。[③] 1939年1月，林伯渠在陕甘宁边区第一届参议会上将培养抗战干部作为国防教育的目的之一，"实行干部教育，培养抗战人材"是《陕甘宁边区抗战时期施政纲领》通过的一

① 曹剑英、刘茗、石璞等：《晋察冀边区教育史》，12页，石家庄，河北教育出版社，1995。

② 《山西省政府第二游击区行署教育纲领》，见山西省教育史晋绥边区编写组、内蒙古自治区教育史志办公室：《晋绥革命根据地教育史资料选编（一）》，5页，出版地不详，出版者不详，1986。

③ 曹剑英、刘茗、石璞等：《晋察冀边区教育史》，12页，石家庄，河北教育出版社，1995。

项教育政策。① 1940 年 12 月，《山东省临时参议会通过山东省战时国民教育实施方案》将教育作为实现动员群众、坚持抗战的政治任务的工具，主张"培养大批抗战建国的干部"②。

再次，推行普及教育、扫除文盲的教育政策，提高根据地人民大众的文化政治水平，以增强抗战力量。1939 年 1 月陕甘宁边区第一届参议会通过《陕甘宁边区抗战时期施政纲领》，其中主张"实行普及免费的儿童教育，以民族精神与生活知识教育儿童，造就中华民族的优秀后代""发展民众教育，消灭文盲，提高边区成年人民之民族意识与政治文化水平"③两项政策。无论是普及免费的儿童教育还是发展消灭文盲的民众教育，都旨在提高人民大众的文化政治水平。1941 年 5 月 1 日，陕甘宁边区第二届参议会通过的《陕甘宁边区施政纲领》明确提出了"继续推行消灭文盲政策，推广新文字教育，健全正规学制，普及国民教育"④的方针政策。1941 年 5 月 1 日颁布的《山西省政府第二游击区社会教育组织暂行条例》强调"对人民大众经常有组织

---

①　《陕甘宁边区抗战时期施政纲领（节录）》，见中央教育科学研究所：《老解放区教育资料（二）》上册，7 页，北京，教育科学出版社，1986。

②　《山东省临时参议会通过山东省战时国民教育实施方案》，见临沂地区教育局：《山东老解放区教育资料选辑》，254 页，出版地不详，出版者不详，1981。

③　《陕甘宁边区抗战时期施政纲领（节录）》，见中央教育科学研究所：《老解放区教育资料（二）》上册，7 页，北京，教育科学出版社，1986。

④　《陕甘宁边区施政纲领（节录）》，见中央教育科学研究所：《老解放区教育资料（二）》上册，7 页，北京，教育科学出版社，1986。

的进行政治文化教育，逐渐分期扫除文盲，提高广大群众文化程度，政治水平，生产知识，及民族自尊心自信心，动员群众积极参加抗战建国的伟大事业"①。

最后，以科学精神教育大众，同旧有的教育积弊做斗争，使教育为抗战建国服务。1939年11月，中共陕甘宁边区第二次党代表大会延续第一次代表大会的精神，通过了如下政策："边区文化教育必须努力除去革命前旧制度对于广大民众所遗留的文化落后状态——文盲、迷信、不卫生等现象；必须立足于进步的科学理论的基础上，为建立中华民族的新文化而斗争。"②1941年5月1日，在陕甘宁边区第二届参议会上，林伯渠强调："提倡科学知识，与广泛开展文艺运动，并且革除恶俗，肃清过去残留毒害，以谋人民的福利。在这里要禁绝烟赌，要彻底厉行放足，提倡清洁运动，改良公共卫生，改善医药，实行儿童保育，减少人民疾病死亡，特别是婴儿死亡率，以增加抗战力量。"③

---

① 《山西省政府第二游击区社会教育组织暂行条例》，见山西省教育史晋绥边区编写组、内蒙古自治区教育史志办公室：《晋绥革命根据地教育史资料选编（一）》，64页，出版地不详，出版者不详，1986。

② 皇甫束玉、宋荐戈、龚守静：《中国革命根据地教育纪事》，161页，北京，教育科学出版社，1989。

③ 林伯渠：《陕甘宁边区政府对第二届参议会的工作报告（节录）》，见中央教育科学研究所：《老解放区教育资料（二）》上册，20页，北京，教育科学出版社，1986。

总的来说，这些方针政策明确了抗战时期"教育为长期战争服务"这一中心目标。这些教育方针政策的制定，是抗战时期抗日根据地的教育发展的风向标，它引导了抗日根据地其他教育方针政策的制定以及教育实践活动的开展。

2. "干部教育第一，国民教育第二"

培养革命干部，发展民众教育是抗日根据地教育方针政策的重要内容。1941 年 1 月，林伯渠在陕甘宁边区政府委员会第四次会议报告中明确提出教育"为抗日战争与边区人民服务，干部教育第一，国民教育第二"①。

(1)关于干部教育

"干部教育第一"是中国共产党基于全面抗日战争爆发后国内基本形势变化和党内干部队伍基本状况做出的决策。领导群众取得游击战争的胜利与建立发展抗日根据地的任务，无疑对党内干部的数量和质量提出了更高的要求。而此时中国共产党干部是急缺的，究其原因，正如陈云在延安抗日军政大学所做的题为《论干部政策》的演讲中所言："中国共产党在过去十年斗争中，干部损失了十几万。"②除在数量上匮乏外，共产党员干部的整体素质也亟待提高。毛泽东指出："如果我们党有一百个

---

① 林伯渠：《陕甘宁边区教育工作改革的方针》，见中央教育科学研究所：《老解放区教育资料(二)》上册，26 页，北京，教育科学出版社，1986。
② 陈云：《论干部政策》，见《陈云文选》第一卷，109 页，北京，人民出版社，1995。

至二百个系统地而不是零碎地、实际地而不是空洞地学会了马克思列宁主义的同志，就会大大地提高我们党的战斗力量，并加速我们战胜日本帝国主义的工作。"①因此，中国共产党将干部教育置于抗日根据地教育发展的首要位置。

全面抗战爆发后，中国共产党在强调干部教育重要地位的同时，从机构、方式、内容等方面制定出较为详尽、系统的干部教育政策。1938 年 10 月，毛泽东在中共六届六中全会上指出："中国共产党是在一个几万万人的大民族中领导伟大革命斗争的党，没有多数才德兼备的领导干部，是不能完成其历史任务的。……'政治路线确定之后，干部就是决定的因素'……因此，坚持而有计划地培养大批的新干部，应是我们的战争任务。"②1938 年 11 月通过的《中共扩大的六届六中全会政治决议案》指出，必须大批培养提拔干部，加紧提高全党政治理论水平，大量设立培养干部的各级学校、训练班等更为具体的干部教育举措。③ 1940 年 1 月 3 日，《中共中央书记处关于干部学习

---

① 毛泽东：《中国共产党在民族战争中的地位》，见《毛泽东选集》第二卷，533 页，北京，人民出版社，1991。

② 毛泽东：《论新阶段》，见中共中央文献研究室、中央档案馆：《建党以来重要文献选编（一九二一——一九四九）》第十五册，643 页，北京，中央文献出版社，2011。

③ 《中共扩大的六届六中全会政治决议案》，见中共中央文献研究室、中央档案馆：《建党以来重要文献选编（一九二一——一九四九）》第十五册，763 页，北京，中央文献出版社，2011。

的指示》从党内干部理论学习、课程开设、编辑教材、教育机制等几个方面做出了指示，同时强调"各级党的组织必须把干部教育放在党的重要工作的地位上来"①。1940 年 8 月 13 日，《中共中央宣传部关于加强干部决策教育的指示》颁布，对干部策略教育的材料课程、不同情境下的策略教育等问题做出了指示。②1940 年 10 月 25 日发出的《中共中央宣传部关于大后方党的干部教育的指示》，针对当时干部教育尚未普遍推行且开展过程中不经常、不系统的问题，在继续坚持《中共中央书记处关于干部学习的指示》中相关干部教育方针和学习原则的基础上，对采用适合秘密工作条件的教育方式开展干部教育做出了指示。③

1941 年 5 月 19 日，毛泽东在延安干部会上做《改造我们的学习》的报告，主张"对于在职干部的教育和干部学校的教育，应确立以研究中国革命实际问题为中心，以马克思列宁主义基本原则为指导的方针，废除静止地孤立地研究马克思列宁主义

---

① 《中共中央书记处关于干部学习的指示》，见中共中央文献研究室、中央档案馆：《建党以来重要文献选编（一九二一——一九四九）》第十七册，2 页，北京，中央文献出版社，2011。

② 《中共中央宣传部关于加强干部策略教育的指示》，见中共中央文献研究室、中央档案馆：《建党以来重要文献选编（一九二一——一九四九）》第十七册，464～465页，北京，中央文献出版社，2011。

③ 《中共中央宣传部关于大后方党的干部教育的指示》，见中共中央文献研究室、中央档案馆：《建党以来重要文献选编（一九二一——一九四九）》第十七册，608～611 页，北京，中央文献出版社，2011。

的方法"①。1941 年 9 月 26 日，为提高党内高级干部的理论水平与政治水平，《中共中央书记处关于高级学习组的决定》发布，文件提出以中央、各中央局、中央分局、区党委或省委之委员，八路军新四军各主要负责人为对象，成立高级学习组。② 这项决定旨在发挥高级干部教育在整风运动中的先锋模范作用。

1942 年 2 月 1 日，毛泽东在党校开学之际，做了一场题为《整顿党的作风》的报告，自此，整风运动在全党范围内普遍展开。1942 年 4 月 3 日，《中共中央宣传部关于在延安研究讨论中央决定与毛泽东整顿三风报告的决定》颁布。该文件强调，为认真地、切实地整顿学风、党风、文风，改造工作，团结干部，团结全党，将《整顿党的作风》《改造我们的学习》等十八个文件作为干部学习的内容，并对其整风学习的制度和方法做出规定。③ 随着整风运动的进一步开展，为学习延安经验，1942 年 6 月 8 日，《中共中央宣传部关于在全党进行整顿三风学习运动的指示》出台，进一步明确了党内干部领导开展这一学习

---

① 毛泽东：《改造我们的学习》，见中共中央文献研究室、中央档案馆：《建党以来重要文献选编（一九二一—一九四九）》第十八册，299～300 页，北京，中央文献出版社，2011。

② 《中共中央书记处关于高级学习组的决定》，见中共中央文献研究室、中央档案馆：《建党以来重要文献选编（一九二一—一九四九）》第十八册，623 页，北京，中央文献出版社，2011。

③ 《中共中央宣传部关于在延安研究讨论中央决定与毛泽东整顿三风报告的决定》，见中共中央文献研究室、中央档案馆：《建党以来重要文献选编（一九二一—一九四九）》第十九册，195～197 页，北京，中央文献出版社，2011。

运动的内容、制度、方法。其中强调各地各级党委、各级宣传部及原有的高级学习组均应按照中央指定的二十二个文件有计划地领导这一运动，并要求各地参考延安的经验开展整风学习。① 这些方针政策的出台使得干部教育进一步制度化。整风运动期间"干部教育第一"的方针政策得到进一步的发展和推进。

除制定总体性的干部教育方针政策外，中国共产党还分别针对抗战时期的在职干部教育和干部学校教育，制定出具体的方针政策。就在职干部教育来说，中央书记处于 1940 年 3 月 20 日发布的《关于在职干部教育的指示》，先将在职干部分为有相当文化理论水准的老干部、文化理论水准都较低的老干部、有相当文化水准的新干部、工农出身的新干部四类，进而对在职干部教育的课程、教材、学时、形式、机制等做出具体的指示。② 1940 年 10 月 20 日发布的《中共中央宣传部关于提高延安在职干部教育质量的决定》，对过去一年延安的在职干部教育工作的成绩及问题进行总结，进而围绕提高在职干部教育质量这

---

① 《中共中央宣传部关于在全党进行整顿三风学习运动的指示》，见中共中央文献研究室、中央档案馆：《建党以来重要文献选编（一九二一——一九四九）》第十九册，326 页，北京，中央文献出版社，2011。

② 《关于在职干部教育的指示》，见中央教育科学研究所：《老解放区教育资料（二）》上册，195～197 页，北京，教育科学出版社，1986。

一决定提出相应的策略。① 当整风运动在全党范围内普遍开展之际，中共中央政治局于 1942 年 2 月 28 日通过了《中共中央关于在职干部教育的决定》。它在强调"干部教育工作，在全部教育工作中的比重，应该是第一位的。而在职干部教育工作，在全部干部教育工作中的比重，又应该是第一位的"②的基础上，将干部教育划分为业务教育、政治教育、文化教育、理论教育四部分，进而对这四种教育分别加以阐释，并分析其关系，最后规定在职干部教育应采取的原则、制度、办法。

就干部学校教育来说，1941 年 12 月 17 日，中共中央政治局通过的《中共中央关于延安干部学校的决定》指出了当时延安干部学校存在的问题。为解决这些问题，该决定明确各个学校的办学目的，对干部学校的教员待遇、课程设置、教学内容及方法、教学设施、行政组织、学风建设等问题做了具体规定，并强调该项决定不仅适用于延安，也适用于各抗日根据地。③

抗战时期中国共产党的教育方针政策对于干部教育开展的

---

① 《中共中央宣传部关于提高延安在职干部教育质量的决定》，见中共中央文献研究室、中央档案馆：《建党以来重要文献选编（一九二一——一九四九）》第十七册，604～607 页，北京，中央文献出版社，2011。

② 中共中央政治局：《中共中央关于在职干部教育的决定》，见中共中央文献研究室、中央档案馆：《建党以来重要文献选编（一九二一——一九四九）》第十九册，146 页，北京，中央文献出版社，2011。

③ 中共中央政治局：《中共中央关于延安干部学校的决定》，见中共中央文献研究室、中央档案馆：《建党以来重要文献选编（一九二一——一九四九）》第十八册，761～764 页，北京，中央文献出版社，2011。

原则、方式、内容进行了较为系统的阐述，并针对在职干部、干部学校两种教育形式制定了较为详尽的方针政策。这些教育方针和政策凸显出干部教育在抗日根据地教育事业中的重要地位。

(2)关于国民教育

抗战时期，中国共产党将干部教育置于首位的同时，也重视发展国民教育。1940 年 3 月 18 日，《中共中央书记处关于开展抗日民主地区的国民教育的指示》强调"开展抗日民主地区的国民教育，是当前深入动员群众参加与坚持抗战，培养革命知识分子与干部的重要环节"。它分别针对学校教育和社会教育做出了具体的规定。在学校教育方面，中国共产党对中小学的创建和发展做出了规划，并强调吸收女子入学；在社会教育方面，则通过建立文化教育活动中心组织各种民众需要及喜欢的活动以开展民众教育，并明确各级党部、政府、部队、学校、民众团体、自卫军都应肩负起开展群众教育的职责，阐述了国民教育领导、推动、开展的具体问题。[①] 1942 年 1 月 14 日，《解放日报》发表题为《提高边区国民教育》的社论，提出了发展国民教育的办法："一方面，由政府以全力兴办和整理真正合格的小

---

① 《中共中央书记处关于开展抗日民主地区的国民教育的指示》，见中共中央文献研究室、中央档案馆：《建党以来重要文献选编(一九二一——一九四九)》第十七册，212～215 页，北京，中央文献出版社，2011。

学，充分保证其工作之需要，另一方面广泛地吸引一切力量到文化教育战线上来，以补救政府力量之不及，这样，才能使边区的国民教育在质量上真正提高一步。"①

国民教育包括普通教育和社会教育两个方面。就普通教育而言，中国共产党做出普及和改革方面的举措。为普及教育，中国共产党主张在抗日根据地办理义务教育。1938年毛泽东在中共六届六中全会的报告中，将"办理义务的小学教育，以民族精神教育新后代"作为新阶段的任务之一。② 各抗日根据地也据此制定实行义务教育的方针政策。例如，1940年3月29日颁布的《陕甘宁边区实施普及教育暂行条例》就针对边区儿童接受义务教育这一问题制定了详细的章程。1940年8月13日公布的《中共中央北方分局关于晋察冀边区目前施政纲领》也规定实行普及的义务的免费的教育。③ 1941年5月晋西北行署发布的《晋西北教育宗旨及实施方针》也制定了实行义务教育的方针。④

----

① 《提高边区国民教育》，见中央教育科学研究所：《老解放区教育资料（二）》下册，339页，北京，教育科学出版社，1986。

② 毛泽东：《论新阶段》，见中共中央文献研究室、中央档案馆：《建党以来重要文献选编（一九二一——一九四九）》第十五册，619页，北京，中央文献出版社，2011。

③ 《中共中央北方分局关于晋察冀边区目前施政纲领（节选）》，见王谦、刘佐秀、宋荣江等：《晋察冀边区教育资料选编·教育方针政策分册》上册，200页，石家庄，河北教育出版社，1990。

④ 皇甫束玉、宋荐戈、龚守静：《中国革命根据地教育纪事》，198页，北京，教育科学出版社，1989。

1941 年 7 月 29 日晋冀鲁豫边区临时参议会通过的《晋冀鲁豫边区政府施政纲领》主张普及免费的义务教育。①

　　就教育改革来说，主要是改革学制，实行"民办公助"。而在整风运动开展后，中国共产党摒弃主观主义学风，从实际出发办学，从而探索出"民办公助"的办学路径。1944 年 4 月 19 日发布的《陕甘宁边区政府关于提倡小学民办公助的指示》，主张通过"民办公助"的形式满足边区群众的教育需要。② 1944 年 9 月 17 日，浙东抗日根据地召开文教工作扩大会议，强调今后所有公私立学校应向民办公助的方向发展。③ 1944 年 10 月 2 日，晋察冀边区行政委员会发出《边委会关于研究与试行"民办公助"小学的指示》，其中针对教育脱离民众的情况，提倡实施"民办公助"，以发动群众根据自己的意志来办学校。④

　　抗日根据地开展社会教育的根本目的是为战争服务，而直接目的是扫盲。抗日根据地的多项社会教育活动都以扫盲为任务。1939 年 3 月 8 日，《陕甘宁边区教育厅第十四号通令关于消

---

　　①　皇甫束玉、宋荐戈、龚守静：《中国革命根据地教育纪事》，204 页，北京，教育科学出版社，1989。

　　②　《陕甘宁边区政府关于提倡小学民办公助的指示》，见中央教育科学研究所：《老解放区教育资料（二）》下册，349 页，北京，教育科学出版社，1986。

　　③　皇甫束玉、宋荐戈、龚守静：《中国革命根据地教育纪事》，273 页，北京，教育科学出版社，1989。

　　④　《边委会关于研究与试行"民办公助"小学的指示》，见王谦、刘佐秀、宋荣江等：《晋察冀边区教育资料选编·教育方针政策分册》下册，116 页，石家庄，河北教育出版社，1990。

灭文盲及实行办法》对消除文盲的计划进行公示，并提出创办夜校、开办识字组、主持讲演等具体的办法。① 1940 年 9 月 28 日，中共陕甘宁边委宣传部、陕甘宁边区政府教育厅等单位发出的《关于办理冬学的联合指示信》将"集中火力，消灭文盲"作为口号之一。②

此外，中国共产党十分重视抗日根据地的妇女教育，除在总的社会教育方针政策中对此有所强调外，还制定出一些专门的方针政策。例如，1939 年 3 月中共中央妇委发出的《关于目前妇女运动的方针和任务的指示信》就涉及妇女大众的教育问题。它指出，要动员妇女参加抗战，要达到妇女解放，必须提高她们的文化水准、政治觉悟和工作能力。因此，应为她们设立免费教育学校、识字班、夜校、识字小组、救亡室、新剧团等各种训练班。③

社会教育的推行主要由干部和相关教师负责。为了办好社会教育，加强相关干部和教师的训练是十分必要的。1938 年 6 月 15 日，陕甘宁边区政府教育厅发出了《关于开办社会教育干

① 《陕甘宁边区教育厅第十四号通令关于消灭文盲及实行办法》，见中央教育科学研究所：《老解放区教育资料（二）》下册，32～35 页，北京，教育科学出版社，1986。

② 《关于办理冬学的联合指示信》，见中央教育科学研究所：《老解放区教育资料（二）》下册，39 页，北京，教育科学出版社，1986。

③ 皇甫束玉、宋荐戈、龚守静：《中国革命根据地教育纪事》，152 页，北京，教育科学出版社，1989。

部训练班的通知》，要求各县在暑假期间选送干部到边区政府教育厅开办的社会教育干部训练班学习。训练班期满后考查合格者分配至各县从事社会教育工作。[①] 1939 年 9 月 7 日，晋察冀边区发布《边委会函各县积极加强社教工作筹设民众教师训练班》，拟开办训练班以解决冬学师资上的困难。[②]

以上关于国民教育的方针政策，亦足见中国共产党对于群众教育的重视。在这些方针政策的领导下，根据地的群众教育工作有序推进。

3. 教育与生产劳动相结合

抗日战争时期，中国共产党在革命根据地实行"教育与生产劳动相结合"的教育方针政策。这一方针政策的提出源于马克思主义学说，也源于抗日战争时期革命根据地的社会实际。"教育与生产劳动相结合"是马克思主义教育理论的基本原则之一。马克思与恩格斯明确指出教育与生产劳动相结合是近代大机器生产发展的必然趋势，它是造就全面发展的人的唯一的方法。抗日战争时期在根据地实行"教育与生产劳动相结合"的方针政策，是创造性地运用马克思主义经典教育理论的重要成果，而且这

[①]　皇甫束玉、宋荐戈、龚守静：《中国革命根据地教育纪事》，139 页，北京，教育科学出版社，1989。

[②]　《边委会函各县积极加强社教工作筹设民众教师训练班》，见王谦、刘佐秀、宋荣江等：《晋察冀边区教育资料选编·教育方针政策分册》上册，62 页，石家庄，河北教育出版社，1990。

一方针政策在土地革命时期苏区教育方针政策的基础上进一步制度化。

日趋困难的物质条件也是抗日根据地实行"教育与生产劳动相结合"的重要原因。1939 年，根据"以恢复并确立占领区治安为第一要义"的方针，日军对中国共产党领导的敌后抗日根据地展开了扫荡和围攻。[①] 在敌人的打击下，抗日根据地经济基础遭受了严重的破坏。国民政府除了于 1940 年 11 月 19 日下令停发八路军、新四军的经费外，还对共产党领导的抗日根据地采取经济封锁的政策。这些都削弱了抗日根据地的物质基础。特别是在 1940 年以后，华北各地区接连发生的水灾、旱灾、虫灾，更加剧了抗日根据地的物资匮乏。[②]

基于对理论的继承和现实的考虑，抗日根据地将"教育与生产劳动相结合"的方针贯彻到干部教育、社会教育和普通教育中。1939 年 2 月 4 日，为保证抗战供给，改善人民和工作人员的生活，《陕甘宁边区党委、边区政府等关于发展生产运动的紧急通知》出台。文件从党、政、军、民、学各个层面对此次生产运动进行部署。[③]

---

① 张宪文、左用章等：《中国抗日战争史》第三卷，87 页，北京，化学工业出版社，2016。

② 田酉如：《中国抗日根据地发展史》，331 页，北京，北京出版社，1995。

③ 《陕甘宁边区党委、边区政府等关于发展生产运动的紧急通知》，见中共中央文献研究室、中央档案馆：《建党以来重要文献选编（一九二一——一九四九）》第十六册，88～90 页，北京，中央文献出版社，2011。

就干部教育来说，1939 年 5 月 20 日，毛泽东《在延安在职干部教育动员大会上的讲话》对开展干部学习运动的同时开展生产运动的必要性进行了阐述。1939 年 6 月发布的《反投降提纲——在延安高级干部会议上的报告和结论的提纲》进一步将干部学习与生产运动制度化，其中强调了干部应"一面工作，一面生产，一面学习"①。1942 年 12 月，毛泽东在陕甘宁边区高级干部会议上做了题为《经济问题与财政问题》的报告。他在对以往开展的生产运动经验进行总结的基础上，强调目前抗日根据地的中心工作是经济工作与教育工作，同时主张这两项工作不是孤立地进行的。②

就普通教育来说，1939 年 1 月，陕甘宁边区政府教育厅公布的《1939 年边区教育的工作方针与计划》将加强各校的生产运动作为学校教育发展的一项方针。③ 1940 年 8 月 20 日发布的《中央宣传部关于提高陕甘宁边区国民教育给边区党委及边区政

---

① 毛泽东：《反投降提纲——在延安高级干部会议上的报告和结论的提纲》，见中共中央文献研究室、中央档案馆：《建党以来重要文献选编（一九二一——一九四九）》第十六册，387 页，北京，中央文献出版社，2011。

② 毛泽东：《经济问题与财政问题》，见中共中央文献研究室、中央档案馆：《建党以来重要文献选编（一九二一——一九四九）》第十九册，627~628 页，北京，中央文献出版社，2011。

③ 皇甫束玉、宋荐戈、龚守静：《中国革命根据地教育纪事》，150 页，北京，教育科学出版社，1989。

府的信》强调边区的初小和高小应辅以生产教育。① 1943 年发布的《边委会关于整理小学加强儿童生产教育的指示》对小学开展生产教育的形式、内容、考核进行了制度化的规定。② 1944 年 10 月 27 日，《中共冀鲁豫分局关于普通教育改革的指示》提出，普通教育应坚持"教育与生产结合"的方针，"第一，要求教育的东西，就是生产中所需要的东西……第二，生产和学习时间一致"③。

就社会教育来说，1938 年陕甘宁边区政府教育厅印发由吕良编写的《边区的社会教育》。该文件指出，社会教育是不脱离生产而给民众以教育，是一面生产，一面学习，学习不脱离、不妨碍生产的一种教育形式。④ 各抗日根据地在开展冬学运动的过程中尤为重视将劳动生产与教育相结合。1943 年 11 月 11 日，晋察冀边区发布《边区行政委员会边区抗联会加强今年冬学工作的指示》，其中做出"进行生产教育，改良生产技术，推广

---

① 《中央宣传部关于提高陕甘宁边区国民教育给边区党委及边区政府的信》，见中央教育科学研究所：《老解放区教育资料（二）》下册，319 页，北京，教育科学出版社，1986。

② 《边委会关于整理小学加强儿童生产教育的指示》，见王谦、刘佐秀、宋荣江等：《晋察冀边区教育资料选编·教育方针政策分册》下册，14～17 页，石家庄，河北教育出版社，1990。

③ 《中共冀鲁豫分局关于普通教育改革的指示》，见中央教育科学研究所：《老解放区教育资料（二）》上册，104 页，北京，教育科学出版社，1986。

④ 吕良：《边区的社会教育》，见中央教育科学研究所：《老解放区教育资料（二）》下册，6～7 页，北京，教育科学出版社，1986。

科学思想"的指示。① 1945 年 3 月 23 日，山东省行政委员会发出《关于群众教育与大生产运动结合的指示》，其中将教育与生产劳动结合视为改革群众教育的中心关键。它强调在教学内容上应切实掌握"战争与生产需要的知识与技能的教育，高于一般的文化教育"的原则。②

以上教育方针政策从干部、学校、群众各个层面对教育与生产劳动相结合进行了阐述，并在一定程度上将其制度化。这在抗日根据地培养人才、恢复与发展经济的过程中发挥着重要的作用。

4. 文教统一战线和知识分子政策

中国共产党作为抗日统一战线的领导和中坚力量，十分重视统一战线的巩固和发展。1939 年 10 月 4 日，毛泽东在《〈共产党人〉发刊词》中将统一战线问题作为党在中国革命中的三个基本问题之一。③ 而建立文教统一战线是抗日根据地教育方针政策的重要组成部分。这种方针政策是政治上抗日民族统一战线

① 《边区行政委员会边区抗联会加强今年冬学工作的指示》，见王谦、刘佐秀、宋荣江等：《晋察冀边区教育资料选编·教育方针政策分册》下册，90 页，石家庄，河北教育出版社，1990。

② 皇甫束玉、宋荐戈、龚守静：《中国革命根据地教育纪事》，285 页，北京，教育科学出版社，1989。

③ 毛泽东：《〈共产党人〉发刊词》，见中共中央文献研究室、中国延安干部学院：《延安时期党的重要领导人著作选编》上册，69 页，北京，中央文献出版社，2014。

的反映，也是党的知识分子政策和群众路线在文化教育工作中的体现。

随着以国共合作为主体的抗日民族统一战线的形成，中国共产党为文教统一战线的巩固和发展进行了规划和部署。中国共产党致力于吸收知识分子，以壮大文教统一战线。全面抗战初期，中国共产党便意识到吸收知识分子之于建立文教统一战线的重要意义。1939 年 12 月 1 日，毛泽东在《大量吸收知识分子》的报告中对吸收知识分子壮大革命统一战线的重要性、成绩与不足、工作部署做出了系统的阐述。报告的第一部分指出了吸收知识分子的重要性："在长期的和残酷的民族解放战争中，在建立新中国的伟大斗争中，共产党必须善于吸收知识分子，才能组织伟大的抗战力量，组织千百万农民群众，发展革命的文化运动和发展革命的统一战线。没有知识分子的参加，革命的胜利是不可能的。"①在此基础上，他进一步对党在吸收知识分子方面的工作之成绩与不足进行了总结，进而对下一步工作的开展做出了部署。

随着全面抗战的推进，一方面，中国共产党为吸收知识分子以壮大文教统一战线制定了更为详细的政策。1940 年 3 月 18

① 毛泽东：《大量吸收知识分子》，见中共中央文献研究室、中央档案馆：《建党以来重要文献选编（一九二一——一九四九）》第十六册，762 页，北京，中央文献出版社，2011。

日，《中共中央书记处关于开展抗日民主地区的国民教育的指示》主张吸收知识分子以发展国民教育，"大批的吸收与鼓励青年知识分子或旧知识分子，尤其是过去的小学教员，担任小学教员的工作，开办各种小学教师训练班或讲习所，给他们以必要的训练"以发展学校教育，同时"共产党应力求同有正义感的名流学者公正士绅实行统一战线"。① 1940 年 9 月 10 日，《中共中央关于发展文化运动的指示》强调"注意收集一切不反共的知识分子与半知识分子，使他们参加在我们领导下的广大的革命文化战线"②。1940 年 12 月 25 日，毛泽东针对当时反共高潮的形势，围绕统一战线中的策略、原则起草了《论政策》。其中文化教育政策主张"吸收一切较有抗日积极性的知识分子进我们办的学校，加以短期训练，令其参加军队工作、政府工作和社会工作"③。

另一方面，随着整风运动的开展，改造和教育文化教育工

① 《中共中央书记处关于开展抗日民主地区的国民教育的指示》，见中共中央文献研究室、中央档案馆：《建党以来重要文献选编（一九二一—一九四九）》第十七册，212、215 页，北京，中央文献出版社，2011。

② 《中共中央关于发展文化运动的指示》，见中共中央文献研究室、中央档案馆：《建党以来重要文献选编（一九二一—一九四九）》第十七册，527 页，北京，中央文献出版社，2011。

③ 毛泽东：《论政策》，见中共中央文献研究室、中央档案馆：《建党以来重要文献选编（一九二一—一九四九）》第十七册，705 页，北京，中央文献出版社，2011。

作者，使之与工农兵群众相结合的问题得到进一步的重视和强调。1942 年 5 月，中共中央宣传部在延安杨家岭召开了三次文艺座谈会。毛泽东《在延安文艺座谈会上的讲话》强调文艺工作者应坚持无产阶级的和人民大众的立场，文艺工作者为工农兵群众服务，同时从工农兵群众生活的实际出发进行文艺工作的普及和提高。而文教统一战线的建立应服从于当时抗日的政治任务。① 此次座谈会意在改造和教育知识分子，从而巩固和发展文教统一战线。1944 年 10 月 30 日，毛泽东在《文化工作中的统一战线》一文中针对根据地文化存在的落后问题，强调必须建立广泛的统一战线。对于知识分子，强调"我们的任务是联合一切可用的旧知识分子、旧艺人、旧医生，而帮助、感化和改造他们"，并提出文艺工作者应坚持两条原则，"一条是群众的实际上的需要，而不是我们脑子里头幻想出来的需要；一条是群众的自愿，由群众自己下决心，而不是由我们代替群众下决心"。② 由此可见，文艺工作者与人民群众相结合对于巩固和发展文教统一战线具有重要作用。

---

① 毛泽东：《在延安文艺座谈会上的讲话》，3～43 页，北京，人民出版社，1975。

② 毛泽东：《文化工作中的统一战线》，见中共中央文献研究室、中央档案馆：《建党以来重要文献选编（一九二一——一九四九）》第二十一册，583～584 页，北京，中央文献出版社，2011。

为贯彻这样的路线，各抗日根据地也依据自己的实际情况
制定出更为具体的政策。其中多强调对知识分子的保护、尊重、
优待。1940 年《中共中央北方分局关于晋察冀边区目前施政纲
领》第十九条规定："保护知识青年，抚恤沦陷区域之学生，分
配一切抗日知识分子以适当工作，提高小学教员的生活。"①
1941 年 5 月 1 日，《陕甘宁边区施政纲领》第十四条主张采取"尊
重知识分子，提倡科学知识与文艺运动，欢迎科学艺术人才，
保护流亡学生与失业青年"的政策。② 1941 年 6 月，晋西北行署
召开第一次中等教育会议，会上提出了之后的工作方针，其中
强调：广泛地开展文化教育统一战线，吸收、团结、优待、尊
重文化教育人才，广泛地吸收、聘请学有专长的教员和教育工
作者。③ 1945 年 1 月 24 日，中共浙东区党委颁布《浙东地区施
政纲领》。其中第十五条采取的知识分子政策为"吸收抗日青年、
知识分子及失学失业与流亡青年""奖励自由研究科学知识，尊重

①　《中共中央北方分局关于晋察冀边区目前施政纲领（节选）》，见王谦、刘
佐秀、宋荣江等：《晋察冀边区教育资料选编·教育方针政策分册》上册，200 页，
石家庄，河北教育出版社，1990。

②　《陕甘宁边区施政纲领（节录）》，见中央教育科学研究所：《老解放区教育
资料（二）》上册，7 页，北京，教育科学出版社，1986。

③　皇甫束玉、宋荐戈、龚守静：《中国革命根据地教育纪事》，202～203
页，北京，教育科学出版社，1989。

知识分子"。①

综上所述，中国共产党采取了争取、团结、改造知识分子的教育方针政策。这些方针政策促进了抗战时期文教统一战线的巩固和发展。

(三)解放区的教育方针政策

1946 年 6 月，国民党政权发动内战。中国共产党领导全国人民进行了反对国民党政权的解放战争。自 1946 年 6 月至 1949 年 9 月，中国共产党在巩固和扩大原有老解放区的同时，还开辟出新解放区，建立了陕甘宁解放区、华北解放区、东北解放区、山东解放区、苏皖解放区、晋绥解放区、中原解放区。在此期间，共产党进一步践行并完善了新民主主义教育的方针，新民主主义教育思想得到进一步的丰富和发展。

1. 教育为解放战争和社会解放服务

中国共产党为夺取新民主主义革命的最终胜利而展开军事斗争，并且广泛、深入地开展土地改革运动。解放区的教育事业仍被作为中国共产党开展革命斗争的重要武器，为解放战争和社会解放服务。

---

① 皇甫束玉、宋荐戈、龚守静：《中国革命根据地教育纪事》，282 页，北京，教育科学出版社，1989。

　　解放战争爆发后，各解放区的教育发展也迈入战时轨道。一些解放区随即做出教育为解放战争服务的决定。1946 年 8 月 30 日，冀晋行政公署教育厅发布《关于动员一切宣教干部、宣教组织进行自卫战争的紧急指示》，要求晋冀区的宣教干部紧急动员起来，与全体军民一道投入自卫战争。[①] 1946 年 9 月，山东省政府发布《山东省当前教育工作纲要》。该文件在分析当前政治形势的基础上提出"必须动员全山东人民的力量，支援前线，一切为了争取自卫战争的胜利，同时，在服从自卫战争的原则下，根据人力物力的条件，进行各项建设工作，树立民主的楷模，以提高全国人民和平建设的信念"[②]，进而对教育工作的基础、总任务、基本方针进行了详尽的阐述。1946 年 12 月 10 日，陕甘宁边区政府发布的《陕甘宁边区战时教育方案》明确了战时教育为自卫战争服务的任务，强调"各级学校及一切社教组织亦应立即动员起来，发挥教育上的有生力量，直接或间接地为自卫战争服务。一切教育工作者都应成为保卫边区的宣传员与组织者。目前教育工作的中心任务是配合军事、政治、经济、群运等工作，争取人民自卫战

---

　　① 皇甫束玉、宋荐戈、龚守静：《中国革命根据地教育纪事》，328 页，北京，教育科学出版社，1989。

　　② 《山东省当前教育工作纲要(节录)》，见中央教育科学研究所：《老解放区教育资料(三)》，78 页，北京，教育科学出版社，1991。

争的胜利"①。

部分解放区还分别对社会教育和学校教育为解放战争服务做出了具体的指示。1946年9月24日，《东北政委会关于改造学校教育与开展冬学运动的指示》提出"发动群众，创立根据地，建立民主政治，开展经济文化建设"的总任务，并进一步对中等教育、初等教育、冬学运动的开展做出了具体的指示。②1946年11月25日发布的《陕甘宁边区政府指示冬学与自卫军冬训结合》指出，边区处于战争威胁之下的境况，应将动员全体人民参加备战作为一切工作的中心，因此做出"今年的冬学就要与自卫军的冬训密切结合，在教学内容上时事教育应与识字教育并重，配合若干自卫防奸的训练"的指示。③1947年4月26日，《陕甘宁边区政府关于战时各中等学校工作的指示》指出，各中等学校"必须在教育与战争结合，学习与工作结合的总原则与支援前线、服务战争的总任务下，坚持工作。至于教育内容与教育方式，则需根据以上方针及战争环

① 《陕甘宁边区战时教育方案》，见中央教育科学研究所：《老解放区教育资料（三）》，3～4页，北京，教育科学出版社，1991。

② 《东北政委会关于改造学校教育与开展冬学运动的指示》，见中央教育科学研究所：《老解放区教育资料（三）》，149～153页，北京，教育科学出版社，1991。

③ 《陕甘宁边区政府指示冬学与自卫军冬训结合》，见中央教育科学研究所：《老解放区教育资料（三）》，462页，北京，教育科学出版社，1991。

境，加以适当的改变"①。

为使教育为社会解放服务，中国共产党还主张将教育与土地改革运动相结合。1947 年 2 月 17 日，《陕甘宁边区政府、陕甘宁边区教育厅关于教育工作配合土地改革运动的指示》，做出了各学校应向学生进行深入的思想教育指示，意在"使学生在土地革命运动中，了解中国革命的基本问题"。它还指示各学校和社教组织配合这一运动，进行广泛深入的社会宣传，"务使教育工作，在土地改革中发挥应有的作用"。② 1947 年 12 月，晋察冀边区行政委员会发出的《关于目前教育方面几个问题的指示》对各级学校如何参加土地改革等问题做出了具体规定。而冀中行政公署发出的《各级学校在平分土地过程中如何进行教育的指示》要求中小学干部与教师、学生在平分土地过程中提高阶级觉悟和为贫雇农服务。③

教育为解放战争和社会解放服务的方针在中国共产党领导广大民众推翻国民党反动统治的进程中发挥着积极作用。

①　《陕甘宁边区政府关于战时各中等学校工作的指示》，见中央教育科学研究所：《老解放区教育资料（三）》，340 页，北京，教育科学出版社，1991。

②　《陕甘宁边区政府、陕甘宁边区教育厅关于教育工作配合土地改革运动的指示》，见中央教育科学研究所：《老解放区教育资料（三）》，9～10 页，北京，教育科学出版社，1991。

③　编纂出版委员会：《中国教育大系：马克思主义与中国教育》下卷，1272 页，武汉，湖北教育出版社，1994。

2. 教育与生产劳动相结合

"教育与生产劳动相结合"这一项方针政策几乎贯穿新民主主义革命整个进程。然而，在不同的革命阶段，其结合的内容和方式有所不同。解放战争时期解放区存在两种矛盾：一是"学习要求与生产需要"的矛盾；二是"发展教育与财政困难"的矛盾。[①] 为合理解决两种矛盾，解放区"教育与生产劳动相结合"的方针政策一方面主张教育发展从社会实际出发，为生产建设服务；另一方面提倡通过生产劳动教育为教育发展提供经费支持，同时使受教育者养成劳作习惯，习得劳动技能，提高政治觉悟。

解放战争爆发后，配合生产建设被作为各解放区开展教育工作的三大中心任务之一。其中，1946 年 11 月 4 日《冀中行政公署在全面自卫战争形势下教育工作要贯彻紧急备战的指示》强调"教育工作，必须为自卫战争服务，加强时事教育及宣传，从思想上行动上动员起来，同时要和生产与发动群众翻身运动相结合，以启发群众的积极性，创造性"[②]。1947 年 4 月，《晋冀鲁豫边区政府关于文化教育工作的决定》强调当年的教育工作要

---

① 刘皑风：《以生产养校》，见《人民教育》社：《老解放区教育工作经验片断》，127 页，上海，上海教育出版社，1979。

② 《冀中行政公署在全面自卫战争形势下教育工作要贯彻紧急备战的指示》，见王谦、刘佐秀、宋荣江等：《晋察冀边区教育资料选编·教育方针政策分册》下册，250 页，石家庄，河北教育出版社，1990。

"更加注意于服务战争，服务生产，服务于'耕者有其田'的彻底实现"①。1948 年 10 月 10 日，《东北行政委员会关于教育工作的指示》将培养各种知识分子和干部以支援生产建设作为当前阶段的一项重要任务。② 可见，教育与生产劳动结合、为生产建设服务几乎贯穿解放战争时期。

除战争影响外，灾荒的侵袭也造成解放战争时期教育发展与生产建设之间的矛盾。为解决这种矛盾，部分解放区将"半工半读""以生产养校"作为这一时期教育方针政策中的重要内容。1946 年 7 月 22 日，《苏皖边区政府为开展学校生产运动给各专署、各县政府、各中学的指示信》针对苏皖边区灾荒严重的情况，指出"今后边区中等教育必须向半工半读的勤工俭学方向发展"，并认为这不仅能解决中农子弟上学的困难，还能加强学生为工农服务。③ 1947 年 5 月 2 日，冀晋行署为解决当时学习要求和生产需要、发展教育与节省财政开支的两个矛盾，做出高小以上学校《关于进一步贯彻教育与生产结合，实行"以工养学"方针的决定》，旨在进一步使教育和生产相结

---

① 《晋冀鲁豫边区政府关于文化教育工作的决定》，见中央教育科学研究所：《老解放区教育资料(三)》，57 页，北京，教育科学出版社，1991。

② 《东北行政委员会关于教育工作的指示》，见中央教育科学研究所：《老解放区教育资料(三)》，162 页，北京，教育科学出版社，1991。

③ 《苏皖边区政府为开展学校生产运动给各专署、各县政府、各中学的指示信》，见戴伯韬：《解放战争初期苏皖边区教育》，310 页，北京，人民教育出版社，1982。

合。该文件还认为实行"以工养学"的方针，可以改造学生的思想，增强其劳动意识，并打破生产劳动与课堂教学对立的认识。[1]

教育与生产劳动相结合，有效地解决了解放区的两对矛盾，一定程度上推进了解放区的生产建设和教育发展。

3. 学校教育转向正规化

解放战争时期，中国共产党颁布的一系列改革学校教育的方针政策促使各解放区的学校教育走向正规化。各解放区的学校教育最终在改革后，完成由战时教育向正规教育的转变。

解放战争爆发后，不同类型的解放区面临着不同的教育情势，因而其在转向正规化的过程中面临的工作任务自然也就不同。正如 1946 年 12 月颁布的《陕甘宁边区战时教育方案》中指出的，老解放区"以就现状加以改革充实新的内容，加强社教活动为原则"，新解放区则是"以争取原有教育干部，利用原有教育组织，逐渐加以改造为原则"。[2]

就老解放区而言，教育转向正规化的重点在于整顿和恢复。1946 年 2 月 28 日，山东省的《加强和平时期文化建设整理发展小学教育省府发出指示》提出在和平建设阶段，老解放区原有的

---

① 皇甫束玉、宋荐戈、龚守静：《中国革命根据地教育纪事》，346～347页，北京，教育科学出版社，1989。

② 《陕甘宁边区战时教育方案》，见中央教育科学研究所：《老解放区教育资料（三）》，5页，北京，教育科学出版社，1991。

小学应通过群众路线逐渐加以改造，成为能为群众服务并为群众所欢迎的新型小学。① 1948 年 7 月 8 日，《陕甘宁边区政府关于恢复老区国民教育工作》针对当时老区已不受战争直接影响的情况，分别就学校教育和社会教育、教育行政机构、教职员、教育经费、教材等方面的恢复和发展做出指示。②

　　就新解放区而言，教育转向正规化的重点在于接管和改造。新解放区教育的接管和改造工作，主要遵循"先接管，后改良"的原则。1947 年 2 月，冀晋行政公署在发布的《关于新收复区教育工作的指示》中阐述"先接管，后改良"的主张："总的方针是在旧有的教育基础上逐步加以改造，积极摧毁顽伪法西斯奴化教育，树立新民主主义教育，对旧有教职员采取团结改造的方针。"③1948 年 6 月 20 日，《中宣部关于保护和改革新收复区学校教育的方针给中原局宣传部的指示》更是明确了这一方针。其提出"对于当地学校教育，应采取严格的保护政策"，"在较巩固的地区，应帮助一切原有的学校使之开学，在原有学校的基础

---

　　① 《加强和平时期文化建设整理发展小学教育省府发出指示》，见临沂地区教育局：《山东老解放区教育资料选辑》，200 页，出版地不详，出版者不详，1981。

　　② 《陕甘宁边区政府关于恢复老区国民教育工作》，见中央教育科学研究所：《老解放区教育资料（三）》，554～556 页，北京，教育科学出版社，1991。

　　③ 晋察冀边区革命史编纂委员会：《晋察冀边区革命史编年》，846 页，石家庄，河北人民出版社，2007。

之上，加以必要与可能的改良"。[1] 1948 年 7 月，中共中央宣传部就处理新收复区大中学校的方针给东北局宣传部发出指示，要求对大学、中学采取维持原校、加以改良的方针，并指出该方针的好处在于争取高级知识分子、保存办学实力。[2]

解放战争后期，无论是老解放区还是新解放区，各类学校均逐步由战时体制向为生产建设服务转变。就中小学的教育而言，1948 年 7 月至 9 月，华北解放区、东北解放区、山东解放区分别召开相关教育会议，并制定出一系列关于中小学学制改革的方针政策。华北解放区颁发的《冀中行署关于改进中学教育及几个具体问题的决定（不另外行文）》规定："中学教育的性质是普通教育，其任务主要在于提高文化，中学应以文化教育为主。"[3]东北解放区颁发的《东北区中学教育暂行实施办法（草案）》则对中等教育的修业年限、分科、入学条件等做出详细的规定。[4] 1949 年 5 月到 6 月，华北人民政府召开小学教育会议，

① 《中宣部关于保护和改革新收复区学校教育的方针给中原局宣传部的指示》，见申志诚、孙增福、张振江等：《中原解放区教育》，179 页，开封，河南大学出版社，1989。

② 皇甫束玉、宋荐戈、龚守静：《中国革命根据地教育纪事》，365 页，北京，教育科学出版社，1989。

③ 《冀中行署关于改进中学教育及几个具体问题的决定（不另外行文）》，见王谦、刘佐秀、宋荣江等：《晋察冀边区教育资料选编·干部教育分册》下册，129 页，石家庄，河北教育出版社，1990。

④ 《东北区中学教育暂行实施办法（草案）》，见辽宁省教育科学研究所：《东北解放区教育资料选编》，218～230 页，北京，教育科学出版社，1983。

讨论小学教育正规化问题，并拟定《华北区小学教育暂行实施办法》。该文件强调小学教育是新民主主义国家公民的基础教育，并对小学学制做出了详细规定。[①] 这些方针政策对于中小学教育正规化起到了一定的作用。

就高等教育来说，1949 年 8 月 1 日，中共中央东北局、东北行政委员会联合发布《关于整顿高等教育的决定》，提出有必要建立统一的、正规的高等教育制度，由过去的训练班形式转变为正规的高等学校，以适应新民主主义经济建设和文化建设的需要，并进一步对高等教育的学制、招生要求、学生待遇、教师招聘、管理办法等做出了具体的规定。[②]

中国共产党在解放区制定的一系列学校教育转向正规化的方针，适应了当时由战争向和平过渡的局势，为新中国的教育发展打下了基础。

4. 巩固和发展文教统一战线

解放战争时期，正确执行文化教育上的民主统一战线是解放区的一项重要方针政策。巩固和发展文教统一战线，既需要以人民为中心，为人民服务，也需要争取、团结一批知识分子。

[①] 华北人民政府：《华北区小学教育暂行实施办法》，见济南市人民政府教育局：《新教育选辑》，91 页，出版地不详，出版者不详，1949。

[②] 中共中央东北局、东北行政委员会：《关于整顿高等教育的决定》，见东北解放区财政经济史编写组：《东北解放区财政经济史资料选编》第四辑，445～453 页，哈尔滨，黑龙江人民出版社，1988。

解放战争时期，为战胜国民党反动势力，团结人民大众以巩固和发展文教统一战线是十分必要的。为此，中国共产党在发展教育时坚持以人民为中心，为人民服务的方针。各解放区教育方针的核心是坚持人民的立场，走群众路线。1946 年 2 月 12 日，《苏皖边区政府教育工作方案（草案）》强调边区教育的基本精神，"一是坚持人民的民族立场，一是贯彻科学的实事求是的学用一致精神"①。同年 4 月，刘季平在《论目前华中解放区教育工作——华中宣教大会地方教育工作总结报告要点》中，将"与实际结合、从实际出发、为人民服务""走群众路线，动员广大群众的人力物力，一同办好教育""正确执行文化教育上的民主统一战线""改进教育行政领导调整各方关系"作为指导边区工作的方向和途径。②

在这些精神的指导下，解放区制定出普及教育和民办公助的方针政策。就普及教育来说，1946 年 5 月 5 日修正后颁布的《晋绥边区免费、公费生条例》主张"扶植贫寒子女入学，使教育

---

① 《苏皖边区政府教育工作方案（草案）》，见戴伯韬：《解放战争初期苏皖边区教育》，265 页，北京，人民教育出版社，1982。

② 刘季平：《论目前华中解放区教育工作——华中宣教大会地方教育工作总结报告要点》，见中央教育科学研究所：《老解放区教育资料（三）》，112～126 页，北京，教育科学出版社，1991。

为广大群众服务"，并针对各类学生制定了公费待遇的办法。①
1948 年 10 月，新华社中原总分社发表《恢复与发展中原国民教
育》的社论。它强调："中国共产党是代表中国人民利益的政党，
从来就十分重视国民教育，从来就主张人人有书读，人人能识
字，从来就把消灭文盲推行普及教育，提高中国文化水平，当
作一个重要任务。"②

　　知识分子是壮大文教民主统一战线的重要力量，在革命过
程中发挥着十分重要的作用，因而采取争取、团结、教育知识
分子的方针政策。抗战胜利后，山东省政府基于当时迈入和平
阶段的形势，于 1946 年 2 月 21 日发布《山东省政府关于发展中
等教育的指示》，主张"大批的各种建设人才需要培养，广大新
解放区的青年学生需要团结与教育，大批失学青年需要给他们
找一个出路"，进而提出"整理与扩大现有中学，继续开办新的
中学、师范与职业学校，广泛吸收青年学生入学，就成为目前
干部教育的紧要任务了"。③

　　随着解放战争的推进，大批知识分子来到解放区，如何争

---

　　①《晋绥边区免费、公费生条例》，见山西省教育史晋绥边区编写组、内蒙
古自治区教育史志办公室：《晋绥革命根据地教育史资料选编（一）》，134 页，出
版地不详，出版者不详，1986。

　　② 新华社中原总分社：《恢复与发展中原国民教育》，见申志诚、孙增福、
张振江等：《中原解放区教育》，211 页，开封，河南大学出版社，1989。

　　③《山东省政府关于发展中等教育的指示》，见中央教育科学研究所：《老解
放区教育资料（三）》，424 页，北京，教育科学出版社，1991。

取、团结、教育知识分子就成为一个十分重要的议题。争取、团结、教育知识分子是解放区建设发展的重要举措，也是与蒋介石为首的国民党反动派斗争的重要内容。1947 年 9 月 13 日，《东北行政委员会关于教育工作的指示》针对东北解放区发展建设缺少相应人才和干部的问题，主张当时教育工作的重心在于"争取和培养大批革命知识分子"①。1947 年 5 月中共华中分局发出的《关于加强学校支部工作和反特斗争的指示》②和同年 9 月晋察冀边区的《冀东行政公署关于知识青年到蒋管区上学处理办法的指示》③都强调争取、团结知识青年是同国民党反动派做斗争的重要内容。

1948 年 1 月，毛泽东在《关于目前党的政策中的几个重要问题》中提出："中国学生运动和革命斗争的经验证明，学生、教员、教授、科学工作者、艺术工作者和一般知识分子的绝大多数，是可以参加革命或者保持中立的，坚决的反革命分子只占极少数。因此，我党对于学生、教员、教授、科学工作者、艺术工作者和一般知识分子，必须采取慎重态度。必须分别情况，

---

① 《东北行政委员会关于教育工作的指示》，见中央教育科学研究所：《老解放区教育资料(三)》，153 页，北京，教育科学出版社，1991。

② 皇甫束玉、宋荐戈、龚守静：《中国革命根据地教育纪事》，347 页，北京，教育科学出版社，1989。

③ 《冀东行政公署关于知识青年到蒋管区上学处理办法的指示》，见王谦、刘佐秀、宋荣江等：《晋察冀边区教育资料选编·教育方针政策分册》下册，310～311 页，石家庄，河北教育出版社，1990。

加以团结、教育和任用，只对其中极少数坚决的反革命分子，才经过群众路线予以适当的处置。"①这篇文章在总结过去对待知识分子经验的基础上，结合了当时的实际情况，是解放战争时期争取、团结、教育知识分子的总纲领。

巩固和发展文教统一战线的方针政策有助于争取各方力量一同建设教育事业，同时也为解放战争的胜利打下了基础。

(四)马克思主义教育家的教育思想

在新民主主义教育发展的进程中，有一批教育家在中国共产党的领导下，从革命根据地的社会实际出发，坚持马克思主义的基本原则和理论方法，创造性地运用马克思主义教育的基本原理指导革命根据地的教育实践。其中，以张闻天、徐特立、成仿吾、吴玉章为代表的马克思主义教育家长期从事革命根据地的教育领导工作和教学工作，为革命根据地的教育建设和改革做出了重要贡献。他们的实践经验和理论思想促进了新民主主义教育思想的丰富和发展。

1. 张闻天的教育思想

(1)论干部教育

张闻天十分重视干部教育，1940年，他以中共中央书记处

---

① 毛泽东：《关于目前党的政策中的几个重要问题》，见《毛泽东选集》第四卷，1269~1270页，北京，人民出版社，1991。

书记的名义发布了《中央关于干部学习的指示》。在此指示中，他强调，"各级党的组织必须把干部教育放在党的重要工作地位上来，经常给以检查，指导和帮助"[①]。张闻天的干部教育思想主要体现在干部理论教育、群众路线教育、干部作风教育三个方面。

首先，张闻天强调对干部开展理论教育，力图使干部做到理论与实际相结合。张闻天在苏联留学时就对马克思列宁主义进行过深入研究，因而具备深厚的理论修养。张闻天曾就党的性质探讨干部理论教育的必要性，他认为中国共产党作为无产阶级政党，掌握马克思列宁主义的理论是十分必要的，"因为只有马克思列宁主义，才能武装我们的头脑，使我们为中国工农民众的最后解放而斗争，并且使我们的斗争能够得到胜利"[②]。

1936 年，张闻天在《要培养能够统一理论与实际的干部》一文中论述干部教育中理论与实际的关系。文章指出："我们的干部，应该是统一理论与实际的人。理论给我们指出一般的方向，而实际则证实理论，使理论充实发展与丰富起来。"[③]1938 年 5月，中共中央在延安创办马克思列宁学院，出任院长的张闻天

---

① 中共中央党史研究室张闻天选集传记组、张培森：《张闻天年谱》上卷，625 页，北京，中共党史出版社，2000。

② 张闻天：《论苏维埃政权的文化教育政策》，见张闻天选集编辑组：《张闻天文集》第一卷，402 页，北京，中共党史资料出版社，1990。

③ 张闻天：《要培养能够统一理论与实际的干部》，见张闻天选集编辑组：《张闻天文集》第二卷，190 页，北京，中共党史出版社，1993。

更是将理论与实际相结合运用到干部学校的教育中。[①] 在 1940 年发出的《中央关于干部学习的指示》中，他再次强调："全党干部都应当学习和研究马列主义的理论及其在中国的具体运用。"[②]1940 年 2 月 15 日，他在为中央起草《关于办理党校的指示》中强调："求得理论与实际的一致，是党校教习的中心目标。"[③]

其次，张闻天主张对干部进行群众路线的教育，以促使干部加强与群众的联系，为群众服务。他曾在读恩格斯的《致海·施塔尔根堡》《致康·施米特》时写下眉注："社会主义国家，一旦脱离人民，就同样会蜕化为普通的国家，即资产阶级的国家！官僚化，特权化！"[④]可见，张闻天深刻意识到人民群众的重要性，因而他在对干部进行教育时深入探讨了干群关系。1933 年，他针对苏区"新的领导方式"之落实情况发表了《学习领导群众的艺术》一文。文章指出："新的领导方式的目的，是在使党的支部在群众中能够起它的核心作用，是在使党变成领

[①]　中共中央党史研究室张闻天选集传记组、张培森：《张闻天年谱》上卷，567～568 页，北京，中共党史出版社，2000。

[②]　中共中央党史研究室张闻天选集传记组、张培森：《张闻天年谱》上卷，625 页，北京，中共党史出版社，2000。

[③]　中共中央党史研究室张闻天选集传记组、张培森：《张闻天年谱》上卷，629 页，北京，中共党史出版社，2000。

[④]　中共中央党史研究室张闻天选集传记组、张培森：《张闻天年谱》上卷，1225 页，北京，中共党史出版社，2000。

导最广大群众的党。所以说到新的领导方式，必然包函有党与群众的关系与党怎样领导群众的问题。这是新的领导方式的基本内容。"①

最后，张闻天提倡开展干部作风教育，以此促使干部发扬优良作风。张闻天重视培养干部的民主作风。1934年4月6日，张闻天在《区苏维埃怎样工作?》中提出领导干部要"深刻的了解下面的实际情况"，派到下面去的同志要"倾听每一个同志所发表的意见"；同时对干部在实际工作中的培养，要有耐心，"不要因为某个同志一有错误就给他以'打击'，使他以及其他的同志以后不敢再做工作"。②

（2）论宣传教育

张闻天十分重视宣传教育工作的开展和推动。他说："宣传鼓动工作和组织工作是我党工作中两个有机的部门，也是其他一切部门工作中两个有机的部分。宣传鼓动工作和组织工作对于我们整个党的工作正如鸟之两翼，车之两轮，不可缺一。宣传鼓动工作与组织工作对于我们党都是同样重要的。"③

张闻天开展宣传教育的对象不仅有党员，也包括群众。他

_____

① 张闻天：《学习领导群众的艺术》，见张闻天选集编辑组：《张闻天文集》第一卷，373页，北京，中共党史资料出版社，1990。

② 张闻天：《区苏维埃怎样工作?》，见张闻天选集编辑组：《张闻天文集》第一卷，494页，北京，中共党史资料出版社，1990。

③ 张闻天：《党的宣传鼓动工作提纲》，见张闻天选集编辑组：《张闻天文集》第三卷，159页，北京，中共党史出版社，1994。

在论述宣传工作时提道："党内教育工作是党的宣传鼓动工作中一个重要的部分。"①此外，"争取广大的工农群众到我们的领导之下，是同我们的群众的宣传鼓动的工作不能分开的"②。

就宣传教育的内容来说，张闻天将马克思主义与党的策略主张和个人道德作为宣传教育的内容。关于马克思主义的宣传，他在中共扩大的六届六中全会的报告提纲中指出："宣传马列主义，提高全国的理论水平。特别要注意于以马列主义的革命精神与革命方法，去教育共产党员与革命青年。并以此去研究中国革命的实际问题，研究中国历史与中国文化的各方面。要认真的使马列主义中国化，使它为中国最广大的人民所接受。"③关于党的策略与主张的宣传教育，张闻天主张党内教育的内容包括"中国革命运动的经验教训，党在各个革命时期的政治路线与具体政策"，同时要求培养出的宣传干部必须了解党的路线政策。④关于个人道德修养的宣传教育，1938年张闻天在陕北公

①　张闻天：《党的宣传鼓动工作提纲》，见张闻天选集编辑组：《张闻天文集》第三卷，155页，北京，中共党史出版社，1994。

②　张闻天：《论我们的宣传鼓动工作》，见张闻天选集编辑组：《张闻天文集》第一卷，315页，北京，中共党史资料出版社，1990。

③　张闻天：《关于抗日民族统一战线的与党的组织问题——在中共扩大的六届六中全会上的报告提纲》，见中共中央文献研究室、中央档案馆：《建党以来重要文献选编（一九二一—一九四九）》第十五册，701页，北京，中央文献出版社，2011。

④　张闻天：《党的宣传鼓动工作提纲》，见张闻天选集编辑组：《张闻天文集》第三卷，155、160页，北京，中共党史出版社，1994。

学(简称"陕公")做了题为《论青年的修养》演讲。他从要有坚定的高尚的理想、要为实现自己的理想奋斗到底、要学习实现理想的办法、要同群众在一起实现自己的理想几个方面，对青年应具备的修养进行了讨论，以此教育青年，使之成长。①

张闻天的干部教育思想和宣传教育思想具有一定的理论性、鲜明的民主性和显著的群众性。他的教育思想不仅有效指导了新民主主义革命时期中国共产党干部教育和宣传教育的开展，也丰富和发展了新民主主义教育思想。

2. 徐特立的教育思想

(1)论教育是革命斗争的武器

徐特立在革命时期开展了一系列教育活动，他将教育视为开展革命斗争的有力武器。1933 年 4 月 15 日，他主持修订了《中华苏维埃共和国临时中央政府教育人民委员部训令第一号——目前的教育任务》，该文件规定苏区的教育任务是"要用教育与学习的方法，启发群众的阶级觉悟，提高群众的文化水平与政治水平，打破旧社会思想习惯的传统，以深入思想斗争，使能更有力的动员起来，加入战争，深入阶级斗争，和参加苏维埃各方面的建设"②。

---

① 张闻天：《论青年的修养》，见张闻天选集编辑组：《张闻天文集》第二卷，393~411 页，北京，中共党史出版社，1993。

② 《中华苏维埃共和国临时中央政府教育人民委员部训令第一号——目前的教育任务》，见中央教育科学研究所、陈元晖、璩鑫圭等：《老解放区教育资料（一）》，29 页，北京，教育科学出版社，1981。

抗战时期，他在《抗战五个年头中的教育》一文中提出："革命的教育，其本质是斗争性和群众性，所以批评就是教育的武器。面向群众进行，依靠群众力量来进行，就是斗争的武器。"①可见，无论是在土地革命时期还是抗日战争时期，徐特立始终将教育视为开展革命斗争的有力武器。

(2)论教育的"科学化、民族化、大众化"

"科学化、民族化、大众化"是新民主主义教育的重要特征。徐特立以新民主主义教育理论为本，进一步阐释其内涵，形成了独到的教育思想。

徐特立将"科学化"作为新民主主义教育的首要特征。之所以将其置于首位，是因为他认为教育科学化是十分重要的："真正的科学就能够提高人民的自觉，非科学的东西就会加深人民的迷惘。我们新民主主义国家的文化教育与资本主义国家相反，我们是培养高度自觉的人民，而不是培养盲目服从的顺民，所以教育科学化就有绝对的意义。"②1941年，他发表《祝〈科学园地〉的诞生》一文，指出了科学教育之于经济、教育发展的重要性："科学教育与科学研究机关以方法和干部供给经济建设机

---

① 徐特立：《抗战五个年头中的教育》，见魏心一：《陶行知、黄炎培、徐特立、陈鹤琴教育文选》，267页，合肥，安徽教育出版社，1992。

② 徐特立：《科学化民族化大众化的文化教育》，见中央教育科学研究所：《徐特立教育文集》，135页，北京，人民教育出版社，1979。

关，而经济机关应该以物质供给研究和教育机关。"①

徐特立将新民主主义教育的"民族化"从"中国化"延伸到"地方化"甚至"乡土化"。他主张教育"中国化"，强调教育从本民族的实际出发。"过去我们大学采用的外国课本虽然是科学的，但不是民族的，不独其内容不切合中国实际，而其文字也是外国的，所以内容与形式都带着买办性。这就缺乏民族性而不能替民族服务。"②在他看来，教育必须实现民族化，从本国的实际出发，才能为本民族服务。

在"中国化"的基础上，徐特立主张教育"地方化"和"乡土化"。他指出："中国是一个大国，是一个多民族的国家，所以除了民族化之外，还要注重地方化。注重乡土教材。"③他进而提出："鼓励青年以及一切教育者和受教育者，以研究地方乡土为出发点，进而认识本国，认识世界，认识整个宇宙。"④

徐特立还重视教育的"大众化"，树立"群众本位"的教育观。

① 徐特立：《祝〈科学园地〉的诞生》，见中央教育科学研究所：《徐特立教育文集》，66页，北京，人民教育出版社，1979。

② 徐特立：《科学化民族化大众化的文化教育》，见中央教育科学研究所：《徐特立教育文集》，135页，北京，人民教育出版社，1979。

③ 吉多智、李国光、戴永增：《徐特立教育学》，74页，广州，广东人民出版社，1990。

④ 徐特立：《教育讲座》，见湖南省长沙师范学校：《徐特立文集》，415页，长沙，湖南人民出版社，1980。

他主张从人民的立场出发发展教育，将以工农大众为主体的人民大众作为教育的对象，依靠人民群众的力量发展教育。1941年11月，他在《边区参议会应有的任务》一文中阐述新民主主义教育的内涵时就体现了这种观点。他在文中指出："新民主主义是各党派、各阶级的民主，而不是一个阶级专政的民主。其教育制度是不分男女成份、民族、国籍一律平等的普及的免费的；其教育的基本内容是民族独立、民主自由的；其形式不是死板的唯一的政治形式，而是艺术的、科学的、各种适合群众要求的、能接受的过渡形式。"①

徐特立综合毛泽东的观点，把科学与教育的"大众化"概括为三层意思："一是科学为大众把握，也就是普及教育；二是大众需要的科学不是拿来作娱乐品的，而是拿来改造社会、改造自然的，不是有闲阶级的科学，而是不脱离实践的科学，目的是为着大众，而不是为了个人；三是科学经过大众的批评，才能改正过去的谬误。"②从徐特立的阐释中可以看出，人民大众不仅是教育的对象，而且是参与教育实践而成为教育的动力。他强调："我们不独要以学者为师，去学习，主要的还是要向行动的大众去学习。领袖之所以高于大众，因为他从各方面得到

---

① 陈桂生：《徐特立教育思想研究》，217 页，沈阳，辽宁教育出版社，1993。

② 陈桂生：《徐特立教育思想研究》，132 页，沈阳，辽宁教育出版社，1993。

大众的报告，吸收大众的意见，以大众为耳目，所以所见者远，所以就成大众的领袖。"①

（3）论教育与生产劳动相结合

徐特立主张将教育与生产劳动相结合，促进人的全面发展。他并未对教育与生产劳动结合问题进行过全面、系统的论证，但从他的论述和教育实践中能总结出这种思想。

一方面，他多次援引马克思主义教育理论来论述自己对于教育与生产劳动相结合这一问题的观点。他曾指出："马克思在《共产党宣言》上提出的教育政策，其一是对一切儿童施以免费的普通教育，另一是教育与生产联系起来。可见生产是教育的内容，同时也就是科学的内容。"②从其援引和阐释可以看出其对于教育与生产劳动相结合的认可。

另一方面，出于对教育与生产劳动相结合的重视，他在苏区和抗日根据地工作时都贯彻了这一教育思想。1934年4月，徐特立在主持中央苏区教育工作时，主持修订《小学课程教则大纲》。该大纲将"教育与生产劳动相结合"作为小学教授方法原则之一，强调"苏维埃的教育，是要扫除那种'读书'同生产脱离的寄生虫式的教育制度的残余，而使学校教育同生产劳动密切的

---

① 徐特立：《怎样学习哲学?》，见中央教育科学研究所：《徐特立教育文集》，23页，北京，人民教育出版社，1979。

② 徐特立：《怎样进行自然科学的研究》，见湖南省长沙师范学校：《徐特立文集》，239页，长沙，湖南人民出版社，1980。

联系起来"①。1941 年 4 月 13 日，他在《对于边区儿童的我见》一文中主张儿童教育宜采取半工半读制，在解决战时劳动力缺乏问题的同时以实现教育与生产劳动的结合。② 而教育与生产结合的最终目的之一是促进人的全面发展，徐特立认为："人类的发育包含着德育，智育和体育三方面，由于劳心和劳力的绝对分工，而人类的发育因此偏枯成为半身不遂。"③可见，在他看来，将劳心的教育与劳力的生产相结合便能促进人的全面发展。

徐特立作为中国杰出的革命教育家，曾与陶行知一同被视为"中国新民主主义教育"的两面大旗。他的教育思想体现了马克思主义普遍真理与中国实际相结合，是新民主主义教育思想的重要组成部分。

3. 成仿吾的教育思想

(1)论教育和政治、经济的关系

成仿吾坚持正确处理教育同政治、经济的辩证关系，主张教育为党的总路线和总任务服务。他以马克思主义为指导，主

---

① 教育人民委员部：《小学课程教则大纲》，见赣南师范学院、江西省教育科学研究所：《江西苏区教育资料汇编(五)》，15 页，出版地不详，出版者不详，1985。

② 徐特立：《对于边区儿童的我见》，见湖南省长沙师范学校：《徐特立文集》，244 页，长沙，湖南人民出版社，1980。

③ 徐特立：《参观中直军直生产展览会的意见》，见湖南省长沙师范学校：《徐特立文集》，295 页，长沙，湖南人民出版社，1980。

张："在教育理论问题上首先必须解决的一个问题，是教育同政治和经济的关系问题。……一定的教育是一定社会的政治和经济的反映，又给予伟大影响和作用于一定社会的政治和经济。"①可见，成仿吾认为教育要为一定社会的政治和经济服务。在此基础上，成仿吾进一步指出："旧教育的根据在于旧的政治和经济，新教育的根据在于新的政治和经济，而要革除旧教育中的反动成分，又须根本改革旧的政治和经济；要建立新教育，必须努力建立新的政治和经济。"②从成仿吾的论述中可以看出，他将教育视为一种可以促进社会政治和经济变革的能动力量。

在新民主主义革命时期，成仿吾强调教育要为革命战争和根据地建设服务。

1931年，成仿吾在任中共鄂豫皖省委宣传部部长、省苏维埃文化委员会主席期间，主持起草《鄂豫皖省苏维埃文化委员会决议案(草案)》。他在论述整个文化教育工作的重要性时强调文化和教育是一种武器，"我们工农劳苦群众也要拿起这个武器来加强我们自己的战斗力"；同时主张苏区劳苦大众要通过教育实现文化上的解放，以提高思想文化，增强斗争力量；提倡开展

---

① 成仿吾：《毛泽东教育理论简述》，见中央教育科学研究所：《成仿吾教育文选》，142页，北京，教育科学出版社，1984。

② 成仿吾：《毛泽东教育理论简述》，见中央教育科学研究所：《成仿吾教育文选》，143页，北京，教育科学出版社，1984。

文化教育工作以建立苏维埃政权完整的文化教育机构。① 成仿吾在创办陕北公学和华北联合大学时，始终坚持教育为持久抗战服务。正如他在总结老解放区的教育与生产劳动结合经验时所言："革命教育是'革命总路线中的一条必要和重要的战线'，解放了的人民迫切需要教育，党需要教育工作。"②

（2）论理论联系实际的学风建设

当校长经验丰富的成仿吾深知学风建设对于学校发展的重要性。他指出："我们马克思主义者主张理论必须联系实际，反对理论脱离实际，这是我们树立新学风最主要的方面。"而关于如何将二者结合起来，成仿吾认为应反对经验主义和教条主义。

在陕北公学办学时，成仿吾贯彻了"理论与实际相联系"的学风。例如，学校开展军事教育课，结合日常生活学习，要求军事化、战斗化。学校每天早上五点吹起床号，学生两分钟就从清凉山窑洞跑下来，到河滩操场集合。③ 成仿吾在华北联合大学的教学中也注重理论与实际的结合。他认为组织学生参加实践活动，既可以对学生进行思想教育，又可以实现理论与实践相结合。在这种观点的指引下，华北联合大学的思想教育形式除了有政治

① 成仿吾：《鄂豫皖省苏维埃文化委员会决议案（草案）》，见中央教育科学研究所：《成仿吾教育文选》，5～6 页，北京，教育科学出版社，1984。

② 成仿吾：《老解放区教育与生产劳动结合的若干经验》，见中央教育科学研究所：《成仿吾教育文选》，111 页，北京，教育科学出版社，1984。

③ 张傲卉、宋彬玉、周毓方：《成仿吾年谱》，85 页，长春，东北师范大学出版社，1994。

课、专题报告、时事学习、日常的民主生活外，还有社会实践。①

（3）论教育与生产劳动相结合

成仿吾重视教育与生产劳动的结合，将此视为历史发展的趋势。他认为当社会生产力发展到一定阶段，人类步入阶级社会以后，"一部分人是统治阶级，他们压在人民的头上，不从事生产劳动；另外一部分人是被统治阶级，他们只从事生产劳动，被剥夺了受教育的权利。因此造成一部分人劳心，一部分人劳力，使教育同生产劳动脱节"②。教育同生产劳动相结合是共产主义的基本原则，也是马克思列宁对于"未来的教育"的主要要求。③

成仿吾主张在革命根据地实行教育与生产劳动相结合。其在陕北公学办学期间就贯彻了这一原则。成仿吾在谈及陕北公学的劳动教育时说："生产劳动课也是我们教育计划的一个重要部分。陕公培养的学生为抗战服务，将来到敌后去工作，主要是农村环境，战争环境，不仅要能文能武，还要会劳动，和劳

---

① 张傲卉、宋彬玉、周毓方：《成仿吾年谱》，111页，长春，东北师范大学出版社，1994。

② 成仿吾：《关于教育革命和学风问题（在山东大学师生员工大会上的报告）》，见中央教育科学研究所：《成仿吾教育文选》，125页，北京，教育科学出版社，1984。

③ 成仿吾：《教育必须同生产劳动相结合》，见中央教育科学研究所：《成仿吾教育文选》，91页，北京，教育科学出版社，1984。

动人民（主要是农民）打成一片。"①而在总结老解放区教育与生产劳动结合时，成仿吾强调："教育与生产劳动相结合是必要的。这样做的结果，既发展了生产，也发展了教育，既使生产有了一定的提高，也使教育有了更好的效果。"②

成仿吾作为中国共产党长期从事教育事业的老同志之一，被誉为革命根据地"人民教育的旗手"。他将教育视作夺取革命胜利的武器，在用马克思主义理论和毛泽东思想指导教育实践的同时注重审查实际，为新民主主义教育思想注入了新的活力。

4. 吴玉章的教育思想

(1)论教育为革命斗争服务

吴玉章一生参与了诸多革命实践活动，他认为："任何阶级教育的目的，都是为了自己的阶级服务，而无产阶级教育的目的，同样也是为自己的阶级服务，……为被剥削阶级广大劳苦大众服务，为党当时所领导的革命事业服务。"③

1941 年，吴玉章任延安大学校长，主持起草了《延安大学教育方案（初稿）》。这一方案阐述了延安大学的教育方针之一，为"进行政治教育，以增进学员革命理论的知识，以

① 成仿吾：《战火中的大学》，39 页，北京，人民教育出版社，1982。
② 成仿吾：《老解放区教育与生产劳动结合的若干经验》，见中央教育科学研究所：《成仿吾教育文选》，115 页，北京，教育科学出版社，1984。
③ 李彦福：《著名无产阶级教育家教育思想史》，119～120 页，南宁，广西人民出版社，1990。

培养学员具有革命观点、群众观点、劳动观点，作为人民服务的忠诚勤务员"①。1948 年 8 月 24 日，吴玉章在华北大学的成立大会上发表的讲话，阐述了华北大学的教育方针和目的。他提出："华北大学是一个革命的大学，是中国新民主主义革命过程中所产生的大学，它要培养新民主主义的革命与建设的干部，为完成中国新民主主义革命而奋斗。"②1949年 2 月 26 日，在华北大学一部同学的毕业典礼上，他提及革命胜利消息虽然不断传来，但仍希望毕业生毕业后在军事上将革命战争进行到底，同时开展社会革命，参与土地改革。③ 以上两次讲话，足以见吴玉章将教育视为革命事业的一部分，同时主张教育为革命服务。

(2)论教育以人民大众为中心

作为一名忠实的党员干部，吴玉章深知干部在革命和建设时期的重要性，所以他十分重视干部教育，尤其是对干部进行思想教育。他在华北大学政治研究所二、三班开学典礼上发表了主题为"学习的重点在改造思想"的讲话。他说："我们政治研究所的同学，有不少是各方面的专家，学问经验都有一些；问

---

① 《延安大学教育方案（初稿）》，见《吴玉章教育文集》，72 页，成都，四川教育出版社，1989。

② 吴玉章：《培养革命建设的人才——在华北大学成立大会上的讲话》，见《吴玉章教育文集》，92 页，成都，四川教育出版社，1989。

③ 吴玉章：《为人民建功立业——在华北大学一部同学毕业典礼上的讲话》，见《吴玉章教育文集》，102～105 页，成都，四川教育出版社，1989。

题就在要能掌握正确的立场、观点和方法，来从思想上改造一番，以期能够掌握马列主义毛泽东思想，好好地为人民服务。"①

吴玉章坚持以人民大众为中心的新民主主义教育思想，提倡普及教育。他认为："大众是社会组成的基本。大众的进步或落后并不在于生性的聪明或愚蠢，而在于教育的好或坏。教育好的国家，那么人人都有力量而国家也有力量；教育坏的国家，那就人人都没有能力，或能力很小，因此国家也不能强盛起来。"②可见，吴玉章深谙教育大众之于国家的重要意义。

为使大众能接受良好的教育，吴玉章主张改革文字以便普及教育。在 1933 年《中国新文字的文法》一文的引言中，他阐述了新文法的目的在于"用新文法来改造中国象形文字为拼音文字"，使之成为"合于科学的逻辑的分析，合于言文一致的、国际化的而且合于大众的新文化底文字"。③ 这些研究都为其后来推行文字改革奠定了理论基础。1940 年，吴玉章针对国内的局势提出："因为现在的战争环境，已把广大人民动员起来了。必须把他们组织起来团结起来才能成为力量。但是我们要组织民

---

① 吴玉章：《学习的重点在改造思想——在华北大学政治研究所二、三班开学典礼上的讲话》，见中共四川省委党史工作委员会《吴玉章传》编写组：《吴玉章文集》上册，406 页，重庆，重庆出版社，1987。

② 吴玉章：《大众教育底一个目前紧急任务》，见中共四川省委党史工作委员会《吴玉章传》编写组：《吴玉章文集》上册，376 页，重庆，重庆出版社，1987。

③ 吴玉章：《〈中国新文字的文法〉引言》，见《吴玉章教育文集》，51 页，成都，四川教育出版社，1989。

众，要使民众进步，使他们坚固团结像一个人一样，必须要提高民众文化水平。我国民众有百分之八十不识字，因此扫除文盲就是一个急须做的事情。"①为此，他通过办新文字学校、办新文字报来扩大新文字运动。在《〈新文字报〉发刊词》中，他强调："新文字真是我们劳动者的文字。现在我们出这个《新文字报》，就是从开头来教老百姓。从字母教起，每期都有教人学新文字的课程，一看就可以明白。还要登载一些讲学问的文章，有趣味的消息。"②可见，此刊物承载着吴玉章用新文字教育大众、普及教育的理念。

吴玉章是学者兼师表的马克思主义教育家。为普及和发展群众教育，他将中国汉字拉丁化的研究成果运用到革命根据地的教育建设中。他用行动为新民主主义革命时期的教育发展做出了贡献，也在实践中丰富和发展了新民主主义教育思想的内涵。

① 吴玉章：《关于"五四"运动的报告》，见中共四川省委党史工作委员会《吴玉章传》编写组：《吴玉章文集》上册，374页，重庆，重庆出版社，1987。

② 吴玉章：《〈新文字报〉发刊词》，见中共四川省委党史工作委员会《吴玉章传》编写组：《吴玉章文集》上册，637页，重庆，重庆出版社，1987。

第二章

中国共产党领导的工农教育和群众教育

中国共产党从成立之初就重视工农教育和工人运动、农民运动，并且将工农教育视为教育工作的重中之重。中国共产党成立前后，党依托工会组织和农民协会开展工农教育，创办了多所工人学校和农民学校。在土地革命战争时期，中国共产党领导的工农教育和群众教育开始走上正轨，苏区的小学教育得到了长足发展，普通教育的实施模式、管理模式和教材、教法初步形成了一套完整的体系。社会教育也初具规模，出现了识字组、识字班、夜校、半日学校、俱乐部等多种教育组织形式。抗日战争时期，普通教育方面，小学教育进行了改革，体制更加完善，中学教育和师范教育发展迅猛，填补了空白。社会教育呈现战时教育特点，为抗日战争服务。解放战争时期，普通教育走向正规化，老区学校和新区学校在差异中求结合，实行战时教育体制。社会教育的对象扩展，党在进一步发展工人教育和农民教育的同时，开展市民教育，社会教育最大限度地普及开来。

一、中国共产党成立前后的工农教育运动

（一）工会组织和农民协会开展的工农教育

在封建社会，教育只为少数厚禄者服务，中国的底层民众没有受教育权，也没有主动接受教育的意识。教育是人与人平等和社会进步的基础，五四运动前后兴起的平民教育思潮提出了为下层民众争取平等的教育权利的主张，唯有中国共产党把工农大众的教育问题与改变不合理的社会制度的民主革命紧密联系在一起。中国共产党在成立初期就非常重视工农教育问题，以工会组织和农民协会为依托，开展了轰轰烈烈的工农教育运动。

1. 中国共产党领导下的工会组织的教育活动

推动工人运动、实现工人阶级的彻底解放是中国共产党作

为一个马克思主义政党的必然使命。有赖于中国共产党的成立，中国工人阶级由"自在"阶级变为了"自为"阶级。在中国共产党成立初期，党的领导人就非常重视在广大工人中进行马克思主义的宣传工作，以引导他们积极投身到民主革命的热潮之中。中国共产党注意成立工会组织，这是工人阶级自己建设、为维护工人的切身利益而存在的社会团体。

1921年，《中国共产党第一个决议》规定中国共产党的基本任务是成立产业工会（工会），并指出：工人学校是组织产业工会过程中的一个阶段，所有产业部门都应成立这种学校。① 同年，中国劳动组合书记部在上海成立，中国共产党以此为总机关，向劳动者宣传成立工会的重要性，使劳动者有阶级的自觉。与此同时，《劳动周刊》作为该机构的机关报开始发行。在中国共产党的带领下，上海烟草工人会、上海印刷工人会、上海纺织工人会等招牌工会成立了。随后，劳动组合书记部的活动范围逐渐扩展至全国，长辛店铁路工人、唐山工人、京汉路工人等工人同胞都被调动起来了。

工人教育是工会组织工作的重要组成部分。在第八届全国教育会联合会上，中国山东劳动组合书记部书记王用章、济南劳动周刊社编辑王鸣球、中国山东社会主义青年团代表贾乃甫

---

① 《中国共产党第一个决议》，见中共中央党史研究室、中央档案馆：《中国共产党第一次全国代表大会档案文献选编》，7页，北京，中共党史出版社，2015。

等提出了《劳动教育案》，要求重视工人教育问题。为了更直接地领导工人运动、开展工人教育，中国共产党人在条件成熟的工会中进行党支部和党团的建设。1926年中共中央通过的《职工运动中党的发展及其关系议决案》中，议决"党团的作用是决定工会一切斗争的政策及工会一切大体方针，支部是教育党员及督率党员的工作"①。党支部是中国共产党人在工会组织中的基本组织单元，党团则肩负起了领导工会、开展工人运动的重任。两个机构相互扶携，共同建构了工人运动的道路。在工人教育上，党团起到了重要的指引、带头和宣传作用。

"工会自身一定要是一个很好的学校，他应当花许多时候努力去教育工会会员，用工会运动的实际经验做课程，为的是要发展工人们的阶级自觉。"②中国共产党以工会为基本的组织机构，创办了一所所补习学校、工人子弟学校，并建立起了工人阅书报社，此外还举办了化装讲演和公开游艺活动，大大提高了工人阶级的文化水平和思想政治觉悟。1925年后，中国共产党领导下的工人教育制度日趋完善，各地工会中都建立了宣传部和教育部，专门负责工人教育问题。依托工会，不仅成年工

①　《职工运动中党的发展及其关系议决案》，见中央档案馆：《中共中央文件选集》第二册，16页，北京，中共中央党校出版社，1989。

②　《关于"工会运动与共产党"的议决案》，见中共中央文献研究室、中央档案馆：《建党以来重要文献选编（一九二一——一九四九）》第一册，153页，北京，中央文献出版社，2011。

人的教育问题得到了解决，工人子弟的教育活动也逐渐开展起来。1926 年，在省港罢工期间，有 48 所工人学校和 4 所高级劳动学校建设起来。同年，湖北省新建了 70 所工人学校，在各地兴办起工人运动讲习所，学成的工人很快能够投入到县、市的革命工作中去。[①]

依托工会，中国共产党大大推进了中国工人教育事业的进程，提高了工人阶级整体的政治素质和文化水平，也为中国革命培养了一批新鲜力量。

2. 中国共产党领导下的农民协会的教育活动

"中国以农立国，而全国各阶级所受痛苦以农民为尤甚。"[②]在积极开展工人运动的同时，中国共产党始终关心中国的农民问题，重视农民群体在中国革命中的作用和价值。中国共产党在成立时通过的纲领就明确规定了要在农民群体中发展自己的力量："工人、农民、士兵和学生的地方党组织中党员人数多时，可派他们到其他地区去工作。"[③]自那时起，中国共产党就一直在思考如何引导农民阶级与工人阶级相结合，共同走上革命的道路。要促进工农合作、开展革命斗争自然离不开农民教育运动。

① 宋恩荣：《近代中国教育改革》，255 页，北京，教育科学出版社，1994。

② 《中国国民党第一次全国代表大会对于农民运动之宣言及政纲》，见《第一次国内革命战争时期的农民运动资料》，16 页，北京，人民出版社，1983。

③ 《中国共产党第一个纲领》，见中央档案馆：《中共中央文件选集》第一册，4 页，北京，中共中央党校出版社，1989。

20 世纪 20 年代，中国广大农村地区纷纷成立了农民协会，但受到历史条件的制约，农民协会大多徒有其名，并未起到发展、壮大农民群体自身力量的作用。相反，农民协会成为统治阶层的傀儡。农民协会无视农民自身在政治上、经济上的利益，在帮助农民争取权益方面并未付诸实际行动。面对军痞和土豪劣绅对农民群体的威胁和剥削，旧农民协会袖手旁观。农民的政治权利也未得到保障。例如，1925 年广州进行市长选举，20 余万负担市政费的市郊农民竟然没有选举权。①

面对这一状况，中国共产党人意识到中国共产党必须承担起唤醒中国广大农民的任务，必须帮助农民组织起真正属于自己的力量，启发农民的阶级觉悟。因此，中国共产党进行了以下三项工作。

第一，打倒现有的农民协会。农民协会虽以农民为名，但实际组织、控制者往往是土豪劣绅。"各省各县现有的协会都是地主绅士们所组织的，他们的利益和真正农民的利益相反"②，农民组织的农民协会变成了非农民的劣绅所包办的农会，为争取自身利益和解放的农民协会成为限制农民自身发展的工具。士绅包办了乡村自治机关，农民根本没有与土豪劣绅议定土地

---

① 《对于农民运动之决议案》，中共中央党史研究室、中央档案馆：《中国共产党第四次全国代表大会档案文献选编》，19 页，北京，中共党史出版社，2014。

② 《中国共产党告农民书》，见《第一次国内革命战争时期的农民运动资料》，29 页，北京，人民出版社，1983。

最高租额及最低谷价的权利和能力。面对这一情况，中国共产党号召广大农民行动起来，因为"非耕田的真正农民自己另组织农民协会，决不能保护农民的利益"①。中国共产党积极行动，拒绝承认已有农民协会的权力，帮助广大农民夺回农民协会的组织权，让农民协会重新回到广大农民的手中。

第二，积极创建农民协会。中国共产党始终强调要解除农民的困苦与压迫，就必须让农民自身团结起来，首先建设农民协会，再利用协会建设农民自卫军。中国共产党积极主动帮助农民建设农民协会，这些协会都是属于农民群众自己的。以广东地区为例，1923 年中国共产党第三次全国代表大会后，中国共产党便开始在广东帮助农民组织创建农民协会。两年过后，就有 20 多个县成立了农民协会，会员达 20 多万人②，并于该年五一劳动节时在广东省城成立了广东全省农民协会。此外，部分县还成立了武装自卫军，共有好几千人，足以与当地地主开战。

第三，在农民协会中成立党团。农民协会要想真正长远地发展，离不开中国共产党的正确领导和马克思主义理论的正确指引。同领导工会开展工人运动一样，中国共产党在农民协会

①　《中国共产党告农民书》，见《第一次国内革命战争时期的农民运动资料》，29 页，北京，人民出版社，1983。

②　宋仲福、徐世华：《中国现代史》上册，62 页，北京，中国档案出版社，1995。

中也成立了党团，领导农民运动。1927 年，第五届中央委员会决定成立全国农民协会临时党团，由任旭任书记。党团帮助农民捍卫农民运动的成果、宣传共产主义思想、指导农民成立维护自身利益的自卫军、积极动员农民投身革命，成为农民协会的指导机构，发挥着领导核心的作用，推动了农民运动的发展，为之后中国共产党扎根农村、创建根据地提供了组织保障。

随着农民协会的不断成立和党团组织的发展与完善，中国共产党以此为依托，设立农民运动讲习所，开展了农民教育活动。例如 1922 年，彭湃在海丰县组织了总农会，下设教育部，将农民教育列为工作的主要任务之一。海丰各地的农民教育运动在农民协会的积极推动下蓬勃开展，农民学校、半日学校、图书报社、演说团等教育组织纷纷成立。

在中国共产党的组织领导下，全国广大农村地区纷纷成立了农民协会。以农民协会为依托，农民教育活动在中国共产党的领导下顺利开展，开创了人民办教育、教育为人民的教育新思想。

（二）中国共产党领导的工人和农民教育机构

在中国共产党的领导下，全国各地创设了多所工人学校和农民学校。千百年来受压迫、受剥削的工农同胞第一次走进了学校，开始接受正规、系统的教育，中国共产党领导下的工农教育从此走上了制度化、正式化的道路。在全国各地的工人学校和农民学校中，以下几所学校是最具代表性和影响力的。

1. 工人学校

（1）长辛店劳动补习学校

长辛店有铁路工人 2000 余人，这些工人每日辛勤劳作，所得却难以果腹。为解决工人的困境，1919 年 3 月，邓中夏等中国共产党人创建了北京大学平民教育讲演团，并以此为依托，开展工农教育活动。一年后，为了更好地开展教育活动，中国共产党人开始筹划创办工人学校。1920 年 12 月 19 日，邓中夏、张国焘、张太雷、杨人杞在长辛店召开了劳动补习学校筹备会，就该校的章程问题展开讨论。会议议定于 1921 年 1 月 1 日由史文彬等 10 名工人发起成立劳动补习学校。但由于工人朋友热情高涨，报名人数远超预估人数，劳动补习学校不得不推迟到 11 日才正式开课。[①] 这是中国教育史上第一所属于工人阶级自己的学校。这所学校的特点如下。

第一，长辛店劳动补习学校的学制为"二部制"。"二部制"即分为白、夜两班，工人的子弟在白天学习普通小学的课程，以文化知识的学习为主要内容；工人在夜间上课，以高小的课

---

① 何祥生、陈光藻、刘崇兴等：《北京成人教育史志资料选辑》第三辑，240页，北京，中国建材工业出版社，1993。

程为主，学习内容包括国文、社会常识、科学常识、铁路知识等，同时进行革命思想、马克思主义思想和无产阶级革命理论等的学习。工人们在劳动补习学校提高了文化水平，对自身的阶级属性有了清醒的认识。这也激发了工人们对无产阶级的归属感和对中国共产党的认同感。劳动补习学校有专职教员（驻校教员），也有兼职教员。专职教员在劳动补习学校固定讲学，兼职教员每周来校讲课一次或两次。邓中夏、李大钊等中国共产党人都曾在此讲课，并受到了工人朋友的热烈欢迎。

第二，长辛店劳动补习学校非常重视教材问题。建校初期，没有教材，教员就亲自编书、写讲义，力求教材贴近工人们的实际生活。教员们也非常注意教学方法的选择，讲课深入浅出，善于发挥工人的主观能动性，让他们主动思考问题，得出结论。比如有一次，教员在进行阶级意识教育时，提了一串问题："铁路是谁修的？火车是谁开的？机器是谁造的？"工人们立刻回答：这些都是工人做的。教员马上又问：那为什么工人受穷呢？工人们便说是自己命苦。教员说：不是命苦，而是因为"资产阶级的钱，全都是从我们劳动人民身上刮去的。他们为什么能削剥呢？主要是他们有政权。要想不受压迫，不受剥削，就得团结起来，组织起来进行革命"[1]。工人们立刻明白了什么是阶级、

---

[1] 何祥生、陈光藻、刘崇兴等：《北京成人教育史志资料选辑》第三辑，238页，北京，中国建材工业出版社，1993。

什么是剥削、为什么要进行阶级斗争，认识到了团结的重要性。

第三，长辛店劳动补习学校还开设了图书馆，订购了很多进步报刊，丰富了教育内容。凡是工人朋友都可以自由进出图书馆，根据自己的兴趣和所需阅读《工人周刊》《新青年》等进步报刊。通过阅读，工人的视野大大开阔，加深了对先进理论的理解。

总而言之，长辛店劳动补习学校是中国共产党进行工人学校建设的首次实践，是马克思主义和中国工人运动相结合的成果。通过工人学校的教育，北京长辛店工人的觉悟大大提高，很多人从此投入革命事业。

(2)安源路矿工人补习学校

在中国共产党早期领导的工人运动中，江西安源路矿工人的罢工运动是一场标志性的运动。安源路矿工人的生活非常艰苦，当地流行这样一个顺口溜："来到安源三五年，萍矿做工苦难言，家中父母倚门望，回家没得路费钱。"[1]为了争取工人权益，为工人运动做思想上的准备，毛泽东、刘少奇、李立三等共产党人先后来到安源，建设路矿工人补习学校。

1921年，刘少奇、李立三率先到达安源，开办工人夜校，为之后路矿工人补习学校的建设打下了一定的基础。1922年1月，安源路矿工人补习学校正式成立。该校具有以下几个特点。

---

[1]　董纯才、张腾霄、皇甫束玉：《中国革命根据地教育史》第一卷，22页，北京，教育科学出版社，1991。

第一，该校免费向广大工人开放，工人只需出一点笔墨纸张费即可参加学习。起初，仅有 60 名左右的工人参加学习。罢工斗争胜利后，工人补习学校的学生就达到了 200 人。一年后，补习学校规模扩大，有了 3 个分校。① 1923 年刘少奇担任安源路矿工人俱乐部总主任后，俱乐部所办的补习学校进一步扩大为 7 所，有约 2000 名学生，越来越多的工人加入了工人补习学校。② 此外，共产党人还办了国民学校（路矿工人的子弟学校），部分工人子女可免费入学，接受初小教育。

第二，同北京长辛店劳动补习学校一样，安源路矿工人补习学校也分为日、夜两班，白班工人上夜班夜读，夜班工人上日班日读。学校根据工人自身的文化水平进行教学，有一定文化基础的工人学习国语、算术、常识、政治等，文化水平较低的工人则以珠算、识字等为核心学习内容。补习学校的学制规定并不明确，一般情况下，几个月为一个学习周期，有时候则没有具体规定，工人根据自己的需要参加学习。

第三，安源路矿工人补习学校非常重视教材问题。为了提高教学质量和工人的学习效率，李立三等人自编自印了一本《安源路矿工人读本》，包含"阶级斗争""劳工神圣""资本家与资本

---

① 曲铁华：《中国教育史》，255 页，武汉，武汉大学出版社，2011。

② 中共中央文献研究室：《刘少奇人生纪实》上卷，141 页，南京，凤凰出版社，2011。

主义""何谓帝国主义""为什么要革命""社会主义"等篇目。① 安源路矿工人补习学校以《工人读本》为主要教材，进行识字教育和思想教育。这本教材通俗易懂，以阶级理论和马克思主义思想为主要内容，教育工人团结起来，反抗剥削，共同斗争。《工人读本》中有很多朗朗上口的韵脚诗，易于记忆。例如："独屋不能防屋倒，片瓦不能把屋造，个人人力很有限，团结起来力量好。有事大家帮忙做，有害大家相劝告。万人一条心，仇人都打倒。"② 这段课文用口语写就，富有生活气息，便于理解，以引起工人学习的兴趣，同时点明了工人阶级团结起来的重要性，启发工人觉悟，激发工人斗志。

第四，安源路矿工人补习学校附设图书馆、阅览室，方便工人阅览《工人周刊》《劳动周刊》等进步报刊，有利于工人阶级归属感的增强和文化科学知识水平的提高。

综上所述，安源路矿工人补习学校是中国共产党进行工人教育的又一次伟大尝试。它向工人揭露了资本家是如何剥削工人、资产阶级是如何打击工人阶级的，启蒙了数千名工人，引领他们走上了革命的道路，为安源路矿工人大罢工做了思想准备。

---

① 关世雄：《成人教育辞典》，208 页，北京，职工教育出版社，1990。

② 顾明远、刘复兴：《从新民主主义教育到社会主义教育（1921—2012）》，44～45 页，北京，教育科学出版社，2015。

（3）沪西工人半日学校

沪西工人半日学校是中国共产党历史上第一所工人学校，1920 年秋建校，历时 5 年。5 年间，校名多次更改，曾名：上海第一工人补习学校、工人补习学校、工人识字班和工人夜校补习班。[①] 中国共产党的工人运动由此开始。

沪西小沙渡位于上海西郊，聚集着大量日资纱厂，是上海纺纱工人最多的地方之一。上海的纺纱工人工作时间长、工资低，还要遭受日本监工的打骂，日子苦不堪言。中国共产党上海组织成立后不久，便派李启汉前来组织工人运动。李启汉来到沪西小沙渡后，发觉工人没有文化，不能接受马克思主义，工人运动随之受挫。因此，他于 1920 年秋在小沙渡槟榔路北锦绣里 3 号开办了一所工人半日学校，即之后的沪西工人半日学校。

沪西工人半日学校的教师主要是当时上海外国语学社的学员，如陈为人、雷晋笙、严信民等。他们用《劳动界》等工人刊物作为教材，向工人揭穿资本家的真面目，宣传马克思主义。后来，他们还把自己的讲义整理成文章，在《劳动界》上发表。

沪西工人半日学校的发展并不是一蹴而就的。起初，由于未能做好宣传动员工作，前来报名的学生寥寥无几。于是，李

---

① 邵雍：《沪西工人半日学校——中国共产党开展工人运动的起点》，载《上海党史与党建》，2020(12)。

启汉学了上海话，打入工人帮派，改变教学方法，创办工人游艺会。很快，半日学校的学生增加到了 20 多人。① 1921 年 8月，党领导的中国劳动组合书记部成立后，把沪西工人半日学校扩大为上海第一工人补习学校，分日班和夜班，报名参加的工人有 200 多人。② 但由于帝国主义的破坏，沪西工人半日学校仅仅开办了 5 年，其间亦多次停办、改名或名存实亡。

尽管如此，沪西工人半日学校仍可算作中国共产党工人学校的起点，为党培养了一些革命者，部分党的早期干部也曾参与其中，获得了锻炼，为之后的工人运动积累了经验。如邓中夏就曾在此教书，给工人们讲阶级斗争、剩余价值等马克思主义理论。

2. 农民学校

（1）湖南农民补习学校

长期以来，中国共产党一直重视农民问题，频繁开展农民运动。湖南是较早开展农民教育和农民运动的地区，其农民运动影响深远，为之后的农民运动提供了榜样。

从 1922 年起，在共产党人和其他进步人士的领导下，湖南各地纷纷创建农民补习学校。仅仅一年，位于长沙、由中国共

---

① 邵雍：《沪西工人半日学校——中国共产党开展工人运动的起点》，载《上海党史与党建》，2020(12)。

② 邵雍：《沪西工人半日学校——中国共产党开展工人运动的起点》，载《上海党史与党建》，2020(12)。

产党领导的"农民补习教育社"就成功创办了 5 所农村补习学校、9 处阅报所，有学生 200 余人。[1] 共产党员曹典琦和廖锡瑞分别编写了《成人补习读本》和《珠算教学书》，付梓后用作教科书。[2] 同时，该社党员还编纂了《平民读本》《工人读本》《成人读本》等多本阅读材料，受到了农民群体的广泛欢迎，起到了宣传教育的作用。1924 年，补习学校向各县乡发展，规模扩大到 10 余所。同年，毛泽东在家乡韶山领导农民运动时，也办起了农民夜校。"农民补习教育社"在长沙附近农村共创办了 17 所农村补习学校。[3]

1926 年 12 月，湖南省第一次农民代表大会通过了《农村教育决议案》，对农民教育的内容、方式、方法做了明确规定，提出了一个农民教育的具体方案。

（一）下级农协应竭力注意开办农民学校，分为日班、夜班，日班教农民子弟，夜班教成年农民。（二）农民学校的课程编制及教材，省农民协会应从速组织农民教育委员会，编制应用。（三）农民学校，应尽可能的设立妇女班。

---

[1] 周秋光、莫志斌：《湖南教育史》第二卷，626 页，长沙，岳麓书社，2002。

[2] 《长沙农村教育之曙光》，见中国革命博物馆、湖南省博物馆：《湖南农民运动资料选编》，365 页，北京，人民出版社，1988。

[3] 顾明远、刘复兴：《从新民主主义教育到社会主义教育（1921—2012）》，46～47 页，北京，教育科学出版社，2015。

(四)农民协会所办之农民学校,其经费之来源如下:一、从田租中减纳百分之二至百分之八;二、提拨地方迷信公款;三、省县政府特别补助,在省县预算中列为专项。(五)乡村原有之国民小学、高等小学、女子职业学校等,其材料应力求适合农村需要,应由省农民协会教育委员会,邀同各界热心农村教育人员,组织湖南农村教育协会的大规模的农村教育运动,即由此会编制乡村小学教材。(六)为适合农村儿童就学的经济能力起见,国民学校应改四年制为三年制。(七)改良私塾,其方法注意向私塾教师灌输进步思想,并改良其教法。(八)为谋农民教育发展的农民协会应与小学教师及私塾教师密切联络,并容许他们入农民协会。(九)省农民协会,应设法出版农村白话报、农村画报各一种。区乡农协均附设阅报处,并于乡村要道,张贴壁报。(一○)国民学校,应津贴贫苦农民学生的中餐。(一一)县农民协会、县党部会同县政府创办培养农村小学师资的学校。[①]

《农村教育决议案》要求教育为占全国人口 90％的人民大众服务。1927 年 3 月,毛泽东发表著名的《湖南农民运动考察报

[①] 《农民教育决议案》,见《第一次国内革命战争时期的农民运动资料》,429页,北京,人民出版社,1983。

告》，指出湖南农民补习学校的创建大大提高了当地农民的知识文化水平，高度赞扬了湖南创办农民补习学校进行农民教育的做法，希望这种模式能够进一步推广开来，认为在不久的时间内，会有几万所学校在全省的乡村涌现出来。

可以说，湖南省创办农民补习学校、发展农民教育的做法，使得湖南的工农教育走到了全国其他省份的前面。湖南的农民教育比起其他省份要更加全面、具体、深入。农民补习学校使得学校不再是城乡特殊阶级所专有的，为教育出资出力的贫苦农民走进了学校，开始接受文化科学教育。农民不再是愚民，拥有了参与革命、进行阶级斗争的能力和胆识。

（2）广东农民学校

广东海丰是农民运动最早开展的地区之一，但农民教育的情形不容乐观。该地的农民文化水平极低，农民甚至不知道教育是什么东西，一个县里会写自己名字的农民不到20％。

事实上，广东的新式教育开展得很早，在全国都处于领先位置。但新式教育只面向地主、富商的子女。农民承担着几乎全县的教育经费，自己和自己的子女却无法走进学堂。新式教育完全没有考虑农民的真实情况和现实需要。"农民怕新学如怕老虎，谈起新学就变色。何以呢？一、教育局系官厅性质，教育局下一训令到乡村去，农民先要敬奉局丁的茶钱，如教育局所限期间，该乡不办起来，就拿学董。二、教育局完全不会指导农民办教育。三、农民无钱，教员又贵。四、学生学费也昂。五、农民子弟多劳动，以生活为紧，无暇去享受教育。有这几个原因，迫他办教育，就把他弄怕了。"①

1921 年，中国共产党人彭湃开始在海丰开展农民教育活动。1923 年 1 月海丰县农民总会正式成立，与此同时，农民学校也成立了。农民学校与新式教育学校不同，前者是从农民实际出发，教农民记数、写信、珠算、写日用品名字、办农会。学校免除农民的学费，农民反响热烈。仅一个月，海丰当地就建起了 10 余所农民学校和数所农民夜校。1925 年，广东第二次全省农民代表大会通过了《农村教育决议案》，对农民补习学校的课程内容和教材教法做了明确规定，提出成年农民补习学校应重视近代史和政治思想的教学工作，同时注重卫生、识字等农民急需的知识。1926 年，广州成立了农民训练所，向全省招收学生，为农民协会培养人才。

总的来看，广东的农民教育活动形式更加多样，教学内容更加丰富，教育成果斐然，大大提高了农民的知识水平和思想政治觉悟，为中共今后工农革命的开展积蓄了有生力量。

(3)河南农民学校

在大革命时期，河南于 1925 年 8 月开始成立农民协会，全

---

① 彭湃：《海丰农民运动》，见《第一次国内革命战争时期的农民运动资料》，159 页，北京，人民出版社，1983。

省农民协会发展迅猛。陈独秀在 1927 年 4 月 29 日中国共产党第五次全国代表大会的政治报告中提到，当时河南有组织的农民已发展到 100 万之多。① 河南的农民协会在支援北伐战争、建立农民自卫武装、维护农民经济利益、创建农工政权的同时，不放松文化教育工作。

1925 年到 1927 年，河南各地的农民协会提取庙产充作农民协会的经费，同时捣毁封建迷信的场所，如肖家祠堂、石家祠堂、闵家祠堂、周家祠堂等，赶走洋人所设所谓"福音堂"，夺回了被占据的三妹庵。利用三妹庵，中国共产党领导的农民协会创办了商城县第七小学，并开展了各种各样的文化教育活动。杞县农民协会、荥阳县农民协会都纷纷开设农民夜校，利用夜校提升农民的政治认知水平。商城县农民协会在成立平民学校的同时，还办读书会、通俗讲演所、图书馆、阅报社和新剧团组织，用多种方式对农民进行教育。

（三）中国共产党早期工农教育的影响

中国共产党早期工农教育对中国早期革命、中国教育的发展产生了不可磨灭的影响，团结工农群众成为有生力量，推动了革命的

---

① 《第一次国内革命战争时期的河南农民运动》，见河南省地方史志编纂委员会：《河南史志资料》第 5 辑，11 页，出版地不详，出版者不详，出版时间不详。

发展，为之后苏区、根据地、解放区的工农教育打下了基础。

第一，中国共产党领导的工会组织与农民协会是真正为工农群体谋利益的组织，成了帮助、教育工农群体的中心。工会组织与农民协会的存在为工农教育运动提供了组织支撑和制度保障。工会组织与农民协会的建设和工农党团的创设，让广大工农群众紧密围绕在中国共产党这个领导核心的周围，为中国共产党各项事业的开展打下了坚实的基础。中国共产党依托工会组织和农民协会开展的教育工作，在城市和基础薄弱的农村得到快速发展。工会组织与农民协会调动了工农群体自身的力量。要想真正办好工农教育，就要让工人和农民有强烈的学习意愿和学习动力。在过去，也有人呼吁工农教育，但他们往往得不到工农群体的响应，这些工农教育活动最后只能不了了之，工农教育理论沦为空谈，难以落于实处。这是因为他们没能调动起工农群体自身的力量，工人和农民没有接受教育的想法，意识不到教育的重要性，认为接受教育是一件费时费力的事，没有好处，因而也就不会积极参与到教育中来。但工会组织是工人自己的组织，农民协会是农民自己的协会，依托这两个组织开展工农教育，实质上就是工农在中国共产党的领导下主动参与到教育活动中来。工农群体不仅是工农教育中的受教育者，还是工农教育的组织者、建设者。工会组织与农民协会极大调动了工农群体参与工农教育的积极性，为工农教育运动的开展打下了坚实的基础。

　　第二，中国共产党开展的工农教育对工农革命运动的开展起到了积极的促进作用。在长辛店劳动补习学校的教育下，长辛店铁路工人逐渐产生了阶级意识，最终进行了大罢工；通过在安源路矿工人补习学校进行学习，安源工人的革命觉悟大幅提高，而后发生了中国现代历史上著名的安源罢工；广东和湖南农村农民革命热情的高涨也得益于工农教育……工农教育使得工农阶级掌握了革命理论和文化知识，提高了他们的阶级归属感和认同感，因而他们有意愿也有能力进行革命斗争。同时，工农教育也为党培养了一大批工农革命干部，这些干部在之后的革命中都发挥了重要作用。例如，沪西工人夜校的学生顾正红就是五卅运动的领导者之一。

　　第三，早期工农教育的实践让革命根据地教育"有本可依"。在创办工会、农会、工人学校、农民学校的过程中，中国共产党摸索出了一套适合工农阶级的教育方针、教育制度、教育内容和教育方法，认识到过去新式教育的经验并不适合工农教育，教育对象的转变意味着教材、教学方法等都要随之转变。工农教育创设了人民教育的新体制，群众成为教育的主体。他们不仅是接受教育的对象，也可以是向他人传授知识的教师。这些经验都在革命根据地开展群众教育的过程中得到了很好的应用，并被不断完善和发展。革命根据地创设的导员制、深入浅出的教学方法和自编的教科书等都受到了中国早期工农教育实践的影响。事实上，新中国的群众教育依旧是在此理论的指导下进行的。中国共产党领导下的早期工农教育为我国今后的群众教育指明了方向。

　　作为无产阶级的政党，中国共产党始终关注工农问题，认为中国共产党必须支援工人阶级，直到社会的阶级区分消除为止，同时指出"农民问题，在无产阶级领导的世界革命，尤其是在东方的民族革命运动中，占一个重要的地位"①。工农教育就是中国共产党在马克思主义理论指引下帮助工农阶级、进行工农革命的一次伟大实践，这次实践证明将马克思主义理论与中国实际相结合是必要且正确的。

　　总的来看，在中国共产党成立初期，工农教育运动的迅猛开展和丰硕成果离不开工人组织和农民协会的支持。领导、建设好工人组织和农民协会是中国发展工农教育的前提，工农教育所培养出的优秀人才也促成了工人组织和农民协会的进一步发展、壮大。

二、苏区的工农教育和群众教育实践

(一)苏区的普通教育

　　苏区是中国共产党在农村建立的苏维埃革命根据地。面

---

　　① 《中国共产党第四次全国代表大会"对于农民运动之议决案"》，见《第一次国内革命战争时期的农民运动资料》，18页，北京，人民出版社，1983。

对国民党的多次围剿和残酷的战争环境，这一时期中国共产党的主要任务是土地革命、武装斗争、根据地建设。这三方面都离不开教育的协助。中国共产党通过教育，鼓励广大工农参与革命。同时，教育建设也是根据地建设中十分重要的一部分。因此，中国共产党在以中央苏区为首，包括其他苏区在内的各个根据地，先后建立了面向工农子女的各级各类普通学校。

1. 以小学教育为重点

苏区普通教育是一种以小学教育为重点的义务教育，这是苏区普通教育最为突出的特征。具体而言，包括以下几点。

（1）普通教育以初小和高小为主

苏区的普通教育一般包括初级小学、高级小学、专门学校（中学）和保育院（幼儿园）教育。1931 年，湘鄂赣省苏维埃政府发出了《颁布学制与实施目前最低限度的普通教育的训令》，构建了一个完整的普通教育体系。这个体系不仅包括上述学校，还有研究院。这是一个完整的系统。在笔者收集的其他教育资料中，几乎没有关于研究院的资料，关于中学教育的资料也非常少，目前只有鄂豫皖苏区固始县的王楼中学（以干部教育为主）、左右江根据地的广西劳动第一中学以及川陕苏区的一所工农中学的相关资料。由此可见，苏区在土地革命时期的普通教育主要是高级小学教育和初级小学教育。① 苏区的高级小学和初级小学（即高小和初小），有的是在原有学校的基础上重建的，有的是共产党人新办的。起初学校名称不统一，有红色小学、列宁小学、劳动小学、人民小学等名称。后来，受到苏联的影响，闽西苏区规定，学校改名为劳动小学。由于敌人的封锁，各苏区之间的联系并不顺畅，这一规定仅限于闽西苏区。在 1934 年毛泽东做中华苏维埃共和国第二次全国人民代表大会（即"二苏大"）报告和中央教育委员会教育部《苏维埃教育条例》发布后，"列宁小学"才作为苏区小学的统一名称被使用。

苏区的小学教育具有以下特点。

第一，苏区教育的主要对象是工农子弟，而不是地主、资产阶级子弟。中国共产党的性质决定了苏区的普通教育不是贵族教育，而是面向苏区全体人民，立足实际，服务革命的教育。在中国共产党的领导下，工农子弟终于有了受教育的机会。

第二，大多数苏区的教育没有预备教育的性质，也就是说，教育的目标不是进入一个更高等的学校。② 初小毕业不是为了进高小，高小毕业不是为了进初中。1934 年 2 月，中华苏维埃共和国中央政府颁布《中华苏维埃共和国小学校制度暂行条例》，

---

① 宋荐戈、张腾霄：《简明中国革命根据地教育史》，118 页，北京，中国文史出版社，2016。

② 宋荐戈、张腾霄：《简明中国革命根据地教育史》，122 页，北京，中国文史出版社，2016。

规定工农民主专政下小学教育是培养新一代的人参与革命斗争，培训未来的共产主义战士。苏区普通教育的目标是培养未来共产主义建设者、提高工农子女的科学文化水平和思想政治水平、方便他们的实际生产生活。[①]

在土地革命时期，苏区的普通教育迅猛发展，尤其是高级小学与初级小学的教育取得了巨大成就。苏区各级小学的入学人数逐年增加，为中国共产党和中国革命培养了一股后备力量。

（2）实行免费的义务教育

在中国共产党建立苏区前，苏区的广大工农子弟并没有接受过系统的教育。这不仅仅是因为工农群众缺乏接受教育的意识，更因为他们没有钱让孩子去上学。当时的小学教育都需要学费，对于贫苦的农民而言，吃饱穿暖尚为问题，又要怎么供孩子上学呢？为了让广大工农子弟接受教育，中国共产党决定在苏区实行免费的义务教育。

1927年9月，《江西省革命委员会行动政纲》提出"实行普及教育，提高革命文化"[②]，为达成这一目标，必须实行免费的、强迫的、普遍的、公益的教育，教育要向全体男女儿童免费。

① 《中华苏维埃共和国小学校制度暂行条例》，见中央教育科学研究所、陈元晖、璩鑫圭等：《老解放区教育资料（一）》，308页，北京，教育科学出版社，1981。

② 《江西省革命委员会行动政纲》，见《中央苏区文艺丛书》编委会：《中央苏区文艺史料集》，4页，武汉，长江文艺出版社，2017。

1930 年 3 月，闽西苏维埃政府成立后，便立刻执行闽西第一次工农兵代表大会的决议，即对 6～14 岁儿童实行义务教育。1934 年 2 月，《中华苏维埃共和国小学校制度暂行条例》规定对一切儿童施以免费的义务教育，首先保证劳工子弟能接受免费的义务教育。依据此条例的要求，各个苏区基本上都向全体学龄儿童免除学费，施行义务教育。但这一政策对地富分子与其子弟是差别对待的。土地革命后，他们被没收了多余的土地。虽然地富子弟仍可入学读书，但有的地区对他们收取学费。这是符合实际情况且合理的，因为富农和地主的经济情况一般是比较好的。

得益于这种免费的义务教育，大多数学龄儿童在条件很差的苏区也能够入学读书。苏区在普通教育方面的成就是十分鼓舞人心的。

（3）兼顾托幼教育和中学教育

在大力发展小学教育的同时，苏维埃政府也兼顾了托幼教育和中学教育事业的发展。苏区的托幼教育和中学教育情况如下。

第一，托幼教育方面，苏区政府颁布了很多相关的条例、政策。1934 年 2 月，中央内务人民委员部颁布了《托儿所组织条例》，要求苏区开始组织托儿所。该条例指出：组织托儿所的目的是改善家庭生活，使托儿所代替妇女育婴，让每一个劳动妇女尽可能多地从事生产。条例对托儿所的宗旨和工作内容进行了总结，各地托儿所工作在此基础上逐步展开。① 当月，瑞金县响应这一条例，在城市区南郊乡和下州区下州乡试办托儿所。南郊农村托儿所接收 21 名儿童；下州乡有 2 所乡镇托儿所，共 43 名儿童。不久，瑞金县就有 57 个托儿所。② 1934 年妇女节，中共江西省委提出，建立托儿所是江西妇女工作的中心任务之一，要求推广瑞金等县建立托儿所的经验，在全省各县区积极建立托儿所。此后，在共产党和苏维埃政府的领导和支持下，赣南苏区开始在各地建立托儿所，为改善幼儿教育环境打下了基础，苏区幼儿教育事业稳步发展。

第二，中学教育方面，苏区工农子弟在完成初小和高小的学业后，根据个人需要，也可申请继续在中学读书。当时苏区的中学主要有以下几所。

广西劳动第一中学，由工农民主政府于 1929 年 12 月对位于左右江革命根据地的百色省第五中学改建而成。劳动中学进行了教学改革，取消了国民党的"党义"课程，增加了革命理论课程和运动训练项目。红七军政委邓斌、军长张云逸多次前来讲学，传播革命的原则，号召学生们支持革命。在革命思想的影响下，许多学生坚决地参加了革命。例如，该校 13 班学生陈

---

① 《托儿所组织条例》，见中华全国妇女联合会妇女运动历史研究室：《中国妇女运动历史资料(1927—1937)》，371～372 页，北京，中国妇女出版社，1991。

② 董纯才、张腾霄、皇甫束玉：《中国革命根据地教育史》第一卷，226 页，北京，教育科学出版社，1991。

洪涛，后来加入了红军，成为红七军21师的政委和中国共产党右江特别委员会书记。学生黄松坚后任红军副师长，阮殿宣任红军师长。总之，这所学校为革命培养了许多干部和人才。

川陕苏区工农中学，由四川省陕西苏维埃政府于1933年春在通江县枯草坝兴办。有80多名学生入学，其中大部分是贫农和中农的孩子。地方干部和工厂工人持有区级以上政府的介绍信，经批准后可作为旁听生。学生的食、宿、衣、书、杂费由学校提供。学生的教育水平差距很大，分为甲班和乙班。课程分为政治、军事、文化三类。学校实行军事化管理，学生每天黎明就起床跑步、锻炼，早餐后上课，下午要出去练习步战、夜战、野战等，晚上要去讲堂听讲。

这一时期的普通教育是以小学教育为核心的免费义务教育，兼顾托幼教育和中学教育的发展。苏区的普通教育虽然面临着种种困难，但在中国共产党的领导和苏区人民的坚持奋进下，普通教育依旧取得了辉煌的成就，为之后的中小学教育打下了坚实的基础。

2. 各苏区小学教育的发展情况

在中国共产党的领导和广大工农劳动群众的积极支持下，苏区的普通教育越办越好，列宁小学越办越多。各大苏区的小学教育有条不紊地开展，基本都实施了免费教育，广大工农子弟开始接受正式教育。但由于各苏区的实际情况不同，各地小学教育的发展节奏和发展程度都有所不同。

第一，中央苏区小学教育的发展是最完善的。截至 1934 年 3 月底，据不完全统计，在中央苏区的江西省、福建省、粤赣省和红都瑞金等地共有列宁小学 3199 所，学生约 10 万人。① 在鄂豫皖苏区，列宁模范学校和列宁高级小学在鼎盛时期各县各有 1 所。每个区有 1 所列宁高级小学，每个乡有 1 所列宁示范小学，每个村有 1 所列宁小学。②

第二，闽西苏区小学改变了闽西地区文化的落后现象。闽西苏区上杭县苏家坡的小学教育发展能反映闽西苏区小学教育的发展。苏家坡是偏僻的小山村，从来没有过学校，40 多户村民中，家家户户都是爷爷、父亲、儿子不识字的"三代盲"。苏区创建以后，村里办了 1 所平民小学，"苏家坡，三代盲"③的文化教育落后状况得到改变，全村 16 个适龄儿童都入学了。④

第三，鄂豫皖苏区小学教育的发展为鄂豫皖苏区的革命事业做出了贡献。以光山县箭河列宁小学为代表，该小学原为

① 丁言昭：《被遗忘的关于瞿秋白的一次报道》，见瞿秋白纪念馆：《瞿秋白研究》第十四册，180～181 页，上海，中国福利会出版社，2007。

② 宋荐戈、张腾霄：《简明中国革命根据地教育史》，138 页，北京，中国文史出版社，2016。

③ 厦门大学历史系中共党史教研组：《闽西革命根据地》，61 页，上海，上海人民出版社，1978。

④ 谢济堂：《闽西苏区教育》，80 页，厦门，厦门大学出版社，1989。

1927 年 2 月由当地的进步人士创办的中山小学。1929 年，学校正式改名为箭河列宁小学。它由苏维埃政府管理，1930 年学生人数达到 120 人。除了汉语、算术和其他文化课，学校还开设了政治和军事课。1930—1932 年，国民党军队在湖北、河南、安徽苏区进行了四次军事"围剿"，但箭河列宁小学仍坚持办学。从箭河列宁小学毕业的学生大多加入了红军、地方武装部队或地方苏维埃政府。

第四，闽浙赣苏区的小学教育发展得很快，村村都有列宁小学。以横峰县葛源村为例，当时这个区的列宁小学分为三类：一类是省属列宁小学；一类是各乡的列宁完备小学（或称列宁模范小学）；一类是各村的列宁劳动小学。其中列宁劳动小学是按自然村设置的，仅葛源乡就在南市街、西园街、舒溪街、店前街、牌楼底、后弄村各设了 1 所小学。①

第五，左右江革命根据地的小学教育助力当地生产生活。例如，当地的西山弄京劳动小学是一所比较有名的学校。这所学校是利用师部生产合作社的资金创办的。学生们除了学习文化外，还要种庄稼、养鸡，农忙的时候还要去村里帮农民干活。学生们还参加革命活动，慰问部队，到村里组织童子团。后来，这所学校的大部分学生成了革命骨干。

---

① 横峰县志编纂委员会：《横峰县志》，497 页，杭州，浙江人民出版社，1992。

在很短的时间内，苏区基本普及了初级小学教育，不仅使苏区广大工农获得了文化知识，而且使他们接受了革命思想，提高了政治觉悟，为革命事业培养了大批各方面人才。

3. 苏区小学的教学模式

在土地革命战争时期，中国共产党不仅要严防国民党对苏区的"围剿"，还要防范苏区内部地主资产阶级对革命成果的破坏。苏区的普通教育正是在这样严峻的形势下开展的。为了维护已有的教育成果，进一步发展苏区、推动土地革命，中国共产党根据八七会议和中共六大的精神制定并颁布了各种教育原则、方针政策、学制要求，还对小学的课程设置做了明确规定。

（1）苏区小学的学制设置

苏区的普通教育以小学教育为中心，初小和高小是苏区普通教育建设的重点。苏区历史上，关于小学教育组织方法的探讨是最多、最深入的。

第一，关于学区划分。苏区大都进行学区划分，按学区建立小学。学校位于学校区域的中心附近，尽量远离山脉和河流。在一个学区内，学生离学校的距离不能超过3里。如果村庄偏远，则可扩大到3～5里。学区学校的规模由学区学龄儿童的数量决定。大村庄学龄儿童较多，学校规模就较大；小村庄人少，学校规模就小。在学校，统一应用班级编制。按人数分为单式编制和复式编制两种，每班控制在20～40人。在偏远地方可以连村办校。非常偏远的农村学校，由于学生短缺，班级人数可以少于 20 人。[①] 为了让所有想学习的孩子都能入学，中国共产党还设立了半日制学校和半日班。这样，家庭负担重、年龄较大的孩子可以学习半天、工作半天，解决了生计和教育问题。真正有困难的孩子也可以参加夜校或识字小组，这样就不会让任何孩子失去接受教育的机会。

第二，关于苏区学制年限的设置。由于各个苏区的实际情况不同，苏区小学的学制并不统一。

鄂豫皖苏区列宁小学的学制是 5 年，初小 3 年，高小 2 年。初小的课程有国语、算术（包括珠算）、音乐、绘画和体操。高小的课程有国语、数学、自然常识、社会常识、政治常识、歌唱和军事常识。教学课时数：初小每周 18 课时，课外教学（包括社会活动和劳动）每周 12 课时；高小每周 24 课时，课外教学 10 课时。课程设置的特点符合苏区斗争的实际，体现了文化知识教育、政治思想教育、劳动教育和军事教育相结合的原则，注重实践活动，结合儿童特点，注重实效。[②]

湘鄂赣苏区小学学制一律采用"四二制"，起初是初小 4 年，高小 2 年，规定从 7 岁起入初小，11 岁入高小，13 岁入初中。

---

① 董纯才、张腾霄、皇甫束玉：《中国革命根据地教育史》第一卷，157 页，北京，教育科学出版社，1991。

② 董纯才、张腾霄、皇甫束玉：《中国革命根据地教育史》第一卷，320 页，北京，教育科学出版社，1991。

1932 年 5 月，《湘鄂赣省苏维埃政府训令》文字第 2 号规定了普通学制的分类：①幼儿园；②列宁小学；③特别学校（残疾儿童教育）。列宁小学分两个阶段，前期 4 年，后期 3 年。课程包括各种普通知识。①

闽西苏区劳动小学起初采用"三三制"，即初小 3 年，高小 3 年。在一些县，六年小学制被分为三个阶段，即"二二二制"。比如，上杭县就实行了"二二二制"。

1934 年 2 月，中华苏维埃共和国中央政府颁布了《中华苏维埃共和国小学校制度暂行条例》，统一规定小学学制为 5 年，分为前期 3 年和后期 2 年两个阶段。8～12 岁的儿童可以上小学，未满 15 岁的学龄失学儿童仍然可以接受学龄儿童的教育。同时，学制可适当缩短或延长。如果孩子有家庭教育基础，并且能够完成规定的课程，那么他们可以提前毕业；如果他们有很大的学习困难，不能按时完成，可以延长学习年限。

(2)苏区小学的课程设置

各地苏区对于小学课程设置问题都做过具体讨论，课程设置都有所差异。

湘赣苏区小学开设国语、算术、自然常识、手工、绘画、歌唱、游戏、工作实践、社会活动等课程（举例见表 2-1）。

---

① 董纯才、张腾霄、皇甫束玉：《中国革命根据地教育史》第一卷，274 页，北京，教育科学出版社，1991。

表 2-1　赣南苏区寻乌县小学课程设置情况①

年级	课程	每周课时
一年级	国语、算术、常识、唱歌、图画、体操等	23
二年级	增设共产主义课	25
三年级	同二年级	30
四年级	增设珠算课	32

闽西苏区小学开设国语、算术（高小三年级下学期增设珠算）、体育（高小二年级下学期和三年级为军事训练）、音乐、艺术（包括绘画、折纸、雕塑等）、常识、自然（高小一年级教植物，二年级教动物，三年级上学期教物理初步，三年级下学期教化学入门）、园艺或商店（城市小学开设商店、农村小学开设园艺）、地理、社会进化论、政治学、共产主义浅说、生理与健康、速记等。②

中共中央教育部于 1934 年 4 月颁布了《小学课程教则大纲》，规定初级列宁小学（前期 3 年）要学习国语、算术和游艺（歌唱、绘画、游戏、体育等）。列宁高级小学（后期 2 年）学习内容扩展到国语、社会知识、科学知识、算术、游艺（唱歌、画画、游戏、体育等）。该大纲还明确规定了各学科的教学内容：①小学国语课程应包括两方面的知识：政治（革命理论、乡土地

①　整理自董纯才、张腾霄、皇甫束玉：《中国革命根据地教育史》第一卷，223 页，北京，教育科学出版社，1991。

②　董纯才、张腾霄、皇甫束玉：《中国革命根据地教育史》第一卷，241～242 页，教育科学出版社，1991。

理、革命历史等)和自然(物理、化学、生物、生理健康)；在初级小学的三学年中开展最简单的叙事教学，让学生毕业后能写出简单的短文。②初级小学算术教学应讲授加法、减法、乘法、除法四种，以及因数和小数的基本知识。③初级小学游艺课要注重培养孩子的艺术能力，不能一味地要求孩子模仿，应让孩子学会独立创作，并养成集体生活的习惯，弘扬革命斗争精神。④高级小学的国语也是包含政治、自然两个方面，在高级小学的两学年中培养儿童写作初等议论文的能力，让他们学会议论和批评，这样学生在毕业时能用最浅易的文字写作短篇作文，尤其是应用文(如信、路条、短篇论文等)。⑤高级小学应该增加两个科目——社会常识和科学常识，包括历史、地理和社会关系，以及物理、生物和身体健康方面的知识。⑥高级小学的算术要至少学完百分数、小数、分数、开方及比例，并教授最基本的几何学知识，必修课是簿记(记账)、会计等实用科目的简单方法。⑦高级小学的游艺课要更加注重自我的创造力和集体行动能力的培养。大纲还强调，所有课程都要紧密联系生产劳动和政治斗争，加强实践学习，教学方法应以娱乐和其他受儿童欢迎的方法为基础。①

可见，各苏区都比较重视思想政治教育、科学文化教育、

---

① 吕良：《中央革命根据地教育史》，135～137 页，北京，教育科学出版社，1989。

劳动教育和军事教育，强调学生的实际应用能力，但也不忽视理论学习。苏区对学生的要求是全面的，致力于培养德才兼备、能够将理论与实际相结合的新一代革命人才。

（3）苏区小学的教育原则

为了普及小学教育，尽可能让工农劳苦群众的子女入学读书，推动苏区小学教育的发展，中国共产党制定了如下教育原则。

第一，中国共产党是苏区教育的领导核心。苏区各级学校都在中国共产党领导下，是工农群众的学校。具体到小学，地方高级劳动小学或高级列宁小学由区来领导，乡或村来领导初级劳动小学或初级列宁小学。

第二，苏区的小学教育要和工农生产紧密联系起来，符合实际需要，不能脱离群众。

第三，苏区的小学教育是苏区革命斗争的重要组成部分，要为革命服务。苏区教育的目标是培养未来的共产主义建设者，使工农群众能够参与到革命斗争和苏区建设中来。

第四，苏区小学教育的主要教学对象是工人、农民和劳动人民，各级学校都应向群众免费开放。改造后，地主和富农的孩子也可以上学，但要交学费。例如，1931 年 7 月鄂豫皖苏区第二次苏维埃代表大会提出：苏维埃政府应建立免费学校，专门教育工人和农民的子女，培养工人和农民自力更生和建设苏维埃的能力，帮助他们推翻地主和资产阶级的统治。

　　第五，苏区小学教育是马克思主义教育，教育领域要坚决肃清落后的、反动的教育思想。苏区的教育是反帝反封建的，就是要反对帝国主义的文化教育侵略，特别是反对帝国主义的基督教教育：要鼓励全民深刻认识帝国主义文化侵略的罪恶，使广大人民群众在反帝同盟的指挥下，可以进行暴力的反基督教运动。要反对国民党的党性教育，必须揭露国民党的反动性和欺骗性的政策，禁止各种学校使用国民党党性教育书籍。反对封建旧思想的教育，坚决反对"三纲五常"和一切复古思想，用唯物主义的科学理论批判唯心主义的不科学学说。坚持正确的教育原则，开展共产主义教育。必须发扬无产阶级文化，割掉一切反动教育的毒瘤。要用马克思列宁主义革命理论来激发学生的阶级意识，增强学生的阶级意志和斗争决心，树立革命的人生观。[1]

　　正是这些教育原则为苏区的教育指明了方向。从这些原则的制定，能够看出中国共产党对教育的领导地位，同时显示了教育与生产之间的密切联系，这与马克思主义是一致的。

　　4. 苏区小学的管理模式

　　苏区小学的发展得益于中国共产党创建的有效且完善的行政管理体制，这一体制体现了民主集中的原则。教师和学生的

---

　　[1]　董纯才、张腾霄、皇甫束玉：《中国革命根据地教育史》第一卷，160～162页，北京，教育科学出版社，1991。

共同努力也推动了苏区小学的发展。

（1）因地因校制宜的行政管理体制

苏区的学校行政管理机构因地因校制宜，实行校长制或委员会制，也有的实行以校长为首的委员会制。

校长制一般适用于小规模或修业时间短的学校。也就是说，1名校长领导全校工作。在赣南兴国县列宁小学，1名校长管理着全校。闽西苏区还有一些学校是好几所学校共设1名校长。例如，上才溪有日学4所，各有1位老师，共有1名校长。下才溪有日学5所，也是各有1位老师，共有1名校长。[①] 有的学校只有兼职校长。1934年2月《中华苏维埃共和国小学校制度暂行条例》规定，列宁小学学生只有1个班时，以主任教员兼校长为原则；2个班以上、4个班以下的以主任教师为校长；5个班以上的，校长不兼任主任教师，但可以兼任其他较轻的职务。

委员会制度代表学校理事会，是最高领导机构，有责任处理学校的重大事务。例如，闽西劳动小学的校务委员会由指导员（老师）、职员和学生代表组成。湘赣区永新县有的列宁小学也成立了7～9人组成的校务委员会，由校长、教师和学生代表组成。

规模较大或修业期限较长的学校，多数实行以校长为首的

---

① 毛泽东：《才溪乡调查》，见中国井冈山干部学院：《毛泽东在中央革命根据地斗争时期的调查文选》，250～251页，中国井冈山干部学院，2008。

委员会制。例如，苏维埃大学在筹建时经中央人民委员会决定，以毛泽东为校长，沙可夫为副校长，并建立大学委员会。正式开办之后，《苏维埃大学章程》规定设校长及大学管理委员会，校长为委员会主任。

总之，苏区的行政体制是民主集中制原则的体现。在苏区所有类型的学校中，不论是施行校长制、委员会制还是以校长为首的委员会制都是民主智慧的迸发，为激发人们的劳动热情和强化集体领导创造了条件。

(2)注重教师队伍建设

教师是学校教育的中坚力量，要办好教育，必须有一支过硬的教师队伍。为了建立一支革命化、专业化的教师队伍，苏区的共产党组织和苏维埃政府采取了各种措施。

第一，留用部分原有教师和吸收一批进步文化人士担任教师，并注意在工作中团结、改造和使用他们。各地在留用原有教师和吸收进步文化人士担任小学教师时，都规定了必要的条件。例如，皖西苏区小学教员的条件是：社会关系不复杂；无反动嫌疑者；对革命有相当认识者；年龄在 40 岁以上者不能充当教员；有流氓行为者不能充当教员；个人曾充过绅界或混过小差事的不能充当教员；个人信仰宗教者不能充当教员。[1] 但

---

① 安徽省地方志编纂委员会：《安徽省志·教育志》，761 页，北京，方志出版社，1997。

留用教师和吸收进教师队伍中的文化人士来自旧社会，他们的政治认识、教育思想和教育方法最初都不能完全适应苏区小学教育的要求，必须对他们加以培训，使他们对苏区的政治形势有一个正确的认识。这样他们才能为苏区的教育事业服务，按照苏维埃的教育方针、教育政策、教育内容、教育方法来教育学生。1932 年 8 月，徐特立在瑞金天后宫开办了一期师资训练班；同年 9 月，在瑞金创办了一所列宁小学，以它作为示范学校，组织附近乡村的列宁小学教员分批次来该校参观实习（观摩教学和进行教学评比）。这对于提高师资水平起到了很好的作用。

第二，开办师资训练班和师范学校，大力培养出身工农家庭的新的小学教师。在培养新的小学教师方面，苏区做了很大的努力，十分重视创办师范学校，开展师范教育。例如，1929 年 10 月 2 日，在闽西苏区，中共上杭县委在第一次全县工农兵代表会议的提案中就提出要开办列宁师范，培养教师人才，经费由政府筹备。不久，上杭县师范学校就在溪口双溪浦村成立了。这是苏区最早创办的一所师范学校。1929 年 12 月，共青团闽西特委第一次执委会在《关于文化建设问题的决议》中提出，每县都应开办一所列宁师范，培养的学员以能担任列宁小学教师、懂得一些革命根本道理为标准。这些师范学校不仅培训现任教师，还负责培养新教师。

第三，开展教学观摩和教学评议活动，助力教师在职学习。除召开实习批评会，评论教师的教学工作外，苏区还定期培训小学教师，帮助他们提高政治文化水平和工作能力。闽西苏维埃政府文化部还组织了共产主义教育研究会，旨在加强对教师教育教学的研究，提高教师的政治认识和业务水平，不断改进教育教学方法。

第四，提升教师社会地位。在政治上，教师被认为是劳动人民的一分子，享有苏维埃选举权和被选举权。在经济上，小学教师和苏维埃工人是平等的（在闽西苏区，教师除了和苏维埃工人同等待遇，还可得到津贴零用钱），并且能分配到土地。对于劳动力不足的教师家庭，他们的土地由当地的苏维埃政府组织农民代为耕种。教师在外面学习、开会的费用由政府提供。如果教师生病了，政府可以支付一笔可观的医疗费。1934 年 2 月 16 日颁布的《小学教员优待条例》共 9 条，其中的一些规定与上述措施基本一致。其还有一个特别措施：小学教师每六个月奖励一次。奖金分为两个等级，以半年生活费的 5%～20%支付。连续两次获得一等奖的，每年按 20%～30%的比例增加原奖金。区政府教育部和当地乡镇政府要对教师的业绩进行识别和登记，经过县教育部和省教育部报中央教育人民委员会审核后给奖，在报纸上公示。和中央苏区联系不紧密的地方，由省教育部审查给奖，激励教员。①

总之，为了更好地建设苏区的教育，苏区各级政府积极培训新旧教师，助力教师学习，为教师营造适宜的教育环境。

5. 苏区小学教育的教材和教法

（1）苏区小学的教学内容与教材沿革

苏区小学的教育内容主要包括思想政治教育、文化科学知识教育、劳动教育和军事教育。在教学中，书本知识的传授很重要，同时学校也不放松对实际应用和实际锻炼的要求，全面发展的要求由此体现。这有助于把学生培养成德智体全面发展的新生力量。列宁小学的教学内容也包括劳作实习和社会工作，生产劳动和社会活动是学生经常参加的活动。正式课程中虽然没有军事教育，但军事操练被置于社会活动和体育课中。有些地方还特别强调军事教育在列宁小学中的重要性。

苏区小学教材经历了沿用旧教材、地方自编新教材、中央统编新教材三个阶段。

第一，在苏区教育创建初期，部分小学使用的是《三字经》《百家姓》等旧教材。这些教材并不完全适合苏区的教育内容。

第二，随着革命的发展、苏区形势的逐步稳定，各地苏区小学开始采用自编的新教材。1932 年 5 月，江西省苏维埃第一

---

① 宋荐戈、张腾霄：《简明中国革命根据地教育史》，135 页，北京，中国文史出版社，2016。

次工农兵代表大会决定，当前文化教育工作的重要任务之一是编写教材，要求省教育厅立即组织力量，在短时间内编写教材，供全省各校使用。闽西苏区在 1930 年 3 月第一次工农兵代表大会通过的决议中明确提出学校应"废止国民党党化课本，另由闽西文化委员会编制新课本，或由县政府编制经闽西政府批准"①。随后，县文委会通知各校均使用新课本，旧课本被废止。数量不足，各县即自行翻印。

第三，各小学采用统编教科书。1931 年 10 月，湘赣全省第一次党代表大会提出：列宁学校的教科书应由苏维埃文化部编订。同样，湘鄂西苏区在 1931 年秋组织了教科书编委会，陆续编写了 12 册国语课本，其中《列宁初级学校国语》8 册、《列宁高级学校国语》4 册，供列宁学校使用。

苏区小学的教材，最初是"有什么，用什么"，甚至有用《三字经》《百家姓》做识字教材的。但是苏区政权巩固以后，当地的苏维埃政府就立即组织人力编写教材。苏区教材体现了唯物的科学的理论，肃清了唯心主义世界观，有利于实施马克思列宁主义的阶级教育。

（2）苏区小学的教学方法

苏区教育本质上是工农阶级的教育，各级苏维埃政府以工

---

① 《闽西第一次工农兵代表会议宣言》，见福建社会科学院文学研究所等：《福建革命根据地文学史料》，93 页，福州，海峡文艺出版社，1993。

农群众利益为根本开展教育工作，一切为了群众，一切依靠群众。观其改革教学方法的要点，可以归纳为以下几项。

第一，用启发取代注入。例如，闽西各县、区文委联席会议规定，有些课程不一定要在课堂上、黑板上进行教学，也可以去田间进行教学，比如讲关于谷物、植物，可以让学生到田间去。课外教育也非常重要。万载县苏维埃政府文化部亦指出：上课要"采用启发式或问答式的教学方法，反对复古的注入式的教学方法，注意儿童心理，引起儿童兴趣，除教授须采用和蔼可亲的态度使儿童很高兴的来领略外，在课余时必须注意和学生讲故事做游戏等，以引起儿童的求学兴趣，使儿童视学校如乐园，而不愿躲在家里"[1]。

第二，使用复式教学方法。苏区的小学大多分布在偏远的山村，只有三四十名学生。学生的年龄不同，文化程度不同，同一年级的学生不多，只能是几个年级组成一个班级，复式编班。因为几个年级的学生共用一个教室，所以教师要在同一个空间处理不同年级学生之间的关系。为了达到预期的教育效果，教师在同一个班级里，要分别教两三门不同的课程，每个年级的学生都要听课，进行练习。同时，复式教学法要求学生提前做好预习，课后也要及时复习，能按教师的布置进行练习，能

---

① 吕良：《中央革命根据地教育史》，159 页，北京，教育科学出版社，1989。

回答教师的提问，在课堂上能自觉遵守纪律，不打扰其他同学学习。[①]

第三，注重课堂教学。课堂教学是学校教育的根本，是重中之重。苏区的课堂教学反对照本宣科，强调根据不同的教学内容灵活授课。为了活跃课堂，湘鄂赣苏区形成了"抓、攻、启、讲、读、勤、听、写"八字教学法。[②]

第四，改变考试方法。在旧学校里，学生成绩只以学业考试成绩来评判。而在苏区，按照中央教育人民委员部颁布的《小学管理法大纲》的规定，对于学生成绩，要综合考查学生的平时成绩和学期考试成绩、劳动实习和社会工作成绩，进行综合评价，确定等级，给出学生成绩证明。成绩好的学生将得到奖励；不及格的学生和成绩最差的学生将被降级。这是提高学生学习积极性的一种有效措施。

第五，在社会和自然中学习。例如，苏区列宁小学的教学活动并不要求课堂作为唯一的教学场所，而是提倡引导学生在社会和自然中锻炼、实践和实地观察，让学生不仅在课堂上学习，还要参与到实际工作中去，比如放哨，还应该让他们参加实际的生产工作，学习生产技能，形成工作习惯。学生在实际

---

① 宋荐戈、张腾霄：《简明中国革命根据地教育史》，130页，北京，中国文史出版社，2016。

② 董纯才、张腾霄、皇甫束玉：《中国革命根据地教育史》第一卷，168页，北京，教育科学出版社，1991。

的工作和生产中领悟感性知识，然后逐步把感性知识提高到理性知识的水平。①

苏区的教育是从实际出发的、为工农群众着想的教育，群众需要什么、革命斗争需要什么，就采用什么样的教育方式。

(二)苏区的社会教育

苏区的社会教育以革命斗争和建设苏区为指向，以期大力提高群众的文化水平和思想觉悟，更好地发展苏区。为了达到这一目的，中国共产党建立苏区后，就特别重视苏区的社会教育工作。

1. 苏区社会教育的必要性和重要性

苏维埃政权作为人民民主政权，历来把保障工农受教育的权利作为一项基本政策。1934 年中华苏维埃第二次全国代表大会通过的《中华苏维埃共和国宪法大纲》对此做出了更明确的规定："中华苏维埃政权以保证工农劳苦民众有受教育的权利为目的，在进行革命战争许可的范围内，应开始施行完全免费的普及教育，首先应在青年劳动群众中施行，应该保障青年劳动群众的一切权利，积极引导他们参加政治的和文化的革命生活以

---

① 宋荐戈、张腾霄：《简明中国革命根据地教育史》，131 页，北京，中国文史出版社，2016。

发展新的社会力量。"①苏区成立以来，中国共产党始终高度重视苏区的社会教育问题。苏区大力发展社会教育是非常重要和必要的，这是由苏区的实际情况和中国共产党的革命斗争路线和目标所决定的。

第一，只有社会教育才能真正让群众翻身得解放。中国共产党人创建苏区后，工农劳动群众翻身做主。在政治上，地主豪绅阶级的统治被推翻；在经济方面也"打土豪，分田地"，工农劳动群众不再饥一顿饱一顿。从这两方面看，他们翻了身。但他们是不会写、不会算的文盲。那个时候整个苏区十村八村都找不到个粗通文字的人。妇女群体文化落后的情况就更加严重了。她们承担着沉重的家务劳动，没有人关心妇女的文化知识问题，女性在历史中长期是失语的，她们没有机会也没有意识学习文化、参与政治活动。在这种情况下，苏区群众是很难加入革命的，他们经由斗争获得的政治地位和经济利益也很难巩固和持久。苏区工农劳动群众的"需要有两种：一种是经济上的需要，一种是政治上的需要"②。这就是苏区群众文化水平的真实写照，因此开展社会教育是十分必要的。

第二，社会教育能助力革命。苏区的工人、农民和其他劳

---

① 十堰市教育局、十堰市老区教育研究会：《十堰市老区教育史（1921—1949）》，出版地不详，出版者不详，28～29 页，2002。

② 董纯才、张腾霄、皇甫束玉：《中国革命根据地教育史》第一卷，140 页，北京，教育科学出版社，1991。

动群众是革命战争和苏区建设的主要负责人，所以他们能否掌握文化知识、提高政治意识，直接关系到苏区的发展和巩固。苏区群众知识水平的低下不仅影响了他们，也影响了革命的发展。在苏区，由于旧社会教育不足，很多群众干部都是文盲，不能阅读文件和书籍、报纸、书信，许多重要的事情被耽误，造成了许多损失。这和他们的历史使命是不相称的。正如毛泽东在上杭县才溪乡做社会调查时所说："你们站岗要查路条，不学几个字怎么去查？怎么辨别真假？你们要学几个字才能起到查路条的作用，不然假的也看不出来。"①另外，一般大众是文盲也是要不得的，他们读不懂口号、传单和通知，无法理解党和政府的原则和方针，就难以真正加入苏区，更谈不上建设苏区了。

是以，苏区进行社会教育是必要且重要的。在政治、经济解放的同时，苏区的劳动者必须在文化、思想上得到解放。如果没有文化、教育、意识形态的解放，政治、经济的解放就不可能稳固地维持下去，不能实现革命的最终胜利。因此，从政府机关到群众组织，从主要干部到一般干部，都把社会教育放在了重要的位置，利用各种机会，通过各种方法进行教育，提高劳动人民的阶级意识和政治思想水平。

---

① 皇甫束玉、宋荐戈、龚守静：《中国革命根据地教育纪事》，29 页，北京，教育科学出版社，1989。

2. 苏区社会教育的开展

为解决上述问题，苏区大力发展社会教育，中国共产党人多次开会讨论，研究社会教育的任务和内容。

（1）社会教育的目标

苏区社会教育的主要任务，是"解除反动统治阶级所加在工农群众精神上的桎梏，而创造新的工农的苏维埃文化"①。

事实上，苏区的社会教育担负着"破"和"立"两个方面的任务。

第一，所谓"破"，首先，要打破封建家长制和封建思想，这是束缚工人和农民千余年的无形枷锁，他们有必要同一切封建迷信做斗争；其次是破除广大劳动群众对地主豪绅阶级的温情幻想，使他们坚决地、积极地参加土地革命斗争。在苏区，在共产党领导下劳动的工人和农民当家做主了，但是神仙系统依然支配着他们。封建迷信在一些地方特别普遍。如果孩子得了天花，很多人不去找医生，而是召集人去"送娘娘"。有一个村子，直接把娘娘送到了群众大会上。不仅过节过年的时候拜神、烧香、拜菩萨，平日里的迷信活动也很普遍。这样的封建迷信不仅浪费金钱，影响地方生产的发展，也影响了革命斗争

---

① 《中华苏维埃共和国中央执行委员会与人民委员会对第二次全国苏维埃代表大会的报告》，见人民教育出版社：《毛泽东同志论教育工作》，4页，北京，人民教育出版社，2000。

和政治工作。为了改变这种状况，苏区的社会教育肩负着一项艰巨的任务，即教育群众同封建家长制和封建迷信思想做斗争。另外，当时进行的农业革命是依靠贫农，与中农相结合，抑制富农，排除地主阶层的。要把土地的封建地主所有变为农民所有，这就需要动员广大农民群众对地主和专制统治进行坚决的斗争。因此，农民有必要认识到"打土豪，分田地"的正当性。要明白过去是地主夺取了农民的土地，现在农民正当地收回了土地。[①]

第二，所谓"立"，就是要树立全新的思想意识——马克思主义，使工农群众从里到外地革新，让他们真正地当家做主站起来，踊跃投入革命和建设中，使苏区真正成为工农群众自己的家园。

这一"破"一"立"就是苏区社会教育的根本目标，苏区社会教育的内容、学制、教学方法等都是根据这一目标制定的。

（2）社会教育的内容

苏区社会教育的内容主要分为政治教育、文化教育、军事教育三个部分。

第一，政治教育是苏区社会教育的核心，它贯穿于苏区社会教育的方方面面。例如，在识字教育中，识字书籍的内容往

---

① 宋荐戈、张腾霄：《简明中国革命根据地教育史》，99～100 页，北京，中国文史出版社，2016。

往与政治有关。还有一些关于社会教育的书，也涉及很多政治教育。

第二，文化教育包括科学文化知识教育和生产技术知识教育。苏区社会教育以扫盲教育为基础，群众在扫盲运动委员会的组织下开展扫盲工作。此外，生产技术知识的教育也很重要。在湖北东北特委开设的王家楼服装厂，曾邀请裁缝在业余时间向青年工人传授裁剪、弹棉花等生产技术知识，并组织青年工人学习政治文化。

第三，为配合革命斗争的需要，苏区的社会教育也讲授一些简单的军事知识。

总的来看，苏区的社会教育是政治教育、文化教育和军事教育三位一体的教育。在各类群众工作中，社会教育渗透其中，大有作为，为之后的教育工作提供了丰富的经验。

（3）社会教育的组织形式

为了加强对社会教育的领导和管理，中华苏维埃共和国临时中央政府在中央教育人民委员部设立了社会教育局和艺术局，共同管理社会教育。此外，人民委员会于1933年4月公布了《省、县、区、市教育部及各级教育委员会的暂行组织纲要》，要求省、县、区、市各级教育部和教育科为社会教育或社会教育活动设立主管单位。在乡一级，"由乡苏维埃指定一部分的代表，协同群众团体，组织乡教育委员会，在乡苏领导之下，发展该乡文化教育运动"①。其任务是扫除文盲，进行广泛的识字运动并指导各种教育团体，推动社会教育的广泛开展。苏区的社会教育团体主要有识字运动委员会和消灭文盲协会。

第一，识字运动委员会是社会运动的基本单位。由于识字是苏区社会教育的中心，所以在各苏区创立不久，就普遍地以乡为单位建立了识字运动委员会，采取各种办法动员和组织群众参加识字运动。识字运动委员会协助解决识字运动中的各种实际困难，对提高群众的识字水平是发挥了很大作用的。②

以乡为单位设立识字运动委员会的总会。总会下以村为单位设立识字分会。分会下设立识字小组，由小组长组织组员识字。识字分会检查和督促本乡本村识字活动的开展。以赣南苏区兴国县为例，1933 年全县已有 130 个乡识字运动总会，560 个村识字运动分会，3287 个识字小组③，基本形成了一个识字运动的组织网。

第二，消灭文盲协会是社会运动的有力补充。1933 年 10 月，全苏文化教育大会通过了《消灭文盲决议案》。该决议案规定，要将原有的识字运动委员会总会和分会取消，新成立消灭

①　《省、县、区、市教育部及各级教育委员会的暂行组织纲要》，见《中央苏区文艺丛书》编委会：《中央苏区文艺史料集》，61 页，武汉，长江文艺出版社，2017。

②　宋荐戈、张腾霄：《简明中国革命根据地教育史》，105 页，北京，中国文史出版社，2016。

③　吕良：《中央革命根据地教育史》，119 页，北京，教育科学出版社，1989。

文盲协会，作为扫盲运动的领导机关。①

将识字运动委员会改为消灭文盲协会，加强了党对扫盲工作的领导，推动了扫盲工作的开展。但是也产生了消极的一面，即增加了脱产人员，产生了一些形式主义的突击活动和各种比赛或竞赛。

由此可见，苏区的社会教育主要是在业余时间开展。教育是为工农群众的工作服务，而不是喧宾夺主，占据群众的工作时间。因此，识字组、识字班、夜校等形式的社会教育应需而生。

①识字组、识字班和识字牌。

识字组是为无法在晚上或半天时间上学的人而设立的学习组织。学习方法非常灵活，没有固定的场所，人们随时随地都可以学习。而且，对大多数学习者来说，参加识字运动是接受社会教育的重要形式。1933年，徐特立通过调查和研究充分肯定了这种形式，他说，"识字最好的办法，就是同吃饭的、同睡觉的、同工作的人，从二人至五人，编成一小组，把所有识字的人和不识字的人配合，用所有识字的教不识字的"②，后被概括为"老公教老婆，儿子教老子，秘书教主席，识字的教不识字的，识字多的教识字少的"——一种"以民教民"的教学方法。

---

① 吕良：《中央革命根据地教育史》，119页，北京，教育科学出版社，1989。

② 李定开、谭佛佑：《中国教育史》，555页，成都，四川民族出版社，1990。

识字组具有以下特点。

第一，一般来说，识字组是独立的学习单位，有的由 3～5 人组成，一些大的识字组有十来个人，还有一些是家庭识字组。家庭识字组即一家选择一个认识点字的人作为领导者，他教组员识字。学习方法是非常灵活的。

第二，在村子里，识字组由识字运动委员会或消灭文盲协会引导。拥有这种统一的领导是非常重要的，不仅防止了识字组的自我流产现象，而且对识字组起到了检查和指导的作用，还能帮忙解决识字组学习过程中遇到的实际困难。

第三，与识字组相比，识字班在学习制度方面要严格一些，学习内容也要丰富一些。识字班不仅学识字，还学一些文化知识和政治知识。有的识字班在学习过程中有进度、有检查、有竞赛、有升级和结业的标准，因而在一些学员的观念中，识字班似乎已经成了正式的学习组织，学生在识字班里学习起来更加认真。

为了在更大范围内掀起识字运动的高潮，许多苏区广泛开展了识字运动。例如，在鄂豫皖苏区，1932 年 1 月 21 日至 1 月 28 日设立了一个识字运动周。中央苏区也进行过多次突击识字运动。

②夜校和半日学校。

第一，夜校亦称夜学。中央教育人民委员部于 1933 年 8 月

6 日颁布了《夜校办法大纲》①，规定夜校就是要在不妨碍群众生产和工作的情况下，尽快地扫除文盲并提高群众的政治文化水平。

夜校有相对固定的上课场所和时间，教师和学生也相对固定。他们按一定的教学计划上课，有一定的教学要求。在苏州地区早期，夜校的设置方法不尽一致。例如，1930 年鄂豫皖苏区麻城县苏维埃政府成立后，农村 20 岁到 40 岁的人一般每天晚上都要去上课。夜校的地址是在人口较为集中的地方，方便学生上学，几乎每村设立一个或几个。夜校设立校长来负专责，选举班长 1 人，组长若干人，协助校长工作。

夜校学习内容丰富，教学内容不仅包括文化知识，政治常识和实用的农村科学知识也囊括其中。闽西苏区夜校一般开设标准语、算术、自然、美术、音乐、赤语（解释各种口号）、游戏、作业 8 门课程。

夜校的教员"由区开办短期夜校教员训练班，此外并在乡开办不脱离生产夜间上课的夜校教员训练班，还要在工作中训练教员，如夜校学生成绩较好的同时可兼任识字小组的教员"②。学生

---

① 《中华苏维埃共和国中央教育人民委员部命令第十二号 颁布夜校办法大纲》，见中央教育科学研究所、陈元晖、璩鑫圭等：《老解放区教育资料（一）》，254～255 页，北京，教育科学出版社，1981。

② 徐特立：《夜校办法大纲》，见武衡、谈天民、戴永增：《徐特立文存》第一卷，106～107 页，广州，广东教育出版社，1995。

有更高的学习要求和更强的学习主动性，夜校的纪律也更严。后来，许多主要的政治和军队干部都是通过夜校训练出来的。

第二，半日学校是为不能参与夜校的人准备的，与生产直接相关，晚上不能学习，但白天有闲暇时间的人（主要是女性）可以参加。

半日学校和夜校一样，有一定的学习时间和场所，有一定的学习内容。教学目的、教学形式、教学方法和夜校是基本相同的。这比识字班的课更正式，课间和场所更固定，学习内容也更多。老师讲课不但有一定的课题，还给学生一定的机会练习，学生学得比较快。

③俱乐部等活动场所。

俱乐部不仅是苏区的干部和大众的娱乐场所，也是社会教育的机构。这样的组织几乎遍布各地方或军事组织。它以宣传和娱乐的形式进行教育，起到了提高大众的政治水平和文化水平、教育大众自身的作用。据 1934 年 1 月的统计，仅中央苏区的江西、福建、粤赣三省就有俱乐部 1656 个，有 49668 名工作人员。[1] 在现在看来，当时的俱乐部是非常粗糙的机构，但它对人们的政治水平和文化知识水平的提高起到了重要作用，活跃了苏区的文化生活，满足了人们对文化娱乐的需求。

———————————

① 《中央苏区的文化教育工作》，见张静庐辑注：《中国现代出版史料》乙编，上海，上海书店出版社，2011。

④列宁室。

除了俱乐部，很多地方也设置列宁室。列宁室设立有识字班、图书馆、告示板，配备了体育和娱乐设施。此外，苏区还成立了工农剧社，在中央称总社，在省和县称分社，一些工厂、学校、部队、机关也成立了支社。这些工农剧社用艺术的形式讴歌新社会，鞭挞旧世界，既活跃了苏区工农劳动群众的文化生活，也鼓舞着苏区工农劳动群众为革命战争的胜利去英勇斗争。它在社会教育中所起的作用也是很大的。

可见，为了推动社会教育，苏区普遍地开展了群众性的识字运动，夜校、半日校、识字班、识字组、识字牌、读报组、俱乐部等遍及乡村和城镇。由于领导重视，教育措施具体，苏区工农群众的文化教育活动蓬勃开展，工农群众的文化水平有了很大提高，许多人脱离了文盲状态。

3. 苏区的工人教育和农民教育

工农是苏区群众的主体，可以转化为一股建设苏维埃的强大力量。苏区对工人教育和农民教育都非常重视。

第一，工人教育是社会教育的核心。苏区创建以后，共产党和苏维埃政府为了提高工人的政治觉悟和文化水平，促进工人的思想解放和更加革命化，在 1931 年 11 月通过的《中华苏维埃共和国劳动法》中规定："设立工厂或商埠学校，以提高青年工人的熟练程度，并给他们以补充教育，经费由厂方供给。"①1934 年 4 月，中央教育人民委员部重新审定和颁布了《工人补习学校简章》，规定：大企业和工厂的所有工人的子弟和职员都可以进入工人补习学校。设置在城市的工人补习学校，根据工人教育水平和职业的不同，授课方式也不同。同时，学校附近的人也可以在学校学习。教师受雇于工会。文化和政治教师由教育部提供，工业技术教师由国家经济机关及职工会提供。学习的内容根据各种产业的需要可以灵活变化。文化政治教材要与各种产业的生产状况和技术密切相关。专业课程的教职及指导方法由各业工会文化部规定，时间原则上不干涉员工的工作，白天和晚上都可以，但是每个人每天都要接受 1 小时的教育。资金由工会的文化基金提供，不足部分由政府的教育部补助。

在党和政府的努力下，工人教育走上了高速路，又好又快地发展起来，工人识字班、工人夜校、业余补习学校、工人俱乐部纷纷建立起来。

第二，农民教育是社会教育的重要组成部分。1933 年 4 月发布的《中国农业工人工会第一次全国代表会决议案》，要求各地农业工人工会"广泛的进行文化教育工作提高农业工人的文化

---

① 《中华苏维埃共和国劳动法》，见中共中央文献研究室、中央档案馆：《建党以来重要文献选编(一九二一——一九四九)》第八册，709 页，北京，中央文献出版社，2011。

水平与政治水平。吸收农业工人来参加乡村中一切文化教育的运动和组织，创办农业工人的补习学校、读书班、读报班、识字运动及流动教员。出版工会的报纸，尤其是画报、标语、小册子、墙报、组织通讯员、研究农业技术，建立农业工人的娱乐组织，尤其是流动剧团、化装演讲等"①。

苏区非常重视对工人、农民的培训，工人教育和农民教育为苏区的生产建设做出了重要贡献。通过工人教育、农民教育，群众中有文化的人迅速增加，群众认识到革命战争是为了工人阶级和农民阶级自己的利益，军事斗争的胜败直接关系到所有人的生存权，没有文化的支持，革命战争就很难取得胜利。

4. 苏区的妇女教育

苏州的妇女解放大致有两种方式，即思想解放和经济政治解放。从某种意义上说，思想解放很重要。没有思想解放就不能争取经济和政治的解放。为此，中国共产党办夜校扫除文盲，重视让妇女参与学习，为妇女参与学习创造各种条件。苏区的妇女教育具有如下特征。

第一，妇女参与学习的过程总是曲折的。妇女群众往往刚

---

① 《中国农业工人工会第一次全国代表会决议案（节录）》，见赣南师范学院、江西省教育科学研究所：《江西苏区教育资料汇编》第一册，101 页，内部印刷，1985。

开始不想学，很懒怠，然后积极主动。一旦觉醒，很多妇女都希望加入学习，比男人还努力、用功。

第二，妇女教育是在党政干部的帮助下组织起来的。为了解放妇女，苏区于 1929 年 7 月在新泉张家祠办起了新泉工农妇女夜校。它的创办遇到了不少阻力和困难。例如，一些封建的父母拒绝让他们的女儿上夜校。为了确保女性的正当受教育权利，区乡干部和当地妇女千方百计地克服困难，妇女夜校是干部们竭尽全力保存发展下来的。到 1929 年结束时，学生人数从最初的 15 人增加到了 100 人以上。张家祠容纳不下了，她们又在东山楼办起了一所分校。妇女们在夜校不仅学习文化知识，也学习政治理论和军事技术。文化课的课本有《识字课本》《群众课本》《平民课本》《劳动课本》等。这些新教材传播了马克思列宁主义的真理，并且号召妇女脱离封建思想和封建制度的束缚，团结起来，进行革命。即要学习掌握科学文化知识、计算知识、务农的常识。①

第三，妇女教育的教学方法是多样的。女子夜校的教学特色是看图识字。教学力求生动易懂，深入浅出，逐步发展，把理论和实践结合起来，努力把学到的知识运用到实践中去。她们学习《妇女解放歌》，牢记"女性解放"的原则，自行剪头发、

---

① 徐爱新：《中国共产党领导的女性教育主流化运动研究（1921—1956）》，82 页，北京，中国妇女出版社，2014。

放足，加入生产生活中。

在中央苏区妇女教育的引领下，各大苏区纷纷大力发展妇女教育。举例来说，湘赣苏区的妇女教育取得了相当大的成绩。各村办了识字组（班）、工农夜校、半日学校、俱乐部、列宁室，还开辟了新的剧团、阅览室、墙报。本来不识字的妇女很多，但后来她们学会了写条幅、标语等。湘鄂赣政府非常重视妇女教育。各地妇女联合会成立后，纷纷创办妇女半日学校，组织妇女学习文化政治，学校成为妇女参加革命活动的基地。苏维埃政府首先在浏阳和平江设立了半日妇女学校，参与的都是文盲和文化程度低的成年女性。她们中有年轻的，也有生了孩子的母亲、白发老年人。因为她们需要照顾好家里，做家务活，进行生产劳动，所以规定每天只上半天课，每次学习 3 个月。教育内容包括识字、文化科学知识、革命歌、政治形势。妇女们抱怨"三从四德"等封建的旧道德，提倡妇女解放和婚姻自由。为了提高女性的文化知识和业务能力，让所有女性都学习专长技能，浏阳县苏维埃政府决定开办半天女子职业学校，实施职业教育。[①]

第四，在妇女思想解放的基础上，苏区妇女的经济解放得到了极大的关注，许多地方设立了妇女职业学校。例如，中共

---

① 董纯才、张腾霄、皇甫束玉：《中国革命根据地教育史》第一卷，272 页，北京，教育科学出版社，1991。

湘赣边界特委就在《湘赣边界目前工作任务决议案》中指出苏维埃应"注意妇女教育及职业化的工作"①。苏区还注意改善她们的政治认识，帮助妇女拥有独立生活的能力，创办妇女学校、妇女工厂，帮助妇女进行职业学习。实际上，随着妇女经济的解放，她们的社会地位和家庭地位发生了变化，她们真正成为苏维埃运动中一股活跃而强大的力量。

总而言之，苏区的妇女教育使得妇女文化水平和政治水平得到提高，打破了她们背负着的几千年的封建枷锁。许多妇女从思想上逐渐解放，打破封建束缚，要求与男子享有平等的权利，这是妇女极大的进步、苏区教育的胜利。

三、抗日根据地的国民教育和群众教育实践

(一)抗日根据地的普通教育

抗日战争时期是整个中华民族勠力同心、共克外敌的时期，在此民族生死存亡的历史阶段，开展普通教育的条件极其艰险和困难，但中国共产党并没有因此而忽视甚至放弃发展教育事业。各抗日根据地的普通教育，包括幼儿园、小学、中学、师

---

① 《湘赣边界目前工作任务决议案(节选)》，见江西省妇联吉安地区办事处：《吉安地区妇女运动史资料》，29 页，1992。

范等教育类型。有的学校是在国民政府统治时期的旧学校的基础上改造而成的，有的是中国共产党领导的抗日民主政府新开办的。各抗日根据地的普通教育根据抗日战争形势的变化而采用了不同的办学形式与方法，为抗日战争服务。

1. 抗日根据地普通教育的建立与发展

抗日战争时期的普通教育主要包括中学教育、师范教育和小学教育。以建设抗日小学为中心，中学呈现出干部化的特点，师范教育在这个时期得到了迅速的发展。

（1）小学教育的发展

小学教育是最基础的教育，各边区都很重视小学教育。抗日根据地的小学建设始于旧式学校的改造。小学的设立、变更、停办，都是经县教育行政部门批准的，由县选派合格人员当校长。1944年以后，许多根据地实施教育改革，实行了小学民办公助的方针，行政体制发生了变化。小学教育的发展主要经历了以下几个阶段。

第一，对旧有小学和私塾进行改造。

抗日战争时期，很多新建的根据地保留了一些旧学校。这些学校是国民党人过去建立的，有些是思想陈旧的私立学校。它们大都有比较完善的制度，但国民党的教育思想是陈腐、不恰当的，很难直接沿用。因此，边区和抗日根据地对学校教育制度接连进行了改革。

在恢复学校的过程中，根据地遇到了许多思想上的抵抗。
农民觉得现在兵荒马乱的，连命都快没了，还读的哪门子的书
呢？根据地教育就是要改变群众的思想，树立群众办学的信心。
除少数反动、反共、反人民的政治课以外，要求学校继续教授
文化科学课。只要老师愿意留在这所学校工作，大家就会采取
欢迎的态度。根据地的巩固发展和各种建设工作逐步展开，根
据地教育部门编写的教材以抗日战争的发展和爱国精神为主要
内容，改变学校原有的教育和纪律工作的方针，因为国民党学
校原有的措施和制度是不能适应抗战需要的。渐渐地，老师和
学生的政治思想意识提高了，革命精神振作起来了，于是各级
学校对革命的理论认识和实践活动的教育就越来越多。一句话，
就是对抗日根据地留下的国民党时期的学校先恢复后改造。历
史证明，这种做法完全正确。①

淮南、淮北抗日根据地有许多旧式私立学校。根据相关统
计，在这几个根据地成立以前，私塾有 6000 余所，每所私塾都
有 10～40 名学生，共有 7 万～8 万名儿童上私塾。在这种情况
下，政府并不单纯禁止私塾的开办，而是逐步地进行改革，提
出了"只求改良，不加取缔"的方针，获得了群众的赞成和支持。
具体办法是：①全部采用新教材。如果一时供应不上，则《百家

---

① 董纯才、张腾霄、皇甫束玉：《中国革命根据地教育史》第二卷，234～
235 页，北京，教育科学出版社，1991。

姓》《三字经》均可暂用，但禁止使用"四书五经"。②增加算术课程和应用文写作内容。③逐步废除背诵的旧教学方法，采用启发式、解释式的教学方法。④拒绝体罚。⑤参加必要的社会活动等。这样逐步将私塾转为民办公助或完全民办小学，发展教育事业。①

第二，推动小学教育的普及。

政治、经济政策逐步改善了民众生活，群众的政治思想意识增强，因而提出了教育普及问题。1939 年下半年，陕甘宁边区教育厅制定了《普及教育三年计划草案》，要求从 1940 年秋至 1943 年春，完成普及中小学教育的任务。1940 年 3 月 29 日，边区政府发布《实行普及教育暂行条例》，规定所有 7～13 岁的未入学儿童，不论性别和成分，一律入学，完成小学课程。同年 12 月，边区政府又颁布了《实施义务教育暂行办法》，规定 8～14 岁的儿童，无论男女，都应接受义务教育。1941 年晋冀鲁豫边区政府成立后颁布的施政纲领和当年的教育工作计划中，强调了普及四年小学教育的重要性。其在工作计划中具体提出了小学正规化建设的 5 项标准，然后又颁布了《积极整顿各级小学》，要求各级政府的教育部门严格检查小学教师的工作条件，推动全体小学教师认真工作，迅速解决教科书问题，按规定严

---

① 董纯才、张腾霄、皇甫束玉：《中国革命根据地教育史》第二卷，505～506 页，北京，教育科学出版社，1991。

格执行。1941 年 1 月，《晋冀鲁豫边区强迫儿童入学暂行办法》颁布，文件规定除特殊情况和当地教育主管部门许可的情况外，8～14 岁的适龄儿童均应接受义务教育。无理由不让孩子入学的，由村长联合校长、区长出谋划策，进行劝诫。如果劝诫无效就处以罚款。处罚无效可加重处罚。这一规定符合群众的根本利益，对普及教育具有积极的推动作用。一年后又规定：为普及义务教育，可以在小学四年级实施强制入学制。可见，各边区和抗日根据地都有关于普及小学教育的政策。

边区政府在制定各种教育政策的同时，还采取了一系列有效措施，加速教育普及。例如，为普及小学教育，晋冀鲁豫边区实行小学免费教育，对贫困群众子女实行优待。1940 年 5 月山西省第三专署颁布并初步执行了《优待贫寒儿童入学条例》；1942 年 10 月边区政府成立后颁布的《小学暂行规程》具体规定小学不收费用，还要从物质上优待贫困儿童和逃难到敌占区的学生。

第三，建设民办公助小学。1944 年 8 月，毛泽东指示边区政府办公厅为《四个民办小学》写了编者按，指出民办公助小学的方向是正确的，没有民办不行，没有公助也不行，民办、公助两项都要有。1945 年，太行区建有 833 所民办公助小学[1]，小学教育大大发展。

---

① 宋荐戈、张腾霄：《简明中国革命根据地教育史》，384 页，北京，中国文史出版社，2016。

从总体上说，抗日战争时期，人民的政治、经济获得了解放，生活得到了改善，因此有能力送孩子们去学校学习。此外，边区实行免费教育，开办了许多小学，适龄儿童得以入校。以陕甘宁边区为例，1937 年，边区仅有 320 所小学，学生仅有 5600 人。1945 年，已经发展到 1395 所小学，在校学生 32500 人。[1] 这不是陕甘宁边区的特例，其他抗日根据地也是如此。全面抗日战争时期，随着民主政府的推进和实施，根据地的儿童入学人数增加，过去几乎没有入学机会的贫困家庭的儿童减少了很多。这才是真正的普及教育。

（2）中学教育的发展

发展中学教育是抗日根据地教育工作中十分紧迫的任务。无论是陕甘宁边区，还是其他敌后抗日根据地，都在为建立中学而努力。除了因为相当一部分小学毕业的学生需要继续在当地学习，还因为抗日工作需要对大批干部和知识分子进行再教育。抗日根据地的中学教育有如下特点。

第一，中学的学制和教育内容随着时代的发展而变化。全面抗日战争爆发初期，许多根据地，包括陕甘宁边区在内，中学学制大多是半年、一年或两年。过了一段时间，根据地的各种制度继续完善，中学学制随之变化。例如，晋察冀边区 1937

---

[1] 顾明远、刘复兴：《从新民主主义教育到社会主义教育（1921—2012）》，121 页，北京，教育科学出版社，2015。

年规定中学为半年学制，1938 年规定中学为一年学制。1941 年 5 月，第二次中学校长会议规定，中学应持续三年。1940 年 8 月，中共中央宣传部发表了《关于提高陕甘宁边区国民教育给边区党委及边区政府的信》，决定将中学分为两级，即初中 2 年，高中 2 年。1942 年 8 月 18 日，教育厅公布了《陕甘宁边区暂行中学规程草案》，规定为初中 3 年，高中 2 年，即"三二制"。不少根据地贯彻执行了这一精神。① 但战争环境造成规定年限和实际执行年限存在差异。

受学制影响，抗日根据地的中学教育内容渐渐丰富起来。全面抗日战争爆发初期，包括陕甘宁边区的学校在内，相当一部分学校开办了训练班，教学时间较短，而且主要学习政治理论和政策知识。之后，根据地巩固了，许多根据地的中学就开始发展起来，走向了比较正规的方向。学习时间长了，学习内容就多了。学生不仅学习政治内容，还学习社会科学和自然科学的基本知识。一般来说，初中课程包括政治、语文、数学、历史、地理、自然、军事、音乐、艺术等。高中课程还包括社会科学、物理、化学、生物等。当然，不同根据地的课程是有所差异的，不同时间同一根据地的课程也是不同的。以晋察冀边区为例，1940 年的初中课程是 40% 的基础科学、30% 的政治

---

① 董纯才、张腾霄、皇甫束玉：《中国革命根据地教育史》第二卷，249～250 页，北京，教育科学出版社，1991。

科学、20％的军事和 10％的艺术。1941 年基础科学为 72％，政治科学为 14％，军事和艺术分别为 7％。教育内容不仅包括文化基础课程和自然科学知识，还根据形势和任务的需要，对学生进行抗日战争政策和马列主义基本理论教育，重点培养学生的阶级观、群众观和政治观，学习劳动理论、辩证唯物主义和历史唯物主义。[①] 通过对这些教育内容的学习，学生尊重群众，热爱劳动，增强了认知能力和分析解决实际问题的能力，具有批评和自我批评的精神。另外，在新民主主义教育总方针的指导下，为增强民族革命意识，弘扬为民族革命而艰苦奋斗的精神，学生还学习必要的政治知识、各种基本科学知识以及社会实践能力。

第二，全面抗日战争时期的中学向正规化、干部化发展。有的地区的中学教育为干部教育做准备，有的就规定为干部教育，中学生毕业后参加工作，大部分是通过一定的学院或干部学校工作的，部分中学生还上大学。例如，1940 年前后，不少华北联合大学的学生就是从中学升入的。

陕甘宁边区中学教育的发展是典型例子。1940 年春以后，抗日战争进入相持阶段，陕甘宁边区环境相对稳定，于是开始强调中等教育的"正规化"，明确提出中学的任务是在边区培养

---

① 董纯才、张腾霄、皇甫束玉：《中国革命根据地教育史》第二卷，250 页，北京，教育科学出版社，1991。

具有中等文化水平的知识分子和干部，决定暂时先在边区开办一些两年制初级中学（只有米脂中学设置了高级中学），不久将中学改为三年制。1944 年春，三边师范学校与延安的民族学院合并，成立三边公学。它是以培养干部为主要目标的中学之一。学校还设在定边，设有中学部、民族部和地方干部训练班。1948 年 4 月，学校改名为三公干部学校，专门培养乡镇干部。在新的教育政策指导下，三边公学注重结合实践，克服照本宣科的坏习惯，对教育工作进行了重大改革。举例来说，边区建设课涉及边区的建设和边区的经济发展历史，是区党政同志讲解的；国文则学习工作中的各种实用语言、革命故事、青年修养文章；历史、地理、卫生常识、算术等课程，也可以与实际相联系。此外，还学习唱歌、秧歌、戏剧，到农村办社会教育。

1942 年，晋冀鲁豫边区政府也要求中学教育干部化。此后，边区办学的目的，也充分体现出干部学校的性质。太行、太岳都规定中学的任务是培养县区初等干部。冀鲁豫一中的宗旨是"为战争服务，与实际结合，以抗大为榜样，以培养干部为目标"[①]。豫东中学的宗旨是为豫东抗日根据地的发展而培养干部。卫东中学的宗旨是培养适应抗日形势发展的干部，培养适

---

① 董纯才、张腾霄、皇甫束玉：《中国革命根据地教育史》第二卷，416 页，北京，教育科学出版社，1991。

应革命长期需要的干部。

可见，受到战争局势紧迫的影响，根据地对优秀干部人才的需要刻不容缓。全面抗日战争时期的中学走上了正规化、干部化的道路。一批正规化的中学培养了一批又一批能够为抗日战争做出贡献的学子。

第三，陕甘宁边区的中学都具有新民主主义性质，由边区政府教育部领导和管理。中学实行民主集中制管理，所有大事都由教职工代表和学生代表参与讨论。学校实行集体领导、主体责任管理原则。学校由校长（必要时副校长）负责校务，并直接向边区政府教育厅或专署负责。在部分初中，校长是由专员兼任，副校长负责学校日常业务。中学里设有三个处，分别是教务处、生活指导处、总务处（后教务处、生活指导处合并为教育指导处，总务处更名为事务处），负责教育、思想教育和后勤工作。中学的党支部和校长有分工。党支部的任务是保证学校贯彻党的方针政策，保障学校工作的正常进行。中学学生会是学生的民主自治团体。学生会干部对学生进行评议。其任务是管理学生自己的生活，加强学生之间的团结，加强学生与学校管理部门的联系，确保学校教育计划的完成，并组织学生们的课外活动。学生会还可以成立俱乐部，组织学生开展多种文体活动。此外，一些中学还设立了经费稽查委员会、干部学习委员会、临时教材编审委员会、生产委员会等委员会，专门负责学校的业务。①

全面抗日战争时期各大边区、根据地的中学教育得到了进一步的发展，向着正规化、干部化方向大踏步前进，这为今后的中学教育打下了基础。

(3)师范教育的发展

师范教育是发展教育事业的基础。虽然抗日根据地的师范教育基础比较薄弱，但由于共产党和民主政府的重视以及各地区教育发展的迫切需要，无论是在延安还是在其他地方，师范教育的发展速度都很快。抗日根据地的师范学校包括乡村师范学校、简易师范学校、联合师范学校和特定地区的师范学校。但大多是小学师范，苏区的师范教育还处于起步阶段。全面抗日战争时期师范教育迅速发展，为中小学培养了一批优秀教师。

抗日根据地的师范教育有如下特征。

第一，各抗日根据地都很重视教师教育的发展。例如，冀中各县积极进行师范教育，仅 1938 年一年就培训了 6354 名小学教师。②

第二，师范教育的学制和课程内容因时间发展而不同。抗

---

① 宋荐戈、张腾霄：《简明中国革命根据地教育史》，390 页，北京，中国文史出版社，2016。

② 宋荐戈、张腾霄：《简明中国革命根据地教育史》，297 页，北京，中国文史出版社，2016。

日根据地师范教育的发展在各地是不同的，许多文化底子较好的地区，如晋察冀边区的冀中区等地，原来就有师范学校，于是干脆在原有的基础上进行改造，为人民教师提供教育服务。还有一些是在中学、大学设立师范班。举例来说，华北联合大学在晋察冀边区开办了教育学院，主要是培养教育干部和小学教师。边区师范学校也有的来自改造国民党遗留的学校。对于这些学校，除了政治课程必须要进行改造外，剩下的还可以继续教授。共产党团结这些学校的教职工。举例来说，绥德师范学校的原有教师意识逐步提高后，自立起来，扫清了过去学校的各种不正之风，办学取得了明显的效果。还有的是新建起来的。经验证明，受这种师范教育的学生和不受这种师范教育的学生有很大的差异。通过师范教育，学生不仅能够胜任小学教师的工作，还容易理解教学规则，提高了教学效率。

第三，在抗日根据地，主要有三种师范教育形式，即高等师范教育、中等师范教育和小学教员训练班。这三种教育形式的特点和任务都是不同的。高等师范教育的任务是为中学、干部学校培养教师和干部。一些高级干部学校设立了师资部、教育系或教育学院。许多根据地的高级干部都出自这里。中等师范学校以培养小学教师和初级教育干部为己任。这类学校有很多种，有的是边区政府直接领导的，也有的是行署、专署或县政府领导的。小学教员训练班是培养和提高小学教师的重要形式。训练班开设的课程追求实用，内容涉及抗日战争理论、新民主主义教育理论、小学教育实施原则、教学方法、儿童管理方法、语文、算术等必要的文化课程。其目的是提高小学教员的政治素质、文化素养、教学能力和管理能力。

总之，抗日根据地的师范教育相较于苏区时期有了明显的发展，不仅师范学校、小学教员训练班数量大幅增加，而且学习的科目更适合农村学校的实际需要。特别是经过整风，各级师范学校领导和师生的思想水平都有所提高。

2. 抗日根据地普通教育的基本特征

中央红军经过艰苦的长征，终于到达陕北，站稳脚跟后，中共中央对抗日救国运动提出了新的要求。这一时期的普通教育特征如下。

第一，抗日根据地的普通教育是为抗日服务的"国难教育"。1935 年 12 月 17 日至 25 日，中共中央在陕北瓦窑堡召开政治局会议。会议通过的《中共中央关于目前政治形势与党的任务的决议》提出：为了反对日本侵略者，应当建立国防政府和抗日联合部队，制定最广泛的行动纲领。文件指出，凡是同情抗日、反汉奸的知识分子，不论过去是不是国民党党员，是不是在国民党政府工作过，都可以享受苏区的优待。苏区会给他们工作机会，给他们发展文化、教育、艺术、科技人才的机会。这次会议确定了建立抗日民族统一战线的政治路线和战略方针，指出共产党当前的任务是动员、团结和组织全中华民族的一切力量，反对日本帝国主义和汉奸。[1] 根据瓦窑堡会议的精神，中华苏维埃人民共和国中央政府于 1936 年 2 月 21 日发出了《关于召集全国抗日救国大会通电》，并为此次大会拟定了《抗日救国初步政治纲领》，提出要实行"国难教育"。1937 年上半年，中共中央所在的陕甘宁革命根据地普遍实施国难教育。各级教育，包括干部教育、社会教育、儿童教育，都贯彻国难教育精神。这一教育的目的是争取国内和平、挽救民族危机，是为了实现建立抗日民族统一战线和对日抗战的革命中心任务。[2]

第二，抗日根据地的普通教育是在抗日战争的过程中进行的。1937 年 7 月 7 日，日本侵略者在北平市郊外宛平县卢沟桥进攻中国驻军，中国驻军奋起反抗，抗日战争全面爆发（即"七七事变"）。此后，边区的普通教育发展也出现了前所未有的危机。以晋察冀边区为例，七七事变以后，原来的初小、高小大都关了门，学生纷纷解散、停课。敌人为破坏根据地的抗日民主教育，焚烧教具和教材。党和人民面对敌人的进攻从未妥协。例如，晋察冀边区遇到上述困难，成立了一个行政委员会，积

---

[1] 《中央关于目前政治形势与党的任务决议》，见全国政协文史和学习委员会：《西安事变历史资料汇编：文告、决议、讲话》，21 页，北京，中央文献出版社，2017。

[2] 《抗日救国初步政治纲领》，见周天度、孙彩霞：《救国会史料集》，106 页，北京，中央编译出版社，2006。

极恢复初小和高小的学习。到 1939 年，北岳区 33 个县有初小 3902 处，高小 46 处，入学儿童 158037 人。[①]

第三，为了保存得来不易的教育成果，抗日根据地的普通教育创造了两种不同的教学形式，一种是抗日两面小学，另一种是抗日隐蔽小学。

抗日两面小学的前身是抗日小学。由于环境变化，抗日小学逐渐发展成抗日两面小学，并且一直被民主政府所掌制；此外，敌人开办的伪小学也是抗日两面小学的一种，抗日民主政府通过逐步渗透，将它们转化为抗日两面小学。这些学校占游击战地区的很大一部分。为了应付日益激烈和复杂的斗争，抗日两面小学都被巧妙地从外部伪装起来，看上去小学的设备和装饰没有改变，学生们的桌子上有伪教科书。除了雇佣抗日教师外，村里还设立了"应敌教师"，日本军人来到学校，应敌教师就把旧式学校私塾老师的架子摆出来，随机教几个词，瞎说几句话，以糊弄敌人。在离敌人太近或经常受到敌人检查的小学里，一年级和二年级的学生学习阅读、学习和唱歌，以掩饰三年级和四年级学生的反日课。另一些人则利用刮风下雨的日子，在早餐前或午睡前，召集学生，报道当前的抗日事件和反日新闻。边区也在教科书上做文章。有的老师使用了伪

---

① 董纯才、张腾霄、皇甫束玉：《中国革命根据地教育史》第二卷，345 页，北京，教育科学出版社，1991。

装的《四字杂字》，看上去和小摊位上的杂字书一样，但其实除了前两三页，剩下的很多内容都是抗日故事。[1]

由于日伪在一些地区的残酷镇压和可怕的屠杀，连抗日两面小学都无法存在，只能采取抗日隐蔽小学的形式。这类学校最重要的任务是加强守卫和隐藏，具体方法有以下三种。第一，进行"地下建设"。许多地方都发明了挖掘洞穴的方法。在村庄附近的空地上挖7到8尺深的地窖。它们被覆盖上木柴和草，然后撒一层土，窗户是用高粱茎、麻纸糊起来的，这样阳光可以直接进入，不用烤火，也很温暖和明亮，学生即可在地下学习。[2] 受到"地下建设"运动的影响，冀中、冀西建了"地下教室"，属于容易隐藏、难以摧毁的，所以最凶狠的日军都越来越束手无策。第二，采取游击教育。学生们今天在这个村子里上课，明天在那个村子里上课。当校舍被烧毁时，边区的教师引导学生在平原、广场或学校上课。下雨的时候在门洞里，天热了就在茂密的树林里。在山区，就去峡谷或小溪边。冀中平原的"绿色教室"和冀西的"露天教育"就是在这种情况下进行的。在青纱帐时期，学生去田野里上课。因此，敌人很难掌握学生

---

① 杨茂林：《山西抗战纪事》第三卷，860～861页，北京，商务印书馆，2017。

② 刘松涛：《晋察冀的反奴化教育斗争》，见《人民教育》社：《老解放区教育工作经验片断》第二辑，24～26页，上海，上海教育出版社，1959。

什么时候上课、什么时候休息的规律。[1] 第三，学生进行乔装改扮。因为学生们必须穿过敌人的岗楼才能上学，如果不想出什么法子应对，就一定会受到伤害。曲阳第七区模范教师卢若华提出了"女孩妇女化""男生农民化"等口号。例如，一个女孩带着一个袋子去她祖母家、冬天男孩们装作用篮子收集粪便、年底伪装成讨债的人、一群学生坐在一辆大车上假装去串亲戚等，实际上他们都是要去上学。此外，他们还从邻近的村庄雇佣知识分子和乡绅来组织学校委员会。当学生到达村庄时，由知识分子和乡绅来解决住房问题，并为学生的安全担保。

第四，抗日根据地时期的普通教育教材、教具都是广大劳动人民用自己的双手创造的。这个时期的教具和教材都很少，学校都被大火焚毁了，教具自然也毁坏了。但在广大群众的热情支持下，全体老师和学生都努力克服困难，没有椅子就用泥土做泥椅子，没有书桌就用木板当作书桌，没有黑板就借用一扇门或神殿的牌匾当作黑板。受困于日本军队的封锁，学生们无法买到墨水，因此他们利用红土、锅烟子、黑豆汤等做成墨；没有纸和教科书，就把敌军的宣传物翻过来用。这种艰苦奋斗

---

① 刘松涛：《华北抗日根据地怎样用革命办法办学的》，见《人民教育》社：《老解放区教育工作经验片断》第一辑，58～59页，上海，上海教育出版社，1960。

的精神十分值得钦佩。[①]

总而言之，抗日战争时期的普通教育是在同敌人的斗争中建设起来的。普通教育取得的成绩，是和党的有力领导，广大教育工作者忠于职守、勤奋执教、艰苦奋斗分不开的，很多教育工作者、学生都同敌人做英勇的斗争，不少人献出了自己宝贵的生命。抗日战争时期普通教育的发展可谓艰苦卓绝。

3. 抗日根据地普通教育的影响

抗日战争时期，中日民族矛盾成为主要矛盾。党和人民无所畏惧，一次又一次地战斗，毁灭了敌人众多的有生力量。这个时期军队和领导班子需要很多人才，教育就显得尤为重要。因此各大边区都特别重视发展教育，普通教育的影响很大。

第一，在学校教育方面，全面抗日战争时期，各阶级、各阶层的适龄儿童都有平等的入学机会，军人烈士的子女和贫困劳动者的子女都受到了照顾。各地区政府制定了具体措施，使贫困人口子女在经济、生活、制度上都能接受教育。同时，小学还从现实出发，实行民办公助政策，激发人民的办学积极性，进一步普及农村小学教育。

第二，在游击地区和敌占区，除极少数卖国贼外，绝大

---

① 刘松涛：《华北抗日根据地怎样用革命办法办学的》，见《人民教育》社：《老解放区教育工作经验片断》第一辑，59页，上海，上海教育出版社，1960。

多数国民都想抗日。因此，边区能够在游击区，甚至敌占区建设抗日两面小学。在这样的小学里共产党依旧重视教学，进行政治、文化、科学知识的教育，组织帮助烈士家庭生活、就业等课外活动，将小学和现实生活、革命斗争融合成一个整体。

这几方面的进步让全面抗日战争时期的普通教育较过去有了很大的发展。小学教育呈现出生动活泼的局面。中学一方面提高质量，走向新型正规化；另一方面随着抗日根据地的巩固与发展，学校数目增多，招生规模扩大。文化教育常常走在对日军事反攻的前面，或者为军事反攻铺平了道路。党的教育极大地鼓舞了根据地广大群众和学生抗日的勇气和信心。师范教育较以往大踏步前进，培养了一批有文化、懂教育的教师。这些教师有的回到中小学，继续培养党的下一代接班人；有的则参加行政工作，直接为抗日斗争做贡献。

(二)抗日根据地的社会教育

社会教育在一些地区称为大众教育或民众教育。它是面向边区群众的教育。这一时期，抗日根据地在广大范围内开展了社会教育。根据地的社会教育规模大、数量大，形成了男女老少群众性的学习运动。领导重视、干部带头逐步推进，使得社会教育逐步形成制度。广大民众接受了抗日战争教育，增强了民族的自豪感和自信心，纷纷支援军队，贡献粮食，支援前线。特别是许多妇女走出家门，进入社会，学习文化，接受教育，抗日追求解放。她们史无前例地活跃起来。

1. 抗日根据地社会教育的目标

抗日战争时期各根据地的社会教育目标非常明确。一是扫除文盲，提高群众文化水平。二是增强人民的民族意识，动员人民参加抗战。三是增强民众的民主意识，学会维护自身权益，养成民主的习惯。

第一，扫除文盲是社会教育的基本课题。旧社会中国农民缺乏接受教育的机会和意识。他们几代人都是文盲。文盲的身份不仅使老百姓自己陷入社会的困境，而且受限于自身的知识水平，他们也无法参与到很多抗日斗争之中。因此，将更多国民引导到社会教育中，扫除文盲是社会教育的基本课题。

第二，动员群众参加抗战。开展冬学运动，目的不仅在于提高民众的文化水平，而且还应以此为契机，刺激群众的抗日战争意识，提高群众的政治水平。举例来说，1941年中国共产党北方局规定，冬季学习运动的主要方针是锄奸教育、公民誓约运动和人民参军运动三项内容的相互衔接，要求推动形成广泛的群众运动。①

---

① 周江平、刘素娜：《敌后教育与动员：抗日战争时期的冬学运动——纪念抗日战争胜利七十周年》，87页，成都，西南交通大学出版社，2015。

第三，社会教育要引导群众认识自身。社会教育中政治教育的主要任务是结合抗日战争形势，向人民进行"谁养谁""谁依谁"的教育。通过回忆、诉苦、算账等方式引导群众认识集体的力量，把握自己的命运和未来。举例来说，淮北、淮南、皖中抗日根据地的社会教育目标是提高人民的自尊心和自信心，反对奴化思想，提高人民的教育文化水平，反对封建迷信思想。豫皖苏边区政府成立后也确立社会教育的目的之一是进一步提高人民的政治文化水平，摆脱封建落后意识，增强人民理解和运用民主的能力，确保全面实现抗日民主。

2. 抗日根据地社会教育的组织形式

在抗日根据地的逐步发展中，社会教育日趋完善，形成了冬学、民众学校、识字班和识字组等形式多样的社会教育。

(1)冬学

冬学就是在冬天组织农民进行社会教育。我国北方的冬天很冷，农业活动基本是没有的，所以历史上有"天寒地冻把书念，花开水暖务庄农"①的习惯。但是旧社会不常有冬季的学习，只是嘴上说说。贫农受到地主阶级的剥削和压迫，生活很困难，哪儿还有时间去读书？直到中共开始组织社会教育，冬学才真正成为农民学习的一种方式。抗日根据地的冬学是当时

---

① 周江平、刘素娜：《敌后教育与动员：抗日战争时期的冬学运动——纪念抗日战争胜利七十周年》，11 页，成都，西南交通大学出版社，2015。

社会教育的主要形式。这是考虑群众的实际需要和困难的结果。因为革命根据地多处于山地农村，冬季是农闲期，是组织农民学习的好季节。

冬学运动最早是 1936 年冬季在陕甘宁边区开始的。陕甘宁边区的冬学运动是最典型的，其他边区和根据地的冬学运动都是以它的模式为基础的。中央红军长征到达陕北后，通过土地革命使广大农民的生活有了很大的改善。1936 年 12 月 13 日，《红色中华》刊登了《关于冬学运动的指示》，要求各级教育厅和团体开展扫除文盲活动，下令开展冬学活动。冬学教育的特点如下。

第一，陕甘宁边区的冬学教育是各大抗日根据地冬学教育的模板。陕甘宁边区第一次兴办冬学就取得了成功，所以在全面抗日战争爆发后，1937 年 10 月，陕甘宁特区政府教育厅颁布《关于冬学的通令》，指出：冬学就是国防教育领域内总动员的具体任务，所以边区教育厅决定冬学是经常的学制之一，是成年补习教育的一种，特别是给农民教育的良好机会，也就是普及教育、消灭文盲的重要办法之一。冬学的开办时间规定为当年的 11 月底至次年 2 月初。冬学的课程分军事、政治、文化三个方面。教材有新文字和汉字两种。冬学学员要大部分留宿，应解决房子和炕的问题。[①] 陕甘宁边区这一年的冬学一共有 595

---

① 皇甫束玉、宋荐戈、龚守静：《中国革命根据地教育纪事》，129 页，北京，教育科学出版社，1989。

所，学员有 9882 人。① 冬学学员有青年，也有失学的儿童。大家的食宿都在冬学解决。办学费用主要由当地群众自行负担。除聘请当地文化人才外，还派多名鲁迅师范大学学生干部到各地任教师。冬学结束后，一些冬学转变为小学，许多冬学教师纷纷进入小学担任教师。此后，每年秋冬，陕甘宁边区政府和有关机构都会发出"冬学令"或"指示"，做出当年冬学的计划，向各区、县提出社会教育要求。每年冬学开学之前，都会召开干部会议和群众大会，动员青年男女踊跃报名上冬学。陕甘宁边区各村都可能见到如下标语："普遍地设立冬学，提高大众文化""开办冬学，消灭文盲，是加强抗战的力量""要想摆脱不识字的苦，赶快进冬学""与其在家里闲着坐炕，不如进冬学识字读书""娃娃们都进小学去，成青年都到冬学来""男人要识字，妇女也要识字"②，塑造了一个热烈的冬学运动场景。

陕甘宁边区的冬学一般是区、县、乡镇举办的，大多借用小学的教室。每年的冬季学习时间是 3 个月（从农历 9 月底到年底）。学习的课程包括政治、科学、军事和唱歌。教材由边区政府教育部门编写印刷，免费为师生提供。

以陕甘宁边区的冬学运动为开端，抗日根据地的各教育部

---

① 吕良：《边区的社会教育》，见陕西师范大学教育研究所：《陕甘宁边区教育资料·社会教育部分》上册，16 页，北京，教育科学出版社，1981。

② 《陕甘宁边区教育厅通知》，见陕西师范大学教育研究所：《陕甘宁边区教育资料·社会教育部分》上册，53～54 页，北京，教育科学出版社，1981。

门和群众团体开始组织冬学教育农民，特别是青年农民。1941年 10 月，《中共中央北方局号召开展冬学运动致各级党委的一封公开信》指出："华北各抗日根据地今年正是处在敌寇空前'扫荡'华北的严重关头。晋察冀的'扫荡'还未停止，而太岳区的'扫荡'又已开始，晋冀豫和其他根据地都在敌人残酷'扫荡'与严重威胁中。因此我们今年冬学运动的目的，不仅是提高广大民众文化水准，而且应注意于长期反'扫荡'战争的动员与配合，使广大民众从经过冬学运动动员起来，积极准备与参加反'扫荡'战争，这是今年冬学运动中特别有意义的特殊任务。"[①]

第二，冬学的具体情况因地而异。由于南北气候不同，农忙季节也不同，因此社会教育的组织形式也不同。北方冬天冷，没有农活要做，因此大多是冬学。南方还有春学、夏学、午学、晨学等。教育应该从现实出发，提高结合实际的意识。举例来说，1942 年苏中区开始"三冬"运动，就是冬防、冬耕、冬学。在苏中区，敌、伪、顽相互交错，斗争残酷，随时可能出现敌人的攻击和扰乱，必须做好冬防。与华北不同，苏中地区冬天天气温暖，许多农业工作已经在冬天开始了。因此，把冬学和冬防、冬耕结合起来，使之适合于地域，取得了很好的效果。

---

① 《中共中央北方局号召开展冬学运动致各级党委的一封公开信》，见中央教育科学研究所：《老解放区教育资料（二）》下册，187 页，北京，教育科学出版社，1991。

由此可见，各根据地政府根据抗日战争的实际，提出了冬学的任务和要求。人口相对较多的村庄可以按村开展冬学，也可以以生产单位为单位。人口少、村子小、居住分散的就在家办冬学。根据不同的学习对象，冬学也提出不同的要求并实施，使每个人在学习中都能受益。这样才能增强学生的学习自信，巩固入学率。

第三，冬学教育取得了鼓舞人心的成果，提高了群众参战的积极性，支援工作和动员入伍人员的工作进行得比任何时候都要顺利。由此可见，冬学运动蓬勃发展，促进了生产，打击了敌人，巩固了革命根据地。

冬学运动是我国社会教育的一笔宝贵财富。这种冬学运动在抗日战争时期和解放战争时期是革命根据地进行社会教育的主要形式，中华人民共和国成立以后，一直到1954年，中央教育部和青年团中央还发出关于冬学工作的指示，要求各地农村开办冬学，向农民群众进行政治教育和文化教育。[①] 可见冬学这种社会教育的形式在20世纪30年代、40年代，甚至50年代初期，在我国农村的社会教育中是起了很大作用的。

（2）民众学校

在抗日根据地，除了办冬学以外，民众学校也是一种重要

---

① 中央教育科学研究所：《中华人民共和国教育大事记》，114 页，北京，教育科学出版社，1984。

的社会教育方式。民众学校为社会教育提供了一个较为正式的途径，方便长期发展。民众学校的突出特点如下。

第一，民众学校是社会教育的正规常设组织。不像其他学校要求全天上课，也不像冬学那样过一个季节后就休息，民众学校的学习时间根据生产劳动时间的变化而变化。民众学校受到了热烈欢迎，因为这样既不脱离生产，又不妨碍生产。例如，《晋察冀边区民众学校暂行规程》规定在行政村设立民众学校，15岁以上45岁以下的男子和15岁以上35岁以下的女子均可入学。民众学校的目标是扫除文盲，提高人民文化知识，提高民族文化意识。学校里有校长一人，教师多人，都是志愿者。民众学校委员会在村民委员会领导下，筹划、指导学校的工作。教务会议闭幕时，校长主持教务工作。经费来自乡村筹集的资金。①

第二，有完整的学校、班级制度。例如，晋察冀边区的民众学校分高级班和初级班，高级班的课程包括普通话、算术、常识(社会和自然常识)和组织，初级班的课程包括文字、算盘、政治常识和组织知识。冬季1天上一次课，春、夏、秋季3天或5天上一次课。每节课要上2小时。每年的授课时间是高级

---

① 《晋察冀边区民众学校暂行规程》，见河北省社会科学院历史研究所：《晋察冀抗日根据地史料选编》下册，168~170页，石家庄，河北人民出版社，1983。

班 360 小时、初级班 280 小时①，都是在家庭生产的空余时间上课。学制 4 年，初级班 2 年，高级班 2 年。每学年分成两个部分，每一部分结束时都进行测试。结业考试合格的人员由县政府发给毕业证书。

第三，对教学内容有较为完善的法制规定。例如，晋冀鲁豫边区政府教育厅于 1943 年 4 月 15 日发布了《晋冀鲁豫区民众学校暂行规程》。这一规程将民众学校的群众运动与民主建设紧密结合起来，以认识 1200 字为标准。民众学校根据学生的年龄、性别、文化水平分班开设政治、常识、文字、算术等课程。其中，政治课和识字课占 75％，常识课占 15％，算术课占 10％。

综上所述，民众学校作为长期的社会教育机构，通常附设在以区、乡为中心的小学或民族小学内。民众学校的教育任务基本上是由当地中小学教师担负的。教育内容以识字、农村应用文、算数和生产知识为主。民众学校在抗日根据地的广大农村广泛发展，受到广大农民群众的热烈欢迎，为降低文盲率、提高广大民众的知识水平和政治觉悟做出了突出贡献。

（3）识字班和识字组

识字班和识字组是最简单、最经济、最灵活的社会教育组织之一。土地革命时期，许多苏区都曾举办过识字班和识字组。

---

① 《晋察冀边区民众学校暂行规程》，见河北省社会科学院历史研究所：《晋察冀抗日根据地史料选编》下册，169 页，石家庄，河北人民出版社，1983。

抗日战争时期，根据地进一步发展了这一形式。

第一，识字班和识字组的教育目的有两个：一是进行战时政治教育，二是扫盲。二者是密不可分的。识字班教认字、读报纸，政治教育与文化教育结合在一起。当时，各抗日根据地的政府教育部门组织人力编写了文字读物，县、区、乡教师和群众结合战时生产生活实际情况，自行编写了课本。部分识字班将小学教科书或民间书籍作为教材使用。

第二，识字组的教育活动寓于生活之中。识字组由在生活和工作上有密切联系的人组成，如地头识字组、运输识字组、变工识字组、放羊娃识字组、作坊识字组、纺织识字组等，还有一些是民兵识字组、妇女识字组、家庭识字组、夫妻识字组等。小组内人数不定，3～7人是最合适的。各小组选定愿意帮助别人学习的助教担任组长，指导并督促组员学习。其中妇女识字班的教育效果最为突出。很多事实表明，妇女是最自觉、最勤奋、学习最认真的群体。一些年轻的、从来不会看书的女子，几个月就能认识几百个字，能写一篇简短的信。

第三，识字组的教学方法因人而异。例如，陕甘宁边区的刘佩珍识字班就以因材施教而著名。这个识字班对文化程度差的每天教三四个字，文化程度高的就多教几个字。刘佩珍还让孩子们在路边看到牌子上的生字就写下来，回来问小老师，逐步积累，滚雪球似的越学越多。上课时要随时练习写字，还要考试，2 周后复习听写。通过 2 个月的学习，有 8 个学生已经能认识 500 多字。大多数学生已经能用词造句，有些还能读报。除了班内教学，这个识字组还率领组内成员在院子、大门外写字、唱歌。一些妇女跟着一起学。刘佩珍识字班的事迹后来被广而告之，别的抗日根据地也出现了许多模范识字组。很多文盲就是通过识字组的学习，摘掉了文盲帽子，成了村子里的文化人。[①]

在抗日根据地，除了冬学、民众学校、识字组等教育形式外，报纸、广播等媒体也起到了很重要的宣传教育作用。特别是 1940 年 12 月 30 日，中共中央在延安创办了第一个人民广播电台"延安新华广播电台"，每天都播放中共中央的重要文件、社论、国际国内时事新闻、名人演讲、革命故事等，教学效果非常明显。

3. 抗日根据地社会教育的内容

抗日根据地社会教育的内容主要是政治教育和文化教育。正如 1943 年《晋冀鲁豫边区民众学校暂行规程》所规定的，冬学、民众学校的教育是为了提高国民的政治意识和文化水平，培养民主科学思想，长期扫除文盲，增强和巩固人民抗日战争胜利的信念。具体而言，抗日根据地的社会教育包括以下几方面。

---

① 翟定一：《刘佩珍识字班》，见陕西师范大学教育研究所：《陕甘宁边区教育资料·社会教育部分》上册，222～226 页，北京，教育科学出版社，1981。

第一，政治教育是社会教育的核心。政治教育主要是用时事教育和政策教育刺激民众的国民革命意识，使他们掌握抗日战争所必需的理论和技能，参加抗日救国运动，取得抗战胜利。随着抗日战争形势的发展，政治教育的具体内容也在不断变化：或者以揭露敌军的阴谋和残暴为中心，发动群众或全校学生进行抗日军事斗争；或者教人们从事各种建设工作，及时揭露敌对分子的各种阴谋。在政治教育中，党把各个时期的方针政策用群众可以接受的方法进行教育，这是很重要的。这种教育还要结合农民的实际斗争和需要。教师将敌人残暴的犯罪行为当作教科书，说明我们斗争的正义性和必要性，让农民明白我们为什么要抗日，为什么要全国抗战。教师不但要很好地说明农民在民主革命中的重要性，而且要说明抗日战争形势的发展、敌方势力的变化。此外还要对顽固派的话术进行揭露，只有农民能进行这场土地革命，才能造福全民族。

第二，文化教育是社会教育的根本。文化教育以识字为主，群众的文化水平提高后，逐步加强对各方面文化知识的学习，提高写作能力和阅读能力。学习文化知识是学习其他知识的基础，这是每个人努力学习的必要条件。共产党领导下的扫盲教育，不只是单纯的识字问题，也将抗日战争和人民生活的实际需要相结合，受到了人民群众的欢迎。例如，1944年8月《晋绥行署指示各级政府努力开展今年冬学》中指出，"以实用为主的识字教育，联系记算帐目、写信、开路条、写约据及订生产计划等实用知识。作到以今年冬学教育为基础，更广泛开展明年的生产运动"①。文化教育的重点是识字、扫盲，常与政治课在同一时间进行。

第三，附以适当的科学常识教育。这主要是指用科学解释自然现象的发生，如风、雨、雷等自然现象。根据不同地区、不同生产季节的需要教农民育苗、施肥、种植。在军事领域，教民兵如何埋设地雷、投掷手榴弹等；卫生教育以妇幼保健知识和一般疾病的防治为主。科学知识与封建迷信愚昧相对立，社会教育在哪里普及科学知识，哪里的民众封建迷信现象就显著减少。

这些社会教育的内容因地因时而异。因地而异，即根据当地的具体条件和学生的情况，有的较多地进行这方面的，有的较多地进行那方面的。因时而异，即根据地初期的重点是政治教育，根据地巩固和发展后，以扫盲教育为主。根据地斗争残酷的时候更加强调政治教育，发展相对稳定的时候更加强调文化教育。

各根据地、边区的社会教育内容不是不变的，而是根据农民的实际生活和他们所需的变化而变化的。边区政府、各行政区中共区委和行署每年都要组织新的教材，使教材与群众实际

① 《晋绥行署指示各级政府努力开展今年冬学》，见中央教育科学研究所：《老解放区教育资料（二）》下册，162 页，北京，教育科学出版社，1986。

相结合，各地县、区、村也要因地制宜地补充必要的内容。例如，1941 年边区政府发行了《冬学政治教材》。这本教科书的编写背景是这样的：当时国内外形势日益严峻，日军对边区发动了史无前例的残酷"扫荡"，教科书针对群众中发生的一些思想认识问题，撰写了有关国民誓约、除奸、爱护八路军三方面的内容。其目的是教育全体群众继续进行对敌斗争，克服困难，争取胜利。1944 年的《冬学政治教材》主要结合时事讲演说明了中国的命运和前途，揭露了国民党顽固派反共反人民的本质，打破了群众中的"正统"观念和"变天"思想。

总之，抗日根据地的社会教育取得了巨大成功，在规模、人数、时间、效果上都是空前的，为之后党和国家的教育建设打下了良好基础。

四、解放区的国民教育和群众教育实践

（一）解放区的普通教育

抗日战争胜利后，中国的国内外形势都发生了根本性的变化。重庆谈判结束后，毛泽东回到延安。他在延安干部会上讲话，指出当时中国共产党在国内政治生活中的地位与 1927—1937 年相比不可同日而语，中国共产党的力量不容小视。国内

形势的变化无疑影响着解放区的教育活动。

1. 解放区的普通教育走向正规化

（1）解放区普通教育的发展阶段

解放战争时期，普通教育的发展可以分为两个阶段。

第一阶段：抗日战争胜利后，中国共产党为人民和民族大义考虑，争取和平，避免内战，与国民党进行谈判，提出了《和平建国纲领草案》，和平局面一度近在眼前。为了和平，教育领域进行了相应调整，普通教育方面以正规化为目标，要求教育与长远发展相结合。实行正规教育是进行和平民主建设的需要，只有把在战争环境中形成的战时教育体制转变为正规教育体制，才能够培养出各种门类的专家和技术骨干，满足和平民主建设中各行各业对人才的需要。中国共产党领导的解放区，在总结与推广整风运动以来教育改革经验的基础上，确定了实施正规化教育，通过教育培养和平建国人才的目标。[①]

第二阶段：全国规模的内战爆发以后，解放区根据形势发展的要求，必须继续实行战时教育的体制。这样，无论是中学还是小学，都是本着教育为解放战争服务和为土地改革服务的方针，来开展各项教育活动的。例如，在解放战争爆发后，陕甘宁解放区中等以上学校普遍实行了军事化编制，在课程中增

---

① 宋荐戈、张腾霄：《简明中国革命根据地教育史》，487 页，北京，中国文史出版社，2016。

设了军事训练课和卫生护理课，许多年龄大一点的学生都调出来组成工作队，直接或间接地为革命战争服务，为开展土地改革服务。特别是延安中学，由大部分师生组成了中国人民解放军第四后方医院，在"学校变成医院，医院变成学校"的口号下，一面直接参加部队卫生救护工作；一面在硝烟弥漫、战火纷飞的战场上教育和锻炼青年一代。[①] 还有陇东中学，除组成随军工作队辗转于陕北、陇东战场，为部队组织支前工作外，有许多学生被直接抽调出去参加了工作。其他各个中学、师范的留校学生，除参加土改工作外，还在极端艰苦的条件下坚持办学。

随着解放战争由战略防御转入战略反攻，解放区迅速恢复并不断扩大。为了适应形势发展对人才的需要，各解放区教育正规化问题又被重新提上工作日程。在普通教育方面，老区的中学和小学都推行新型正规化的路线。

第一，各级教育部门为适应教育管理正规化的需要，克服过去在游击战争环境中没有一定的工作计划和工作制度的现象，要求工作计划化、制度化。具体而言，就是要求每学年、每学期都有工作计划，并按计划办事；也制定了各种工作制度并划清职责、明确分工，以保证工作计划的完成；对学校的管理实

---

① 卢勤良：《学校变成医院，医院变成学校——介绍第四后方医院》，见陕西师范大学教育研究所：《陕甘宁边区教育资料·中等教育部分》上册，287 页，北京，教育科学出版社，1981。

行学校化，反对军队化与机关化。

第二，各解放区为推动教育正规化工作，先后召开相关教育会议。例如，从 1946 年到 1949 年，东北解放区召开了四次教育会议，山东解放区召开了三次教育会议，华北解放区召开了中等教育会议、小学教育会议，苏皖边区召开了华中宣教会议，其他解放区也都分别召开了教育会议。解放战争形势发展很快，每次会议除总结交流经验外，都要针对当时的情况，使与会人员打通思想，认清方向，明确新的任务，研究解决新任务的办法等。有的解放区还明确规定各级教育行政部门定期举行的会议、教育工作的检查制度和汇报制度等。1948 年 7—9月，华北解放区、东北解放区和山东解放区分别召开会议。这些会议研究的重点，无一例外是解放区中小学正规化问题。

(2)中等学校走向正规化

解放区普通中学走向正规化的过程中，其学制、课程内容及组织领导方面都在改革，对推动学校正规化做出了各自的贡献。

在学制方面，华北中等教育会议和东北第三次中等教育会议确定初中 3 年，高中 3 年，解放区普通中学的学制由此逐步趋向统一。

在课程内容方面，各解放区中等学校的情况也不是完全相同的。华北中等教育会议和东北第三次中等教育会议决定在普通中学教学计划中，文化课占 90％，政治课占 10％。① 此后，各解放区依此进行了改革，并对普通中学的学生事务性工作，如上课、考试、放假等做了详细安排。

在组织领导方面，各解放区也是因地而异的。有的普通中学是县文教部门领导，有的是专区或行政公署文教部门领导，个别的为大区领导。②

解放区普通中学经历了从不正规到正规的发展过程。中等教育的正规化进一步加强了教学工作，通过建立各种教学制度、充实教学设备，中等学校的面貌发生了根本变化。

（3）小学教育走向正规化

解放区的小学教育在解放战争前期是处在战时教育的状态。有些解放区的小学停办了，其他解放区的小学也没有统一的制度。而且由于小学师生的社会活动过多，许多地方规定要讲的课本内容只能讲二分之一或三分之一，因此教学质量很低。到了解放战争的后期，即 1948 年下半年以后，几乎与中学教育正规化同步，小学教育也迈出了正规化的步伐。

在学制和课程方面，以东北解放区和华北解放区为例，东北解放区确定小学学制为初级小学 4 年，高级小学 2 年，建立

---

① 董纯才、张腾霄、皇甫束玉：《中国革命根据地教育史》第三卷，98 页，北京，教育科学出版社，1993。

② 董纯才、张腾霄、皇甫束玉：《中国革命根据地教育史》第三卷，98 页，北京，教育科学出版社，1993。

了始业、毕业、上课、考试、放假制度和层层检查汇报制度。[①]
城镇小学和完全小学收归公有。农村小学无论公办、民办都给
予经费支持，确定中心小学校对其他小学校的业务指导地位。
此外，东北解放区各地的小学普遍地整顿了校风校纪，初步地
建立了正常的教学秩序。在华北解放区，1948 年召开的中等教
育会议研究了小学教育正规化的问题，并着手推进小学教育的
正规化。华北人民政府于 1949 年四五月召开的小学教育会议也
出台了相关的规定，提出了解放区小学教育的性质问题，以及
对正规化的要求，认为高级小学可以严格一些、要求高一些。
对于初级小学的整顿，必须从当地实际情况出发，在不能实行
全日制的地方，可实行半日制、二部制、季节小学、巡回小学。
此外，《华北区小学教育暂行实施办法》规定小学学制仍暂为"四
二制"，小学的全年上课时间，在城市不得少于 42 周，农村不
得少于 40 周。自 7 岁至 15 岁的男女儿童均称学龄儿童。初级
小学可以从实际出发，采用二部制、半日制、巡回小学、季节
性小学等办法，修业年限不必强求划一，有的小学学生学完国
语、算术、常识等主要课程后，经考试及格，即可毕业。[②] 在

　　① 《东北行政委员会教育部副部长董纯才在东北解放区第三次教育会议的总结〈前进一步〉》，见辽宁省教育志编纂委员会：《辽宁教育史志资料》第四集，211～212 页，沈阳，辽宁大学出版社，1990。

　　② 华北人民政府：《华北区小学教育暂行实施办法》，见济南市人民政府教育局：《新教育选辑》，91～97 页，1949。

管理体制和教学方法方面，正规化特点也较为突出。北平的小学教育会议明确指出了各级教育行政部门的领导责任，同时规定了小学教育应采取的教导原则：①根据教导合一的原则，教师应对学生全面负责；②根据教学联系实际的原则，教学应以多种方式对儿童启发诱导，以儿童为本位；③教师应和儿童家长及当地群众保持密切联系，借以了解儿童的环境、性格与家长对儿童的要求。[1]

在师资、经费和课本方面，解放区为推进正规化采取了有针对性的办法。在师资方面，把提高现任教师的质量、培养新师资视为日常工作中极重要的任务。加强在职教师的学习，有计划地举办轮训班，利用假期组织讲习会、补习班，经常供给教师学习材料，以逐步提高现任教师的文化水平、政治觉悟和工作能力。在经费方面，暂定由县地方粮内统筹统支。建立严格的支领报销制度，精确计算，防止浪费。各村初级小学校舍的修建、桌凳的设置可由各村群众商讨自行解决。在课本方面，拟采取"集中编审，分散印行"的办法。印刷资金不足可向银行贷款解决。课本定价以不致赔钱为原则。要尽量降低课本的售价，保证每个学生都有课本使用。[2]

① 宋荐戈、张腾霄：《简明中国革命根据地教育史》，510 页，北京，中国文史出版社，2016。

② 宋荐戈、张腾霄：《简明中国革命根据地教育史》，510 页，北京，中国文史出版社，2016。

在解放战争时期，每个解放区都参与到小学教育正规化的进程中来。老解放区的小学认真贯彻文化科学知识的教育，致力于儿童读写算能力及普通科学知识的提高。新解放区的小学加强了新民主主义教育思想的领导，贯彻新民主主义的教育内容，正确地讲授新课程。改进教学方法，适当结合实际，贯彻民主管理；密切联系群众，改进领导作风……这一切都在将小学教育正规化引向健康发展道路的过程中起到了积极的作用。

2. 解放区普通教育的管理体制

为了更好地建设普通教育，各解放区在行政和教学管理体制上都做了很多工作。

第一，完善相关教育制度、政策。1946 年东北行政委员会发布的《关于改造学校教育与开展冬学运动的指示》为解放区的教育指明了方向："我们教育工作的总方针，应是进一步肃清敌伪奴化教育和蒋介石封建法西斯教育的遗毒和影响，建立民族的民主的科学的新民主主义的教育，使教育服务于新民主主义的政治斗争，服务于东北人民的和平民主建设事业。"[①]解放战争后期，《中共中央关于九月会议的通知》《关于争取和改造知识分子及对新区学校教育的指示》《中国人民解放军布告》等多份文件均论及解放区教育工作，保证了解放区教育事业的稳步发展。

---

① 朱永新：《沟通与融合——中国近现代教育思想史》，285 页，北京，人民教育出版社，2004。

第二，建设教育机构，并对老解放区与新解放区进行差异化管理。总体上看，专署和县设教育科，区设教育（文教）委员，乡（村）设教育委员会，有的地区设学区或中心小学。各级教育行政部门都有明确的职责。老解放区的主要工作内容是巩固已有组织机构、充实领导、订立一系列制度，让管理工作步入正轨。新解放区的学校，工作重点是改造旧的机构、课程。

第三，丰富小学教育组织形式。这一时期，关于小学教育组织形式问题的讨论是最丰富的。有的解放区实行公办，有的将管理权下放到民间，有的则公办和民办共存。例如，晋绥解放区的完全小学设校长（必要时设副校长）、教导主任（必要时设副主任）。高、初级学生每 40 人为一班。除正校长与正教导主任外，每班平均 1.5 个教员。中心小学设校长 1 人，教员与普通小学相同，即每一教员以教学生 30 人以下为原则。每两周召开校务会议与教导会议各一次，分别由校长、教导主任主持。校务会议讨论并决定全校行政事宜与经济问题等。教导会议研讨教学进度、教学方法、生活指导等问题。其他周会、生活检讨会等各校自定。[1]

又如，山东解放区的初级小学由村领导，多数为民办公助，高级小学则由区或县领导，由区、县来办。1946 年 9 月 7 日，

---

[1] 董纯才、张腾霄、皇甫束玉：《中国革命根据地教育史》第三卷，244 页，北京，教育科学出版社，1993。

山东省政府曾就小学民办做出指示，明确高级小学公办，农村初级小学一律改为民办，城市初级小学争取改为民办，并规定农村初级小学改民办限于当年 11 月底以前完成。初级小学改为民办，主要是减少政府财力负担，特别是加强小学同群众的联系，进一步推动小学走群众路线。此外，苏皖解放区在华中宣教大会上提出对初小的方针是"民办公助"，公办的也要改造为"民办"或"民办公助"。对高小是"公办民助"，使之适合群众需要，受群众欢迎。这样，就使苏皖解放区的小学具有 4 种形式，即公办、公办民助、民办、民办公助。①

总之，普通教育的组织形式多样是为了适应解放战争的需要，提高小学教育的质量，使公办、民办、民办公助和公办民助等形式的各种类型的小学都能健康发展，促进小学教育的新型正规化。

3. 解放区普通教育的基本特征

（1）老解放区学校与新解放区学校之间存在差异

解放战争时期，中国共产党领导的解放区有 7 个②，其中东北解放区是抗战胜利后中国共产党抽调干部和八路军前往东北创建的，其他 6 个解放区是建立在抗日根据地的基础上，在解

---

① 董纯才、张腾霄、皇甫束玉：《中国革命根据地教育史》第三卷，295 页，北京，教育科学出版社，1993。

② 7 个解放区分别是华北解放区、东北解放区、陕甘宁解放区、晋绥解放区、山东解放区、苏皖解放区及中原解放区。

放战争时期不断巩固和拓展的。在普通教育方面，由于老解放区和新解放区的具体情况不同，老解放区和新解放区普通教育的开展方式也有所差异。

第一，中国共产党建设老解放区和新解放区的普通教育方针是不同的。老解放区的学校主要是整顿与提高，新解放区的学校主要是接管与改造。两类学校取长补短，并正确结合起来，推动革命教育事业前进。1947年2月，冀晋行政公署发出《关于新收复区教育工作的指示》，对新收复区的教育工作提出要求，其目的是清除日本奴化教育的遗患，在旧教育的基础上建立起新民主主义教育。是以，新解放区的教育是继承与批判相结合的产物，不能照搬老解放区的制度，而要贯彻新民主主义教育方针。这是中国共产党实事求是、因地制宜思想的体现，为接管旧学校并对其加以改造指明了方向。

第二，老解放区与新解放区的学校管理方式是不同的。老解放区在对学校进行整顿后，任务变为了充实、巩固和提高。在新解放区，则需要加强保护，使其尽快、尽早复课。[①]

中国共产党致力于将老解放区普通教育经验与新解放区普通教育建设相结合。在改革旧学校的过程中，将已有经验与具体实际相结合是十分重要的，要发扬优点，改正不足，使之适

---

① 董纯才、张腾霄、皇甫束玉：《中国革命根据地教育史》第三卷，47～48页，北京，教育科学出版社，1993。

应新解放区的客观条件。

总之，老解放区和新解放区小学在很多方面都有所不同，中国共产党能够认识到这些不同，并将两者的教育经验结合到一起，推动了解放区小学教育的整体发展。

（2）中学教育的发展情况

中学教育在解放战争时期有一个大的发展。新解放区接收了大量的中学。老解放区的中学在发展中进行了调整与合并，注意提高中学的质量。一般中学都进行了思想改造教育，多数学生已经转变了立场，接受了反帝反封建反官僚资产阶级的革命思想和为人民服务的观点。同时中学普遍为政治上、经济上翻了身的工人、农民子弟开方便之门，吸收了大批劳动人民子弟入学，逐渐改变了中学生的阶级成分。解放战争时期，解放区的中学教育迅猛发展，这主要得益于以下两点。

第一，新解放区有一定的中学教育基础，主要的任务是改造、发展原有的中学教育。例如，华东野战军在山东相继解放了济南、青岛、烟台等大中城市后，发现这些城市里有相当数量的公立中学和私立中学。对于这些学校，在接管的时候中国共产党特别注意保护和看管好学校的校舍和所有设备。当中学全部接管以后，除原来由国民党完全控制的学校实行停办外，凡具备复课条件的学校都成立了复课委员会，积极筹备复课工作。复课后废除了国民党时期的"公民"课，改设"政治知识"课；

取消了初中的"童子军"组织和高中、师范的"军训"课；原有课程中使用的教材，除"国文""历史"采用省教育厅编印的教材外，其余各科的教材在删去违背新民主主义教育方针的部分后暂用。原有的教职员中除去镇压过学生运动的教师外，共产党对他们采取了团结、争取的方针，让其保留原职原薪，继续担任教学工作。

第二，解放区对中学教育特别重视。以东北解放区为例，1947年《关于教育工作的指示》出台。该指示立足东北解放区的实际，要求争取东北的知识青年，尤其是中学生，加强中学教育工作。它明确对教育工作的重心做出部署，核心是培养革命知识分子。[①]

在这一思想的指导下，解放区的中等教育，尤其是中学教育得到了迅猛发展。到1949年，东北解放区的中等学校有280所，学生数比九一八事变前两年增加了301.6％，取得了辉煌的成就。[②]华北解放区中学教育发展得也是又快又好。截至1948年10月，华北解放区已有中等学校144所，其中中学43所，行署与市立师范5所，县立师范90所，其他职业学校6所，学

---

① 《关于教育工作的指示》，见辽宁省教育科学研究所：《东北解放区教育资料选编》，7页，北京，教育科学出版社，1983。

② 邢邑开：《论东北解放区的教育》，见辽宁省中共党史学会、辽宁省东北解放战争史研究会：《纪念毛泽东同志诞辰一百周年文集》，367页，沈阳，辽宁大学出版社，1993。

生共 24462 名。①

(3)实行战时教育体制

全国规模的内战爆发以后，解放区根据形势发展的要求，继续实行战时教育体制，中学和小学都本着教育为解放战争服务和为土地改革服务的方针，来开展各项教育活动。解放区的战时教育体制具有如下特征。

第一，强调教育为战争服务。例如，晋察冀解放区各高校向农村紧急疏散，迅速启动战时教育体制。1946 年 8 月，冀晋行政公署发布《关于动员一切宣教干部宣传组织进行自卫战争的紧急指示》，要求宣教干部和教师同志们坚决地投入自卫战争中去。同年 11 月，冀中行署发布《在全面自卫战争形势下教育工作贯彻紧急战备的指示》，提出："教育工作，必须为自卫战争服务，加强时事教育及宣传"，要求"中等以上学校（包括训练班、短师）要将体育课改为军事课，进行分散、转移、投弹等演习"。②

第二，为了支援战争，发动学生集体参军。例如，晋察冀边区联合中学在 1947 年春到 1948 年春，就 3 次发动学生集体参军，有 100 多名学生参加了部队，直接奔赴前方杀敌。不少

---

① 董纯才、张腾霄、皇甫束玉：《中国革命根据地教育史》第三卷，148 页，北京，教育科学出版社，1993。

② 张金辉：《晋察冀解放区高等教育研究（1937—1949）》，122 页，北京，中国言实出版社，2018。

学生在战争中献出了年轻的生命。

第三，将教育活动与土地改革运动相结合。例如，晋察冀边区联合中学师生在驻地党委和政府的领导下，组织了土地改革工作组，发动当地农民群众进行土地改革。师生们配合土地改革，自编短剧为群众演出，成了反封建斗争中的一支重要力量。华北解放区的小学教育是和解放战争及土地改革运动紧密地结合在一起的。各地小学里有一批教员响应"放下笔杆子，要握枪杆子"的号召，直接报名参军，上了前方。留在后方的小学师生也帮助军属劳动，写信慰问前方指战员，帮助医院救护伤病员，站岗放哨，除奸防特，积极地参加了支前工作。在土地改革运动中，许多小学教员不但自己积极参加，有的被选为村级土改主席团成员或翻身委员会委员，有的小学教员成了翻身运动中的一等积极分子；而且在校内通过课堂教学启发学生诉苦，或者领着学生去参加村里的诉苦会，返校后组织学生讨论，使学生划清了地主与农民的界限；还鼓励学生在参加斗争地主的过程中写日记，练习做记录，计算地主对农民的剥削账。通过这些活动，学生受到了深刻的阶级教育，在激烈的阶级斗争中经受了锻炼和考验。

总的来看，在解放战争时期，党领导的普通教育较之前有了长足的发展。普通教育的规模扩大，具体表现为入学人数和学校数量的大幅提升。以山东解放区为例，1949年7月，全省有公私立初级中学 47 所，学生 29933 人；公私立高级中学 36 所，学生 4864 人；师范 13 所，学生 7052 人。[①] 在保证教育规模的基础上，普通教育的质量也逐步提高。在中国共产党的领导下，解放区的普通教育走上了正规化的道路，各大解放区纷纷为中小学的发展制定专门的政策法规，引导建立正规的中小学。由于确定了学制，改革了课程、教材和教法，所以就有力地促进了解放区普通教育质量的提高。这次普通教育的正规化也为中华人民共和国成立以后对全国中小学教育事业的恢复和改造提供了重要的经验，为之后的教育发展指明了方向，奠定了良好的基础。

(二)解放区的社会教育

1. 解放区社会教育的任务

在解放战争时期，从中共中央到各个战略区，从各个战略区到各县各乡，始终把社会教育放在重要的地位，甚至比抗日战争时期还要重视。各大解放区，特别是新解放区广泛深入地开展社会教育运动，解放了贫下中农的思想，提高了劳动群众的阶级觉悟与政治觉悟。这一时期的社会教育有以下几个目的。

第一，解放区社会教育的实质目的，是要为战争、生产与

---

① 董纯才、张腾霄、皇甫束玉：《中国革命根据地教育史》第三卷，251 页，北京，教育科学出版社，1993。

土改服务，工作中心是争取解放战争的胜利。具体而言，社会教育的主要任务就是要把教育的经常性工作和为中心工作服务正确地结合起来，从而调动群众学习的积极性与主动性。在解放战争时期社会教育要更好地为中心工作服务，以推动中心工作的发展，进一步提高群众自卫战争的意识，提高他们斗争的积极性与胜利的信心。例如，太行行署发出的《关于今年冬学的指示》，明确地指出：冬学任务是为了保证爱国自卫战争的胜利，应着重时事教育、群众翻身教育及生产教育，而以时事教育为主，以群众翻身教育为基础。时事教育首先要教育群众打破和平幻想，说明人民必胜的道理，从而提高人民的胜利信心。①

　　第二，兼顾政治教育与文化教育，不能只学政治，不学文化，或者只学文化，不学政治。例如，1946 年 10 月，晋察冀边区发出《关于今年冬学运动方针、任务的联合指示》，指出："今年冬学运动是全面长期自卫战争中的群众政治工作，中心内容是时事政治教育……围绕以上中心，根据当地情况，有步骤地普及文化教育。"②1946 年 10 月，陕甘宁边区政府发出《关于今

　　① 姬忠林等：《中原革命根据地成人教育史略》，321～322 页，开封，河南大学出版社，1990。
　　② 《关于今年冬学运动方针、任务的联合指示》，见王谦、刘佐秀、宋荣江等：《晋察冀边区教育资料选编·教育方针政策分册》下册，248 页，石家庄，河北教育出版社，1990。

年冬学的指示信》，强调社会教育要做到识字与时事教育并重。① 可见，解放区的社会教育不仅着力解决群众的思想问题，提高群众觉悟，还注重文化教育，满足群众文化的要求。

第三，解放区社会教育的具体目的是因地而异的。与抗日战争时期的根据地不同，解放战争的解放区分为老解放区和新解放区，社会教育的对象也逐步扩大，不仅有老解放区的农民群众，还有新解放区的工人与市民。在解放战争时期，各解放区的社会教育都是为中心工作或中心任务服务的，但不同的解放区之间，特别是老解放区和新解放区之间社会教育的具体任务还是有所差异的。

2. 解放区社会教育的内容

在解放战争初期，解放区开展群众教育的主要对象仍然是农民群众。但日本投降后，中国共产党领导的人民武装也解放了一些城市。特别是在 1948 年下半年以后，随着解放战争的胜利进展，许多大中城市相继解放。于是中国共产党的工作重心也逐步由乡村转向了城市。在这种形势下，为了发挥工人阶级在国家政治生活中和经济生活中的领导作用，就必须加强工人教育，以提高工人阶级的思想政治觉悟和文化水平。于是解放区的工人教育就进入了一个新的发展阶段。同时，城市里还有

----

① 雷云峰、张宏志：《陕甘宁边区大事记述》，313 页，西安，三秦出版社，1990。

广大的市民群众，他们一直听信国民党所谓的"正统"思想，各级共产党组织和人民政府也对市民阶层开设职业教育和文化教育，改造他们的思想，使他们成为中国共产党和人民政府能够依靠的社会力量，担负起建设城市和保卫城市的重任。由于教育对象的文化背景和所需不同，他们所接受的社会教育也有所差异。

（1）解放区的农民教育

在解放战争中，为了战争的胜利，农民教育首先要为支援战争服务。主要的教育目的是提高农民群众的阶级觉悟和蒋军必败、解放军必胜的信心。同时，解放区也注重宣传土地改革政策和强调农民的科学文化知识学习。在整个解放战争过程中，革命的中心任务就是自卫战争、土地改革和生产运动。农民教育的内容在不同的时期和不同的地区，虽然各有侧重，但始终离不开这三个中心任务。

第一，农民社会教育的核心内容是动员农民群众踊跃参军、参战、拥军、优属、支前。教育的重点是放在村干部、民兵、自卫军方面的。[①] 除讲一些军事知识和进行一些如埋地雷、射击、刺杀、掷手榴弹的军事训练外，还进行防奸防特教育、救护伤员教育和防毒教育。华北解放区将教育农民为支援战争服务视为社会教育的核心内容，组织各级学校师生参加各种形式

---

① 宋荐戈、张腾霄：《简明中国革命根据地教育史》，470～471 页，北京，中国文史出版社，2016。

的战时宣教活动，对农民进行战时教育。例如，冀晋一专区七个县在雁北战役时就组织了宣传队，除了宣教干部和教员外，还有儿童和乡知识分子，受教育群众达数万人。

　　第二，社会教育的另一大主要内容是宣传党的土地改革政策。解放战争和土地改革密切联系，没有土地改革的胜利，就不可能有解放战争的胜利；而没有思想解放的胜利，就不可能有土地改革的胜利。因此无论是老解放区还是新解放区都非常重视对土地改革政策的宣传，并且形式多样，如冬学、民校、识字班、黑板报、屋顶广播、刷写标语、唱大鼓、画漫画等。组织农民群众进行地主和农民"谁养活谁"的大讨论、大辩论，使农民群众认识到封建剥削的不合理性。通过诉苦、回忆等形式，帮助农民群众"找穷根"，克服各种糊涂观念。

　　第三，农民的社会教育始终是与生产劳作结合在一起的。例如，华北解放区的农民教育与生产劳动密切联系：①课文内容生活化，更多地反映实际生产内容，增加农谚，并且力求口语化。②根据农业生产灵活安排教学，教学方法也因时因地因人制宜。③教学形式多样，将农事融入教学中，组织互助组。这种形式可以更好地保证教学与实际结合，更好地安排生产时间，便于督促、检查，使学习与生产相互促进、共同发展。①

──────────

　　① 董纯才、张腾霄、皇甫束玉：《中国革命根据地教育史》第三卷，412 页，北京，教育科学出版社，1993。

第四，解放区继承根据地社会教育的精神，十分重视农民的科学文化知识教育。例如，1947 年 9 月，山东省政府出台《群众教育工作纲要》，指出群众教育要"帮助群众在文化上翻身，提高人民大众的文化水平"①。

第五，解放战争时期，农民社会教育的方式是非常多样的，大多数是由根据地时期的社会教育方式继承、演化而来的，但在新的形势下也有所创新。在东北解放区，1949 年春冬学结束后，农民教育进一步发展。各地农村开始办识字班、读报班，其中旅顺市双岛区的李家沟村 3 次当选识字模范村。当 1949 年秋季时，全村 77 户人家，230 名文盲都参加了识字班学习。经过学习，大多数能认识 500～600 个字，有的人能认识 1700 个字，认字最少的人也能认 300 多个字。② 由于农民教育抓得好，这个偏僻的村庄改变了面貌。旧社会遗留下来的封建迷信与落后风俗在这个村庄已渐趋消灭，村里人都在按照自己的意志来建立新的民主的、幸福的和文明的生活。

总的来看，解放战争时期的农民教育围绕着解放战争的中心任务展开，较根据地时期有了更加完善的体制，教育内容也更加丰富，重点更加突出，提高了农民的阶级意识和政治觉悟，丰富了农

---

① 皇甫束玉、宋荐戈、龚守静：《中国革命根据地教育纪事》，352 页，北京，教育科学出版社，1989。

② 苏甫：《东北解放区教育史》，118 页，长春，吉林教育出版社，1989。

民的精神世界，为中华人民共和国成立后的乡村教育发展打下了基础。

（2）解放区的工人教育

随着老解放区的扩大和新解放区的出现，大中城市的工人教育在社会教育中愈来愈占重要的地位。解放初期工人教育以政治思想教育为主，社会秩序逐步正常后，则以文化知识和科学技术为主。具体而言，其有以下特征。

第一，注重政治教育。在解放初期，政治学习是第一位，将之与诉苦相结合，是共产党社会教育的一大法宝。

第二，工人教育的组织形式主要有以下几种。

首先，工人学校是解放区进行工人教育的基本方式。工人们在工人学校里学习时事政治，同时也学习生产技术和文化知识。在时事政治方面，工人学校会教导工人们思考自己的阶级属性并介绍当前解放战争的形势。技术课是专门由技术高明的工人负责讲授的。在文化课方面，工人们也很努力，有的工人在 30 天里就认识了 150 多个生字，并且"学了就能用"。工人学校在学习方法上反对填鸭式，提倡"提出问题，展开讨论"，使大家在经过讨论以后取得一致的认识。①

其次，识字班、识字组是工人教育的重要组成方式。由于

---

① 宋荐戈、张腾霄：《简明中国革命根据地教育史》，476 页，北京，中国文史出版社，2016。

在城市工作、生活，工人对识字的需求远大于农民，因而在学习上更主动、更上心，识字班、识字组取得了巨大成功。

最后，各解放区，尤其是新解放的大中城市，依托工会，进行了各种宣传教育工作。东北解放区在各工厂和市区的俱乐部内均应设立小型图书馆，供职工借阅，还建立了机关、学校与工厂职工联欢的制度。有较高文化程度的干部要在工余之暇轮流到工厂中帮助职工学习，组织开展文娱活动。东北解放区还利用报纸、通讯社等新闻机构报道工人与工人教育的内容并大量发展工人通讯员，提高工人的写作能力。教育部协同职工总会组织专人编辑出版各种职工学校使用的教科书和政治、经济、历史、科学等通俗读物。文艺工作者也深入工人中去，为工人文娱活动出谋划策，并采风，以便创造出反映工人生活的作品；帮助工人成立文艺小组，阅读进步书报和学习写作。东北书店还计划出版通俗可读、价格低廉的工人读物。山东解放区的工会或工厂俱乐部纷纷组织剧团、出版墙报、开办图书馆和体育馆。为了使职工教育工作很好地开展起来，山东解放区要求各城市的人民政府主动推动工会联合其他有关方面成立职工教育委员会一类的组织，把职工教育工作抓紧抓好。

解放战争时期工人教育较之前有了长足进展。各解放区都对工人教育的目的、任务、工作方针、教育政策等做了明确规定。各级工人学校风风火火地建设起来。许多大中城市都开办了大批工人补习学校、业余技术补习班、识字班等学习组织。在解放战争时期，工人教育的地位日益凸显。在工人学校学习过的学员，由于政治觉悟高，又有工作经验，一般都是进步很快的，不少人后来得到提拔和重用。

（3）解放区的市民教育

随着解放区的扩大，尤其是新解放区的建立，居住在城市里的广大市民群众成为解放区人口的重要组成部分。市民教育也成为解放区教育的重要内容，其特点如下。

第一，人民教育馆（以下简称"民教馆"）是市民教育最主要的教育形式。抗战时期根据地的民教馆为数不多，到了解放战争时期，随着大中城市的不断解放，民教馆在市民教育中发挥着重要作用。比如，1946 年 3 月 9 日，山东省滨海行政公署就民教馆的工作做出指示，意在将民教馆转变为城镇社会教育的主要场所，并以贫苦群众为主。① 民教馆是一个综合的教育场所，各地民教馆会配合党的中心工作进行宣传教育工作，主要形式有黑板报、图书阅览、广播、文娱活动等。

第二，各解放区还有其他各类市民教育的形式，力求适应群众的需要。例如，铁路冬学、民众夜校、工人夜校、青年补习班等。到 1949 年 9 月，全东北已有夜校 3432 处，学员 75433

---

① 皇甫束玉、宋荐戈、龚守静：《中国革命根据地教育纪事》，312 页，北京，教育科学出版社，1989。

人，工人夜校 96 处、学员 7366 人。还有街道、学校、妇联等单位创办的大量夜校，仅大连市街道办的夜校就有 30000 余名学员。①

第三，市民教育的主要教育内容是时事政治教育。在刚刚解放的时候，他们对中国共产党的政策不了解，不主动参与到建设中来。解放战争时期，中国共产党主动激发市民的积极性和创造性，通过广泛宣传教育，使市民理解、配合政府的各种措施，而各种形式的市民教育组织在其中起到了承上启下的作用。同时，根据不同的对象进行文化科学知识的教育，如对家庭妇女着重进行识字的教育。

在解放战争时期，市民教育依托民教馆这一核心机构，向市民教授政治知识和文化知识，取得了令人瞩目的成就。以苏皖解放区为例，1949 年统计，全区各县城有民教馆 8 个，每月近 2 万人参加学习；大众俱乐部 7 个，每月受教育者达 3 万人左右。② 市民教育是社会教育的重要组成部分，它提高了大众文化程度与阶级觉悟程度，为党培养了一批文化水平高、政治觉悟强的干部。

---

① 董纯才、张腾霄、皇甫束玉：《中国革命根据地教育史》第三卷，175～176 页，北京，教育科学出版社，1993。

② 董纯才、张腾霄、皇甫束玉：《中国革命根据地教育史》第三卷，290 页，北京，教育科学出版社，1993。

3. 解放区社会教育的发展特点

解放区社会教育最突出的特点是教育对象多元，可分为农民教育、工人教育和市民教育三种，以农民教育为主。

第一，从苏区到根据地，再到解放战争时期的解放区，农民教育始终是社会教育最重要的组成部分。在解放战争初期，解放区开展社会教育的主要对象仍然是农民群众。在解放战争中，为了早日取得战争的胜利，必须动员最广大的人民群众，因此中国最广大的农民群体成为必须争取的对象。此时的农民教育是紧密围绕着战争形势展开的，农民教育的首要目的是支援解放战争。

第二，在日本投降后，共产党领导的人民武装解放了部分城市，特别是在 1948 年下半年以后，随着解放战争的胜利推进，许多大中城市相继解放，党的工作重心也逐步由乡村转向了城市。在这种形势下，提高工人阶级的政治地位，提高广大工人的思想和业务水平迫在眉睫，于是解放区的工人教育就进入了一个新的发展阶段。

第三，对于居住在城市里的广大市民群众，各级共产党组织和人民政府也通过多种方法对他们进行政治教育、职业教育和文化教育，培养新时代的新市民。工人教育和市民教育在解放战争时期得到了迅猛发展。各大解放区纷纷建立了工人学校和民教馆，通过教育宣传，城市里的工人和市民对解放战争的形势有了较为清晰的认知，认可了中国共产党，提高了自身的阶级意识和政治觉悟。工人教育和市民教育为党和新中国培养了一批优秀的人才。

总而言之，解放区广泛开展社会教育，根据教育对象的不同属性，社会教育的形式与内容也有所差异。但无论是农民教育、工人教育还是社会教育，都在肃清封建意识和迷信思想、树立革命的新风尚方面起到了积极作用，并教育群众、组织群众支援战争，参加土地改革和大生产运动。

第三章 | 中国共产党的干部教育

从中国共产党诞生到中华人民共和国成立，干部教育始终是中国共产党开展工作的重中之重。中国共产党早期通过创建组织和社团、出版刊物和著作等途径探索开展干部教育工作，在大革命时期以统一战线协作办学和独立领导办学两种方式培养训练了大量干部，土地革命战争时期，为适应根据地建设和人才需求，大力开办"苏区干部教育"。各个苏区在艰苦的条件下始终坚持党员干部队伍建设，初步形成了党的干部教育体系，积累了宝贵的经验。抗日战争时期，中国共产党将在职干部教育、干部学校教育和干部训练班教育有机结合起来，建立了完整的干部教育体系，扩大了干部教育的规模，培养了大量的革命干部，为赢得抗日战争的胜利提供了人才保证。解放战争时期，干部队伍的缺乏依然是当时的一大棘手问题，中国共产党坚持贯彻"干部教育第一"的政策，多措并举，推动党的干部教育事业迅速发展，并取得了辉煌的成就。

一、中国共产党成立初期的干部教育

中国共产党自成立时起，就重视党的干部的培养。虽然党在这一时期发展环境艰难，自身力量薄弱，但是已经开始探索干部教育工作，先后在湖南、北京、上海、广东等地创办简易学校，着力培养党的干部。干部教育的实践展示出了生机和特色。

（一）中国共产党早期组织对干部教育的探索

各地共产党早期组织的建立是中国共产党创建的组织基础。上海、北京、武汉、湖南、广东等地的中国共产党早期组织通过宣传、研究、传播马克思主义，培养了一大批中国共产党早期领导人。这些人在接受、宣传马克思主义的过程中，又成为中国共产党干部教育工作的实施者。可以说，中国无产阶级革命骨干队伍的成长和培养，核心是学习和研究马克思主义，具体主要通过创建组织和社团、出版刊物著作、开办工人学校等方式开展。

1. 共产党早期组织和共青团的马克思主义教育

中国共产党诞生前夕，上海、北京、武汉、长沙、广州等地的共产党早期组织纷纷投入马克思主义的宣传教育活动中，由此培养了一大批中国共产党早期领导人。中国共产党的干部教育工作便发轫于此。[①]

其中，上海共产党早期组织率先开展马克思主义宣传活动，成立了社会主义青年团，为党培养和输送干部。

北京共产党早期组织成立后，将北京大学作为新文化运动的重要阵地，并于 1920 年 3 月成立马克思学说研究会，以共产党员和共青团员为骨干，接受中国共产党的直接领导。李大钊将马克思主义引入北大课堂，邓中夏、罗章龙、刘仁静等党内早期领导人在其影响下走上革命道路。

武汉共产党早期组织建立于 1920 年秋，其重视以马克思主义思想来教育进步分子，组织了利群书社、马克思学说研究会等团体。

---

① 李小三：《中国共产党干部教育简史》，8 页，北京，中共党史出版社，2009。

湖南共产党早期组织成立于 1920 年秋，主要成员来自新民学会中信仰马克思主义的进步分子。毛泽东同何叔衡等人发起创办了文化书社、俄罗斯研究会等团体。

广东共产党早期组织由陈独秀主持成立于 1921 年 1 月，主要成员有谭平山、陈公博等。陈独秀利用其合法身份创办了广东宣讲员养成所，培养宣传社会主义和马克思主义、开展群众运动的骨干。学习内容除了国文、常识、社会科学、三民主义等课程之外，还有共产主义知识。[①]

1921 年 2 月，周恩来等人在法国成立中国旅法社会主义青年团，他们的宣传在华工中产生了很大的影响。

1920 年前后，与马克思主义相关的团体在中国遍地开花，这些团体为党的创建在思想上和组织上做了准备。

2. 出版刊物和著作

五四运动后，全国各地出现了一批宣传马克思主义的进步刊物，翻译出版了大量宣传马克思的著作。

在众多的进步刊物中，《新青年》分外耀眼，在陈独秀等人的推动下，《新青年》后来成为党的机关刊物。上海党组织创办的《共产党》月刊、《劳动界》周刊，在介绍苏俄建党经验、提高工人阶级觉悟方面起到了重要的宣传作用。北京党组织面向工

---

① 肖东波：《中国共产党理论建设史纲(1921—1949)》，23 页，北京，中共党史出版社，2004。

人阶级创办了《劳动音》周刊、《工人周刊》，号召工人团结一致
反对剥削。《工人周刊》影响巨大，一时间被誉为"劳动者的喉
舌"。武汉共产党早期组织则出版了《武汉星期评论》，由恽代
英、陈潭秋先后担任主编。广东的早期共产党组织出版了《群
报》《劳动与妇女》，传播马克思主义和俄国共产党的历史。

在翻译马克思、列宁著作方面，《共产党宣言》《民族自决》
等相继翻译出版，一批介绍马克思主义的论著也陆续面世。[①]
这些出版物丰富了时人对马克思主义的理解，促使更多的人加
入马克思主义阵营，也加强了对党的干部的培养。

(二)中国共产党成立初期的干部教育实践

1. 中国共产党成立初期对干部教育的重视

中国共产党成立后，对干部教育的认识逐步深化，开始自
觉地把干部教育列为重要工作，旨在培养造就党的干部队伍。
中国共产党成立初期召开的各次党的会议及发布的会议文件都
对干部教育进行了分析，体现了党对干部教育的重视。

1921 年 7 月，中国共产党第一次全国代表大会在上海召开，
标志着中国共产党正式成立。会议通过了党的纲领，明确了党
的奋斗目标。在宣传工作方面，要求全党继续努力宣传马克思

---

① 朱汉国、谢春涛、樊天顺：《中国共产党建设史》，5～6 页，成都，四川
人民出版社，1991。

主义，以出版、发行更多的共产主义普及刊物作为主要途径。党的一大通过的第一个决议提出建立工人学校，提高工人觉悟，成立工会。中国共产党从一开始就明确了以马克思主义统领党的干部教育工作。

在 1922 年 5 月召开的中国社会主义青年团第一次全国代表大会上，《中国社会主义青年团纲领》就青年团在干部教育方面的方针问题做了专题论述，要求青年团引导青年为解放无产阶级而奋斗，创建各种形式的组织，提高青年的政治觉悟，清除青年思想进步的障碍，培养一大批能为革命做贡献的青年干部。[①]

"工会是所有工人的组合"，要以"怎样用社会主义和共产主义精神去奋斗的教育"作为重要工作任务，"工会自身一定要是一个很好的学校，他应当花许多时候努力去教育工会会员，用工会运动的实际经验做课程，为的是要发展工人们的阶级自觉"。[②] 这是 1922 年 7 月中国共产党第二次全国代表大会通过的议决案内容，指明了工会在党员教育中的角色和作用。

到了中国共产党第四次全国代表大会，党组织对党员教育问题的认识已从工会、党校等机构的教育作用上升到对党内政治教育和群众政治宣传存在的不足进行反思。会上通过的《对于

① 《中国社会主义青年团纲领》，见中国人民解放军政治学院党史教研室：《中共党史参考资料》，326～329 页，北京，人民出版社，1979。

② 《中国共产党第二次全国代表大会议决案》，见中国人民解放军政治学院党史教研室：《中共党史参考资料（一）》，354～355 页，北京，人民出版社，1979。

宣传工作之决议案》明确党支部是党的基本教育机关，指明"另外于可能时，更有设立党校有系统地教育党员……之必要"，并且决定集中力量办《新青年》杂志，利用《中国工人》和《党报》做好工农和党员的教育工作。[①]

1925 年 9 月，第二次中央扩大执行委员会会议强调：要加强党的教育，提高党的素质。会议批评了发展党员过程中偏重数量、忽视质量的倾向，并提出开办各级党校的办法，决定开放地委以下的普通党校以及区委之下的高级党校。两者分别承担普通党员和有经验党员的训练任务，时间一个半月至三个月不等。[②] 翌年，中共中央决定在南北方各创办一长期党校。[③] 1927 年 4 月，在中国共产党第五次代表大会上，创建中央党校被提上议程，选址武昌。[④] 然而，该计划被"七一五"反革命政变扼杀在摇篮之中。

总体上看，在中国共产党历届代表大会的决议中，均可见关于党员队伍建设、宣传教育工作的有关内容。事实上，自成

---

① 《对于宣传工作之决议案》，见中央档案馆：《中共中央文件选集》第一册，375～377 页，北京，中共中央党校出版社，1989。

② 朱汉国、谢春涛、樊天顺：《中国共产党建设史》，50 页，成都，四川人民出版社，1991。

③ 《开办最高党校问题》，见中央档案馆：《中共中央文件选集》第二册，71 页，北京，中共中央党校出版社，1989。

④ 王仲清：《党校教育历史概述》，42 页，北京，中共中央党校出版社，1992。

立之初，中国共产党已开始对干部教育进行积极探索并以此作为壮大党的组织、扩大党的影响的必要途径。

2. 中国共产党成立初期的干部教育活动

(1)在工农运动中积累干部教育经验

①工人运动中的干部教育。

干部教育与工人运动相结合的方式主要有发展工会组织、举办工人业余学校、出版刊物、进行工人罢工运动等。

党的第一次全国代表大会通过的第一个决议已明确提出成立工人学校的任务，将其作为成立工会的前期准备工作。[①] 为了教给组织产业工会的适当方法，总结工人运动的经验，研究工人运动的情况，决议还要求建立工会研究机构……并提出要特别注意对中国工人运动情况的研究。[②] 为了促进马克思主义同工人运动的结合，各地共产党早期组织纷纷举办工人补习学校，其中比较典型的是邓中夏、张国焘、张太雷等人于1920年11月在北京创办的长辛店劳动补习学校。

1921年8月，中国劳动组合书记部在上海成立，并在北京、武汉、长沙、济南、广州成立地方分部。在书记部的领导下，中国工人运动形势迅速高涨，形成了从1922年1月持续到1923

[①] 中共中央组织部：《干部教育工作重要文献选编》，723页，北京，党建读物出版社，1999。

[②] 许启贤：《中国共产党思想政治教育史》，50页，北京，中国人民大学出版社，2004。

年2月的第一次工人运动高潮。在此期间的工人大罢工主要有：香港海员大罢工、江西安源路矿工人大罢工、开滦煤矿工人大罢工和京汉铁路工人大罢工。这些大罢工锤炼了党和工人阶级，在宣传马克思主义的同时，涌现出大量的先进工人。

②农民运动中的干部教育。

中国共产党组织领导农民抗租减租，以农民协会的组织形式同地主阶级做斗争，发展了大批农民运动积极分子。其中，彭湃在广东海陆丰地区领导的农民运动以及毛泽东在湖南韶山领导的农民运动极大地宣传了马克思主义，积蓄了革命力量。

总之，工农运动既是组织工农起来进行阶级斗争的革命实践运动，又是培养教育党的干部的有效形式，为早期共产党组织的壮大、思想影响的扩大做出了巨大的贡献。①

（2）创办简易干部学校

学校，作为人类文明的产物，肩负着系统教育、培养人才的功能。因此，中国共产党决定对旧时代的学校进行改造，以新的学校形式培养革命干部。中国共产党成立初期为培养革命干部，创办了一些简易干部学校。典型的干部学校有湖南自修大学和上海平民女校。

---

① 李小三：《中国共产党干部教育简史》，12页，北京，中共党史出版社，2009。

①湖南自修大学。

中国共产党成立后不久，毛泽东、何叔衡在长沙创办湖南自修大学，结合古代书院和现代学校的模式，培养学生具备从事革命斗争的文化知识和各种实际本领，以向上的精神和健全的人格改造社会。

在教育内容上，学校设立的科目分文科和政治经济科，还注意进行劳动教育。学校图书馆内收藏了大量的进步书刊、报纸，宣传马克思主义。

在教学方法上，自修大学强调自学，鼓励学生组织各种学术组织。具体教学方式有特别授课、函授指导、特别讲座等。学生学习侧重于动手能力的锻炼。学校还邀请国内外学者、名流担任讲座的主讲。

1922 年 8 月，北大校长蔡元培在《新教育》上发表的《湖南自修大学介绍与说明》一文指出："我近来读到《湖南自修大学组织大纲》，他的注重研究，注重图书馆、实验室，全与我的理想相合，我欢喜得了不得。"[1]同时他对自修大学的组织方法表示了高度的赞扬。但是自修大学没能逃脱反动政府的扼杀，1923 年 11 月被反动军阀赵恒惕派军队强行关闭。

而后，毛泽东等人在长沙开办湘江中学，自修大学的师生

---

① 蔡元培：《湖南自修大学介绍与说明》，见高平叔：《蔡元培教育论著选》，446 页，北京，人民教育出版社，2017。

200多人转入其中。湘江中学在1924年下半年增设了农村师范和农民讲习班，到1921年3月停办。

湖南自修大学在干部教育的教学内容、课程设置、教学方法等方面进行了开创性的探索，在党的干部教育史上留下了光辉的一笔。

②上海平民女校。

上海平民女校创办于1921年12月，由李达任校务长，李达的夫人王会悟承担具体事务工作。为了便于掩护，女校以中华女界联合会的名义举办。何以谓之平民女校，沈泽民解释说：一是平民求学的地方，二是平民精神的女子养成所。

平民女校设初级班和高级班两种班次，高级班又分甲、乙两级。初级班设国文、算术、常识科目，高级班设国文、英文、数学、化学、物理、博物、经济、社会学、教育学科目。高、初两班均是两年毕业。陈独秀、李达、邵力子、高语罕、陈望道、沈雁冰、沈泽民、李希贤、周昌寿、范寿康等共产党员或社会名流担任各科教师。

（三）大革命时期的干部教育

1. 国共合作背景下的干部教育

1924年1月，中国国民党第一次全国代表大会召开，大会决定接受中国共产党党员和中国社会主义青年团团员以个人名义加入中国国民党，标志着第一次国共合作的正式形成。这一时期，中国共产党的队伍迅速扩大，主要成分也从知识分子转为工人和农民。从当时的革命形势看，国民党在中国社会还是有威信的，且已在南方建立革命根据地，允许各种革命力量公开活动，同时孙中山提出了联俄、联共和扶助农工三大政策，实行国共合作。[①] 借助国共合作的有利条件，党的干部教育依托统一战线开展起来。

(1)上海大学

上海大学原名东南高等专科师范学校，由校长王理堂（王公矕）创办并假借新文化运动之名，行借学敛财之实。1922年10月23日，在该校师生的拳拳邀请之下，加上国民党左派邵力子（邵仲辉）、柏烈武等人从旁力劝，于右任赴校致辞，表示"愿为小学生以研究教育"[②]。是日，上海大学正式成立。1923年，邓中夏、瞿秋白先后赴任总务长、学务长，另有韩觉民、何世桢、陈望道、叶楚伧、冯子恭等一众时英俊杰在此任教，翻开了学校锐意革新、飞速发展的新篇章，并使该校成为具有统一战线性质的高等学府。

1923年12月，评议会通过《上海大学章程》，后经两次修

---

① 胡绳、中共中央党史研究室：《中国共产党的七十年》，44页，北京，中共党史出版社，1999。

② 《上海大学欢迎校长》，载《民国日报》，1922-10-24。

正，订立了行政组织、学制以及生源、学杂费、转系、考试、奖惩等各项规章制度，使学校的日常运转有了明确、合理而严格的遵循。特别地，"以养成建国人才，促进文化事业为宗旨"①，彰显了上海大学师生以"耿耿孤忠"图谋建国的民族责任感和历史使命感。邓中夏阐释道，上海大学旨在争取"国家独立"和"民族自由"，在这个意义上与辛亥革命是一致的，不同之处在于上海大学在"消极的救国"基础上进一步谋求"积极的建国"。因此，作为人才培养机构，上海大学的宗旨即"养成建国人才"，而"促进文化事业"实则是为"建国"服务的必然、应然手段，或者说这两项宗旨本就具有某种内在一致性。正因如此，上海大学的教职员放弃了别处的优厚待遇，甚或义务前来工作，学生则舍弃了国立大学和教会大学的出路来此求学。②

　　该校设有社会学系、中国文学系、英国文学系和美术科，附设中学部。在共产党组织的高度重视以及邓中夏、瞿秋白的直接领导下，社会学系以雄厚的师资、新颖的课程和深广的影响迅速发展成上海大学的"明星系科"（见表 3-1）。中国最早接受马克思主义的一批知识分子走上大学讲台亲授有关课程，吸引并促使一大批进步青年了解、接受乃至信仰马克思主义，进而发展成党组织的后备力量。

---

　　① 《上海大学章程（1925 年修正）》，见本书编委会：《20 世纪 20 年代的上海大学》上卷，96～100 页，上海，上海大学出版社，2014。

　　② A. S.：《上大的使命》，见黄美真、石源华、张云：《上海大学史料》，181～184 页，上海，复旦大学出版社，1984。

表 3-1　上海大学社会学系主要教员及其所授课程一览

姓名	讲授课程	姓名	讲授课程
瞿秋白	社会学、社会哲学	张太雷	政治学、政治学史
邓中夏	历史学	恽代英	现代政治
蔡和森	社会进化史、私有财产及家族起源	萧楚女	现代政治
施存统	社会思想史、社会问题、社会运动史	何世桢	政治学
彭述之	社会进化史、经济学	蒋光慈	世界史、俄文
李俊	社会进化史	任弼时	俄文
李汉俊	社会学	周颂西	英文
安体诚	社会学、科学社会主义、现代经济学	冯子恭	英文
李季	通俗资本论、马克思主义	杨贤江	教育学
萧朴生	辩证法、唯物论	周建人	生物哲学

（资料来源见王家贵、蔡锡瑶：《上海大学（1922—1927 年）》，142~143页，上海，上海社会科学院出版社，1986。）

从五卅运动到北伐战争，上海大学师生积极参加反帝反封建斗争，堪为国民革命的先锋。1927 年，"四一二"和"七一五"反革命政变迫使轰轰烈烈的国民革命陷入低潮，上海大学也被国民党政府查封。

(2)农民运动讲习所

1924 年，毛泽东等人在广州创办农民运动讲习所。前五届主要招收广东、广西、湖南等 8 个省份的农民运动干部。第六届由毛泽东主持，面向全国 26 个省份招生。

讲习所开设的课程分为基础理论、革命文艺和军事三类，采用分批轮流短训的方式。专职教员毛泽东、彭湃、周恩来、萧楚女、李立三等人结合自己的革命斗争经验讲授课程，重视社会调查，采用启发式教学法，并组织学员深入农村参观。此外，讲习所还主办了《农民问题丛刊》，分30多个专题对实际形势、问题逐一进行剖析。

1927年3月至6月，中央农民运动讲习所以国民党中央的名义在武昌开办，实际上由毛泽东主持。《开学宣言》指出"中央农民运动讲习所的使命是要训练一般能领导农村革命的人才"，办学目的、办学方针、培养目标、教育方法与广州农民运动讲习所基本相同，但学员数量更多、覆盖范围更广。此外，在广州还有国民党中央宣传部设立的政治讲习班，社会主义青年团广东区委办的团干部培训班，国民党青年部举办的青年干部训育养成所，共产党和国民党联合举办的华侨运动讲习所，等等，都是国共合作培训干部的形式。

（3）中国国民党陆军军官学校

中国国民党陆军军官学校是在第一次国共合作时期，两党根据北伐战争急需军事指挥人员的形势，在广州联合创办的一所军事干部学校，1926年1月改名为"中国国民党中央军事政治学校"。该校地点位于广州黄埔岛，因此又被称为"黄埔军校"。孙中山任学校总理，蒋介石任校长。学校党代表由廖仲恺担任，教育长由胡谦担任，后由何应钦、邓演达、方鼎英继任。政治部主任先由戴传贤担任，后由周恩来、熊雄继任。政治总教官由熊雄担任，恽代英于1926年接任。中国共产党的一大批优秀干部如叶剑英、聂荣臻、萧楚女等均曾担当过学校的负责工作。军事顾问由加伦将军担任。

孙中山亲自制定"精诚团结"的原则以适应国民党和共产党合作建校的特点，并在校内设立了党代表、政治部主任，将思想教育与军事教育相结合。

为了配合政治教育，学校出版了"黄埔小丛书"和校刊《黄埔日刊》，学生中成立了进步组织"中国青年军人联合会"，并出版《青年军人》《中国军人》《革命画刊》《黄埔生活》等革命刊物。毛泽东、熊雄、鲁迅等人都曾到校讲学。

论及军事教育，在学习外国先进的军事技术的同时，学校注重军事理论与军事实践相结合，在实际战斗中砥砺学员，北伐战争中就可见到该校学员的身影。他们之后成长为民族解放战争和民主革命战争的杰出领袖。

1927年4月，国共第一次合作破裂，黄埔军校的性质也发生了根本的变化。黄埔军校从此成为蒋介石集团反对民主革命的工具，并改名为"中央陆军军官学校"。

2. 中国共产党独立开办的干部教育

国共合作采取的方式主要是在国民党内部进行合作，这样存在被国民党同化、丧失自己的独立性的危险，共产党则会面临忽视自身建设的问题，加上许多新党员文化水平较低，大多数人对马克思主义缺乏认识，因此，中国共产党迫切需要开展党的理论教育，培养信仰坚定的党的骨干，以保持中国共产党的独立性和纯洁性。典型的由中国共产党独立领导的干部教育学校有劳动学院、党校等。

（1）劳动学院

在省港大罢工的高潮中，中华全国总工会教育宣传委员会创办了工人运动研究学校，后改名为劳动学院，以培养职工运动人才为宗旨，是我国第一所工人干部高等学校。邓中夏任院长，教员由刘少奇、萧楚女等著名共产党人担任。

学院开设中国职工运动史、工会组织法、中国工人八大斗争、中国政治状况、世界革命运动史等21门课程，在教学中将文化知识、革命理论与工人运动经验相结合，无奈仅开办了两期就被迫停办。

（2）各地党校的创办

1925年1月党的四大决议和1926年的中共中央特别会议都提出要建立党校。这一时期，党开始在湖南、湖北、北京、上海、广东等地积极探索开办各种党校。

湘区党校，于1926年1月21日至2月21日开办。利用学校放寒假，湖南党、团区委合办了一个高级研究班，由曹典琦任党校校长。课程有政治报告、资本主义与中国、职工运动、农民运动、社会革命与民族革命、世界革命史等，由党、团区委负责同志任课。

北京党校，于 1925 年创办，由罗亦农任校长，北方区委委员赵世炎、陈乔年等担任教员，李大钊、瞿秋白等时常亲临指导、讲课。北京党校承担了北京地区乃至北方各地的党员的训练任务，其中第一批就有 100 多名学员。他们有一定的文化水平，主要进行理论学习。

上海区委党校，是中共上海区委于 1925 年 10 月开办的。瞿秋白、罗亦农等人负责教授课程，课程内容范围广泛，既有党的知识，也介绍国际政治和国际共产主义运动发展情况。1926 年 2 月初，中共上海区委决定开办一所高级党校与一所初级党校，两所党校的差别主要体现在所教课程内容的不同，前者偏重理论讲授，后者偏重党的实际工作。

广东区党校，在 1926 年 2 月中国共产党中央北京特别会议之后，由中共广东区委筹办。

武昌高级党校，1926 年 10 月在武昌开学，由中共湖南、湖北两区委联合举办，湘、鄂区各选送学员 40 人。这些学员中有的日后担任了湘区地委高级干部。这个时期，中央加强了对党校工作的领导，还要求中央宣传部尽快编写党校的课本和教学大纲，并为初级党校和党员训练班编写教授法和其他参考资料。[1]

---

[1] 王仲清：《党校教育历史概述》，33～42 页，北京，中共中央党校出版社，1992。

以上这些党校的开办，为以后的干部教育，特别是党校的发展奠定了基础，积累了初步经验。

二、苏区的干部教育

1927 年本是北伐战争向前发展的紧要关头，但是国民党反动派背信弃义，选择肆虐杀戮共产党人和革命群众，再加上当时我党大革命时期未肃清的右倾错误影响，导致一些共产党员在政治上陷入迷茫的状态，革命形势处于低谷。以毛泽东同志为主要代表的中国共产党人，用智慧创造性地探索、开辟出了一条农村包围城市、武装夺取政权的革命道路。由此，党的工作重心成功地实现了从城市向农村的转变。随着土地革命、武装斗争和根据地建设发展得越来越深入，中国革命事业急需培养一大批能够适应当时形势需要的优秀干部。

这一时期的干部教育，一般称作土地革命战争时期的干部教育，同时又称作苏区的干部教育。苏区是"苏维埃区域"的简称，"苏维埃"是从俄文音译过来的名词，意思是代表会议。"苏维埃区域"的提法，则最早见于中共六大通过的《苏维埃政权组织问题决议案》。[1] 此后，土地革命战争时期的革命根据地就都

---

[1] 中共中央书记处：《六大以来》上册，27 页，北京，人民出版社，1980。

称为"苏区"。当时，主要的苏区有：中央苏区、湘赣苏区、湘鄂赣苏区、闽浙赣（赣东北）苏区、鄂豫皖苏区、湘鄂西苏区、川陕苏区、湘鄂川黔苏区、左右江革命根据地、西北革命根据地（含陕甘苏区和陕北苏区）和琼崖苏区。因此，本部分命名为"苏区的干部教育"更能够体现这一时期干部教育红色政权的特点。

（一）苏区干部教育的背景与任务

1. 苏区革命的基本形势

据不完全统计，仅仅从 1927 年到 1928 年上半年，就有 30 多万名革命群众和共产党员惨遭杀害，革命力量几乎损失殆尽。1931 年 8 月 27 日，《中央关于干部问题的决议》指出："干部恐慌的现象，成为党在执行政治上组织上的紧急任务中一个严重的困难问题。""万分迫切的要求全党加以最高限度的注意，采取最有力的办法求得解决。"①1933 年 8 月 10 日，中共中央组织局《关于党内教育计划致各级党部的信》也明确指出随着革命形势的扩大，中国共产党必须继续不断地、有计划有目的地进行大批干部的训练。然而，这一艰巨任务的完成还存在着种种困难。

---

① 《中央关于干部问题的决议》，见中央档案馆：《中共中央文件选集》第七册，337、341 页，北京，中共中央党校出版社，1991。

第一，在土地革命战争初期，国民党的屠杀政策制造了前所未有的白色恐怖，中国共产党在大革命时期右倾错误的影响还没有肃清，一些党员陷入政治上的迷茫，叛变、反水、退党现象时有发生。之后，我党虽然在根据地有了相对稳定的环境，但是又必须应对敌人的一次次"围剿"，并且受限于自身的理论水平，发生"左"倾教条主义错误，给党的事业造成重大损失。

第二，革命军队不断扩大，但军队中旧军人作风、流寇习气、无组织无纪律的自由散漫状况依旧存在，官兵军政素养亟待提高。

第三，党员队伍以农民为主，造成了在实际工作中政治水平低下和各种偏向的问题。如何在一个以农民和小资产阶级为主要成分的党中培养出大批德才兼备的干部，是必须要完成的紧迫任务。

2. 苏区干部教育的任务

(1)适应根据地建设需求

1927 年 9 月秋收起义失败后，毛泽东率领部队向井冈山进军，建立了第一块农村革命根据地。1929 年年初，毛泽东率领红四军向赣南、闽西挺进，建立了以瑞金为中心的中央革命根据地。此外，湘鄂西、鄂豫皖、闽浙赣、湘鄂赣、湘赣、海陆丰、琼崖、左右江等革命根据地也陆续被开辟。

工农红军、革命根据地和苏维埃政权的建立与不断扩大，迫切需要扩大共产党的干部队伍，并提升他们的工作能力。当时，各革命根据地普遍面临缺乏干部的问题。1928 年 6 月 4 日，中共中央在向毛泽东、朱德发出的指示信中，就要求他们在井冈山地区的农村注意干部训练工作，要求每个支部训练出 10～20 名干部成为党和群众的中心。① 1931 年 8 月 27 日，《中央关于干部问题的决议》指出："党在四中全会后坚决的执行国际路线与实行全部工作伟大转变的过程中，因干部需要的增加与干部的缺乏，形成干部恐慌的现象，成为党在执行政治上组织上的紧急任务中一个严重的困难问题。"②

（2）提高干部的政治文化水平

土地革命战争时期，农村革命根据地建设发展迅速，其间逐步发展壮大起来的党员队伍成分主要为农民和小资产阶级，文化素质和政治理论水平不高，且充斥着非无产阶级思想。毛泽东在给中共中央的报告中尖锐地指出："边界各县的党，几乎完全是农民成份的党，若不给以无产阶级的思想领导，其趋向

---

① 皇甫束玉、宋荐戈、龚守静：《中国革命根据地教育纪事》，11 页，北京，教育科学出版社，1989。

② 《中央关于干部问题的决议》，见中央档案馆：《中共中央文件选集》第七册（一九三一年），337 页，北京，中共中央党校出版社，1991。

是会要错误的。"①毛泽东的这句话就是在强调增强党员群众党性教育的重要性。1928 年 10 月 1 日,《中央通告第四号——关于宣传鼓动工作》指出:"党的根本缺点在理论的和政治的水平线太低,太幼稚,不能及时的正确的了解环境与策略的转变,不能及时的改进其领导力量的本质以及在群众中的指导工作方法……所以要改正以上种种缺点,完成夺取广大群众的任务,首先就要求提高全党的理论程度和政治水平。"②1929 年 12 月通过的《中国共产党红军第四军第九次代表大会决议案》也明确提出,要把思想建设放在党的建设的首位,强调只有提高党内政治水平,肃清党内错误偏向,党才能够担负并完成重大的斗争任务。③ 很明显,党的重要任务之一,便是加强党员群众的马克思列宁主义教育、党的正确路线教育,整体提升党员的政治素养和文化水平。

(3)满足革命战争对军事人才的需要

为了适应根据地不断发展和革命战争不断扩大的需要,建立强大的人民军队,党加强红军教育、培养军事人才势在必行。

① 中共中央文献研究室:《毛泽东年谱(一八九三——一九四九)》上卷,258 页,北京,中央文献出版社,1993。

② 《中央通告第四号——关于宣传鼓动工作》,见中央档案馆:《中共中央文件选集》第四册,616 页,北京,中共中央党校出版社,1989。

③ 毛泽东:《中国共产党红军第四军第九次代表大会决议案》,见中共中央文献研究室、中央档案馆:《建党以来重要文献选编(一九二一——一九四九)》第六册,741 页,北京,中央文献出版社,2011。

中国共产党第六次代表大会通过的《政治决议案》强调，党在武装起义胜利后应成立临时的政权机构革命委员会。革命委员会要立即设法开办短期军事训练班，以提高革命工农的军事知识。① 1929 年 12 月，中共湘鄂赣边界特委召开第二次全体执委会议，会议通过的决议也指出："目前兵运中最大的困难就是兵运人材的缺乏，党应以最大的决心在训练班中、随营学校中以及红军赤卫队中去尽量栽培。"②

（二）苏区干部教育的发展历程

土地革命战争时期，中国共产党领导创建的革命根据地分布在江西、福建、湖南、湖北、河南、安徽、广东、广西、陕西、甘肃、浙江、四川、贵州等 10 多个省的边界地区或远离中心城市的偏远山区。在 1931 年 11 月中华苏维埃共和国成立前后，苏区曾划分为江西（赣南）、福建（闽西）、粤赣、闽赣、闽浙赣、湘赣、湘鄂赣、鄂豫皖、湘鄂西诸省，以后又成立了闽粤赣省、川陕省、湘鄂川黔省、陕北省和陕甘省。这些地区大多经济文化落后，阶级矛盾尖锐，曾发生过工农运动。这就有利于革命力量在这些地区的存在与发展，这些地区也成为建立

---

① 皇甫束玉、宋荐戈、龚守静：《中国革命根据地教育纪事》，11～12 页，北京，教育科学出版社，1989。

② 皇甫束玉、宋荐戈、龚守静：《中国革命根据地教育纪事》，21 页，北京，教育科学出版社，1989。

苏区的好地方。在苏区办教育，"是整个苏维埃运动的一个重要组成部分，体现了独特历史条件下中国共产党和中国人民旺盛的创造力和强烈的时代精神"①。苏区干部教育经历了创建、发展、巩固三个阶段。

1. 苏区干部教育的创建阶段

苏区干部教育的创建阶段是指 1927 年 10 月至 1931 年 11 月。这个时期，干部教育在党内、红军内及群众内部的任务是有差异的。在党内，干部教育旨在教育党员认清革命形势，明确斗争任务，勉力建设苏维埃政权并开展土地革命乃至实现共产主义远大目标。在红军内，干部教育的职责主要是加强红军自身的教育，提高红军的政治素质。在当时，识字教育是从属于政治思想教育的。从教育形式来讲，主要是即人即事的教育和短期训练班的教育，还采取做报告、上政治课、早晚点名讲话、工作总结、个别谈话、举行各种纪念会和追悼会以及开展各种游艺活动等形式。

2. 苏区干部教育的发展阶段

苏区干部教育的发展阶段一般指的是 1931 年 11 月至 1934

---

① 刘建军：《中国共产党思想政治教育的理论与实践》，147 页，北京，中国人民大学出版社，2008。

年 10 月这个时间段。[1] 这个时期，干部教育工作的任务更为多样，且指向明确、清晰。干部教育，一方面要提高干部的政治思想觉悟程度，另一方面要提高干部的文化程度。从培养目标来看，着力培养优秀的政治军事人才以及各种专门的人才。

这个阶段，苏区在干部教育的实践方面，相比创建阶段，除开办必要的短期训练班外，各类干部学校开办的数量明显增多。例如，在瑞金就办起了马克思共产主义学校、红军步兵学校、农业学校、红军大学、苏维埃大学、列宁师范学校、红色医务学校、红军通讯学校、戏剧学校等。这些学校的地址是固定的，教学秩序是比较正常的。同时，这些学校分设了专业，有比较统一的教学计划。学习内容不再局限于解决工作和思想问题，增加了马克思主义理论和各种专业知识，这也是同干部教育创建阶段相比较为进步的地方。学制较上一阶段稳定。学员结业时都须经过考试，考试及格者颁发证书。此外，学校根据需要制订了教学计划，还紧密结合实际需要，自编了不少教材。

---

① 其间，苏区干部教育曾受到"左"倾错误影响，"集中表现为以共产主义为内容的教育方针与'正规化'办学路子"。1933 年，中共临时中央政治局从上海迁入中央苏区，将因陋就简的适切性教育举措批评为"游击主义残余"，无视干部学校已经做出的正规化努力，主观地一味要求加快"正规化"进程，妄图在短期内实现苏联的教育模式。参见陈桂生：《中国干部教育(1927—1949)》，58～62 页，上海，华东师范大学出版社，2007。

3. 苏区干部教育的巩固阶段

1934 年 10 月，中央红军主力被迫开始战略转移，北上长征。项英和陈毅领导驻留在中央苏区的红军官兵和干部，开展了艰苦卓绝的游击战争。

在这个阶段，苏区的教育包括红军在转移过程中的教育和在原有根据地的教育两个方面。

红军在转移过程中的教育，即红军长征过程中的教育。为适应长征中紧张的战争环境，一方面，干部学校大量合并缩编。尤其是军事学校，一律保持随营学校的性质，坚持了边战斗边训练的方针；另一方面，红军开展了广泛的宣传教育活动，结合形势和具体任务向官兵进行思想动员。当时，各部队都配备了宣传队和宣传员，在行军中和部队休息时采用歌舞、戏剧、快板甚至呼口号等各种形式来丰富文化生活，鼓舞士气，统一思想。

南方各苏区的教育事业遭到了敌人的摧残与破坏，学校被迫停办，甚至惨遭烧毁。身处极端艰苦的游击环境，干部教育仍在顽强开展。例如，皖赣特委采用办训练班的形式，抓紧时间对党员进行党章和党的基本知识的教育，保证党的思想和组织上的团结统一和行动上的步调一致。只要国民党军队不"清剿"，游击部队就组织官兵学政治、学军事、学文化。

苏区的教育建设是随着革命斗争的发展、苏区的巩固与扩大逐步发展的。起初缺乏完备的专门教育，后将中等教育和专门教育列入教育计划之中，并成功开办一批干部学校，如徐特立办的闽瑞师范、卫生学校及艺术学校等。各类干部学校的建设逐渐形成了适应革命战争需要的新的教育体系。

(三)井冈山革命根据地的干部教育

1927年秋收起义后，毛泽东率领部队向井冈山进军，实行"工农武装割据"，创建了第一个农村革命根据地，即井冈山革命根据地。1928年4月，由朱德、陈毅率领的南昌起义部队和湘南农军与毛泽东率领的秋收起义部队在宁冈砻市会师，成立了工农革命军第四军(后改称"工农红军第四军")。

1. 开展政治和军事教育

1927年9月，秋收起义部队辗转到达江西永新县的三湾村。鉴于部队出征受挫、军心不稳的状况，毛泽东主持召开前委扩大会议，决定对部队进行改编，史称"三湾改编"。此后，各级部队都建立了共产党的组织，班排有小组，连有支部，营、团、军有党委，连以上设党代表，从而确立了党对军队的绝对领导，为坚持军队的正确政治方向、加强对官兵的政治教育提供了可靠的组织保证。

毛泽东认为，军队与人民要结合起来，把这支军队建设成"服从于无产阶级思想领导的、服务于人民斗争和根据地建设的工具"；"反对军事不服从于政治或以军事来指挥政治的单纯军事观点和流寇思想"；① 要广泛开展建军宗旨和红军任务的教育。1927 年 12 月，毛泽东在宁冈砻市宣布了工农革命军打仗消灭敌人、打土豪筹款子及宣传组织武装群众三大方面的任务。三大任务的提出、贯彻和落实，使红军官兵认识到了人民军队的建军宗旨和军民之间的密切关系，进一步提高了政治觉悟和思想认识水平。与此同时，共产党还加强对红军的纪律教育。

　　红军政治教育的方法是灵活多样的，主要包括讲演和报告、讲课、早晚点名讲话与呼口号、参加群众大会、士兵小组会活动、开展识字运动、个别谈话等。具体而言，讲演和报告的内容也有很多，如由军官召集士兵演讲或做政治报告、形势报告，介绍群众运动情况，检讨、评述部队战斗、行动及生活等。讲课就是有计划地讲授系统的政治知识，这种方法一般会在部队有三天休息的时间进行，每天由党代表开展。早晚点名讲话与呼口号的内容也不是固定的，可以是部队当日的行动、生活动员或检讨批评，也可以是明天的行动计划等。参加群众大会，如各种纪念会、追悼会、娱乐会等。士兵小组会活动，在士兵委员会内将士兵分编为若干小组，在小组会上举办各种报告会及有关思想、工作、生活之表扬批评，使大家受教育。个别谈

① 毛泽东：《附录：关于若干历史问题的决议》，见《毛泽东选集》第三卷，982 页，北京，人民出版社，1991。

话，即在红军中开展官与兵、兵与兵、官与官之间的个别谈心活动，相互帮助，共同提高。[1]

军事训练也是红军教育的重要内容。1928 年 11 月，红四军在第六次党代表大会的决议案中强调要加紧训练军事技术，训练专门人才，以健全侦探队、卫生队、担架队、辎重队、军需处等组织，更加明确了军事训练的重要意义。军事训练的内容包括游击战术与军事技术两个方面，方法包括但不限于日常操练、战斗结束讲评、实地训练等。

2. 成立教导队

为了适应井冈山武装斗争的需要，培养军队和地方武装干部，1927 年 11 月，根据毛泽东的指示，中国共产党在井冈山龙江书院创办了工农革命军第一军第一师第一团军官教导队，史称井冈山教导队。教导队队长由黄埔军校第四期学生吕赤担任，党代表为蔡钟，陈伯钧、陈士榘、张令彬等担任区队长，袁炎飞等人担任教官。毛泽东在开学典礼上做了讲话，为教导队规定了三项任务：为部队和地方培训输送干部；改造俘虏；调查研究敌军情况。教导队学军事、学政治、学文化，为实现推翻军阀政府、消灭封建剥削、完成土地革命的目标而奋斗。教导队主要上军事和政治两种类型的课，下设多种课目或内容。其

---

① 江西省档案馆：《井冈山革命根据地史料选编》，183～184 页，南昌，江西人民出版社，1986。

中，军事课包含队列、射击、刺杀、投弹、游击战术、夜间战斗、敌情侦探等课目，政治课包含无产阶级革命、形势、任务、部队建设、群众工作、政策纪律等内容。除学习军事和政治外，教导队还设有识字课。

教导队的学习条件很简陋，但管理是非常严格的。作息制度坚持"三操两讲一点名"：早晨、上午、下午各有一次室外操练；上午、下午各讲一次课；每晚有一次点名。同时还要求学员做到"三不八能"：不嫖、不赌、不偷；能写、能说、能唱、能算、能刻苦耐劳、能打仗、能生产劳动、能诚实可靠。就这样，学员们在陋室里刻苦自觉学习和训练，且取得了出人意料的成效。

1928 年 4 月，朱德领导的南昌起义军余部及湘南农军转移到井冈山，与毛泽东领导的秋收起义部队会师，合编为工农革命军第四军。原工农革命军第一师第一团改称第十一师第三十一团，其军官教导队亦改称第三十一团军官教导队。教导队在近半年的时间里，为部队和地方培养了 150 余名基层干部，其中许多人在后来的革命斗争中成长为优秀的军政指挥员。

1928 年 10 月，红四军军官教导队在井冈山茨坪成立。梁军任教导队队长，蔡会文任党代表。教导队下设 3 个区队，有学员 150 余人，包括军官和地方的工农代表。教导队学员学政治、军事和文化。教导队既是工作队，又是战斗队，除学习和训练外，还负责向群众宣传，组织群众和参加打仗。

教导队的学员成为工农武装割据的中坚力量，而教导队成为我军军事政治教育的重要形式。

3. 举办党员干部训练班

在"军队党帮助地方党发展"的方针下，军队党员干部被派赴地方帮助建党。到1928年2月，已先后建立了宁冈、永新、茶陵、遂川四个县委和酃县特别区委以及莲花县特别支部。建立党组织和加强对党员干部的教育是同时进行的，也是同等重要的。

实际上，毛泽东率领部队上井冈山，就特别关心建立党的组织，同时关注对党员的教育。1928年1月，毛泽东在遂川县城开办党员训练班，亲自给广大党员讲述革命道理。①

1928年10月上旬，毛泽东和边界特委在宁冈茅坪步云山白云寺主持召开了湘赣边界各县党的第二次代表大会。大会决定由特委组织宣教委员会，制定教材，计划每周的训练工作。同时要开办经常性的训练班，各县也要尽量多办一些短期训练班，从而提高党员的文化程度，造就干部人才。

湘赣边界党的二大后不久，边界特委在茅坪象山庵举办了

---

① 皇甫束玉、宋荐戈、龚守静：《中国革命根据地教育纪事》，10页，北京，教育科学出版社，1989。

一期党团训练班，之后军委又在茨坪办了一期党团训练班。两期都各有 100 多名党团员参加了为期 3 个月的训练，内容主要包括政治学习和军事训练。其中，政治学习内容包括阶级斗争史、革命发展史、政治时事及群众工作等。毛泽东、朱德、陈毅等都给党团训练班学员们讲过课。

(四)中央苏区的干部教育

中央苏区即中央革命根据地，主要包括赣南和闽西两块苏维埃红色区域，是全国苏维埃运动的中心区域。其鼎盛时期拥有江西的瑞金、兴国、宁都、于都、会昌、寻乌等 21 个县城，面积为 5 万平方千米，人口达 250 万。

中央苏区创建和发展的过程伴随着武装斗争的开展、红色政权的建立和稳固、根据地的巩固与扩大，这些革命形势都需要大批干部的充实。但干部人才匮乏、素质不高的现实问题显然与革命形势的发展不相适应。很多省委在报告中都曾谈到过干部人才严重缺乏、素质有待大力提升的问题，强调了当前培养训练干部的重要性。比如，江西省委在 1928 年 7 月 8 日向中共中央的报告中说："党在各种斗争中，虽然有新的发展，质量有相当的进步，可是得力干部分子仍然感着极度的恐慌……目前不仅感着工农干部分子之缺乏，而且还感着知识干部分子缺乏之恐慌了，各地秘书之缺乏，苏维埃政府写布告都没有人，这也是江西工作的困难和缺点。"①福建省委巡视员谢运康在1929年10月25日考察完闽西根据地后向省委的报告中提到："工作区域扩大，旧的干部应付不来，而且不够分配，处处感觉人力（少），这是闽西目前的普遍现象。新同志发展的多，没经训练……因此，目前训练干部是很重要的问题。"②

中央苏区时期，中国共产党和苏维埃政府始终把教育干部的工作放在十分重要的地位，举办各类培训学校和训练班来教育、培养干部。苏区的干部教育大致包括红军干部教育和党政干部教育，下面分别加以叙述。

1. 红军干部教育

(1)红军日常教育的指针——《古田会议决议》

1929年12月28日，中国共产党红军第四军第九次代表大会在福建省上杭县古田村召开会议，通过了《中国共产党红军第四军第九次代表大会决议案》（又称《古田会议决议》）。其是红军干部教育的指针，为红军教育乃至其他各类干部教育的发展奠定了基础。

《古田会议决议》分析了红四军党内存在的各种错误思想倾

---

① 《江西工作近况——综合性报告》，见江西省档案馆：《中国革命根据地史料选编》上册，8页，南昌，江西人民出版社，1982。

② 《巡视员谢运康给中共福建省委的报告——关于金汉鼎入闽与我们的应付方策等情况和问题》，见江西省档案馆：《中国革命根据地史料选编》上册，151页，南昌，江西人民出版社，1982。

向及其产生原因，提出了纠正错误思想的方法。它指出，红四军内存在的各种非无产阶级思想会妨碍执行党的正确路线，从而影响中国革命斗争任务的完成。所以，教育是红军党内最迫切的问题。为此，《古田会议决议》对党员教育和士兵训练的材料、方法都做了较为具体的规定。

在使用的教学材料方面，党员教育材料有政治分析和机关通告、组织常识、红军党内八个错误思想的纠正、反机会主义及托洛茨基主义反对派问题、群众工作的策略和技术、游击区域社会经济的调查研究、马列主义的研究、社会经济科学的研究、革命的现状和前途问题等 10 项。士兵训练的材料有目前政治分析及红军之任务与计划、土地革命、武装组织及战术、三条纪律建设的理由、早晚点名呼口号、识字运动、如何开展群众工作、解释红军标语、纠正各种偏向、苏俄红军、革命的现状和前途、红军白军两军比较、共产党国民党两党比较及各自的革命故事、社会进化故事、卫生、游击区域的地理和政治经济常识、革命歌、图报。从中可以看出，党员教育和士兵训练的材料方面是有重合的，比如都会学习"革命的现状和前途"，引导党员和士兵了解当前革命的发展形势。

在采用的教学方法方面，党员教育方法有 18 种，其中会议居多，有 9 种，分别为：小组会、支部大会、支部委员联席会、纵队各单位组长以上活动分子大会、全军支书以上活动分子大会、纵队为单位党员大会、纵队为单位各级（书、宣、组）联席会议、全军支队以上（书、宣、组）联席会议、政治讨论会。另外有书报类、实践类等 9 种，分别为党报、政治简报、编辑各种教育同志的小册子、训练班、分配看书、为不识字党员读书报、个别谈话、批评、适当分配参加实际工作。士兵训练的方法与党员教育方法有所差异，更有军事化训练的特点，包括上政治课、早晚点名说话、做好新兵及俘虏兵的特别教育、改良待遇等，但同时也有集合讲话、个别谈话、游艺等方法。为提升教学效果，由毛泽东起草的《古田会议决议》还专门提出了启发式（废止注入式）、由近及远、由浅入深、说话通俗化（新名词要解释）、说话要明白、说话要有趣味、以姿势助说话、后次复习前次的概念、要提纲、讨论式（干部班要用）共 10 种教授法。

概言之，《古田会议决议》明确了党和人民军队教育培训的重大意义和原则，其中规定的教育培训材料和教育方式方法是中国共产党对干部教育，特别是军队干部教育工作进行的成功探索。决议中"关于红军教育部分，不仅是红四军的，而且也是全国红军教育的指导方针。它为红军教育也为整个苏区的教育奠定了基础"[1]。

---

① 董纯才、张腾霄、皇甫束玉：《中国革命根据地教育史》第一卷，100 页，北京，教育科学出版社，1991。

（2）红军干部学校教育

中国共产党和红军领导人根据红军的性质、任务和革命战争的需要，有计划地创办了多所军事学校，培养了一大批人才，有力地促进了红军队伍建设和推动了中央苏区的发展。其中，中央红军学校和中国工农红军大学开办得较为出色，具有一定的影响力。

中央红军学校，简称"红军学校"或"红校"。其前身是成立于 1931 年秋的中央军事政治学校，在红军一、三军团的随营学校的基础上合编而成。1931 年 11 月，由肖劲光任校长，邓萍任教育长，杨至成任校务部长。1932 年夏季，学校正式更名为中国工农红军学校，先后由刘伯承、何长工担任校长。学校具有培养红军连排基层干部和红军预备部队双重目标的性质，因此学校又以军队战斗序列的形式存在。在学制方面，一般为 3～5 个月。在开设课程方面，主要为军事和政治两种类型的课。军事课的比重较大，占全部课程的 3/5，具体的学习内容有队列动作、兵器学与射击技术、地形学、筑城学、战术理论及演习等。政治课的学习内容有政治常识、党的建设、社会发展史等。在教学方面，坚持理论与实际相结合的原则，注重采用启发式、讨论式的教学方法。为激发学员的学习兴趣和积极性，叶剑英采用直观教学的方法，亲自领导建立模型室，展示各种兵器实物、教学仪器、图表等。在教师队伍方面，学校专门选调了一批受过正规军事教育、实战经验丰富的中高级指挥员进行教学，从而保证教学的质量。左权、伍修权、郭化若、王智涛等就是当时选调来校的教师。在教材方面，学校当时编印了很多军事政治书籍以方便教学，包括《红军中共青团员教育纲要》《中国工农红军》《中央对于防御飞机和毒气的简单指示》《步兵是主要的兵种》《游击队怎样动作》《政治问答》《土地问题》《帝国主义与中国》《世界经济地理史纲要》《中国工农红军政治工作暂行条例》《科学常识》《红军军歌》及《炮兵教程之三（射击）》等。[①]

中国工农红军大学，又称为工农红军郝西史大学，一般简称"红军大学"或"红大"。它是在中国工农红军学校分编扩大[②]时，以该校的上级干部队和高级班为基础成立的，校址设在现在的瑞金县沙洲坝乡大埠村的大窝，于1933年11月7日正式开学。何长工任校长兼政委，钟伟剑任训练部长，徐梦秋（后叛变）任政治部主任，杨至成任校务部长，李德任总顾问。红大继承和发扬了中国工农红军学校时的优良传统，坚持理论联系实际、前方与后方相结合的原则。校训是"实事求是，团结友爱，

---

① 张志强、陈建新：《中国工农红军学校》，见中国革命博物馆党史研究室：《党史研究资料》第二集，621页，成都，四川人民出版社，1981。

② 1933年10月，中央军委决定将中国工农红军学校分编扩大为五所学校，分别为中国工农红军大学、红军第一步兵学校、红军第二步兵学校、红军特科学校、游击队干部学校。

艰苦紧张，批评与自我批评"。红大设有指挥科、政治科、参谋科三个科，旨在培养营团以上军事政治干部，且设有调训军以上高级干部的高级班，以及教导队、高射炮队、测绘队三个大队。教学内容主要包括政治教育、军事教育、军事训练和文化教育四个方面，以全面提高学员实际作战水平和工作素质。政治教育主要学习以马列主义基本理论知识、共产党的纲领和政策、革命的形势与任务为内容的课程，如社会发展史、党的建设、红军政治工作等。军事教育以总结红军的经验为主，并吸收中外有益的经验，学习军事知识和技术，包括：红军的反"围剿"战术，反对分散主义、反对军阀残余战役指导和战略问题，如何加强对红军部队的教育管理，如何把红军建设成人民的军队，如何把工农组织成游击队及如何把游击队升级为正规军，等等。文化教育由专职的文化教员任教，有自编的文化教材和俱乐部，主要帮助学员识字，提高文化水平。[①] 之后，该校改了两次名：一次是在 1936 年 6 月 1 日改名为抗日红军大学；另一次是在 1937 年改名为抗日军政大学，也就是我们常提起的"抗大"。

除了以上两所较为突出的学校外，苏区还开办了红军卫生学校、红军通讯学校、红军特科学校、红军供给学校、游击队

---

① 董纯才、张腾霄、皇甫束玉：《中国革命根据地教育史》第一卷，114 页，北京，教育科学出版社，1991。

干部学校等专业军校。

红军卫生学校是为红军培养医护技术人才的学校，在红军军医学校与中央红色医务学校的基础上合并而成，于1933年成立于瑞金。红军长征到达陕北后，红军卫生学校于1937年8月改编为八路军卫生学校，成为中国医科大学的前身。

红军通讯学校旨在为红军培养通讯技术人才，前身是在宁都小布举办的红军无线电报务训练班。通讯学校的无线电队开设政治、收发报、英文、电学、数学等课程，主要学报务。其他各队除学习政治外，还学习有关的业务课程。

红军特科学校于1933年10月，以原中央红军学校工兵连、炮兵连、机关枪连为基础扩编成立，校址在瑞金武阳。校长初由胡国杰担任，后由武亭继任。该校设有机关枪营、工兵营、炮兵营，主要培训特种兵部队指挥员和专门人才。

红军供给学校主要培养后勤财会人才，地方游击队干部学校则专门负责培训和提高游击队干部。

2. 党政干部教育

党政干部教育，有时也被称作"地方干部教育"。早在1929年4月，毛泽东就率领红四军第三纵队在赣南的潋江书院崇圣祠举办了一期土地革命干部训练班。毛泽东作为教员，为训练班的学院讲述了当前形势、武装夺取政权问题、党的《十大纲领》、农民问题及土地问题。关于土地问题，他专门详细讲解了

《兴国土地法》。[1] 1930 年 9 月，瑞金苏维埃政府在《文化工作总计划》中明确提出，培养在革命环境中需要的革命干部人才是当前教育方针的重要组成部分。[2] 1932 年 3 月 2 日发布的《人民委员会命令第六号——政府工作人员要加紧学习》号召政府工作人员加紧学习，以提高自己的文化水平和业务能力。1933 年 8 月，中央组织局在《关于党内教育计划致各级党部的信》中，再次重申要经常开展有组织的教育工作以提高党内政治理论水平。1933 年 9 月，《中华苏维埃共和国中央人民委员会训令第十七号》明确提出，通过设立列宁师范与各种教育干部训练学校，造就一支发展、普及教育与扫除文盲的战线上必需的、强大的教育者军队。1934 年，毛泽东在"二苏大"的报告中，提出了苏维埃教育的总方针，充分肯定了过去的干部教育，将"创造大批领导斗争的高级干部"作为苏维埃文化建设的中心任务之一。

苏区干部教育按照形式划分，主要包括在职干部教育和干部学校教育。

（1）在职干部教育

苏维埃政府特别倡导在职干部开展学习。在职干部教育主要有五种形式，分别是：举办各种类型的干部训练班、成立马

---

[1]　皇甫束玉、宋荐戈、龚守静：《中国革命根据地教育纪事》，18 页，北京，教育科学出版社，1989。

[2]　董纯才、张腾霄、皇甫束玉：《中国革命根据地教育史》第一卷，122 页，北京，教育科学出版社，1991。

克思主义研究会、在斗争和工作中学习、开办识字班、编辑出版干部教育小册子。

第一，举办各种类型的干部训练班。各根据地对干部进行教育训练，经常广泛采用的方式是开办短期训练班。学习目的比较明确，或者是集中解决工作中的一定问题，或者是结合上级指示，解决某些思想认识问题。学习方式主要由教员讲课，并组织学员开展讨论，辅以测验、考试。学员是从工作中抽调出来的，学完以后一般都会回到原岗位工作，不仅提高了思想认识水平，而且直接推动了工作的进步。同时，训练班中表现好的学员，有的会因为工作需要被调到上一级部门工作。在苏区，从党内到党外，从查田运动到群众运动，从农业生产到工业生产，从司法到治安，从文化到教育等，都根据工作需要，通过训练班的方式训练干部。1933 年 8 月，中共中央组织局《关于党内教育计划致各级党部的信》中谈到了关于省委、县委和支部三种类型训练班的要求。具体为：省委干部训练班旨在培养县一级干部、省巡视员、县委训练班的教员及区一级主要干部。训练时间为 4 周，内容主要有苏维埃建设、党的建设、政治常识、外出实习及其他各项特殊工作等。县委训练班的培养目标是区委干部及支部流动训练班的教员与主要支部书记。训练时间为 3 周，内容涉及苏维埃政府的几个基本工作、区委应该怎样领导支部、支部应该怎样做工作、党员须知的解释、如何在地方武装中工作以及工会工作等。支部流动训练班旨在训练和提高一般党员的政治素养。训练班利用空暇时间开展，每次 2 小时。党员须知、支部工作、扩大红军、经济建设、党与苏维埃、工会工作等都是支部训练班需要学习的内容。由此可以看出，苏区党内训练班的教育已经形成了独特的体系。至于政府各部门和群众团体办的训练班，也是很普遍的。

第二，成立马克思主义研究会。成立于 1933 年 4 月的马克思主义研究会，受管于"苏区马克思主义研究总会"。中央各部门和省、县级各机关吸收有一定文化程度的党团员及机关工作人员，成立了马克思主义研究分会或小组，旨在系统地研究马克思列宁主义，讨论中国革命的基本问题，以提高干部的理论水平。1933 年 8 月，中央指示各省、县党委，在省、县各党部和同级苏维埃政府、工会及其他革命团体内成立马克思主义研究分会，受苏区马克思主义研究总会领导。各分会按照干部的情况，一般都分设高级班和初级班，每班又编成若干个小组，每周上课或讨论一次，每月 4 次，其中一次学习或讨论中心任务或其他工作。每 2 个月完成一个科目，以 6 个月为一个周期。根据总会的安排，第一周期的科目包括共产国际纲领、中国革命的基本问题、俄国党史与列宁主义。学习上采用上课或讨论的方式。1934 年 7 月，中央为了总结马克思主义研究会开展活动的经验，还进一步制定和颁布了《马克思主义研究会的组织与工作大纲》。马克思主义研究会对组织和指导干部开展学习，进而提高理论水平发挥了积极作用。

第三，在斗争和工作中学习。1931 年 8 月 27 日，《中共中央关于干部问题的决议》明确要求："在日常工作中加紧锻炼教育干部。各级党部各部各委的领导同志必须负责的提倡与切实的进行，建立各种列宁读书班、研究小组、学习会议，最广泛地进行个别教育的工作，用一切方法去提高干部的政治水平线，使每个干部在日常工作中积极学习，在研究学习中紧张日常工作……这样，才能一方面推动工作的发展，另方面加强干部的工作能力。"[①]1933 年 9 月 9 日，张闻天在《论苏维埃政权的文化教育政策》中也强调，"苏维埃革命运动，本身就是一个极大的学校"[②]，干部必须经过实际的教育、实际的工作和斗争，思想和工作水平才有可能得到提高。对于刚参加工作的很多人而言，他们在各方面都是不够成熟的，革命知识和道理懂得甚少，处理各种实际问题的能力尤其低，只有经过实际工作的锤炼，才能很快成长起来，成为革命战争和苏维埃建设事业的中坚力量。

---

① 《中共中央关于干部问题的决议》，见中共中央文献研究室、中央档案馆：《建党以来重要文献选编（一九二一——一九四九）》第八册，535 页，北京，中央文献出版社，2011。

② 董纯才、张腾霄、皇甫束玉：《中国革命根据地教育史》第一卷，93 页，北京，教育科学出版社，1991。

第四，开办识字班。1932年3月，《人民委员会命令第六号——政府工作人员要加紧学习》指出："有许多地方的政府，往往因负责人的文化程度太低，了解问题太差，以及不能把政府的经常工作好好的建立起来，对于上级的命令和文件，多半不能了解，也就不能执行。"①为了迅速改变这种状况，文件要求每一个在政府工作的人都加紧学习，尽量提高自己的文化程度和工作能力。同时要求每一个区、县、省的苏维埃政府都设立识字班，乡苏维埃有学校的自办识字班，没有的则由该乡识字的人负责，主席及苏维埃代表都要加强识字。程度稍高的就要成立读报组，可用中央所发的训令、通令、法令、条例等及《红色中华》为教材。

第五，编辑出版干部教育小册子。根据地办了一批党报、杂志、政治简报，编辑出版了各种干部教育小册子供干部阅读。当时，中央苏区已有大小报纸34种，其中《红色中华》发行四五万份，《青年实话》发行2.8万份，《斗争》在江西苏区至少要销27100份，《红星》发行17300份。还有临时中央政府各部门创办的用来指导工作的机关刊物，如《教育通讯》等。鄂豫皖苏区也有报刊40多种，其中主要的有《列宁周刊》《列宁青年》《苏维埃》

---

① 《人民委员会命令第六号——政府工作人员要加紧学习》，见赣南师范学院、江西省教育科学研究所：《江西苏区教育资料汇编》第四册(中)，1页，南昌，江西高校出版社，1985。

《党的生活》《卢森堡》等；还编辑出版了很多重要书籍，包括《苏维埃建设大纲》《共产主义 ABC》《中国社会各阶级分析》《土地政纲》《巡视制度》《土地问答》《夺取政权》《独山暴动》等。这些刊物和书籍对苏区干部的学习和提高，都起到了重要的作用。

（2）干部学校教育

为了提高干部的素质，培养各级党政干部人才，中央苏区在极其艰苦的条件下创办了各种干部学校，诸如马克思共产主义学校、苏维埃大学、中央农业学校、高尔基戏剧学校、中央列宁师范学校等。

①马克思共产主义学校。

中共中央于 1933 年决定创办该校，它是一所规模较大的党校性质的干部学校，于 1933 年 3 月 13 日正式开学，校址选在瑞金市叶坪乡洋溪村，后进行两次迁址，分别是下肖区黄竹堪和田心乡公背侣玉公祠。校长为任弼时，1933 年 4 月，校长由中央人民委员会主席张闻天兼任，副校长为董必武、杨尚昆，教务主任为罗明。

该校办学宗旨是：培养无限忠诚于党、忠诚于工农大众的干部；学习马列主义，总结亲身革命经验，提高政治思想水平；锻炼思想意识，洗掉旧社会带来的脏东西，使大家能适应土地革命战争的需要，为彻底粉碎国民党反革命"围剿"做出贡献。关于教学方针，董必武副校长指出："采取理论与实际相结合，自修为主与重点讲解相结合。"①该校设有高级干部训练班、新苏区工作人员训练班、党团干部训练班。高级班训练各省省委委员，省苏和省工会选送的高级干部，学习期限半年。新苏区工作人员训练班培养新苏区（含白区）工作人员，学习时间 2 个月。党团干部训练班学习时间 4 个月。教学方法以自学为主，自学与重点讲解相结合。许多课程由中央负责同志主讲。例如，毛泽东讲授苏维埃运动史，任弼时、邓颖超讲授中共党史，董必武讲授西方革命史，徐特立讲授地理常识，陈云讲授职工运动史，顾作霖讲授少共史，周恩来、朱德、刘伯承、李德讲授军事。

另外，学校还经常举行学术报告。例如，博古讲过《十月革命的经验与教训》，张闻天讲过《广州公社与中国苏维埃运动》和《中国苏维埃政权的现在与未来》，董必武讲过《巴黎公社》，等等。此外，学员们还积极参加社会活动，利用课余时间开荒种菜。学校学生还创办了业余剧团，丰富课余生活。

②苏维埃大学。

苏维埃大学于 1933 年 9 月正式开学，校址设在瑞金沙洲坝，以毛泽东、沙可夫、林伯渠、梁柏台、潘汉年五同志为大学委员会委员，以毛泽东为校长，沙可夫为副校长。这在 1933

---

①　肖锋：《忆在瑞金中央党校学习的日子里》，见赣南师范学院、江西教育科学研究所：《江西苏区教育资料汇编》第四册（中），34 页，南昌，江西高校出版社，1985。

年 8 月苏维埃中央人民委员会第四十八次会议通过的决定中有明确指示。[①] 后为纪念中国共产党的重要领导人沈泽民，遂改校名为"沈泽民苏维埃大学"。

《苏维埃大学简章》规定"苏维埃大学以造就苏维埃建设的各项高级干部为任务"[②]，具体到工作上，这些培养出来的干部要为战争动员广大工农劳苦群众；改善群众生活问题，保护群众利益；管理苏维埃政权等。在学员来源上，《苏维埃简章》提出："凡年在十六岁以上，不分种族、性别，曾在政权机关、群众团体，或党和团负责工作，有半年以上而积极的，在边区积极参加过革命斗争的，其文化程度，能看普通文件，均有入学资格。附注：在各种突击工作有成绩者亦可入学。"[③]苏维埃大学的学制根据环境需要灵活决定，本科不少于半年。

根据学员学习任务的不同，设普通班和特别工作班。特别工作班分土地、国民经济、财政、工农检察、教育、内务、劳动、司法八个班，后增设了外交、粮食两个班。课程包括苏维埃工作的理论、实际问题和实习三项，涉及政治、文化及业务知识。

---

① 《开办苏维埃大学——人民委员会第四十八次会议决定》，见江西省教育学会：《苏区教育资料选编(1929—1934)》，149 页，南昌，江西人民出版社，1981。

② 《苏维埃大学简章》，见江西省教育学会：《苏区教育资料选编(1929—1934)》，150 页，南昌，江西人民出版社，1981。

③ 《苏维埃大学简章》，见江西省教育学会：《苏区教育资料选编(1929—1934)》，150 页，南昌，江西人民出版社，1981。

1934 年 7 月 16 日，苏维埃大学并入中央党校。

③中央农业学校。

1933 年，中央农业大学在瑞金东山寺创办，校长为徐特立。学校采用半工半读的形式，旨在培养农业干部农业人才。

在生源上，农民和农业工人，以及有志愿学习农业的公民，年龄在 16 岁以上 32 岁以下，有决心学习的，不分性别，均有入学资格。入校须经土地人民委员部介绍。第一期招生200 名。学校设本科、预科及教员研究班。本科 1 年毕业，在需要条件之下得以缩短或延长。预科修业 2 个月，教员研究班无定期。

在课程方面，主要开设农业专业知识、政治教育及科学常识课。农业专业知识课程包括农作物栽培法、育种法、肥料制作和施用、农作物病虫害预防和消灭、土壤改良施肥、农产品保存等。在政治教育方面，教员会讲授最基本的政治常识和苏维埃建设的实际问题，以提升学员的政治觉悟。科学常识课内容与农业工作息息相关，主要包括气候常识、植物生理和病理常识、简易测量和算术常识等。

此外，学校还设有农事试验场及农产品展览所，根据农事试验场和农产品展览所试验和研究的结果，定期、临时向全苏区农民群众做报告，纠正苏区农民群众对于农作方法的错误认识和错误做法。

④高尔基戏剧学校。

该校前身是蓝衫团学校，经瞿秋白提议，改为高尔基戏剧学校，旨在培养文艺干部，发展文艺事业。1934年春正式开学，校址设在瑞金叶坪附近的一座古庙里，李伯钊任校长。

学校的教育方针是：给学生以戏剧运动及革命文艺运动的基本常识；有组织地分派到各地的俱乐部、剧社、剧团去实习；在学习期组织各种研究会，培养学生的创造性。①

学员年龄控制在16～27岁，要求对戏剧和文艺感兴趣。学习时间为4个月。在课程安排上，前4个星期学习唱歌、舞蹈、画报、文字课、政治，后12个星期学习俱乐部问题、政治常识、戏剧理论。

学校先后培养和训练学员1000余人，后编为60个戏剧队，为红军和根据地的文艺建设培养了大批的文艺干部。

⑤中央列宁师范学校。

校址设在瑞金市叶坪乡洋溪村的刘家祠内。校长由中央教育部代部长徐特立兼任。

该校办学目标主要是培养目前急需的发展各类教育事业的

---

① 《高尔基戏剧学校简章》，见江西省教育学会：《苏区教育资料选编（1929—1934）》，146～147页，南昌，江西人民出版社，1981。

师资。学员对象以能看普通文件的工农劳动群众为原则，但劳动妇女不限定识字，另设预科教育。修业期限为 1 年。具体修业年限可按战争环境需要进行调整，但最低限度不得少于 6 个月。

学科大概分为教育学、教育行政、社会政治科学、自然科学及国文。"教学时间的比例，按修业期限的长短和环境需要来决定。但政治工作、教育实习和科学实验在任何条件之下都不可放松。"①徐特立负责讲授多门课程，包括政治、国文、算术、历史、地理、自然科学常识等。他还亲自编写了《自然常识》教材，供教学使用。学校经常组织学员参加社会活动，并实行军事化管理，进行军事训练。

(五)其他苏区的干部教育

土地革命战争时期，除了中央革命根据地以外，还开辟了鄂豫皖、湘鄂西、海陆丰、琼崖、闽浙赣、湘鄂赣、湘赣、左右江、川陕、湘鄂川黔等革命根据地。各根据地积极探索干部教育工作，取得了不同程度的发展。

鄂豫皖革命根据地是除中央苏区外最大的根据地，其创办了中国工农红军中央军事政治学校第四分校、中国工农红军中

---

① 《高级师范学校简章》，见中央教育科学研究所、陈元晖、璩鑫圭等：《老解放区教育资料(一)》，240 页，北京，教育科学出版社，1981。

央教导第二师随营学校、鄂豫皖苏区列宁高级学校、师范学校、农业学校、财经学校等干部学校和训练班。在职干部教育方面，按期召开教宣会、组织会、区委会、支书联席会、支部会、党小组会、活动分子会等，出版报纸杂志，编印学习材料，成立政治理论讨论会。

湘赣苏区是在井冈山革命根据地的基础上发展起来的。在这期间，开办了赣西南红军学校、平江县列宁学校、彭杨学校、酃县红军学校、中央红军学校湘鄂赣第五分校、湘鄂赣临时省委党校等。另外，还举办了许多干部训练班，如湘赣苏区举办了崇义干部训练班、酃县党团训练班、湘赣省委妇女干部训练班、无线电训练班，湘鄂赣苏区举办了通山县白泥军政干部训练班、岳阳柘港赤卫队训练班、浏阳党务训练班、湘阴党团骨干训练班、万载县劳动妇女短期训练班等。

湘鄂西、湘鄂川黔革命根据地苏维埃政府高度重视干部教育。1934年8月4日，《中共湘鄂西中央分局接受中央指示及五中全会决议的决议》强调："解决政治、军事干部的大批培养，是组织革命战争的重要工作之一。""苏维埃机关的群众化和干部的大批培养，是推动一切工作的先决条件。""创立党的各种训练班和党校，大批的培养干部，培养出能够为党的路线坚决斗争到底的干部。"①湘鄂西、湘鄂川黔苏区建立了洪湖军事政治学校、湘鄂西省青年模范学校、湘鄂西省委党校、鄂北红色军政干部学校、中国工农红军学校第四分校等干部学校。湘鄂西苏区的干部训练班形式灵活多样，按需开办。

闽浙赣革命根据地由方志敏、邵式平、黄道等领导创建，后创办了赣东北红军彭杨军事政治学校、赣东北省三八女子学校、赣东北省委共产主义学校等干部教育机构。

海陆丰、琼崖根据地开办的干部学校有工农军干部学校、中共东江党校、琼崖红军军事政治学校、红六军第十六师军事政治学校等。此外，东江特委和琼崖特委还举办了一些干部训练班。

左右江革命根据地位于广西西部左江、右江和红水河流域大部地区，其干部教育工作主要体现在开办地方党政训练班、成立红军教导队等方面。党政干部训练班有东兰县武篆区旧州屯开办的党员干部训练班、恩隆县平马镇的党政干部训练班、东兰县瑶族干部训练班等。红军教导队主要有红七军军部教导队和红七军第三纵队教导队。

川陕革命根据地位于川陕两省交界处，由川东北大部和陕

---

① 《中共湘鄂西中央分局接受中央指示及五中全会决议的决议》，见湖南省档案馆、湖北省档案馆、四川省档案馆等：《湘鄂川黔革命根据地历史文献汇集（1934—1936）》，104、106、111页，出版地不详，出版者不详，1984。

南小部分地区所组成。"在准备直接与帝国主义作战和彻底消灭帝国主义国民党反动统治的历史战争中，第二次代表大会认为川陕省党的组织必须用最大力量动员和锻炼整个赤区工农群众适合于近代军事行动"，具体措施包括但不限于"建立彭杨学校，训练大批军事政治干部"等。① 不仅如此，还要求"省委要经常开办较完善的党校，培养县委和区委工作同志。县委要办短期训练班，培养支部工作人才。工会苏维埃亦应办各种训练班，培养干部专门人才"②。中共川陕省委在通江和巴中办起了省委党校，军队和地方也创办了彭杨军事政治学校、川陕省委党校、红军大学、苏维埃学校等。

陕甘宁革命根据地是大革命失败后中共西北党组织在陕甘宁地区创建的苏维埃根据地，开办有军政干部训练班、陕甘边军政干部学校、中共陕北省委党校等。值得一提的是，1936年2月，中央红军到陕北后，中央红军干部团与陕甘宁红军军政学校合并，在瓦窑堡成立了新的红军干部学校，周昆任校长，袁国平任政治委员。这所学校就是后来的西北抗日军政大学的前身。

早在1928年6月4日，中共中央在向毛泽东、朱德发出的

---

① 《目前政治形势与川陕省党的任务》，见《川陕革命根据地历史文献选编》上册，25～26页，成都，四川人民出版社，1979。

② 《中国共产党川陕省党第二次大会组织问题决议案》，见《川陕革命根据地历史文献选编》上册，31页，成都，四川人民出版社，1979。

指示信中，就要求他们在井冈山地区的农村注意干部训练工作，要经常开办训练班训练党的干部，使每个支部能训练出 10 个至 20 个干部，成为党和群众的中心。①

可以说，培养造就大批党政军战线上的各级各类干部，以发展壮大人民军队、开辟和建立革命根据地、进行工农武装割据，是土地革命战争时期党的干部教育的使命和任务。

(六)苏区干部教育的历史成就

1927—1937 年，各个苏区在极其艰苦的条件下，始终坚持党员干部队伍建设，取得了丰硕的成果，培养了一批军队干部和地方党政干部，初步形成了党的干部教育体系，为党的干部教育积累了宝贵的经验。

1. 初步形成党的干部教育体系

党在创建人民军队、开辟革命根据地的过程中，重视干部素质提高和干部队伍建设，制定了一系列干部教育方针政策，建立了各级各类干部教育培训机构，同时确立了干部教育的主要内容，初步形成了党的教育干部体系。

首先，土地革命战争时期的干部教育是中国共产党独立领导开办的，得益于工农武装割据。"中国共产党独立领导的教

① 皇甫束玉、宋荐戈、龚守静：《中国革命根据地教育纪事》，11 页，北京，教育科学出版社，1989。

育，从总体上说，是从土地革命战争时期苏区教育开始的。"①
各个苏区创办的各级各类干部学校和训练班，为革命斗争输送
了一批批政治过硬、军事业务水平不断提高的党政军人才。聂
荣臻在回忆中央苏区红军教育时说："在中央根据地，红军都办
有各种在当时环境下堪称'正规'的学校，比如红军大学和各种
训练班，甚至有团政委训练班，各个部队还办有自己的教导队，
训练最基层的干部。学校培养再结合在工作岗位上培养……使
我们培养了大批能将理论与实际相结合的干部，一茬接一茬，
源源不断。"②

其次，中国共产党制定了一些教育方针政策，为苏区干部
教育指明了方向。1934年1月，毛泽东在第二次全国苏维埃代
表大会的报告中，阐述了苏维埃文化教育的总方针"在于以共产
主义的精神来教育广大的劳苦民众，在于使文化教育为革命战
争与阶级斗争服务，在于使教育与劳动联系起来"，中心任务
"是厉行全部的义务教育，是发展广泛的社会教育，是努力扫除
文盲，是创造大批领导斗争的高级干部"。③ 1928年7月9日，
中国共产党第六次全国代表大会通过的《政治议决案》，把"加紧

---

① 陈桂生：《中国干部教育(1927—1949)》，68页，上海，华东师范大学出版社，2007。

② 《聂荣臻回忆录》，211页，北京，解放军出版社，1986。

③ 毛泽东：《在第二次全国苏维埃代表大会上的报告》，见中共中央文献研究室、中央档案馆：《建党以来重要文献选编(一九二一——一九四九)》第十一册，127页，北京，中央文献出版社，2011。

党员群众的教育，增加他们的政治程度，有系统的宣传马克思列宁主义"①，作为党的任务之一。1931年4月，《中共中央关于苏区宣传鼓动工作的决议》要求"在各苏区中央分局所在地，必须设立一个以上的党校，培养党、苏维埃与职工会的中等干部"，并"把干部的培养当做是苏区各中央分局中心任务之一"。同时规定，党校的教学内容为军事训练、实际工作的常识、政治经济常识，三者各占三分之一。② 1931年8月27日通过的《中共中央关于干部问题的决议》分析了当时干部教育的必要性和迫切性，要求"在日常工作中加紧锻炼教育干部。各级党部各部各委的领导同志必须负责的提倡与切实的进行"③。1931年11月，《中央苏区党的第一次代表大会关于党的建设问题决议案》进一步指出，"对于干部的培养，除开在实际工作训练外，还须要有计划的组织各种党的、军事、政治以及群众和苏维埃工作的训练班或学校。经常挑选一部下层积极工农分子去受训练，

---

① 《政治议决案》，见中央档案馆：《中共中央文件选集》第四册，320页，北京，中共中央党校出版社，1989。

② 《中共中央关于苏区宣传鼓动工作的决议》，见中共中央文献研究室、中央档案馆：《建党以来重要文献选编（一九二一——一九四九）》第八册，337页，北京，中央文献出版社，2011。

③ 《中共中央关于干部问题的决议》，见中共中央文献研究室、中央档案馆：《建党以来重要文献选编（一九二一——一九四九）》第八册，535页，北京，中央文献出版社，2011。

训练的方式与材料都须要有很实际的充分的选择与准备"①。
1933 年 8 月 10 日，中央组织局《关于党内教育计划致各级党部的信》就训练支部党员、开办干部训练班以及成立马克思列宁主义研究分会等问题做出明确指示。

最后，干部教育趋向正规化、成熟化，初步形成了干部教育体系。在中央苏区，中国共产党创办了中央红军学校、中国工农红军大学、苏维埃大学、马克思共产主义学校、中央列宁师范学校、中央农业学校、红军第一步兵学校、红军第二步兵学校、红军特科学校、红军卫生学校、红军通讯学校、高尔基戏剧学校以及各种类型的训练班。此外，几乎所有的革命根据地都开办了干部教育学校或训练班。

苏区干部教育的内容是比较完整的、系统的，大体上覆盖思想政治教育、业务教育和知识教育三个方面，这也是干部教育体系初步形成的基本要素。值得一提的是，各根据地干部教育的内容不尽相同，但干部教育特别是政治理论教育的主要内容趋于一致，围绕马克思列宁主义基本理论、党的建设、苏维埃运动等内容开展培训。②

---

① 《中央苏区党的第一次代表大会关于党的建设问题决议案》，见中共中央文献研究室、中央档案馆：《建党以来重要文献选编（一九二一——一九四九）》第八册，633 页，北京，中央文献出版社，2011。

② 李小三：《中国共产党干部教育简史》，70 页，北京，中共党史出版社，2009。

2. 积累党的干部教育经验

为了提高干部素质，党在极其艰苦的条件下，想方设法创办了各种干部学校，初步形成了党的干部教育体系，为党的干部教育发展探索和积累了丰富的宝贵经验。

第一，从教学形式上看，学校干部教育与在职干部教育两相结合，优势互补。"建立各种列宁读书班、研究小组、学习会议，最广泛地进行个别教育的工作，用一切方法去提高干部的政治水平线，使每个干部在日常工作中积极学习，在研究学习中紧张日常工作，彻底纠正那些脱离实际的专门学院式的研究，或者完全放弃学习的事务主义。这样，才能一方面推动工作的发展，另方面加强干部的工作能力。"[1]在职干部教育很好地把干部工作的过程和学习的过程统一起来，成为学校教育系统的有益补充，有效克服了教育资源短缺、干部工作繁忙的现实难题。

第二，从教学原则和教学方法上看，党的干部教育始终坚持理论联系实际的原则，旨在提高学员应用理论分析和解决实际问题的能力。学校的学制灵活，服从、服务于革命形势的发展和武装斗争的需要，随时随地调整。例如，彭杨军事政治学

---

[1]　《中共中央关于干部问题的决议》，见中共中央文献研究室、中央档案馆：《建党以来重要文献选编（一九二一—一九四九）》第八册，535页，北京，中央文献出版社，2011。

校"根据学制短、学员文化水平低，针对培训排、连干部具体对象等特点，从实际需要出发来制订计划"①。教学内容和方法亦紧密联系当时当地的生产生活实际。中央红军学校的模型室和中央农业学校的农事试验场等即为例证。

学校和训练班采用灵活多样的教学方式方法。"训练班须避免注入式的教育方法，训练要力求时间短而切实有效，所以讨论与实习要看得特别重要。"②红军大学"每天都开讨论会，进行互助、消化"③。古田会议期间，毛泽东创造性地提出了十大教授法，包括：启发式（废止注入式）；由近及远；由浅入深；说话通俗化；说话要明白；说话要有趣味；以姿势助说话；后次复习前次的概念；要提纲；干部班要用讨论式。这对当时乃至后来干部教育方法的革新极具指导意义。

第三，从师资建设上看，重视党对学校的领导，并着力加强教师队伍建设。一方面，中央各级部门负责同志担任学校领导，以授课或讲座的方式参与实际教学工作。在马克思列宁主义大学，毛泽东、任弼时、邓颖超、徐特立、周恩来、朱德、刘伯承、刘少奇、邓小平、张闻天、王稼祥、杨尚昆、瞿秋白

① 中共江西省委党史研究室、中共赣州地委党史工作办公室：《中共苏区风云录》，内部资料，262页，中共赣州地委党史工作办公室，1991。

② 《宣传工作决议案》，见中央档案馆：《中共中央文件选集》第五册，268页，北京，中共中央党校出版社，1990。

③ 何长工：《二十几年前的红军大学》，见中央教育科学研究所、陈元晖、璩鑫圭等：《老解放区教育资料（一）》，196页，北京，教育科学出版社，1981。

等都到各类干部学校担任兼职教员。另一方面，教育行政部门通过创办列宁师范学校、教育干部学校和教员训练班，快速养成师资以充实教员队伍。不仅如此，党还注意吸收、团结、改造和利用旧知识分子为苏维埃建设服务，特别是在无线电通讯、医护卫生等专科学校。

这些宝贵的经验都是逐步探索出来的，为以后党的干部教育发展起到了铺石奠基的作用。

三、抗日根据地的干部教育

1935 年 10 月 19 日，中央红军长征到达陕北吴起镇。1937 年 1 月 13 日，中共中央进驻延安，日本帝国主义于 1937 年 7 月 7 日发动七七事变，抗日战争全面爆发。面对民族危亡的严重形势，中国共产党率先主张国共停止内战，一致对外，共同抗日。中国共产党一边开展抗日武装斗争，一边建立革命根据地，其间深刻认识到加强干部教育的重要性和迫切性，将在职干部教育、干部训练班教育和干部学校教育这三种教育形式相互结合起来，坚持马克思主义普遍原理同中国革命具体实践相结合，坚持实事求是的思想路线，建立了完整的干部教育体系，干部队伍的数量和素质都得到了飞跃性的提升，为赢得抗日战争乃至解放战争的胜利提供了人员基础和组织保障。

（一）抗日根据地干部教育的背景与任务

1. 干部教育的背景

（1）干部数量匮乏

抗日战争全面爆发后，战事日益激烈。1937 年 8 月 22 日至 25 日，中共中央政治局在洛川召开扩大会议，通过了《关于目前形势与党的任务的决定》和《抗日救国十大纲领》。9 月 22 日，国民党中央社发表了《中国共产党为公布国共合作宣言》。9 月 23 日，蒋介石发表讲话，承认共产党的合法地位。自此，抗日民族统一战线正式宣告成立。抗日民族统一战线的成立又进一步推动了战争形势的发展。在土地革命战争形势发展迅猛的情况下，大批干部牺牲了。这是战争带给我们的极大损失，大批干部的空缺亟待充实。当时刘少奇就曾指出："过去我们的干部，特别是有经验的干部大批牺牲，我们要在最短期内补救这个缺陷，要训练上万的干部。"[①]1938 年 9 月，陈云在延安抗日军政大学做《论干部政策》的演讲时说："中国共产党在过去十年斗争中，干部损失了十几万。"[②]十几万不是个小数目，可见当

---

① 刘少奇：《争取全国民主统一与党在统一战线中的领导权》，见中共中央文献编辑委员会：《刘少奇选集》上卷，78 页，北京，人民出版社，1985。

② 陈云：《论干部政策》，见《陈云文选》第一卷，109 页，北京，人民出版社，1995。

时干部极度匮乏，干部教育责任重大。

在抗日战争时期，共产党积极开辟敌后抗日根据地，不断建立属于自己的抗日民主政权，壮大自己的队伍，发展自己的组织。1937 年 9 月 6 日，陕甘宁边区政府正式成立（1938 年 1 月 1 日前称陕甘宁特区政府），下辖陕西、甘肃、宁夏的 23 个县，首府延安。各个根据地的建设与发展需要人才的支撑，而且需要大量的干部。1940 年 11 月 29 日，陈云在《关于干部工作的若干问题》中指出："干部依然不够，特别是新开辟的根据地。这是因为：革命事业发展很快，工作范围扩大了，工作性质又是空前的复杂。党员增加了很多，但干部不能与党员按同比例增加。"[1]由于战争和革命根据地发展两方面的原因，干部在数量上呈现不足，从而难以满足急需大量干部的现实状况。这就要求干部教育做出一定的努力，通过发展来训练和培养干部队伍。

（2）干部本领有限

受限于特定的时代背景，大多数干部，或政治理论水平有限，或实际工作经验不足，暴露了中国共产党的"干部恐慌"，尤其是本领有限的弱点。在干部队伍中，年轻干部的知识水平相对较高，但缺乏在实际工作或斗争中的历练，工作经验不足，同时对革命形势和党的发展过程了解甚少，从而对党的信仰与

---

① 陈云：《关于干部工作的若干问题》，见《陈云文选》第一卷，212 页，北京，人民出版社，1995。

支持不够坚定，政治水平相对较低。大多数老干部工作时间长，工作经验是比较丰富的，且政治理论水平也是较高的，但是有少部分老干部因为出身工农家庭，缺乏系统的文化知识教育，在政治理论学习上理解领悟能力较弱，政治思想水平也有待进一步提升。可以说，相当数量的干部没有真正掌握运用马克思主义的立场、观点和方法解决中国革命实际问题的本领，一定程度上制约了革命进程。针对这种现状，有计划地、大量地培养干部，已成为党的迫切任务。

2. 干部教育的发展措施

（1）开展全党学习运动

为提升干部素质，使党保持先进性，增强战斗力，中共中央决定把根据地内党政军民学各工作领域、各条战线的所有在职干部都发动起来，开展一场深入持久的干部学习运动。延安时期党的干部教育改革就是在全党学习运动的直接背景下展开的。

1938年10月，毛泽东在中国共产党第六届中央委员会第六次全体会议上指出："指导一个伟大的革命运动的政党，如果没有革命理论，没有历史知识，没有对于实际运动的深刻的了解，要取得胜利是不可能的。"[1]鼓励全党灵活地把马克思列宁主义及其国际经验运用到中国的具体实际斗争中，研究孙中山先生

---

① 毛泽东：《中国共产党在民族战争中的地位》，见《毛泽东选集》第二卷，533页，北京，人民出版社，1991。

的三民主义以及中国历史，以期提高工农干部和一般党员的文化水平。[①] 1941 年，以毛泽东的报告《改造我们的学习》为标志，由学习运动发展而来的整风运动正式开始，整顿学风就是其中一项重要任务。在整风运动以前，各根据地的干部教育不同程度地存在着教条主义的毛病，许多干部学习马列主义，较多地注意它的词句和条文，而不是运用马列主义的立场、观点与方法去解决实际的问题。经过整风运动，干部端正了思想路线与政治路线，不仅认真学习马列主义，而且注意解决实际问题，能够结合实际情况及其变化，正确而灵活地执行上级的指示，不断修正自己的主观看法、意见和观点，根据地的各项工作随之形成了朝气蓬勃的局面。直到 1945 年抗战胜利，历时数年的集中学习活动暂告一段落。

从 1937 年到 1945 年，在党中央，特别是毛泽东等领导人的大力倡导下，中国共产党人大规模开展学习运动，各级领导干部克服了理论准备不足和马列主义水平不高的弱点，提高了马克思主义理论水平，从而在一定程度上解决了干部队伍的"本领恐慌"问题，提高了党的整体政治素质。

（2）制定"干部教育第一"战略

抗日战争是新民主主义革命的重要阶段，是中华民族解放

---

① 毛泽东：《在延安在职干部教育动员大会上的讲话》，见《毛泽东文集》第二卷，177 页，北京，人民出版社，1993。

史上的重要历程。可以说，抗日战争意义非凡。面对新民主主义革命新阶段的形势，党中央清醒地认识到干部教育工作的重要性，不但把培养干部同夺取抗战胜利联系起来，而且将它提到争取新民主主义革命胜利和攸关党的事业成败的高度来对待，提出了"干部教育第一"的方针，制定了具体措施。

1938 年 10 月，毛泽东在党的六届六中全会上做报告，强调指出："政治路线确定之后，干部就是决定的因素。因此，有计划地培养大批的新干部，就是我们的战斗任务。"[1]这一论断点明了干部教育对抗日战争胜利和边区建设进程具有决定性意义，要求抗日根据地大力举办干部学校。

1942 年 2 月 28 日发布的《中共中央关于在职干部教育的决定》正式提出"干部教育第一"的方针，强调了干部教育的战略意义，要求把干部教育工作放在一切教育工作的优先地位。这样一来，干部教育被提到了民族国家发展战略的高度，极大地推动了各级党组织对干部教育工作的重视，逐步形成了干部学习的高潮。据此，党克服一切困难，一面开办各种学校，一面坚持在职学习，用不同方式大批培养干部。这也标志着党的干部教育思想的一次飞跃，是对党的教育体制和结构的改造，具有革命意义。

---

[1] 毛泽东：《中国共产党在民族战争中的地位》，见《毛泽东选集》第二卷，526 页，北京，人民出版社，1991。

（3）成立干部教育部

改革干部教育的首要举措是加强党的领导。加强党的领导的重要举措就是成立了"干部教育部"。干部教育部于 1939 年 2 月 17 日由中共中央决定设立，张闻天任部长，李维汉任副部长，专司全党干部教育工作的领导；下设两个科，分别是党内干部教育科和国民教育科。

干部教育部的成立和顺利运转，具有重要的意义，加强了党对干部教育的全面领导，使得干部教育的领导工作在宏观层面、中观层面及微观层面有机结合，贯通起来。干部教育部在 1940 年与中央宣传部合并，先称中央宣传教育部，后改为中央宣传部。此后，宣传部就承担起了领导各根据地干部教育的责任。虽然干部教育部作为专门职能机构的存续时间不长，但对干部教育工作改革发挥了巨大的推动作用，干部教育在党的建设中的地位和作用日益凸显出来。

（4）制定并落实"两个决定"

为了提高干部教育工作的效率，1937 年 8 月 1 日，《中央关于南方各游击区域工作的指示》要求南方各游击区党组织"有组织有计划的以马克思列宁主义重新训练党的干部与党员，了解党的新政策。要有计划的有系统的举办党校和训练班"①。

---

① 《中央关于南方各游击区域工作的指示》，见中央档案馆：《中共中央文件选集》第十一册，304 页，北京，中共中央党校出版社，1991。

1940 年 1 月 3 日，《中央关于干部学习的指示》要求"全党干部都应当学习和研究马列主义的理论及其在中国的具体应用"，建立在职干部平均每天学习 2 小时的制度。[①] 同年 3 月 20 日，《中共中央书记处关于在职干部教育的指示》把在职干部分为有相当文化理论水准的老干部、文化理论水准较低的老干部、有相当文化理论水准的新干部、工农出身的新干部四类，且规定了四类干部的学习科目。[②] 同年 8 月 13 日，《中共中央宣传部关于加强干部策略教育的指示》强调了策略教育的重要性，并将其列入干部教育的正式计划。[③] 1942 年 6 月 8 日，《中共中央宣传部关于在全党进行整顿三风学习运动的指示》明确规定了整顿三风学习运动的内容、方法和要求。[④] 1943 年 4 月 3 日，《中共中央关于继续开展整风运动的决定》，要求各地审查干部，整风学

① 《中央关于干部学习的指示》，见中央档案馆：《中共中央文件选集》第十二册，227～228 页，北京，中共中央党校出版社，1991。

② 《中共中央书记处关于在职干部教育的指示》，见中共中央文献研究室、中央档案馆：《建党以来重要文献选编（一九二一——九四九）》第十七册，222～223 页，北京，中央文献出版社，2011。

③ 《中共中央宣传部关于加强干部策略教育的指示》，见中共中央文献研究室、中央档案馆：《建党以来重要文献选编（一九二一——九四九）》第十七册，464～465页，北京，中央文献出版社，2011。

④ 《中共中央宣传部关于在全党进行整顿三风学习运动的指示》，见中央档案馆：《中共中央文件选集》第十三册，391～392 页，北京，中共中央党校出版社，1991。

习。① 这些文件对抗日根据地干部教育的发展起到了有力的推动作用。其中不得不提的是两个重要的决定——《中共中央关于延安干部学校的决定》《中共中央关于在职干部教育的决定》，这两个决定对抗日根据地干部教育的发展具有重要的作用和深远的影响。

①《中共中央关于延安干部学校的决定》。

中共中央、中央红军到达陕北后，即从恢复中共中央党校和红军大学着手，陆续创办了各种干部学校。许多干部学校成立以后，培养了大批干部，取得了不少成绩，但也存在相当严重的缺点。1941年8月27日，中央召开政治局会议。会议在讨论党内教育方针问题时，毛泽东指出我党干部对于理论运用到革命实际的能力不足，延安的学校在教学中缺乏对实际政策的教育，没有教授运用理论联系实际解决问题的方法。② 1941年12月17日，中共中央政治局通过《中共中央关于延安干部学校的决定》。文件首先指出当时延安干部学校存在理论与实际脱节的现象、主观主义与教条主义的严重毛病。同时，文件在教育制度、教学内容、教学原则、教学方法、学风建设、招生、师

① 《中共中央关于继续开展整风运动的决定》，见中共中央文献研究室、中央档案馆：《建党以来重要文献选编（一九二一——一九四九）》第二十册，274～278页，北京，中央文献出版社，2011。

② 中共中央文献研究室：《毛泽东年谱（一八九三——一九四九）》中卷，324页，北京，中央文献出版社，1993。

资、教材等方面规定了一个全方位的新标准。随即，根据该文件要求，中央直属干部学校进行了教育改革。可以说，《中共中央关于延安干部学校的决定》正确而有效地推动和指导了抗日根据地的干部学校教育，同时有力地推动了抗战建国事业的发展。

②《中共中央关于在职干部教育的决定》。

日益增多的抗日干部学校为抗日战争和抗日根据地的经济建设培养了大量的人才，但仍难以完全满足革命形势发展的需要，因而党中央采取了"两条腿走路"的办法，即一边抓正规脱产教育，一边狠抓在职干部教育，鼓励在职干部在"长期大学"中坚持业余学习。1942年延安整风运动正式开始，《中共中央关于在职干部教育的决定》也在此背景下出台。

《中共中央关于在职干部教育的决定》强调在职干部教育工作在全部干部教育工作中的首要地位，肯定了干部业余教育的重要意义并提倡开展在职教育，还指出了当前在职干部教育中存在的弊病。比如，没有强调业务教育，关注文化教育少，政治教育方法不得当，地位不明确，缺乏持续性，高级干部的理论教育没有得到重视且脱离实际。在此基础上，该文件规定在职干部教育应以业务教育、政治教育、文化教育、理论教育四种为范围，且对每种教育的开展提出了具体的目的、内容及方法要求，还要求对工农出身的、文化程度不高的干部加强文化补习教育；由党政军宣传教育部门负责调节四种教育的时间分配及课程分配，使之互相联系而不互相冲突或脱节；由领导机关对各项教育内容进行审定，以防止出现主观主义、宗派主义、党八股等错误和不良思想；对文化教员的地位、待遇、奖励提出了标准；等等。根据文件指示，在职干部学习制度得以建立并不断完善。1939 年 8 月，中共中央干部教育部举行全延安在职干部学习大检查。结果表明，延安在职干部的学习制度已经逐步建立起来了。坚持平均每天学习 2 小时，成为党政军等各级各类干部的共同要求。同时，党设立了大量的学习小组，成立了中央总学习委员会。1941 年 9 月 26 日，《中央关于高级学习组的决定》发布，之后大量设立高级学习组，下设若干学习小组。

《中共中央关于在职干部教育的决定》是继《中共中央关于延安干部学校的决定》之后又一个重要的干部教育文件，系统、详尽地阐述了在职干部教育的各个方面，深刻强调了在职干部教育的重要性，成为在职干部教育开展的基本政策标准。《中共中央关于在职干部教育的决定》发布后，延安及各根据地领会其精神，开展对在职教育的改革实践，促进了延安干部在职教育的制度化，明确了干部在职教育与业余学习的发展方向，对中国共产党以后的在职干部教育产生了重要影响。

(二)抗日根据地的在职干部教育

1.“在职干部教育第一”的方针

党的干部教育工作主要采取学校集中学习和在职坚持学习

两种形式。抗日战争时期，各抗日根据地干部队伍迅速发展，但绝大多数干部无法脱离工作岗位采取脱产的做法到学校进行集中式学习。因此，在职坚持学习，即在工作岗位上进行必要的与可能的学习，可以说是提高干部水平的最佳途径，对提高广大干部素质起到了重要的作用。

从1938年11月中共六届六中全会开始，中国共产党开展了盛况空前的大规模学习运动，各抗日根据地学习氛围都特别浓厚，也都取得了显著的成绩。1939年4月17日，《新华日报》发表社论《论干部的学习》，指出干部在职学习的方法有在实际中学习、读书、向群众学习和适当给予干部独立负责工作的机会进行锻炼。1940年1月3日，《中共中央书记处关于干部学习的指示》，要求建立在职干部平均每天学习2小时的制度。在这之后，党中央下发了很多关于在职干部教育方面的文件，比如《关于在职干部教育的指示》《中央关于各地高级学习组学习内容的通知》等。可见，中共中央非常重视在职干部教育。各个边区根据党中央指示，也制定了一些相应的制度和措施。在职干部教育在各抗日根据地普遍兴起。

1942年至1943年，各类学校和机关实行压缩精简。毛泽东在1942年2月20日给刘少奇、彭德怀的电报中称："目前是以整顿内部训练干部为基本中心，抓紧此点以准备应付时局的变化。"①1942年2月28日，中共中央政治局通过《中共中央关于在职干部教育的决定》，指出干部教育在全部教育工作中是第一位的，而在职干部教育在干部教育中是第一位的。"干部教育第一"方针的再次明确彰显了在职干部教育的发展优势。

2. 在职干部教育的制度和实施

1940年，干部教育部并入中央宣传部。在组织方面，中央宣传部是延安在职干部教育的总的领导，负责制订总的教育计划，组织大课，开展总的检查，并总结经验。另外，各级党委非常重视干部教育，将干部教育置于党工作中的重要地位，经常给予检查、指导和帮助。在日常工作的领导上，中央直属系统由中宣部干部教育科负责；军事系统由八路军政治部宣传部负责；边区系统由边区党委宣传部负责。各机关组织学习的工作实际由支部干事会和总支委负责，设教育干事。各级在职干部教育指导委员会根据需要设置业务、时事政治、理论教育等各种性质的讨论会，同时依照一定的条件与需要建立各科和各级的学习组织。行政上的干部也负责领导学习。一方面，他们注意灵活调整工作制度，保证干部有充足的学习时间；另一方面，他们以身作则，亲身示范，尽力指导学习，在保证正常教

---

① 毛泽东：《关于时局估计、干部教育、财政经济等问题的指示》，见中央档案馆：《中共中央文件选集》第十三册，338页，北京，中共中央党校出版社，1991。

学进度的基础上，切实让干部在各方面能力的学习上有显著的提升。

在具体实施上，中共中央对在职干部教育制度也有明确可操作的指示，规定如下。

第一，每天学习 2 小时。为解决工学矛盾问题，1938 年 5 月 20 日，中共中央干部教育部在延安召开干部教育动员大会。毛泽东号召大家在工作和生产的百忙之中，用"挤"的办法获得学习的时间，以"钻"的办法求得对问题的了解与深入。[①] 1939 年 6 月 10 日，毛泽东在延安高级干部会议上的报告中说："党政军民学各种机关的在职干部均应一面工作，一面学习。按其程度，文化与理论或并重或偏重。并应建立每日两小时的学习制度。实行自动与强制并重、理论与学习一致的原则。对勤学者奖，怠惰者罚。"[②]《中共中央关于干部学习的指示》和《中共中央关于在职干部教育的决定》都提出建立在职干部每天学习 2 小时的制度，同时要求各级组织的领导干部带头示范，以身作则，领导和带动其他干部的学习，强调要把每天学习 2 小时的做法坚持下去。《中共中央关于在职干部教育的决定》要求将干部教育工作放在全部教育工作中的第一位，将在职干部教育工作放

---

① 皇甫束玉、宋荐戈、龚守静：《中国革命根据地教育纪事》，154 页，北京，教育科学出版社，1989。

② 皇甫束玉、宋荐戈、龚守静：《中国革命根据地教育纪事》，156 页，北京，教育科学出版社，1989。

在全部干部工作中的第一位，并规定为在职干部教育而耗费的时间，均算入正规工作时间之内，将教育与学习看作工作的一部分，并把学习情况作为干部鉴定的主要内容之一。[①] 坚持每天学习 2 小时，成为党政军各级各类干部的共同要求，以此贯彻"一面工作，一面学习"的基本精神，促使在职干部以高度的自觉性，养成自觉学习、坚持学习的习惯。

第二，建立学习小组。1938 年 11 月 6 日，《中共扩大的六届六中全会政治决议案》获得通过，其强调全党必须自上而下努力学习马克思列宁主义理论，善于把马克思列宁主义和国际经验应用于中国的具体环境，反对教条主义。[②] 会后，中共中央采取了一系列措施组织全党的学习，掀起了延安干部学习的热潮。同年，陈云担任中组部部长后，主持成立了抗战时期的第一个领导干部学习小组。1939 年 6 月，《延安在职干部教育暂行计划》正式实施，延安各类干部以至中央负责同志，都参加了各学习小组的学习。[③] 1941 年 9 月 26 日，党中央通过《中央关于

① 《中共中央关于在职干部教育的决定》，见中共中央文献研究室、中央档案馆：《建党以来重要文献选编（一九二一——一九四九）》第十九册，146、150 页，北京，中央文献出版社，2011。

② 《中共扩大的六届六中全会政治决议案》，见中共中央文献研究室、中央档案馆：《建党以来重要文献选编（一九二一——一九四九）》第十五册，763 页，北京，中央文献出版社，2011。

③ 皇甫束玉、宋荐戈、龚守静：《中国革命根据地教育纪事》，159 页，北京，教育科学出版社，1989。

高级学习组的决定》。毛泽东、王稼祥分别任中央学习组的组长、副组长，统一管理、指导各地的高级学习组，按时指定学习材料，总结经验，解答问题；下设若干学习小组定期召开学习讨论会，或将同类干部集中上大课。1942 年全党整风运动开始后，成立中央总学习委员会，毛泽东担任主任，负责领导全党的整风学习。

第三，建立轮训班制度。即有计划地将干部分批调出，短期训练后调回原职务。这样一来，全党组成了一个完备的系统，使每个在职干部都得到了学习机会，许多干部在短期内明显提高了政治、业务和文化素质。

第四，设置教员、学习指导员和学习顾问。为了推动干部学习和提高干部学习质量，各级党组织配备了专任或兼任教员、辅导员及学习顾问。延安在职干部学习一开始就在暂行计划中规定甲、乙两类干部的学习设指导员，丙类的设教员。

第五，健全学习督导检查制度、学习辅导制度和每日学习制度。在职干部教育的检查着重于教育质量与研究方法两个方面。延安在职干部学习的总检查，每四个月一次，由中共中央干部教育部领导进行；军事机关、边区机关和中央直属机关，每两个月检查一次，由各主管机关分别领导进行；各支部每月检查一次；并注意各个独立研究小组（或研究会）的检查，借此传播并推广优秀经验。我党还确立了考试制度，对在职干部进行定期考试，一方面考查干部的成绩，了解干部学习情况，督促干部进一步学习；另一方面总结教学经验，发现问题，解决问题，进一步改进和提升教学水平。考试有多种方式，包括日常考查、临时测验、学期考试和结业考试，每种考试方式又包含具体的做法。日常考查有口头回答、写日记或读书笔记、写调查研究报告或工作报告、召开讨论会等。临时测验由各科教员或指导员在预定或非预定的教学时间内举行。学期考试和结业考试，指在期末或结业时就所习课程举行考试。许多单位规定了奖惩制度，根据成绩优劣分别给予奖励和惩罚，以奖励为主。1939 年 8 月，中共中央干部教育部举行全延安在职干部学习大检查。检查结果表明，延安在职干部的学习制度已经逐步地建立起来了。此后，大部分单位进入了学习运动的轨道。①

3. 在职干部教育的内容

抗日战争初期，延安和各抗日根据地的在职干部主要学习政治时事。

中共六届六中全会以后，延安的在职干部教育已经普遍地、有计划有组织地开展起来。1940 年 1 月和 3 月《中共中央书记处关于干部学习的指示》和《中共中央书记处关于在职干部教育的指示》先后发出。这两个指示把抗日根据地的在职干部大致分成

---

① 皇甫束玉、宋荐戈、龚守静：《中国革命根据地教育纪事》，159 页，北京，教育科学出版社，1989。

了甲、乙、丙、丁四类，即有相当文化理论水准的老干部、文化理论水准都较低的老干部、有相当文化水准的新干部、工农出身的新干部，且这四类在职干部的教育内容也有所不同。甲类干部应学习联共党史、马列主义、政治经济学、哲学。乙类干部应文化课与中国问题同时并进，然后转入甲类课程，但文化课须提到能够自由阅读普通书报。丙类干部应学习中国革命与中国共产党（党建）及中国问题，然后转入甲类课程。丁类干部应文化课与党建同时并进，文化课须提到能读普通书报，党建学完则学"中国问题"。与此同时，时事问题为一切在职干部必须经常研究的课目（党报为主要材料），军事工作干部必须研究军事；地方工作干部必须学习必要的军事知识。① 1942年2月，《中共中央关于在职干部教育的决定》规定，"在职干部教育，应以业务教育、政治教育、文化教育、理论教育四种为范围"。其中，业务教育和政治教育是每个在职干部都必须接受的；文化教育是"文化程度太低或不高的干部"所应该接受的；理论教育则针对那些文化程度较高、具有学习兴趣的干部。② 这四种教育的内容在不同时期也有不同的侧重。经过整风运动

---

① 《中共中央书记处关于在职干部教育的指示》，见中共中央文献研究室、中央档案馆：《建党以来重要文献选编（一九二一——一九四九）》第十七册，1～2、222～223页，北京，中央文献出版社，2011。

② 《中共中央关于在职干部教育的决定》，见中共中央文献研究室、中央档案馆：《建党以来重要文献选编（一九二一——一九四九）》第十九册，147、149页，北京，中央文献出版社，2011。

以后，四种教育的内容大致如下。

业务教育，贯彻"做什么，学什么"的原则。从事党务、政治、宣传、组织、经济、财政、金融、文化、教育、民运、锄奸、医药、卫生以及其他任何部门的干部，都必须精通自己的业务。学习的范围包括与本部门业务有关的情况调查研究、上级文件指示、历史科学知识及具体经验。各部门的领导机关，一方面要提供干部学习的教材，另一方面要保证干部学习质量，指导并考核干部学习，促使干部在自己的业务上得到理论和实践的双重提升，从而达到帮助他们精通业务、适应革命斗争需要的目的。

政治教育，包括时事教育和一般的政策教育。时事教育的目的在于开阔干部的视野，开展形式主要是督促干部看报纸、听时事报告、参加时事讨论会。政策教育的目的在于提升干部的政治思想觉悟，提高政治站位。在具体方法上，采取正面教育与反面批判相结合的方式。正面教育主要为时事政策和革命理论教育。边区党委宣传部编有《时事专刊》《政策读本》《七七文选》，还出版了《马克思主义方法论》《新民主主义论》《论持久战》《论共产党员的修养》等著作。反面批判即向广大干部普遍深入开展反奴化教育，进一步提高干部的阶级意识和阶级觉悟。

文化教育，主要针对文化程度太低或不高的干部，要求他们必须进行文化知识方面的学习，旨在帮助文化水平不高或较低的干部达到高小程度或者中学程度，为开展工作和学习理论打好基础。教育内容包括国文、数学、历史、地理、自然常识和政治常识等。1941 年春，鄂东地委在《目前宣传教育工作纲要》中规定，不识字的党员或干部每月必须识字 100～150 个，提出在干部中 3 个月内扫除文盲的计划。学习的课本由宣传教育部门负责解决。中级班，学习政治理论、国语、算术、历史、地理等知识，旨在提高读写能力；高级班，阅读各种文章材料、党的文件、马列主义理论，开展调查研究活动，要求每天每人写日记，每人每月至少给有关报社、杂志写一篇文稿，旨在提高写作水平。

理论教育，强调高级干部和中级干部中具有理论学习资格的干部，在业务学习和政治学习之外，都要接受理论教育。理论教育的内容：一是马克思主义的世界观教育，强调实事求是的思想路线；二是党的综合党性教育，强调全心全意为人民服务，督促干部加强共产党员的修养；三是具体科学的理论学习，包括政治科学、思想科学、经济科学和历史科学。[1] 在学习中要强调理论联系实际的原则，学习采取划分高级学习组和中级学习组的办法。以自学为主，辅以集体讨论与辅导。

以上四种教育的时间分配和课程分配相互联系，互不冲突。

---

① 刘建军：《中国共产党思想政治教育的理论与实践》，149 页，北京，中国人民大学出版社，2008。

各级宣传教育部门负责制订必要的学习计划，提供必要的学习材料。例如，要为文化程度较低或不高的干部编写《文化课本》。在理论学习中进行路线教育时，中共中央书记处编辑了《马恩列斯思想方法论》和《六大以来》等学习文献。

4. 在职干部教育的方法

当时，延安和各抗日根据地的在职干部多数出身于工农家庭，拥有革命热情，但政治理论水平和文化水平都不高，存在办事鲁莽、意气用事的做法。还有一些知识分子出身的干部，不善于把书本知识和当前的革命斗争以及自身的本职工作和转变思想结合起来。针对这些特点，延安和抗日根据地对在职干部的教育采取了以下方法。

第一，把工作本身当作一所"大学校"。把工作和学习作为从事革命斗争的统一过程，强调每个革命干部要把学习当作党对人民不可推诿的职责。

第二，自学。提高干部学习质量的一个重要问题，是要正确处理个人学习和集体学习的关系。在职干部教育力求两种学习方式并用，但在处理两种学习方式的关系上，强调以自学为主，要求干部在学习中有信心、有决心、有恒心，并且以顽强的精神在繁重的工作任务中"挤时间"自学，从而培养独立思考的能力，进而提高学习质量。

第三，集体授课。尽管自学是在职干部教育的主要方式，但并不代表因此就忽略集体教学或教授指导的作用。延安在职干部教育一开始就强调教授和指导对于学习的重要意义。集体授课始于 1939 年 8 月。各机关、各部门都指定文化水平和政治理论水平较高的同志担任在职干部学习的教员，在干部自学和集体讨论的基础上，定期或不定期地开展学习辅导报告或讲专题课，包括党的建设、联共（布）党史、马列主义、中国问题等课程。1941 年 5 月 19 日，毛泽东在延安干部会议上做《改造我们的学习》的报告，强调在职干部教育应以研究中国革命实际问题为中心，以马克思列宁主义基本原则为指导，废除静止、孤立地研究马克思列宁主义的方法。由此可以看出，马列主义理论学习的深化、实质内涵的深挖，都需要理论和文化水平较高的教师进行教学，集体教学也就显得尤为必要。

第四，讨论和座谈。在具体做法上，包括定期的小组讨论会（一般每月集体讨论两次）和临时的学习座谈会。通过生动活泼的讨论和座谈，进一步调动大家学习的积极性。大家将困惑或想法提出来，互相帮助，互相启发，交流学习，从而巩固了自学的成果，提高了认识，开阔了视野。过程中提倡采取平等友好的同志态度，绝不能对持有不同意见的干部采取"斗争"和上纲上线"戴大帽子"的办法来解决思想认识方面的问题。1939年 10 月 10 日，罗迈（李维汉）在《解放》杂志发表《怎样开展延安在职干部的学习》一文中，特别提到了鼓励和提倡通过讨论会、谈话会进行交流学习。①

　　第五，短期训练班。即利用很短的时间将参与同一项工作的干部集中在一起进行训练，讲工作任务、学方针政策、学工作经验、学工作方法，旨在提高干部的认识，统一干部的思想，使其能够更好地完成工作任务。这种短期训练班类似于工作会议。此外，各机关、各部门还开办文化补习班或文化补习学校，设置专职的或兼职的文化教员，以提高干部的文化水平。延安和各抗日根据地还曾采用搞运动、搞竞赛等方法，推进在职干部教育，对营造良好的干部学习氛围发挥了积极作用。

　　总之，在党中央和各地党组织的高度重视下，抗日根据地的在职干部教育已经建立起了完善有效的制度，对提高在职干部的政治文化水平和工作业务水平发挥了重要的作用。许多工农出身的干部正是在从事革命工作的岗位上边工作边学习，成为坚定的、德才兼备的革命者，成为民主革命时期、社会主义革命和建设时期干部队伍中的骨干的。

(三)抗日根据地的干部学校教育

1. 中共中央党校

中共中央党校设立于延安，由中共中央直接领导，是一所

---

　　①　董纯才、张腾霄、皇甫束玉：《中国革命根据地教育史》第二卷，161页，北京，教育科学出版社，1991。

专门负责培养党内中高级领导的干部学校。其前身是 1933 年 3 月 13 日成立于江西瑞金的马克思共产主义学校。1935 年年底，中共中央和中央红军长征到达陕北吴起镇，进抵瓦窑堡，决定恢复中央党校建制，正式定名为中共中央党校，校长为董必武，教务主任为成仿吾。12 月初开始招生，先后开办两期。第一期主要训练陕北干部，学习党的抗日民族统一战线的方针政策；第二期主要传达学习中共中央瓦窑堡会议的决议和毛泽东《论反对日本帝国主义的策略》的报告。

1936 年 2 月，党校学员和部分教员随主力红军东征，学校暂停招生。6 月，党校迁至保安，设 1 个高级班和 8 个普通班，增加白区工作班和白军工作班。10 月，党校迁至定边，与红军第四方面军党校合并。1937 年 2 月，党校随中共中央进驻延安，校址设于桥儿沟天主教堂，由罗迈（李维汉）任校长。中共六届六中全会后，由组织部部长陈云全面主持工作，谢觉哉任副校长。这一时期，教学中开始注意理论联系实际的问题，曾组织实习团到陕甘宁边区一边工作，一边调查研究，使学员和干部了解边区的实际情况，以及共产党的政策主张在实际工作中贯彻执行的情况。党校学员大量增加，发展到 30 多个班。另外，发扬"自力更生"精神，自建了校舍和大礼堂。毛泽东曾为大礼堂题词"实事求是"。

为了适应全党整风的需要，中央党校先后进行了两次改组。

第一次改组始于 1941 年 12 月。党校教育长彭真受中央委托，起草了《中央党校计划》，规定了中央党校的性质和培养目标，规定了学员的条件、来源、待遇及学习年限、课程安排等问题。经请示中共中央和毛泽东，"实事求是"被确定为中央党校的校训。

第二次改组是中共中央政治局于 1942 年 2 月 28 日通过了《关于党校组织及教育方针的新决定》，规定中央党校直属于中共中央书记处，毛泽东负责政治指导，任弼时负责组织指导，时任校长邓发、教育长彭真和林彪组成管理委员会以负责日常工作。延安各机关学校的高级干部共 300～400 人参加了中央党校的学习。据此，中共中央对党校进行了彻底改组。1942 年 3 月 11 日，中共中央做出《关于中央党校学生入学与调动问题的规定》，从组织上保证了党校整风学习的正常进行。同年 4 月 3 日，中共中央宣传部做出了《关于在延安讨论中央决定及毛泽东同志整顿三风报告的决定》（即"四三决定"），对全党整风进行了全面、具体部署。中央党校认真贯彻决定精神，在全校组织领导了整风学习的任务。学员积极认真开展学习，顺利完成了学习任务。

经过两次改组，组织开展整风学习成为中央党校的中心任务。这次整风学习从 1942 年中央发布"四三决定"算起进行了三年，前后经历了以下三个阶段。

第一阶段的主要任务是精读文件。首先学习整顿学风的文件，其次学习整顿党风的文件，再次学习整顿文风的文件，最后进行总结。

第二阶段的任务是在精读文件的基础上联系实际，检查自己的思想、工作和历史。学员之间开展批评和自我批评，写好自己的思想工作总结，从而提高认识、改进工作。

第三阶段的任务是围绕中共党史中两条路线问题开展学习和讨论。具体地说，以 1931 年年初到 1934 年间党的路线斗争为中心，展开历史学习。广大学员对共产党内的路线斗争有了一定的认识。

中共中央党校改组初毕，设有两个部。第一部主任为古大存，副主任为刘芝明，学员为地委、旅级以上干部和少数地委以下的七大代表，军事学院高级班并入第一部。第二部主任为张鼎丞，副主任为安子文，学员为县团级干部。此后陆续增设，共 6 个部。1942 年 2 月 1 日，毛泽东出席中央党校的开学典礼，并做了《整顿学风党风文风》报告，提出了关于整风的任务、步骤和方法等，明确指出反对主观主义、宗派主义、党八股，整顿学风、党风、文风。该报告成为延安整风运动普遍开展的重要标志，后来编入《毛泽东选集》，题为《整顿党的作风》。1943 年 3 月，中共中央决定由中央宣传委员会主管中央党校，毛泽东兼任校长，彭真为副校长，具体负责中央党校整风学习的组织领导和思想领导。毛泽东充分利用党校这个阵地，对党内的"左"倾思想、教条主义进行了批判，坚持以马列主义基本原理与中国具体实际相结合的方针教育干部，培养了大批领导骨干和理论工作者。1943 年 5 月 4 日，中共中央研究院并入中央党校，为第三部，主任为郭述申，副主任为张如心和阎达开，学员大多是知识分子或文化理论工作者。同时，成立第四部，主任为张启龙，副主任为程世才，学员大多是从二部学员中分流过来的文化程度较低的地委、旅级以上工农干部。1944 年年初，西北局党校并入中央党校，成为第五部和第六部。第五部主任为白栋材，副主任为强晓初，学员以陕甘宁边区的县、区级干部为主，也有部分经过长征的团营级干部。第六部主任为马国瑞，副主任为郭云亭，学员是从敌后和国民党统治区来的县、区级干部和青年知识分子。六个部的学员总数达 3000 多人。

抗日战争时期的中共中央党校发扬了理论联系实际的学风，在学习方法、学习内容上都有很大的改进，作为中国共产党的最高学府，自成立以来就为党的干部培养做出了卓越的贡献，并为此后中央党校的建设和发展奠定了基础。

2. 中国人民抗日军事政治大学

中国人民抗日军事政治大学（以下简称"抗大"）是陕北第一所正规大学，隶属于中共中央军事委员会，在第二次国共合作时期得到了国民党政府的批准而成立，抗日战争期间蜚声海内外。其前身是 1931 年创建于江西瑞金的中国红军学校，1933 年扩建为中国工农红军大学，1934 年改编为"干部团"，随中央红军长征。到达陕北后，于 1936 年 2 月，与陕甘宁苏区的红军军事政治学校合并，成立了新的红军干部学校。6月，在瓦窑堡扩建为"西北抗日红军大学"，后改名为"中国人民抗日军事政治大学"，由毛泽东任教育委员会主席，林彪任校长。1937年1月迁至延安。

抗大总校办学9年，前后经历了延安办学阶段（1936年6月至1939年7月）、华北敌后办学阶段（1939年8月至1943年2月）和陕北绥德办学阶段（1943年3月至1945年9月）三个历史阶段。抗大总校共招生8期，表3-2为具体开展情况。

表 3-2　中国人民抗日军事政治大学各期开办情况

开办期数	开学时间	学员数/人	开办情况
第一期	1936年6月1日	1063	学员分成3个科9个队。第一科培训团以上军事干部，编为1队，全部来自中央红军和红十五军团，大部分是经过长征锻炼的部队骨干。第二科培训营连级干部，编为2个队。第三科培训班、排干部和部分老战士，编为6个队，驻甘肃环县。培训基本上军事与政治并重，设有哲学、政治经济学、马列主义、国内外形势、毛泽东的军事思想、游击战术、近战夜战及射击刺杀等课程。著名学员有林彪、罗荣桓、罗瑞卿、彭雪枫、谭政、杨成武、陈光、张爱萍、黄永胜、刘亚楼、耿飚、杨立三、张经武、苏振华、贺晋年等。

续表

开办期数	开学时间	学员数/人	开办情况
第二期	1937年1月20日	1362	学员中有700多名是来自红军三大主力部队的军政干部，500多名从国统区、敌占区投奔延安的青年学生，组成第四大队，由董必武担任政治委员（大队长为聂鹤亭）；50多名妇女干部组成一个区队，由金维映担任区队长，归直属大队领导。学员们在参加了7个月的学习后，完成学业，走向新的工作、战斗岗位。开设的课程有：毛泽东讲授的哲学、朱德讲授的党建、董必武讲授的中国现代革命史、张闻天讲授的中国问题、秦邦宪讲授的马列主义基础等。在第二期，毛泽东为抗大制定了"坚定正确的政治方向，艰苦奋斗的工作作风，灵活机动的战略战术"的教育方针和"团结、紧张、严肃、活泼"的校训，要求抗大继承黄埔的精神，完成黄埔未完成的任务，在第二次大革命中也成为主导力量，即要争取中华民族的独立解放。著名学员有何长工、胡耀邦、姬鹏飞、周子昆、邵式平、张际春等。
第三期	1937年8月1日	1272	学员中知识青年的比例超过1/3。学员建设校舍、修校园公路，为抗大解决了校舍、公路问题。

续表

开办 期数	开学 时间	学员数 /人	开办情况
第四期	1938年 4月16日	5562	除了延安校本部之外，在延安附近和瓦窑堡、庆阳、洛川、蟠龙等地设立了8个分校。学员的来源比前几期都广，有八路军、新四军等正规部队干部、国统区和敌占区来的地下党干部、地方基层行政领导、工人运动干部、政治工作干部和占第四期总学员人数83%的青年知识分子。还有女生600多人，单独成立大队，毛泽东、贺龙、徐特立等领导同志参加了女生大队成立大会。本期制定了《抗大组织条令》，规定教育方法上强调"少而精"、理论与实际并重、理论与实际联系、智力与体力统一、军事与政治之适当配合，采用革命批判的教授制度、自觉遵守的管理制度及集体互助的学习制度等。学员学习时按工作性质编队，如政治工作训练队、区队长训练队、参谋训练队、敌军工作训练队、工人大队等。
第五期	1939年 1月28日	4962	此时全校学员总数13392人，以国统区、敌占区投奔革命的青年知识分子为主，办学规模空前扩大。同年7月10日，在罗瑞卿副校长的率领下，以"八路军第八纵队"的名义开赴华北敌后办学，有力地配合了抗日武装斗争。

续表

开办 期数	开学 时间	学员数 /人	开办情况
第六期	1940 年 4 月 15 日	—	学生来源转为以工人、农民、军队干部为主，青年知识分子数量大为减少。
第七期	1941 年 1 月 28 日	—	
第八期	1942 年 5 月 1 日	—	学习时间长达 3 年半。

（资料来源见吴林根：《中国共产党干部教育九十年》，106～107 页，上海，东方出版中心，2011。）

注："—"表示未获得数据。

在教学计划方面，抗大根据教学对象、教学任务、教学时间等条件而制定。例如，抗大第一期学员全部是红军干部，有较丰富的斗争经验和一定的自学能力。因此，制订教学计划实行军事和政治并重。第四、第五期知识青年占大多数，因此着重进行马克思列宁主义基本理论和政治思想教育。第八期主要是野战部队和地方机关的干部，实际工作经验和政治水平较高，文化程度偏低，因此除进行政治思想教育外，主要进行文化教育。

在课程设置方面，课程主要分政治、军事、文化三大类。政治课开设马克思主义基本理论、中国问题、社会科学概论、哲学、政治工作等；军事课开设游击战争、战略战术、炮兵、测绘、地形、射击、救护等；文化课开设地理常识、自然常识、算术、日文等。

在教学原则方面，抗大坚持"教育为抗战服务"的总方针，遵循"少而精""理论联系实际""教育与生产劳动相结合"等教育原则。教授内容时将问题与中国革命的实际和学员接受水平联系起来，与一定的时间、条件联系起来，用事实讲明白道理，用群众语言说明清楚。教学中强调"军事、政治、文化并重"，采用"集体研究讨论""相互帮助学习"等方法，强调动手动脑，师生在学习中口手脑心都被充分地解放出来，从而培养既能文又能武、既能生产又能打仗的全面型革命干部。

另外，抗大还在华北、华中抗日根据地和陕甘宁边区创办了 12 所分校，培养造就了大批德才兼备的军政干部，为中华人民共和国的成立和发展做出了巨大贡献。1945 年 9 月 2 日日本帝国主义无条件投降，抗日战争胜利结束，抗大也完成了自己的历史使命。留校的部分教职员在何长工副校长的率领下奔赴东北，着手筹办东北军政大学。

3. 延安马列学院（中央研究院）

1938 年 5 月 5 日暨马克思诞辰 120 周年纪念日，延安马列学院创办于延安兰家坪。这是中国共产党创办的第一所学习和研究马克思主义理论的干部学校。1941 年 7 月更名为马列研究院，同年 12 月更名为中央研究院，张闻天任院长，王学文、范文澜先后

任副院长，实际工作由中共中央宣传部副部长李维汉主持。同年
12 月 17 日通过的《中共中央关于延安干部学校的决定》明确规定，
中央研究院为培养党的理论干部的高级研究机关，直属中共中央宣
传部。1942 年 1—9 月学校实际工作由罗迈主持，后由凯丰主持。

　　中央研究院开设的课程有：政治经济学、哲学、马列主义
基本问题、党的建设、中国现代革命运动史、世界革命史。除
了重视理论知识，还开设了"策略教育"课，组织学员研究共产
党的方针政策，学习讨论党中央与党的领导机关的各种文件与
指示，并请当地的和外来的负责同志报告各种时事问题，以及
各种实际工作的情况与经验。①毛泽东、周恩来、朱德、刘少
奇、彭德怀、李富春、陈云、董必武、邓小平等多位中共中央
的负责同志均前来做了专题报告。通过"策略教育"，研究院的
学员比较系统地掌握了马克思主义的基本理论，学会了运用马
克思主义的立场、观点和方法来分析问题和解决问题，对共产
党在抗战时期的路线、方针、政策有了比较清楚的了解，极大
地提高了思想政治水平，坚定了共产主义的信念。

　　此外，按分科设室、专家指导的原则，中央研究院设有 9
个研究室：中国政治研究室、中国经济研究室、中国文化思想
研究室、中国历史研究室、中国文艺研究室、中国教育研究室、

---

　　① 吴介民：《延安马列学院回忆录》，17 页，北京，中国社会科学出版社，
1991。

中国新闻研究室、国际问题研究室、俄语研究室。[①]

当时各研究室都完成了许多重要的研究任务。例如，中国文化思想研究室曾在延安整风运动中编辑出版了《马恩列斯思想方法论》一书。又如，中国教育研究室分为三个研究小组，对抗日根据地的教育、国民党统治区的教育和日伪统治区的教育进行了资料收集、整理和研究，编辑了三本有关我、友、敌宣传教育的资料书，为进一步进行教育研究奠定了基础，并召开了有关陶行知和梁漱溟的教育思想讨论会，对这两位教育家的教育思想进行了初步的研究。同时，研究人员董纯才、张健、华子扬都在《解放日报》上发表了有关革命根据地教育的文章，在抗日根据地的教育改革中产生了一定的影响。

从1938年5月开办到1943年5月改组并入中共中央党校，中央研究院共招收过5期学员，前后共招收学员八九百人。学员主要包括参加革命战争多年或在国民党统治区做过多年地下工作的老干部，以及"一二·九"运动后入党的知识青年（大多在入学前参加过短期学习），文化水平较高。

需要指出的是，中央研究院在教学和研究中也出现过片面重视理论、轻视实际的缺点。这些缺点在毛泽东做了《改造我们的学习》的报告后，逐步得到克服。

---

① 温济泽、李言、金紫光等：《延安中央研究院回忆录》，7页，北京，中国社会科学出版社，长沙，湖南人民出版社，1984。

整风运动开始后，中央研究院的全体同志投入运动。1943年中央党校改组，中央研究院并入，成为中央党校的三部，从此结束了独立存在的历史。

4. 陕北公学

抗日战争全面爆发后，为了将广大青年培养成抗日干部，1937年7月底，中共中央决定在延安创办陕北公学，由林伯渠、吴玉章、董必武、徐特立、张云逸、成仿吾等人负责筹办，成仿吾任党委书记兼校长，邵式平任教育长，周纯全任政治部主任，后于1938年派李维汉任副党委书记兼副校长。学校实行党组领导下的校长负责制。党总支在党组领导下专管党务工作。

陕北公学与中国人民抗日军事政治大学同为培养抗日干部的学校，但两者在培养目的上各有分工：后者军事课程偏多，主要培训军事干部；前者政治课程偏多，主要培训政治干部。[1]这就要求陕北公学为持久抗战服务，为共产党的政治路线服务。陕北公学的教育方针是"坚持抗战，坚持持久战，坚持统一战线，实行国防教育，培养抗战干部"，校风是"忠诚、团结、紧张、活泼"。政治教育内容主要包括中国共产党关于抗战的路线、方针、政策和基本理论，领导武装斗争的基本知识以及对目前时局的认识，并通过日常政治工作保证教育方针的贯彻、

---

[1] 成仿吾：《战火中的大学——从陕北公学到人民大学的回顾》，26页，北京，人民出版社，2014。

学校教育计划的实现和培养干部任务的完成。政治工作的特点主要有：第一，必须保证共产党对学校的领导；第二，把发展共产党员和加强共产党员思想意识的锻炼作为工作重点，充分发挥党支部的战斗堡垒作用和共产党员的模范带头作用；第三，政治工作在时间上抓得很紧，并且每一个教员和学校工作人员都要做政治工作。另外，采取半军事化编制，注重军事教育和军事训练，专门设置军事课程"游击战争"，有时进行军事演习，并要求学员生活军事化、战斗化。

陕北公学的主要教学活动还包括参加生产劳动。这和当时延安经济困难直接相关，需要学员自己参加生产劳动以改善办学条件；更重要的是，由于陕北公学学员毕业后要到敌后去工作，需要和农民打成一片，因此必须树立起劳动观念，增强劳动能力。为此，学员自己挖窑洞、修道路、盖房子，到后来参加大生产运动。在学员来源上，《陕北公学招生启事》明确规定，学员为身体健康、有志参加抗战、满18岁的青年。因此，学员来源也较广泛，有学生、工人、职员和公务人员，其中不乏自发地从国统区、敌占区投奔而来的青年，甚至还有从缅甸、泰国、马来西亚等地回国参加抗战的华侨。1937年8月，陕北公学开始接收学员，11月1日正式举行开学典礼。第一期学员600多人，按照军事组织形式编为5个学生队，在"队"之下设"分队"，分队之下设"班"。

　　从抗日战争的需要出发，着眼于学员毕业后的实际工作需求，陕北公学的学制分为两种。一为普通班(学生队)，学习期限为 3 个月。课程有：社会科学概论(包括社会发展史、政治经济学)、抗日民族统一战线、游击战争、民众运动等。二为高级研究班(高级队)，学习期限为 1 年，以培养师资为主。课程主要包括：社会科学概论、政治经济学、哲学、中国革命问题、抗日民族统一战线与民众工作、游击战争与军事常识、时事演讲。此外，普通班和高级研究班都设有党课和时事形势讲座，旨在提高学员的共产主义觉悟并增强抗战胜利信心。教材是由教师根据中国共产党的文件和政策，总结自己在过去革命时期的工作经验和理论研究成果，结合抗日战争中的新鲜经验而自主编写的。

　　教学坚持三条原则，分别是：理论与实际相联系、教学内容少而精、教学相长。为贯彻理论与实际相联系的教育原则，陕北公学经常组织学员参加抗日救亡的实际工作，走出学校，到地方政府和群众组织中做政权工作、统一战线工作和群众工作。教学方法以自学为主，重视集体讨论，强调学员间互助，开展先进帮后进的活动。在时间分配上，自学时间多于上课时间。教学常采用上大课的方法，往往是五六百人集中在一个广场，席地而坐，露天学习，每天学习 8 小时，半天上课，半天自习。学员的业余生活丰富多彩，定期举办文娱晚会，经常举办球类比赛、军事演习等。

为加强师资力量，中共中央陆续从国统区抽调一批知名学者和文化名人来校任教。陕北公学初期的主要教员有邵式平、周纯全、何干之、李凡夫、艾思奇、吕骥、徐冰、陈唯实、宋侃夫等。毛泽东、张闻天、陈云、李富春、王若飞等中央领导同志及中央机关干部经常来校讲课或做报告。

1938年7月7日，中共中央决定在关中枸邑县看花宫开办陕北公学分校，李维汉任校长，普通班学员迁往分校进行培养，并从中选拔了一批文化理论水平较高的学员进入高级研究班学习，把他们培养为教员，以此解决分校的师资问题。1939年1月，总校迁至看花宫与分校合并。同年7月，陕北公学与鲁迅艺术学院、安吴堡战时青年训练班、延安工人学校合并组建为华北联合大学，迁往晋察冀抗日根据地，成仿吾任校长。11月，留在延安的原陕北公学恢复重建，此即后期陕公，李维汉任校长，开设政治、经济、文化、国防教育4个系，另有1个研究班，学习期限1年。1941年8月底，陕北公学与中国女子大学、泽东青年干部学校合并为延安大学。

在办学的近四年间，陕北公学始终受到党中央和毛泽东等领导人的高度重视和亲切关怀，培养了大批干部，有力地推动了抗战进程。

5. 延安大学

为了集中力量办学，1941年8月，中共中央决定将陕北公学(后期陕公)、泽东青年干部学校、中国女子大学合并组建延安大学(简称"延大"),直属中央文委领导,以吴玉章为校长,赵毅敏为副校长,设在原中国女子大学旧址,同年9月22日举行开学典礼。这是一所文法理工农多科性综合大学,是陕甘宁边区干部学校中系科设置最全的一所大学。

1943年春,延安大学根据中央指示进行改组,最初设立的5个单位(社会科学院、教育学院、法学院和俄文专修科、英文专修科)合并为3个单位,校部的教育、干部、校务3处紧缩为教干科和总务科,并将各部门的工作人员精简到原有人数的2/3或1/2。4月,鲁迅艺术文学院、自然科学院、新文字干部学校、民族学院并入延安大学。1944年春,延安大学再次改组,直接领导机构由中央文委变更为陕甘宁边区政府,将陕甘宁边区行政学院并入,民族学院和中学部独立分出,校址迁到延安南门外的原行政学院地址,以周扬为校长,王子宜为副校长。

同年5月24日,改组后的开学典礼在边区政府大礼堂举行。毛泽东和朱德都亲临指导。周扬在报告中阐明了开学的意义和今后的办学方针,并强调延安大学在教育方针、学制和课程设置等方面都要切实做到为边区人民服务。毛泽东指示,延安大学是学习政治、经济和文化知识的高等学府。随着抗日战争的胜利,1945年9月,自然科学院全体、鲁迅艺术文学院大部分教职工和学员以及行政学院的大部分学员调出延安大学，延安大学主要留下了行政学院。

在整风运动中，延安大学的组织机构有所调整，于 1944 年 5 月公布《延安大学教育方针及暂行方案》，以"理论与实践的统一，学和用的一致"为基本精神。据此，教育方针和教育原则规定为："一、本校以适应抗战与边区建设的需要培养与提高新民主主义即革命三民主义的政治、经济、文化建设的实际工作干部为目的。二、本校进行中国革命历史与现状的教育，以增进学员革命理论的知识与新民主主义即革命三民主义建设的思想，并进行人生观与思想方法的教育，以培养学员的革命立场与实事求是的工作作风。三、本校教育通过以下各种方式和边区各实际工作部门及实际活动相结合，以期将实际经验提升至理论高度，达到理论与实际的统一，学与用的一致：1. 与边区各有关实际工作部门建立一定的组织上或工作上的联系，各有关实际工作部门负责人，依具体情形，直接参加本校有关院系的教育工作之领导。2. 边区建设各方面政策、方针与经验总结，为本校教学之主要内容，技术课以适应边区建设当前需要为度。3. 本校研究人员有计划有系统地进行边区建设各方面实际问题之研究，并依具体情形定期参加各有关实际工作部门的工作。4. 本校学员在修业期间，定期地分派到各实际工作部门进行实习。四、本校实行教育与生产结合，以有组织的劳动，培养学员的建设精神、劳动习惯和劳动观念。五、本校在教学上实行以自学为基础的集体互助，教员与学员互相学习，并使教员、学员中书本知识与实际经验互相交流；同时发扬教学上的民主，提倡质疑问难，热烈辩论的作风，以培养独立思考与批判的能力。"①

延安大学的招生办法分为招考和轮训两种。招考针对陕甘宁边区内外中学文化程度以上的知识分子，培养他们成为边区的实际工作干部。轮训针对边区区长以上干部，旨在提高现有干部的实际工作水平。学制并非机械规定的，且各院系不完全相同，行政学院学习期限为 2 年，自然科学院为 3 年，鲁迅艺术文学院为 2 年，医药系为 1～2 年。

学校坚持在实际工作中进行教学。具体地说：学用结合。一面学，一面做，从学的过程当中去做，从做的过程中去学；以自学为主，教授为辅。学员在自学的基础上实行集体互助，教员和学员互相学习。在教学上发扬民主精神，教员有教学研究的自由，不同意见可以互相争论，互相批评。学员对教员的讲授也可以提出意见和批评。在教学计划中，校内学习和校外实习并重，各占全部学习时间的 60％和 40％。课程分为全校共同必修课和各院系的专修课两种，分别占总课时的 30％和 70％。另外设置了补助课（即文化课），以适应一部分人的特殊需要。

---

① 《延安大学教育方针及暂行方案》，见教育科学研究所筹备处：《老解放区教育资料选编》，119～120 页，北京，人民教育出版社，1959。

经过学员民主选举，产生学生会。学生会的宗旨是发扬团结友爱精神，努力学习为人民服务的本领，加强自治能力，活跃学员的思想和生活。事实证明，学生会在协助学校完成教学计划和教学任务方面是学校党政领导部门的有力助手。

此外，学校十分重视思想政治工作，旨在使学员树立辩证唯物主义的世界观和革命人生观，确立为人民服务的思想。途径主要包括：政治理论课（学习社会发展史、中国革命运动史以及《新民主主义论》《论联合政府》等毛泽东著作）；时事政策学习（请中央领导同志做报告，或举行讨论会，学习有关报刊社论或重要文章）；组织生活会（以班组为单位，每周举行一次，检讨每个学员的思想和行为，开展批评和自我批评）；个别谈话（教员和学员之间、干部和学员之间、学员与学员之间进行个别谈话，有针对性地解决学员的思想问题或者其他问题，增进了解，建立战斗情谊）；等等。

6. 其他专门干部学校

(1)鲁迅艺术文学院

鲁迅艺术文学院（简称"鲁艺"）是抗日战争时期中国共产党为培养抗战文艺干部和文艺工作者而创办的一所综合性文学艺术学校。

为了发展和壮大延安与各抗日根据地的文化艺术队伍，1938年2月，毛泽东、周恩来、林伯渠、徐特立、成仿吾、艾思奇、周扬等人发起成立鲁迅艺术学院，同年 4 月 10 日在延安正式成立，后于 1940 年更名为"鲁迅艺术文学院"。院长一职先后由康生、吴玉章、周扬担任，副院长为沙可夫、赵毅敏。1939 年夏并入华北联合大学，11 月复校。

鲁艺的教育方针是："以马列主义的理论与立场，在中国新文艺运动的理论基础上，建设中华民族新时代的文艺理论与实际，训练适合今天抗战需要的大批艺术干部，团结与培养新时代的艺术人才，使鲁艺成为实现中共文艺政策的堡垒与核心。"①在培养目标上，毛泽东指出，鲁艺要造就具有远大的理想、丰富的斗争经验和良好的艺术技巧的文艺工作者，并为鲁艺题写校训"紧张、严肃、刻苦、虚心"，题词"抗日的现实主义、革命的浪漫主义"。

鲁艺第一期设戏剧、音乐、美术 3 个系，第二期增设文学系。学制是短期培训性质，最初以 9 个月为一期，分为理论学习、实地实习、返校集中学习 3 个阶段，每 3 个月到学校附近的农村、部队进行一次抗日文艺宣传活动，不定期到机关、学校、部队帮助排戏、组织晚会、教唱革命歌曲，还曾奔赴敌后进行对敌宣传斗争，使理论与实践得到了较好的联系，学员的实际文艺、宣传技能得到迅速提高。

---

① 罗迈：《鲁艺的教育方针与怎样实施教育方针》，见《延安文艺丛书》编委会：《延安文艺丛书》第一卷，786 页，长沙，湖南人民出版社，1984。

为了加强管理，鲁艺成立总队部，下设各个连队，对学员进行军事化管理和军事训练。随着抗日形势的发展，鲁艺逐步走上办学正规化的道路，注重教学质量提高，各系加强专业化理论学习，学习期限延长至 3 年，创作出了一大批在抗日战争时期流传极广、富有震撼力的作品，如歌剧《白毛女》、歌曲《南泥湾》《黄河大合唱》等，对中国现代文化艺术产生了深远影响。

1944 年春，鲁艺并入延安大学。抗日战争胜利后，鲁艺迁往东北，大部分人员与延安文艺界人士组成东北文艺工作团和华北文艺工作团，鲁艺也完成了自己的历史使命。

（2）延安自然科学院

在抗日战争背景下，自然科学运动在陕甘宁边区蓬勃开展。1939 年年末，延安自然科学研究院成立，李富春、陈康白分别任正、副院长。研究院作为协助边区经济建设工作的研究机构，承担着边区的科学研究和教育工作任务，隶属中共中央财经部。1940 年 1 月，研究院改为专门学校，称"延安自然科学院"，主要负责教学工作，承担科学教育任务，先设立中学部，后成立大学部本科，于 1940 年 9 月正式开学，成为中国共产党在延安建立的第一所培养自然科学技术干部的学校。与此同时，延安自然科学研究会成立，以研究为主要任务，承担部分教育工作。

延安自然科学院分大学本科、预科、补习 3 个文化等级，设物理、化学、地矿、生物 4 个系。本科教学按正规的大学计划进行，要求学生的文化程度在高中毕业以上，学制 3 年。预科教学按大学预科要求进行，招收初中毕业生，学制 2 年。补习文化班教学基本按普通中学课程进行，主要招收高中毕业生，来源是延安和革命根据地的烈士后代和革命干部子弟，学制为 3 年。

延安自然科学院的教育工作之所以在当时较为成功，离不开中国共产党的全力支持。

首先，为了办好边区的科学教育，中共中央大力筹措资金、图书和实验仪器，抽调高水平、负责任的教员给学员上课。在资金极为紧张的情况下，周恩来动员宋庆龄等人争取海外国际友人的支援，从香港、桂林、柳州等地购入化学药品、理化仪器和中外文课本。这些教学用具由中共中央南方局领导的地下党员购置后，转运到重庆，再秘密运输到边区，供给自然科学院。[①] 教师队伍由中组部从各机关、部队中选调具有大学文化程度、有科技工作实际经验的人员，共 40 多名。开学前，教室、学生教职工宿舍、图书馆以及各种专业图书、杂志、仪器、设备已大体准备得当。中央在为各系建立简单实验室的基础上，

---

① 司徒慧敏：《周恩来同志为建立自然科学院尽心尽力侧记》，见武衡：《抗日战争时期解放区科学技术发展史资料》第四辑，238～241 页，北京，中国学术出版社，1984。

专门拨款建了一座科学馆。馆内设有当时根据地大学唯一的化学实验室，为专业学习需做的一些定性和定量实验及工业分析提供了较好的实验条件。可见，党为科学教育的发展提供了重要的物质保障。

其次，1941年12月中共中央政治局通过的《中共中央关于延安干部学校的决定》和1942年5月中央书记处专门制定的《文化技术干部待遇条例》，都谈到了在政治、生活层面给予自然科学人才优待的条件。各个单位具体执行这一条例时，给予科学人才的待遇往往比条例规定的要好。例如，陕甘宁边区卫生处便给予甲类医生"每月津贴六十元至八十元"；乙类医生"二十到五十五元不等"；即使是承担医务工作的实习生，"在实习期间一律每月十五元"。[①] 可以说，党为科学人才全身心投入科研事业和科学教育扫除了后顾之忧。

再次，1941年1月，延安自然科学院改由中共中央文化工作委员会领导，徐特立出任院长。他大力提倡学术思想自由、学术讨论自由的学术风气，并提出科学教育机关、科学研究机关、经济建设机关三位一体的办学定位，拟将科学院建设为科学正常发育的园地。在中国共产党的努力下，教员们的主动性

---

① 《陕甘宁边区卫生处关于所属各类技术人员待遇规定的通知》，见陕甘宁边区财政经济史编写组、陕西省档案馆：《抗日战争时期陕甘宁边区财政经济史料摘编》第六编，611页，西安，陕西人民出版社，1981。

和积极性被充分调动起来，他们认真研究教学方法，提高教学质量。不同科目的教师协同开展教学，技术基础课以学生自学为主。为了提高教学质量，师生之间还要互教互学。这种自由探索的科研和教学氛围离不开共产党的鼓励与支持。

最后，为满足生产需求，自然科学院的科学家主动提出"建立科学与技术的统一领导"①，使开展科学教育的机构与边区的其他部门相互配合。随后，中国共产党加强了对科学教育和科学研究的整体领导，统一规划科学教育和生产建设工作。自然科学院先后建起了机械实习工厂、化工实习厂，以及酒精、玻璃、肥皂、制碱等试验性的工厂②，并配合其他生产部门，开展研发试制工作，或是直接参与生产劳动。在这个过程中，自然科学院逐渐探索出了自由研究与集中领导相结合的教育模式。

与此同时，自然科学院也重视科学教育与政治教育之间的融合，开展了具有针对性、多样性的政治教育。这不仅发生在课堂上，也发生在生活中。正是基于扎实的科学教育和深入的政治教育，自然科学院为中华人民共和国培养了一批"又红又

---

① 屈伯传（屈伯川）：《建立科学和技术的统一领导》，载《解放日报》，1941-11-10。

② 许明修：《艰苦创业，为教学和边区建设服务——回忆延安自然科学院机械实习工厂》，见武衡：《抗日战争时期解放区科学技术发展史资料》第一辑，127页，北京，中国学术出版社，1983。

专"的科学人才。作为根据地自然科学的最高学府，以及进行自然科学技术研究的中心，延安自然科学院培养出了中国共产党建立后第一批科学技术干部，培养了230名专门人才，为国家发展做出了重要贡献。

（3）中国女子大学

1939年7月，中国女子大学创办于延安，中共中央政治局在延安的全体委员和延安党政军机关的领导同志，以及从前线回来的八路军、新四军代表均亲临现场参加了学校的开学典礼。校长先后由王明、李富春担任，副校长为柯庆施，政治部主任为孟庆树，教务处主任为张琴秋。中国女子大学"以养成具有斗争理论的基础，革命工作方法，妇女运动专长和相当职业技能等，抗战建国知识的妇女干部为目的"，校训是"紧张的学习，难苦的生活，高尚的道德，互助的作风"。[1] 学校坚持理论和实践统一、集体学习和个人自修并重的教学原则。学生年龄跨度从14岁到21岁，平均20岁左右，文化程度从小学到中学不等。根据文化程度高低，将学生编为8个班：高级研究班（1个）的学员多为红军的女领导干部或来自沦陷区的女高级知识分子，旨在将她们培养成理论水平较高的妇女干部；普通班（6个）的学员多为来自沦陷区的具有中学文化程度的爱国女青年，旨在

---

① 海棱：《中国女子大学》，见中央教育科学研究所：《老解放区教育资料（二）》上册，382、384页，北京，教育科学出版社，1986。

将她们培养成一般的妇女干部；特别班（1 个）的学员多为经过长征，有一定战斗经验，但文化程度较低的妇女干部。

课程有必修课程和选修课程之分。特别班的必修课程有识字课、政治课、妇女工作等。普通班的必修课程主要包括基本理论类（社会发展史、政治经济学、哲学等）和中国革命问题类（中国问题、中国共产党、三民主义等）。以此为基础，高级研究班的必修课程增设马克思主义和党的建设两门。选修课程有外语（俄语、英语、日语、世界语）、新闻学、速记、会计、医药等。此外，所有班级都设有军事课，进行军事训练。

学员除听讲课外，还有比较充裕的时间进行自学、讨论和研究，并在课余时间从事实践活动和劳动。虽然校内设备简陋，但大家都热情饱满，生活紧张而愉快。

在两年多的办学时间里，中国女子大学为中国革命培养了 1000 多名优秀的妇女干部。1941 年 9 月，中国女子大学与其他学校合并组建为延安大学。

（4）延安民族学院

1940 年 8 月，陕北公学（后期陕公）成立民族工作队，后改为少数民族部，1941 年 9 月 18 日，在此基础上，成立延安民族学院，由高岗兼任院长，高克林为副院长，胡震为秘书长，乌兰夫为教育处长，刘春为研究部主任。教学工作紧紧围绕抗日，致力于培养一批军事、政治工作的民族干部。学制 6 年，分为 3

期(初级、中级、高级)，每期学习时间为 2 年。设置的课程有马列主义理论、民族问题、中国问题、汉语文、自然科学常识、历史、地理、算术和军事课程(游击战术和军事技术训练)，另有关于国内外时事形势和抗日战争动态等专题讲座，以及民族问题研究专题课，并为蒙古族和藏族学员开设蒙古文和藏文课程。教学中十分强调理论联系实际。

学员分属不同民族，包括汉族、蒙古族、回族、藏族、彝族、苗族、东乡族等多民族优秀青年，女学员占学员总数的 30％。根据民族和文化程度，延安民族学院将学员编为 4 个班，包括 1 个蒙民班、1 个回民班、2 个各民族混合班，随班配备指导员，各班由学员民主选举产生学习干事。

1943 年，延安民族学院并入延安大学，后于 1944 年春从延安大学分出，迁至定边，与三边师范、三边地委干部训练班合并组建为三边公学，但仍保留延安民族学院的建制。1945 年 3 月，延安民族学院迁往绥蒙地区的城川。1949 年春，延安民族学院迁入北平，后来发展为中央民族学院。

(5)泽东青年干部学校

1939 年 7 月，安吴堡战时青年训练班的部分人员迁往晋察冀抗日根据地，与陕北公学等校合并组建为华北联合大学。翌年 1 月，留在陕甘宁边区的安吴堡战时青年训练班迁回延安。5 月，在此基础上成立泽东青年干部学校，学校旨在培养具有青年运动技能和特长以及独立工作能力的青年工作干部。陈云、冯文彬分别任校长、副校长，主持日常工作。

泽东青年干部学校的学员来自华北、华中、华南等地 20 多个省市，大多数是青年学生，也有教员、农民、工人。入学伊始，300 多名学员被编为 6 个班。高级班（第 1 班）旨在培养县、区级以上的青年工作干部，学员都具有高中以上文化程度以及比较丰富的青年运动工作经验，学习期限 1.5 年。普通班（第 2 班、第 3 班）旨在培养一般的青年工作干部，学员为初中或高小程度的青年，学习期限 1～2 年。陕北干部班（第 4 班）旨在为陕甘宁边区培养从事青年工作的一般干部，招收小学程度的青年，学习期限 1～2 年。军事班（第 5 班）旨在培训地方青年武装干部，学习期限 1～2 年。儿童班（第 6 班）主要学习文化课，学习期限并不固定。

1941 年 9 月，泽东青年干部学校与后期陕公、中国女子大学合并组建为延安大学。

(四)抗日根据地的干部训练班教育

在抗日根据地，党政军各部门为了完成某次大的战斗和工作任务，常常利用战斗和工作的间隙，举办各种类型的训练班，提高干部的认识，统一干部的思想，引导干部正确掌握方针政策，较好地完成各项任务。这种训练班，从时间上来说，从抗战开始到抗战胜利，各部门根据工作需要与可能，都经常开办。从主办部门来说，军事、政治、经济以及文化教育等部门都举办了各种类型的训练班，特别是新开辟的抗日根据地，百事待兴，更需要开办很多训练班。

1. 干部训练班的分类

抗日根据地举办的训练班主要可以分为政治学习类训练班、业务技术类训练班、统一战线类训练班及整顿思想作风类训练班等。

(1)政治学习类训练班

中共中央、各级地方党委及政府做出的方针政策或者决议决定，中央或者各级地方党委与政府的负责人发表的重要讲话或重要文章，各级共产党组织或民主政府都会逐级举办训练班，贯彻党与政府的主张，统一党内同志或全体干部的认识。

这些训练班都是在极端残酷的战争环境中，克服了许多困难举办的，对抗日起到了很大作用。

(2)业务技术类训练班

一个地区的军事、经济、政法或教育文化等部门，需要培训新的或提高原有干部的水平时，就开办一个干部训练班，将干部分批抽调出来进行轮训，传授给他们必要的业务或技术，提升他们的业务技术水平。例如，陕甘宁边区办的行政人员训练班、司法干部训练班，晋察冀边区办的民运干部训练班、邮务训练班、银行会计训练班，鄂豫边区办的汤池农村合作人员训练班，晋冀豫区党委在山西沁县办的文教训练班等。

（3）统一战线类训练班

统一战线类训练班，指在国民党统治区采取统一战线名义或形式创办的训练班。在国民党统治区，由中国共产党领导创办的训练班有很多。例如，1937 年 9 月，西北青年救国联合会决定在陕西省三原县斗口镇创办战时青年训练班，后迁至陕西省泾阳县云阳镇安吴堡，一般称安吴青训班。训练班共办了 9 期。又如，中共中央北方局在太原开办的党员训练班（即中共北方局太原党校），参加学习的有党员 100 多人，由王一夫主持训练班工作。周恩来、刘少奇、彭真、薄一波等都在训练班讲课。还有，1938 年 11 月 25 日蒋介石在南岳召开抗战全面爆发后的第一次军事会议，中国共产党方面有周恩来、叶剑英等参加。会上决定成立南岳游击干部训练班，中共派人帮助训练。训练班每期 3 个月，共办了 7 期。

（4）整顿思想作风类训练班

整顿思想作风类训练班是 1942 年开展整风运动以后，各抗日根据地按照中共中央的指示开办的训练班。

举办训练班是抗日根据地开展干部教育的一个重要形式，也是抗日根据地干部教育工作的一个重要组成部分。抗日根据地通过举办训练班培养了一大批军事、政治、经济、文化等方面的干部，创造了丰富的教育经验，值得后人继承和借鉴。

2. 干部训练班教育的特点

抗战时期的干部训练班目的明确、短期速成、机动灵活、简单易行，已经成为大量培训新干部、提高干部思想水平和工作能力的重要的教育形式。大体上讲，抗日根据地举办的训练班具有以下共同特点。

第一，学习时间比较短。每期时间长则几个月；时间短则十几天，甚至七八天、三五天。

第二，依据工作和学习需要开办训练班。在工作中需要解决什么问题，就办什么样的问题的训练班。训练班的学习常常是和自己从事的工作密切结合的，训练班经常是把工作中所遇到的问题，提出来研究和讨论，结合工作的经验，推动工作的前进。同时，训练班的内容随着训练班性质的不同而不同。但是，不论什么类型的训练班，政治教育和形势任务报告是共同必有的，各地训练班常常请当地党、军、政领导人做这方面的工作报告。

第三，开办训练班突破了物质条件和教师条件的限制。许多领导干部把办训练班看作工作的一个重要组成部分。只要感到工作需要，就可以马上办个训练班。如果物质条件不允许，借用当地老乡的几间房子作为宿舍和讲堂就可以办起来。没有讲堂就在屋外的空地上课和做报告，不用课桌课椅，吃自带的干粮。如果没有专职教员，领导人就能胜任负责。

第四，教学方法的选择取决于训练班的办班宗旨和教学内容。主要采用讲授、集体讨论、典型报告及参观访问的教学方法。讲授和集体讨论较容易理解，讲授由领导人或教员负责。讲授前，教员一般会了解学员在思想、文化水平、工作困难等方面的情况，在讲授完内容后，又会组织学员开展集体讨论。集体讨论的目的不仅是要学员深入领会讲授的内容，而且更重要的是要将所学内容与实际情况结合起来，研究理论的可行性，许多学员在这个环节中都能够提出创造性的意见。典型报告，即针对典型案例进行报告。参加训练班学习的学员多是来自同一工作岗位的干部，他们往往会遇到共同的问题。成功的经验或失败的教训，对指导学员解决实际问题具有很大的借鉴作用。参观访问，一般在典型事件基础上进行参观学习或实地访问。训练班由于学习时间短，如果有好的典型事例，在训练班驻地附近且同这个训练班的教学内容有密切的联系，就组织学员去参观访问，在此基础上结合实际找差距、想办法，进而有力地推动了工作。

抗战过程中，各抗日根据地的许多机关和部门运用训练班这种教育形式，培训出了军事、政治、经济、文化教育等方面的大批干部，推动了抗战工作的前进。

3. 各抗日根据地的干部训练班教育

抗日战争全面爆发后，各抗日根据地的建立与发展急需干部。为适应这种形势需求，无论是在职干部还是知识青年，都需要通过短期培训转变思想，进而实现党的战略方针的转变。[①]各抗日根据地的干部训练班教育随即发展了起来，且呈现出各自的特点。

（1）陕甘宁边区的干部训练班教育

抗日战争时期，陕甘宁边区的干部训练班教育主要采取两种方式：一种是干部学校附设短期干部训练班培训专业人员，另一种是专业人员创办训练班培训专业人员。陕甘宁边区的干部训练班主要包括行政人员训练班、司法干部训练班、边区合作社干部训练班、保安干部训练班等。

行政人员训练班是由 1939 年第二次边区政府委员会会议研究决定创办的。学员主要为在职的县级科长、科员、区助理员，要求能识 500 字以上。

司法干部训练班是边区高等法院主办的。训练时间一般为 3 个月或 4 个月。每期开学都举行开学典礼。例如，1939 年 8 月 1 日举行的开学典礼，边区高等法院院长雷经天专门到会讲话，指出要把"廉洁公正，果断详慎"作为司法工作的准绳。课程内容包括政治、司法行政、法学概论、刑法述要、民法述要、刑事审判实务、民事审判实务、边区法令、看守工作、书记工作、

---

① 栗洪武：《陕甘宁边区"干校教育模式"及其影响》，载《高等教育研究》，2005(7)。

司法公文程式、国文、统计、法医学等，涉及方面较多。教材由教员根据提纲编写成讲义或专门著述。第一期学员多是边区各县的审判员，共 26 人；第二期学员多是边区的书记员，共 13 人。各课程教员由边区高等法院各行政部门的负责人兼任，训练效果较好。

边区合作社干部训练班是 1940 年 3 月由边区政府建设厅主持开办的。训练时间为 2 个月。课程内容有政治、边区合作社问题、合作须知、报纸上各重要问题、消费合作经营、文化、特约讲演等。第一期招收学员 54 人，多是各县合作社主任或区合作社主任。另外，建设厅还于 1940 年 2 月主办了工程干部训练班，培训了 13 名学员。这些训练班都有很强的专业性，依靠主管部门主办，是最经济、最有效的办学方法。

保安干部训练班分为专门训练地方保安干部的训练班和培训外来保安干部的训练班两种。训练地方保安干部的训练班，培养对象是县保安科员、区保安助理员，课程内容包括党的建设、秘密工作、侦察工作、审讯工作、文化课等。第一期 30 人，时间为 6 个月，课程学完后实习 3 个月。第二期 43 人，时间为 3 个月。培训外来保安干部的训练班，学员多系初中以上文化程度，课程有党的建设、秘密工作常识、侦探常识、反托派斗争、兵器常识、拍照技术等。第一期 33 人，时间为 6 个月，课程学完后实习 3 个月。第二期 30 人，时间为 3 个月，课程相比第一期增加了日文。

除此以外，还有培训群众工作干部的训练班，如边区青年救国会主办的青工干部训练班、边区总工会主办的工会干部训练班、边区妇女联合会主办的妇女干部训练班等。另外，边区教育厅也常常举办中小学教员暑期训练班、冬学教员训练班等。

(2)华北抗日根据地的干部训练班教育

晋察冀边区开办的干部训练班形式多样，包括提高干部业务和文化水平的训练班、临时举办的"一事一训"的训练班。学习时间1～2个月，学习内容比较灵活，包括问题、工作任务、学习业务等，可以随时调整。

晋冀鲁豫边区八路军办的训练班也有很多。比如，1937年11月八路军驻晋办事处在临汾办的"学兵队"；1938年在阳城建立的晋豫边八路军晋南军政干部学校，同年12月在阳城办起来的华北军政干部训练班；1939年4月建立的鲁西抗日军政干部学校；等等。由边区党政机关办的抗日干部训练班或干部学校很普遍，边区各县及部分专区都办起了这类学校，主要培训基层各种干部，还培训救亡团体与自卫队的干部。

(3)华中抗日根据地的干部训练班教育

抗日战争时期，华中抗日根据地为适应革命形势需要，开办了很多训练班，包括军政干部训练班、党员干部训练班、青年干部训练班等。

　　豫东各地开展了很多干部训练班。在中共豫东特委的统一部署下，1937年到1939年年初，西华、扶沟、沈丘、周口等地先后举办了多次抗日干部训练班。其中西华县的抗日干部训练班在周季方、王学武、路岩岭等的主持下，共办了6期，培训干部800多人。1938年2月，在淮阳由沈东平、刘作孚、郝九亭等主持举办的训练班，参加学习的有900多人。1938年6月，在扶沟县由魏凤楼、王清锋、王少庸等主持举办的训练班有400多人。1938年夏，在周口地区由刘莪青等负责办了3期训练班，200多人参加学习。1938年10月到12月，由鹿邑县县长魏凤楼和张爱萍负责，在鹿邑书院办了3期干部训练班，培养干部400多人。

　　另外，皖东北青年干部训练班也办得不错。1937年8月，上海党组织派遣朱伯庸、戴纪亢等人，到安徽东北部开展抗日救亡活动，主要是对国民党头面人物开展统战工作。泗县县长黎纯一思想进步，愿意抗战。朱伯庸、戴纪亢等人很快取得黎纯一的信任，担任了泗县政训处的正、副主任。他们利用这一便利条件，于1937年年底开办了青年干部训练班，招收在校中学生和社会进步青年，毕业后分配到共产党控制的县大队和其他部门工作，还送了一些毕业生到皖东北共产党领导的武装部队。干部训练班共办了2期，于1938年10月结束，训练青年干部 200 多人。

(4)华南抗日根据地的干部训练班教育

华南抗日根据地以琼崖纵队、东江纵队为主，从一开始就相当重视游击队的教育，特别是干部教育。早在云龙改编后不久，即于 1938 年 2 月建立随营军政训练班，积极培训游击队中下级干部。1939 年冬，中共琼崖特委和抗日总队就在文昌县琼山老区和澄迈县美合地区办起了随营军政干部训练班，共办了4 期。

广东惠阳、东莞的中共党组织及其领导下的抗日游击武装，把干部教育工作放在头等重要的地位。当惠宝人民游击队初建时，为加强部队的建设，中共广东省委派来了几位经过长征的老红军干部组成"教师团"，开办了党员干部游击战术训练班。

4. 国共合作背景下的干部训练班教育

国共两党的第二次合作，促使全国各民族、各阶级、各政党联合共同抗日的大好形势出现。在干部教育培训领域，继国共合作开办黄埔军校之后，中国共产党一方面协助国民党训练中央军军官，另一方面宣传了中国共产党的抗日方针和政策，培养出了一大批抗日青年干部，广泛撒播了革命的种子，对夺取抗日战争的胜利及其之后的解放战争的胜利产生了深远的影响。其中干部训练班教育最著名的有南岳游击干部训练班和山西牺盟会军政训练班。

(1)南岳游击干部训练班

南岳游击干部训练班是在抗战最危急关头国共两党联手培养抗日游击干部的一次尝试，也是国共两党合作最具体的行动之一。1938年10月，朱德在蒋介石于武汉召开的高级将领会上正式提出国共合作举办游击战训练班的建议。

1939年2月15日，游击干部训练班在南岳正式开学，称为"军事委员会游击干部训练班"，以汤恩伯为主任，叶剑英为副主任。不久，更名为"军事委员会军训部游击干部训练班"，中共中央派出李涛(少将)、边章五(少将)、薛子正、吴奚如、李伯崇五位教官，江竹筠(女)、刘澄清等少数工作人员。1939年4月，由李默庵代理教育长。游击干部训练班的设立主要是为了适应游击战的需要，培养大批强有力的游击干部，深入敌后，开展游击战争，以打击敌人在占领区内的政治、经济、军事活动。

南岳游击干部训练班本部设在南岳圣经学校。该班第一期于1939年2月15日开学，5月15日举行毕业典礼。学员多是国民党的中下级军官，也有抗战初期招收的青年学生。训练时间为3个月，课程时间比例是：军事课程占教学总时间的55%(学科占47%，术科占53%)，政治课程占45%。军事教育以游击战争、游击战术和爆破技术为主，政治教育以民众运动和游击战争政治工作为主。南岳游击干部训练班前后共办了 7 期，培训学员 5659 名。其中前三期是国共合办；第一期学员编为 8 个中队，共 1046 人；第三期于 1940 年 3 月结束后，中共参加办学的人员全部撤出。[①]

中共人员虽然参与南岳游击干部训练班工作的时间不长，但他们在训练班宣传了毛泽东《论持久战》的思想及中国共产党的抗日救国路线、方针和政策，比较系统地讲授了抗日游击战争的战略战术，对参训的国民党军官和进步的青年学员都产生了积极的影响，对巩固和扩大抗日民族统一战线起了积极作用。[②]

(2)山西牺盟会军政训练班

1935 年 12 月瓦窑堡会议之后，中央决定派刘少奇以中共中央代表的名义去华北主持北方局工作，贯彻瓦窑堡会议精神，推动华北抗日运动的兴起。中共中央和北方局非常重视山西的战略地位和争取阎锡山的工作。红军东征回师发表"五五通电"（即《停战议和一致抗日通电》），明确表达了中共愿意与阎锡山联合抗日的愿望；毛泽东等中央领导人给阎锡山写信，再次表示红军愿意合作。面临日本侵略军的进逼形势，阎锡山为维持

---

① 李小三：《中国共产党干部教育简史》，135～136 页，北京，中共党史出版社，2009。

② 张腾霄：《中国共产党的干部教育：抗日战争时期》，439～444 页，北京，中国人民大学出版社，1988。

在山西的军阀统治地位，暂时顺应人民群众的抗日要求，实行了联共、抗日、护蒋的路线。1936 年 9 月，阎锡山支持一批抗日青年组织一支新力量的要求，同意建立"山西牺牲救国同盟会"（以下简称"牺盟会"）。

1936 年秋，阎锡山邀请薄一波回山西"共策保晋大业"。薄一波等公开工委的同志到山西后，接办和改组了牺盟会，成立了新的工作班子，使 7 个常委中有 6 个是秘密共产党员，并将主要力量放到培训干部工作上。

其中，军政训练班是经由阎锡山的自强救国同志会军政训练班改组而成的，编制从 4 个连扩充为 12 个连。地址在太原国民师范学校。各连配备了政治指导员。学员多数是全国各地流亡山西的爱国知识青年，也有被阎锡山释放的"政治犯"与红军东征时被阎锡山军队俘虏的"红小鬼"。教学计划内容包括军事训练和政治教育，政治教育内容主要以抗日救亡为中心，还组织各种宣传队到街头、厂矿、农村进行宣传活动。[①] 1937 年 4 月，学员结业后被分配到山西新军（即决死队、工卫旅）和山西各县的牺盟会中工作。抗日战争全面爆发后，他们参加了晋察冀边区、晋绥边区和太行区、太岳区等华北各个抗日根据地的创建工作。

---

　　① 王生甫：《抗日战争中的牺盟会》，144 页，山西省文史研究室内部印刷，1984。

村政协助员训练班是在 1936 年 12 月开办的，共办了 2 期，每期时间约半个月，共训练了 1000 多名临时村政协助员。他们被派到乡下进行抗日的宣传动员工作。这些经过训练的村政协助员仅用 3 个月时间就发展了 20 万名牺盟会会员。

牺盟会特派员训练班，以军政训练班第七连为基础改建而成。大部分是被释放的"政治犯"和被俘的"红小鬼"，一部分是村政协助员训练班的工作能力较强的人员。1937 年 4 月前后，有 180 多名牺盟会特派员被派到各地去建立和整顿牺盟会组织。

另外，还有前后共举办 10 个团的国民兵军官教导团、成立于 1936 年年底的民训干部团及训练基层军事干部的军士训练团等。

四、解放区的干部教育

全国解放战争是 1945 年 8 月至 1949 年 9 月中国人民解放军在中国共产党的领导和广大人民群众的支援下，为推翻国民党反动统治、解放全中国而进行的战争。解放战争时期是中国共产党及其领导的革命力量与国民党反动派进行决定中国发展前途与命运最后决战的时期。战争进入战略反攻阶段后，中国共产党开始着手筹建新中国。

此时，对干部队伍提出的需求与干部的数量、质量之间的矛盾凸显。如何解决，要从新、老干部下手，既要使老干部能够适应新形势，又要积极培养新干部，干部教育任务空前繁重。

毛泽东也注意到干部教育的问题，对此做出批示，"干部教育第一"的政策继续得以贯彻下去，各类干部学校也纷纷建立起来，有力地支持了干部教育事业的发展。

(一)解放区干部教育的背景与任务

1. 干部队伍的大规模调整

随着解放战争的迅猛发展，干部短缺问题日益凸显。这迫使中国共产党认真考虑如何健全干部队伍，其主要通过两种方式：一是先后进行几次大规模的干部调动，二是采取了一系列的措施加强对干部的培养、培训。

(1)实施"向北发展，向南防御"战略

抗战胜利后，国共进行重庆谈判，但是蒋介石假和平之心昭然若揭。"向北发展，向南防御"是中国共产党综合分析当时形势做出的战略决策。为贯彻这一决策，党中央向各地调动干部，仅抗战胜利到 1946 年年底，就调动干部达 10000 人次以上。

　　"向北发展"战略的核心是将干部调往东北，截至 1946 年年底，调往东北的干部约占调动干部总数的一半。1945 年 9 月 17 日，《中央关于确定向北推进向南防御的战略方针致中共赴渝谈判代表团电》强调了东北地区的战略意义以及实施"向北推进，向南防御"战略方针的必要性和重要性。① 为此，中央政治局决定成立中共中央东北局，以彭真为书记，林彪为副书记，立即奔赴东北，还派出为数众多的中央委员和中央候补委员前往东北。

　　为了加强东北的军事力量，中央同时决定调动 10 万主力、2 万干部以及可以组建 100 个团的军事干部进入东北。这些主力部队主要来自山东解放区和新四军。而干部主要是从各解放区抽调的，其中延安抽调得最多，达 5000 多人，晋冀鲁豫、晋察冀、山东、华中等都超过 1000 人。

　　"向南防御"战略的核心是将中国共产党领导的南方军队撤到长江以北，暂时让出南方 8 个解放区。"向南防御"的实施，使解放军主力避免了在长江以南被占优势的敌人各个击破的危险，同时能够集中力量，使人民解放军首先进入东北，使华北、华中根据地得以巩固，并且有力地支援了重庆谈判。

---

　　① 《中央关于确定向北推进向南防御的战略方针致中共赴渝谈判代表团电》，见中央档案馆：《中共中央文件选集》第十五册，278～279 页，北京，中共中央党校出版社，1991。

(2) 为在全国范围内执政做准备

1948 年秋，解放军以摧枯拉朽之势打败了国民党军队，全国解放形势进展迅猛，中共中央开始为全国执政进行准备。干部问题也再一次被提上日程，干部安排必须跟上解放战争形势的发展。

1948 年 10 月，《中央关于准备夺取全国政权所需要的全部干部的决议》颁布。该决议估计了战争局势，认为未来四年新政权将涵盖 3 亿多人口，1000 个左右的县市。《中央关于准备夺取全国政权所需要的全部干部的决议》根据新解放区的经验，估算了从区到中央五级行政区以及大城市可能所需的干部人数，预计 53000 人。如此庞大的干部队伍需要全国干部的大调动，文件决定干部调动分两期进行，第一期完成三分之二，第二期完成剩下的三分之一，预计 1949 年 12 月全部完成。尽管抽调干部的任务异常艰巨，但是各解放区还是积极响应中共中央的要求，保证完成干部抽调工作，并对抽调干部的家属给予优待，解除抽调干部的顾虑。

解放战争中三大战役的顺利进行，要求加快干部抽调的步伐。1949 年 5 月，党中央预测当年占领西南各省的可能性很大，这些地方急需干部。于是党中央决定一方面继续抽调干部支援西南各省，另一方面要求广东、广西和云南自筹干部。6 月 11日，《中央关于准备抽调三万八千名干部问题的指示》对原来的干部抽调做出新的安排，主要变化是西北原抽调干部三分之二留下自用，并且从华北抽调干部，补充西北干部队伍；对西南地区干部的抽调工作进行分工，由包括华中局、华北局在内的六个机构负责解决。① 党中央也从中央机关抽调干部，前往南方工作，抽调的主要是对西南情况熟悉的干部。

2. 干部教育的主要任务

抗日战争胜利后，由于国际、国内的种种因素，中国获得了一个进行和平建设的相对有利时机，中国共产党提出了"和平、民主、团结"三大口号并为之付出了巨大的努力。但国民党蒋介石政府假装和平，积极准备内战，中国共产党及时教育人民丢掉幻想和恐惧，制定了准备自卫战争的战略方针。

一是致力于宣传"和平、民主、团结"三大口号。这三大口号是1945年8月23日中央政治局扩大会议上提出的。

首先是在政治上做出重大让步，用实际行动表明中国共产党的和平诚意，争取国民党进步人士和社会各界的支持。1945年8月26日，中共中央政治局会议决定，为了国内和平的实现，在国共谈判时做出一定让步。当天，中央向党内发出通知，说明让步对获取国际舆论和中间派支持的重要性。② 8月28日，

① 《中央关于准备抽调三万八千名干部问题的指示》，见中央档案馆：《中共中央文件选集》第十八册，326～328页，北京，中共中央党校出版社，1992。

② 毛泽东：《中共中央关于同国民党进行和平谈判的通知》，见《毛泽东选集》第四卷，1154页，北京，人民出版社，1991。

毛泽东不顾个人安危，亲赴重庆谈判。10 月 10 日，国共双方代表签订《政府与中共代表会谈纪要》(即"双十协定")，并予以发表。国民党政府接受中共提出的和平建国的基本方针，中国共产党"和平、民主、团结"的口号被全国人民了解和接受，中国共产党赢得了政治上的主动。

其次是利用各种时机、各种方式，如发表宣言、通电、讲话、谈话等，进行正面宣传。8 月 13 日，毛泽东在延安干部会议上所做的报告，运用马克思列宁主义的阶级分析方法，深刻地分析了抗战胜利后中国政治的基本形势，提出了无产阶级的革命策略，指出我们的方针是一方面阻止内战的爆发，另一方面是提前做好应对内战的准备。[①] 8 月 25 日发布的《中共中央对目前时局宣言》对上述观点进行了更加系统的阐述。[②]

二是加强形势教育。抗战胜利后，全国人民都厌恶战争、渴望和平，党内、军内干部也有这样的思想。党内、军内对形势有几个认识：一是和平幻想与麻痹思想；二是恐惧心理，害怕战争。毛泽东在不同场合都指出了这两种认识的错误性，剖析了蒋介石政权的反动本质并提醒我军警惕内战阴谋，坚定相信自身力量。中国共产党和毛泽东用事实打破了党内、军内和

[①]　毛泽东：《抗日战争胜利后的时局和我们的方针》，见《毛泽东选集》第四卷，1125、1134 页，北京，人民出版社，1991。

[②]　《中共中央对目前时局宣言》，见中央档案馆：《中共中央文件选集》第十五册，247～249 页，北京，中共中央党校出版社，1991。

人民群众对蒋介石政权的幻想，鼓舞了人民群众打倒国民党反动统治的信心和勇气。

三是加强政策和策略方面的教育。为了让广大干部了解和支持"向北发展，向南防御"的战略方针，党在干部和战士中进行了广泛的宣传。第一阶段主要是深入宣传进军东北的紧迫性和重要意义，教育干部革命者四海为家，做到自觉服从组织纪律，迅速踏上征程。各部队要求指战员发扬长征精神，不怕刮风下雨，克服一切困难，奋勇前进，赶在敌军前面。同时向部队战士反复说明控制东北的战略意义。进军东北后，东北局和东北民主联军采取多种形式向全体干部和部队宣传"让开大路，占领两厢"的战略，这为建立东北根据地进行了思想准备。到1945 年年底，东北人民军队发展到 28 万多人。

为了阻止内战，中共中央决定部队撤出南方 8 个解放区。为了让广大干部、士兵和民众理解这一战略决策，10 月 1 日新四军发表《关于江南部队北撤事告全体民众书》，随后 18 号又发出《关于加强部队行动转移作战中的政治工作指示》，要求通过思想教育，让广大指战员了解这次北撤对赢取全国和平的重要意义，从而顺利地完成了北撤的任务。

四是加强城市建设和经济管理知识的教育。随着人民解放战争的节节胜利，人民解放军从国民党手中夺取的区域越来越多，建设政权、管理城市、发展经济的任务随之而来，这对干部教育提出了更高的要求。毛泽东在回复第二野战军和第三野战军的电报中对军队接管城市提出了要求，要求军队干部既要善于在城市与资产阶级敌人做斗争，又要学会利用各种因素管理好城市，注意解决城市的经济问题。①

(二)解放区干部教育的工作方针

全国解放战争时期，为积极应对"干部恐慌"问题，"干部教育第一"成为党中央干部教育工作的方针，在此方针指导下，党从思想、政治、军事、业务等方面全面培养干部。

1. 重视干部培养，建立储备制度

培养新干部可以为党的事业输入新鲜的血液，党中央的主要领导人多次在有关指示、报告、讲话中强调这一点。1946年，刘少奇在关于土地问题的指示中指出，在土地改革中要注意培养、提拔干部。1947年6月10日，朱德在冀中军区干部会上，就培养新干部明确做出了指示。他指出，培养干部的方式，是从下面提起来。② 1948年11月，张闻天给《东北日报》起草的一篇社论中也指出要通过培养新干部来解决干部困难的问题。1949年4月，中央军委指示中原局要大胆地提拔干部。同年6

①　毛泽东：《把军队变为工作队》，见《毛泽东选集》第四卷，1405～1406页，北京，人民出版社，1991。

②　朱德：《关于干部问题》，见《朱德选集》，201～202页，北京，人民出版社，1983。

月，中央组织部安子文向毛泽东报告了干部不足的问题，提出要训练新干部。

解放战争期间，东北、华北等解放区主要采取两条途径：一是依托现有学校力量迅速培养、训练干部。陕甘宁边区的中等学校就担负了这样的任务，华北解放区也通过中学、大学来训练干部。这一经验得到了中共中央的肯定，并在各大解放区得到推广。各大解放区也陆续建立新的大学，培养知识青年作为储备干部。二是重点改造中等教育，使之用于干部教育。这在短期培训干部，尤其是基层干部方面收到了立竿见影的效果。1948年年底至1949年年初，就有约20000名村干部经短期培训后提升到区工作。

除了通过学校培训干部，军队内部也自己努力培训干部。主要表现在：第一，创办部队训练机构。1946年11月，总政治部的要求是既要提拔新干部，也要通过创办训练机构来提高干部素质。同年，中央军委将这一要求扩展到团以上部队，要求它们都要成立干部训练机构。第二，训练机构要任务明确，分级管理。一些军区在训练任务分工和培训干部数量上都做了明确而细致的规定，并且要求保证训练时间，做到训练与军事行动两不误。

2. 拓宽选用渠道，扩大培养对象

在受训干部的来源问题上，党中央放松成分限制，注意拓宽渠道，吸收社会各界人士，以不断充实干部队伍。

第一，注意吸收地主富农家庭的知识分子、国民党军区的工人和知识分子等。1948 年 5 月 14 日，中共中央发布了《关于地主、富农、知识分子入伍后改变成分的决定》，提出在培养与提拔干部时要反对唯成分论。1948 年 6 月 20 日中央宣传部给中原局的指示和 7 月 9 日中央关于中原干部问题给中原局的指示，均要求中原局尽可能地大量吸收现在已经决心参加我军的知识分子。1948 年 10 月 10 日，毛泽东起草了《中共中央关于九月会议的通知》，指出："国民党区大城市中有许多工人和知识分子能够参加我们的工作……国民党经济、财政、文化、教育机构中的工作人员，除去反动分子外，我们应当大批地利用。"①

第二，注意吸收、培养和提拔产业工人和职员干部。1948 年 12 月 21 日，《中央关于大量提拔培养产业工人干部的指示》提出：在一切可能的地方，大批地培养、训练和提拔产业工人和职员干部，已成为目前全党性的迫切的中心任务之一。我党必须从一切解放区的产业工人和职员中，立即训练培养和提拔大批的干部，以便能够派遣他们和老干部一起去接管新解放的大城市及大的工商业，并参加党政军各

---

① 毛泽东：《中共中央关于九月会议的通知》，见《毛泽东选集》第四卷，1347 页，北京，人民出版社，1991。

方面的工作。① 党的七届二中全会提出了全心全意依靠工人阶级的政治战略，要求在工人中培养出一批管理企业和管理国家的干部。

第三，重视对党外干部的培养和选拔。当时党认识到了团结城市小资产阶级和民族资产阶级的必要性。毛泽东在党的七届二中全会的报告中说："我们必须把党外大多数民主人士看成和自己的干部一样，同他们诚恳地坦白地商量和解决那些必须商量和解决的问题，给他们工作做，使他们在工作岗位上有职有权，使他们在工作上做出成绩来。"②

第四，注重培养、使用和提拔党和非党的女干部。1948年12月20日发布的《中国共产党中央委员会关于目前解放区农村妇女工作的决定》要求，男女干部工作、教育机会均等，不得歧视女干部，并且照顾到女干部的切身困难，发展保育事业，减轻她们的家庭负担。该决定明确指示发展女党员，对女干部进行培训，并要求女干部积极自觉工作和学习，提高思想和业务水平，树立为人民服务的意识。③

---

① 《中央关于大量提拔培养产业工人干部的指示》，见中央档案馆：《中共中央文件选集》第十七册，609页，北京，中共中央党校出版社，1992。

② 毛泽东：《在中国共产党第七届中央委员会第二次全体会议上的报告》，见《毛泽东选集》第四卷，1437页，北京，人民出版社，1991。

③ 《中国共产党中央委员会关于目前解放区农村妇女工作的决定》，见中央档案馆：《中共中央文件选集》第十七册，592~602页，北京，中共中央党校出版社，1992。

3. "把军队变为工作队"

"把军队变为工作队"①是毛泽东于 1949 年所提出的关于干部储备工作的一大创新。毛泽东希望军队自己解决新解放区的干部问题，而方法就是部队从战斗队向工作队转变。这一思想《在中国共产党第七届中央委员会第二次全体会议上的报告》中得到了具体的阐释。把军队变为工作队是应解放战争新形势的要求，是战斗减少情况下继续发挥军队作用的一种方式。更重要的是，干部缺乏要求 210 万野战军承担起管理地方的责任，要把 210 万野战军看作一个庞大的干部学校。② 这一方针实施后，解放军官兵成为地方干部，解了新解放区"干部恐慌"的燃眉之急。

(三)解放区干部教育的主要形式

和过去一样，解放战争时期的干部教育还是采取在职干部教育、干部学校教育、干部训练班教育相结合的形式。通过将这些教育形式相互补充与结合，教育规模扩大了，教育效果提高了。

1. 在职干部教育

解放战争时期的在职干部教育是在革命战争和工作过程中进行的。随着解放战争的发展，解放区不断扩大，不少地区的

---

① 毛泽东：《把军队变为工作队》，见《毛泽东选集》第四卷，1405～1406 页，北京，人民出版社，1991。

② 毛泽东：《在中国共产党第七届中央委员会第二次全体会议上的报告》，见《毛泽东选集》第四卷，1426 页，北京，人民出版社，1991。

大中城市相继解放，新参加工作的干部增加很多，仅仅依靠干部训练班和干部学校，不能满足干部学习的任务，因此，在职干部教育重新受到重视，并在 1948 年解放军开始战略反攻以后显得日益重要。

然而，中国共产党既要和国民党进行和平谈判，为迎接和平建国准备干部，进行政治的、军事的、经济的、文化的教育，又要准备和国民党反动派进行军事斗争，发动群众，进行土地革命，提高群众的政治思想觉悟程度。在这样复杂紧迫的斗争形势下，对已经建立起来的学习制度，例如，每天学习 2 小时的制度，许多地区并没有坚持下来。但是，不经常学习，干部就无法跟上日新月异的形势和接踵而至的新任务，因此必须重视在职干部的学习问题，工作和学习必须相结合。

为切实加强在职干部的理论学习，各个解放区制定和采取了一些具体措施。由于华北解放区和东北解放区开辟得比较早一些，相对来说也比较巩固，这就为此提供了有利条件。

1948 年 7 月，中共中央西北局发出《关于在职干部学习的指示》，规定了不同文化程度的干部的学习内容。[1] 晋绥边区则要求领导干部也要进行学习，并且对学习内容和方法进行细化。[2]

---

① 皇甫束玉、宋荐戈、龚守静：《中国革命根据地教育纪事》，364 页，北京，教育科学出版社，1989。

② 皇甫束玉、宋荐戈、龚守静：《中国革命根据地教育纪事》，371 页，北京，教育科学出版社，1989。

1948 年 10 月，《东北日报》在一篇社论中号召全党在职干部都要参加学习，这是对人民的责任。[①]

1948 年 11 月，中共华北局发出《关于在职干部教育的决定》[②]，从五个方面做出规定，主要内容包括学习内容选择、学习场所设置、时事与政策结合、学习制度和建立学习委员会。1949 年 4 月，中共西北局宣传部特别就学习党中央的政策文件做出规定。[③]

从上可见，在中共几个中央局的指示推动下，其他解放区也都先后强调了在职干部学习的问题。在这些指示的推动与号召之下，各地普遍开展了在职干部的学习。无论一般干部还是领导干部，文化理论水平高的干部还是文化理论水平低的干部，工农出身的干部还是由蒋管区来的新的干部都投入了学习运动。

这个时期的在职干部学习和过去相比，有着明显的特点或优点。

首先，更加重视马克思主义理论的学习。不少地方组织新干部学习社会发展史，了解社会发展的规律，收到了很好的效

---

① 皇甫束玉、宋荐戈、龚守静：《中国革命根据地教育纪事》，371 页，北京，教育科学出版社，1989。

② 皇甫束玉、宋荐戈、龚守静：《中国革命根据地教育纪事》，374～375 页，北京，教育科学出版社，1989。

③ 皇甫束玉、宋荐戈、龚守静：《中国革命根据地教育纪事》，384 页，北京，教育科学出版社，1989。

果。对于文化水平低的干部，加强了他们文化科学知识的学习，并且不少地方做到了经常化、制度化。

其次，加强时事政策的教育。比如，要求在职干部学习党中央的城市政策文件，这就为进城做好接管工作进行了充分的思想准备。

再次，加强了城市管理知识的学习。现在干部直接将知识和自己的实际工作结合起来了。由于这些学习和工作相结合，或者说是工作的一部分，这就极大地调动了干部学习的积极性与主动性。

最后，根据在职干部学习发展的需要，一些地区建立专门的学习机构，有的地方叫领导小组，有的叫领导学习委员会。在这些组织的领导下，各地逐步建立与健全了学习制度，也有的地方恢复了抗日战争时期每天学习 2 小时的制度，并用考试的方式进行督查。

2. 干部学校教育

解放战争中后期，特别是人民解放军转入战略进攻之后，党的干部缺乏的问题十分严重。党中央把开展学校干部教育视为培养干部的一条重要途径。党培养出大批理论素质较高的、能够适应各条战线工作的干部，为解放战争的胜利做了干部上的准备。

1948 年 10 月 28 日，中共中央做出《中央关于准备夺取全国政权所需要的全部干部的决议》，要求在之前的基础上，继续新办或扩大现有军政学校、中等学校、正规大学或各种专门学校，并对创办和加强各类干部学校提出了具体要求和措施。

解放战争时期党的干部学校的教学方针、内容、方法、学制等均有一定的特点。

解放战争时期干部学校的任务主要是进行马列主义与毛泽东思想教育，使学生了解中国共产党的纲领和政策，体会革命者应有的革命作风。

在办学方针方面，基本上都贯彻了理论联系实际的原则。例如，马列学院将马列主义理论与中国革命实践相结合列为办学方针。华中大学的教育方针是注重提高政治文化水平，使学员初步确立革命的人生观，比较注重思想政治教育和马克思主义理论教育。

在内容方面，主要包括政治思想、文化知识、业务知识和工作方法等。对知识青年学员，着重于政治水平的提高，以理论学习为主；对有一定文化程度的干部，则政治和文化并重，以文化教育辅助政治教育；对文化程度较低的学生则以文化学习为主，将政治内容贯穿在文化学习之中。

在教学方式方法上，许多学校提倡质疑精神。东北大学在这方面的做法尤为明显：一是坚持稳扎稳打的原则。根据学生的政治文化实际水平，实事求是地、有步骤地、有重点地进行教学。二是坚持理论联系实际的原则。课程讲授中关注学生的思想状况，及时纠正错误思想。三是发扬有组织的、有领导的教学民主，使全校教职学员的意见能及时地集中起来，实现集思广益、群策群力的领导方法。有的在课堂教育之外，还有课外集体活动，如墙报、讲演会等。

3. 干部训练班教育

随着人民解放军的节节胜利，各解放区的大中城市一个接一个地解放，去管理城市的干部要学习、了解与掌握共产党的方针政策，要学习城市管理和经济管理等各方面的知识，要学习城市的工作方法。同时，已经解放的广大农村，无论是新解放区还是老解放区，也都急需培养大批政治经济及各种专业干部。只有通过举办大量的训练班，对广大干部进行短期的有针对性的训练，才有可能使他们适应革命和建设形势发展的要求。在中共中央的倡导下，许多大学、干部学校、专门学校普遍采取"抗大式"的训练班的办法，争取和训练了大批知识分子；各中央局、行署、专署和县、区举办了大量的干部训练班。

与此同时，中央有关部门和各中央局、解放区颁发了一系列的指示、文件，对训练班的目的、任务、人数、时间、学习内容、课程、教材等做了详细的规定。

1948 年 10 月 14 日，中共渤海区党委发出《关于县学问题的指示信》。该指示信说，县学是培养乡村级干部的短期训练班，也是提拔新干部的来源之一。[1] 1948 年 11 月 10 日，中共中原局宣传部发出《关于大量吸收训练与使用知识分子的指示》，对训练班的时间、学习内容等做了详细的规定。吸收训练知识分子的目的是"使他们明白共产党与人民必胜，国民党与地主、官僚资本家及美帝国主义必败。国民党的主张、政策、办法是错误的、反动的；共产党的主张、政策、办法是正确的、正义的。使他们明白今后跟着谁走才有出路，知道当前应该作些什么。怎样作法才对。使他们了解劳动人民的可爱可贵，知识分子及（疑应为'用'——编者注）其所学的知识去为劳动人民服务是应该的和光荣的"[2]。

1949 年 8 月 25 日，中宣部对各地的训练班的政治理论教学指定了内容和教材，并要求"各地举办的政治训练班应一律以社会发展史作为基本功课，其中又以劳动创造人类、创造世界、阶级斗争和国家问题为主题，以便改造思想，建立革命的人生观"[3]。

总的来讲，解放战争时期的干部训练班是因时而进的，在

[1]　皇甫束玉、宋荐戈、龚守静：《中国革命根据地教育纪事》，372 页，北京，教育科学出版社，1989。

[2]　皇甫束玉、宋荐戈、龚守静：《中国革命根据地教育纪事》，375 页，北京，教育科学出版社，1989。

[3]　皇甫束玉、宋荐戈、龚守静：《中国革命根据地教育纪事》，400 页，北京，教育科学出版社，1989。

新、老解放区表现形式不同，新解放区侧重思想教育，老解放区则开始注重专业技能培训，另外还重视农村干部的培养。

(四)各解放区干部教育的开展

全国解放战争时期，在中国共产党的领导下，解放区的干部教育得到了迅速蓬勃的发展。在解放战争艰难的战斗间隙，各解放区开展了各种类型的干部教育，主要包括在职干部教育、干部学校教育和干部训练班教育。三种干部教育在各解放区的发展各有特点，且三种教育之间联系密切。其中，干部学校和干部训练班有着共同的特点：一是学习的时间很短，每期只有1年、半年甚至只有几个月的时间。给予学生短期训练后即分配工作。二是招收的学生多是有一定文化程度的知识分子。三是学习期间以思想教育为主，重点是要转变学生的思想，教育他们树立辩证唯物主义的世界观、为人民服务的思想，教育他们学习共产党和人民政府的方针政策、走群众路线的工作方法。所以虽然其中有的称作"学校"，甚至称作"大学"，但实际上都是"抗大式"训练班。而在职干部教育也与干部训练班之间存在共同点，学习时间短和对干部进行思想教育这两点尤为显著。

解放区干部教育的开展，培养了为数众多的革命干部和各种专门人才，为解放战争的胜利和各解放区的建设与发展做出了巨大的贡献，在党的干部教育史上留下了灿烂的光辉。

1. 华北解放区的干部教育

华北解放区的干部教育对各解放区的影响很大。1946 年 5 月 20 日，晋察冀边区行政委员会发布《关于目前教育工作的指示》，提出新时期教育的总方针，是坚定不移地执行新民主主义的方针，并对新时期的干部教育工作做出全面部署："在干部教育方面是培养各项建设人才：办师资训练班与师范学校培养小学教师和初级教育行政干部；创办职业学校培养农业、工业、合作、商业、会计的技术人才和领导干部；举办行政干部学校，提高现任干部政治与业务水平；酌设中学，培养新知识分子；加强在职干部教育，使干部能掌握政策，精通业务，以提高其政治认识与工作效率。"[1]在具体工作上，要求适应和平建设需要，从边区实际需要出发，建立健全教育制度，培养各种干部和建设人才。在教育分工上，师资训练班与师范学校培养教师，职业学校培养各类专业人才，行政干部学校负责提高现任干部政治与业务水平，中等学校主要承担培养未来干部职能，高等学校主要承担现任干部提高职能。在职干部教育着重提高干部思想政治、政策水平与业务能力。

（1）在职干部教育

解放战争期间，华北解放区重视各种形式的在职干部教育，

---

[1]　皇甫束玉、宋荐戈、龚守静：《中国革命根据地教育纪事》，320 页，北京，教育科学出版社，1989。

继续贯彻党的"干部教育重于群众教育""干部教育第一"的方针。随着解放战争的迅速发展，大批知识分子参加了革命队伍，有中学生、大学生、教授和专家学者，其中有进步知识分子、中间知识分子和落后知识分子等。所有这些人都需要认真地接受革命的教育，改造旧的世界，树立革命的世界观。

1946年5月20月，晋察冀边区行政委员会对干部教育工作做出指示："加强在职干部教育，健全学习制度，各级机关领导上，应视为重要任务之一。县级以上机关应指定或特设专人，负责组织在职干部教育与学习，使之能掌握政策，精通业务，以提高其政治认识与工作效率。在机关比较集中的中小城市，各机关可联合举办业余公学或补习学校，政府应予以必要的帮助。"①根据该指示精神，边区进一步加强了在职干部学习。同年6月，冀晋行署召开教育会议，行署主任杨耕田在《冀晋区当前文教工作的方针和任务》中也强调了在职干部教育中政治教育、文化教育的重要性。这些指示既重视政治理论学习，又重视文化学习、业务学习，对于不同的学习对象提出了不同的学习要求。

在职干部教育形式多样，包括在职自学、"以会代训"等。

① 《边委会关于目前教育工作的指示》，见王谦、刘佐秀、宋荣江等：《晋察冀边区教育资料选编·教育方针政策分册》下册，184页，石家庄，河北教育出版社，1990。

在职自学是指按照规定的书目学习，定期考试，专人督促检查。"以会代训"则是把大家组织起来，以开会的形式请领导做报告，而后讨论学习，这种方式时间短、收效快、针对性强，很受欢迎。1948 年 9 月，北岳区党委规定，在职干部的理论、政策学习，采取专人报告、分组讨论的方法。根据区党委每一时期的学习文件，由党委指定能讲通文件的党委委员或其他适当人员，定期报告，然后组织小组讨论，并对讨论中的疑难和争论的问题、不同意见做必要的解答。

（2）干部学校教育

抗日战争胜利后，随着解放区的迅速扩大，党加大了学校干部教育的力度。

当时的中等学校教育普遍带有双重性质，既是干部教育，也是升学深造的预备教育。华北解放区有名的干部学校，主要有晋察冀边区的华北联合大学、晋冀鲁豫边区的北方大学，以及后来由这两所大学合并成立的华北大学。另外还有华北人民革命大学等。

此外，华北解放区的干部学校还有晋察冀军政干部学校、华北军政大学、冀东建国学院、冀鲁豫革命干部学校、冀中"五一"学院、冀鲁豫建国学院、内蒙古军政大学、内蒙古军政学院、冀热辽联合大学、内蒙古自治学院、晋察冀边区行政干部学校、太行区行政干部学校、冀中行政干部学校等。

2. 西北解放区的干部教育

解放战争时期西北解放区主要包括陕甘宁边区和晋绥解放区。1949年2月晋绥解放区并入陕甘宁边区，在解放战争后期又增加了大片新解放区。

（1）在职干部教育和干部训练班教育

解放战争时期，陕甘宁解放区和晋绥解放区的在职干部教育不少时候是结合工作进行的。例如，学习党的某种政策，是利用工作的间隙，或者在工作中集中学习几天，以"以会代训"的方式进行，也开办了多种形式的干部训练班。

解放战争时期，陕甘宁边区直接继承与发扬抗日战争时期延安干部学习的经验，把干部教育放到很重要的地位。不过，干部教育的内容、方式与方法都有许多新的特点，即进一步和土地改革、参军参战等结合起来，在实际中学习书本知识；特别是深入学习党的各种政策，并提到理论的高度来认识，使新、老解放区的工作不受或少受损失。

1946年7月，中共西北中央局指出在职干部学习要反对经验主义，坚决消灭存在于我们执行政策中的某些严重的无组织、无纪律状态；8月，讨论并布置了在职干部学习的组织领导与计划步骤，决定分别成立军事、政府、党民、财政等系统的学习委员会。

1946年9月15日，中共西北中央局做出了边区各机关重新学习新党章的决议，强调要开展自我批评，改造思想，提高工作效能。通过这种学习形式，提高干部对时局的认识和执行政策的水平。

1948 年 7 月 1 日，中共西北中央局再次做出指示：为了迎接解放大西北的胜利，做好恢复边区和开辟新区的工作，认真地、着重地组织大量在职干部，学习中央的路线、政策，总结工作经验。这是当时党的全部领导工作中的一项极其重要的任务。

1949 年 2 月 15 日，中共西北中央局要求在职干部学习党的文件、政策、理论、历史及党的七大通过的《党章总则》等。陕甘宁边区政府响应要求，成立相关的学习组织。这个时期以学习党的政策为主，并顺应形势的发展，及时改变学习的内容。

1949 年 4 月 11 日，中共西北中央局宣传部发出《关于在职干部学习城市政策文件的通知》，进一步调动了干部学习的积极性，因为学习是和工作结合起来的，是和进城结合起来的。通过学习，大多数干部都认识到农村的工作方法不行了，要进一步向城市学习，了解和掌握城市工作的方法。

解放战争中，陕甘宁边区在职干部学习的内容进一步将战争、土改结合起来；在方法上，结合实际问题，利用工作的间隙，不少干部提高了学习的深度和广度。

晋绥边区的在职干部教育主要采取两种形式：一是以会代

训，每当中心工作来了，都要采取会议的形式解决疑难，提高认识；二是各级宣传部门和学委会领导的平时在职学习。各地都规定了每天学习2小时的制度，布置了学习内容，安排了检查和测验方法。例如，静乐县委宣传部于1948年9月布置的3个月学习任务如下。

10月底前，共同学习的内容是：中央关于晋绥整党工作的指示；任弼时同志《关于土地改革中几个问题》和本县土改整党总结；《把解放区的农业生产提高一步》①；科股长以上干部另加学习材料《论主动和完成工作的才干》②。文化程度低和不识字的同志，要学习《晋绥日报》四版和《黑板报》《大众园地》的文章，并有计划地识字，具体任务由各区各机关安排。以上学习内容于10月底测验一次。

11月初到12月底，共同学习内容是：1933年分析两个阶级的文件、关于农业社会主义问答、中央二月指示（老区、半老区）、行署关于填发土地证通知、《论机关人员应如何工作》《人民解放战争两周年总结和第三年的任务》。科股长以上干部增加学习《布尔什维克成功的基本条件之一》《关于南斯拉夫共产党状况的决议》。文化程度低和不识字的同志要求学会写简单的信和看懂通俗的文章。这一时期测验两次，于每月底进行。

---

① 《把解放区的农业生产提高一步》，载《晋绥日报》，1948-08-14。
② 《论主动和完成工作的才干》，载《晋绥日报》，1948-09-13。

到 1949 年 2 月，行署学委会开办了一所在职人员业余补习学校，分文化班和政治班。文化班的主要目的是系统地提高在职干部的文化水平。分初、高两级。高级相当于高小程度，1 年毕业，课程有国文、算术、史地；初级相当于初小程度，2 年毕业。初小一年级的课程有国文、算术，国文内容是识字造句。初小二年级加珠算、国文，要求能写简单的书信和应用文。政治班专门学习革命理论和社会发展的基础知识。文化班每天上课 1 小时，自习 1 小时，政治班每天上课 4 小时，并规定了每两周测验 1 次，每学期总考 1 次，同时建立了自觉与强制相结合的制度与纪律。

这种半脱产的补习学校大大地改善了在职干部的学习状况，迅速有效地提高了干部素质，因此，各专署也纷纷成立在职干部业余补习学校，并延续到中华人民共和国成立初期。

（2）干部学校教育

解放战争初期，陕甘宁边区的中等学校仍带有干部学校性质，1945 年下学期有延安中学、三边公学、陇东中学、米脂中学及子长中学等 7 所中等学校，共有 54 个班级，学生 2852 人。1946 年，其中等教育以文化教育为主，而文化教育又以语文为主。这意味中等教育的性质部分地向普通教育复归。1947 年 11 月又有一个大转变，所有中等学校（除延安大学中学部以外）都改为地方干部学校。1949 年陕甘宁边区共有中学、师范 27 所，学生 8000 余人。

陕甘宁边区在抗日战争时期由中央直接创办的大规模的高级与中级干部学校鼎盛时曾达 17 所之多。抗战后期有的学校并入延安大学。

中共中央西北局除领导陕甘宁、晋绥解放区的干部教育工作外，在解放战争期间还设有直属干部学校和军事政治学校。

中共中央西北局党校于 1945 年 10 月成立，由中共中央党校第五部与第六部重新分出，恢复建制。1948 年 6 月，该校除在本部举办地方干部训练班（招收党员 400 人）外，还分设三院；1949 年 3 月，又在韩城县设立分院；1949 年 5 月迁入西安，改名为西北人民革命干部学校。西北局党校从创办以来，共培养干部 9000 余名。

西北军事政治大学成立于 1948 年 9 月，受西北军区管辖。它是由山西临汾的贺龙中学扩建而成的。先后迁往西安、重庆，在重庆更名为西南军政大学。

此外，还成立过西北医药专门学校、边区妇女职业学校、西北财经学校、西北艺术学校等。

3. 华中解放区的干部教育

抗日战争时期的华中抗日根据地，包括苏北、苏中、淮南、淮北、鄂豫边、皖江、苏南和浙东八大战略区，由中共中央华中局统一领导。

（1）在职干部教育和干部训练班教育

抗日战争时期一面工作、一面学习的制度，许多干部还是坚持下来了，不过，随着斗争的尖锐与残酷，许多地区根据工作的需要，有计划地抽调在职干部参加训练班学习。这时的训练班教育，有时候和在职教育结合进行，有时候和当前的工作结合，取得了较好的效果。

解放战争期间，山东解放区和苏皖解放区坚持了中共中央关于在职干部学习的方针，掀起了在职干部的学习热潮。

1947年下半年，山东解放区全面地开展了土地改革运动，这既为在职干部学习创造了条件，又提出了新的任务。许多干部无论工作任务如何紧迫，一有机会就学习土地改革的文件和中央的指示。1948年1月，山东解放区不少地方在土地改革过程中发生了"左"的错误，为了纠正这些错误，解放区对数万名干部和教师集中轮训，内容主要是学习党的路线纲领的有关文件，以及毛泽东的《目前形势和我们的任务》《在晋绥干部会议上的讲话》等。学习方法是联系自己的思想实际，进行对照检查，开展批评与自我批评，从而纠正对土地改革及形势认识的一些错误观点。这极大地提高了干部的政治思想水平和政策水平。土地改革运动推动了干部学习运动，干部学习运动反过来又推动土地改革运动深入发展。

苏皖边区政府成立以后，仍执行"干部教育第一"的方针。

苏皖各个分区对干部在职教育一般都抓得很紧。在学习组织上，党政军领导机关都建立领导政治学习的机构，干部无一例外地编入学习小组。

同时，山东和苏皖解放区的在职干部教育很注意文化水平不高的工农干部的文化学习。这些干部通过在职学习，不仅能看报纸、写信、看文件，而且极大地提高了政治思想觉悟程度，提高了分析问题、解决问题的能力。

（2）干部学校教育

山东解放区的干部教育事业曾经达到相当大的规模，抗日战争胜利后，各主要根据地按照 1944 年至 1945 年教育改革的精神，旨在使学校正规化。

在抗日战争时期山东解放区没有设大学。解放战争期间，先后接收接管了一批国民党统治区的大专院校，包括国民党政府的山东大学、山东省立工业专科学校、山东省立农学院等。

1945 年 8 月，山东省抗日民主政府开始筹备中国共产党自己的山东大学和华东大学。

山东大学 1946 年 1 月于临沂开学。多数学员来自新解放区及尚在国民政府统治下的青岛、济南、徐州等大城市。第一期招收预科学员 668 名，同时设会计、文化、邮政干部训练班，学员 1200 余人，实行自学辅导制，仍属干部训练班性质。1946 年 5 月，将设在苏皖边区的华中建设大学迁到山东，合并到山东大学，学员增至 1400 人。1946 年 9 月起，本科设政治、经济、文教三系。1948 年 2 月，成立华东建设大学，属中共中央华东局领导。①

华东大学于 1948 年 8 月由中共中央华东局创办，位于潍坊市。1948 年 11 月迁往济南。在刚成立时，设有研究班和预科部两种，区别是学制和招收的学生文化水平不同。学制上，前者为 2 年，后者为 1 年。在招收学生的水平上，前者以高中毕业生或大学肄业生为主，后者则是一般的青年学生。当时，学校的教学方针是转变学生的政治思想。课程内容主要是政治思想教育，如时事教育及毛泽东的《论联合政府》等。教学方式是上大课和分班讨论相结合，在报告中要联系学生的思想实际，联系全国政治形势的发展，然后经过讨论，认真领会精神与实质，提高政治思想水平。1950 年，华东大学除教育学院外，其余部分迁往青岛，并入山东大学。

解放战争后期，还相继成立了一些较为正规的干部学校和专科学校，干部学校属于山东省政府（1949 年 4 月改为山东省人民政府）。山东省政府管辖的干部学校有：山东省教育行政干部学校、山东行政学院、干部学校；属于中等干部学校性质的有：鲁中公学、渤海公学、滨海公学、胶东建国学校、鲁南建国学

---

① 李小三：《中国共产党干部教育简史》，175 页，北京，中共党史出版社，2009。

校。另外还有属于山东军区管辖的军事政治干部学校。专科学校有：山东省立医学院（由白求恩医学院与原山东省立医学院合并改组而成）、山东省工业专科学校（在 1948 年 4 月创办的华东第二高级工业专科学校基础上同其他几所学校合并整编而成）、山东省立农学院（由原农林专科学校等校合并整编而成）、山东省立会计专科学校（由原山东省立商业专门学校等校合并整编而成）。

苏皖解放区在抗日战争时期干部学校教育就相当发达，解放战争初期和后期更是得到一定发展。此外，各类专科学校，尤其是师范学校也相当活跃。

华东军政大学于 1949 年 7 月在南京创立，陈毅兼任校长、政委，共办 3 期。军政大学的目的是培养建设现代化国防军的军政干部。学校坚持理论与实际结合、领导与群众结合两个基本原则，并且贯彻到教学、训练各个活动方面。

华东人民革命大学成立于 1949 年 5 月，由中共中央华东局在江苏镇江新丰镇创立。先后共举办了 5 期。第一、二、三期学员大多数是知识分子，第四期学员绝大多数是华东军政委员会直属、财经、文教、政法四大部门在沪的各机关经过清理的中层留用人员，第五期学员绝大多数是华东军政委员会各机关抽调来的在职工作人员。

此外，1949 年 8 月，共产党在南昌成立了江西八一革命大学，1949 年 3 月成立了浙东革命干部学校，1949 年 9 月成立了湖南人民革命大学，1949 年 11 月成立了福建革命大学，等等。这些干部学校为当地青年知识分子参加革命创造了很好的机会，壮大了革命干部的队伍。

苏皖解放区在原有干部学校基础上改建成立的干部学校有：华中大学、华中建设大学。此外还有华中新闻专科学校、华中建大师范学院、华中公学、工商干部学校、华中供给学校、华中邮政学校、华中行政干校、华中银行总行业务训练班、苏北五分区农纺专门学校、九分区财经专校、盐阜干校、九分区干校、九分区工校、一军分区医校、二分区干校、一分区干校、淮北工业学校、江淮公学、淮南建设学校、苏北建设学校等。

4. 东北解放区的干部教育

东北解放区是抗日战争胜利后新开辟的解放区。1945 年 8 月 9 日苏联进军东北后，原东北抗日民主联军各部就地配合苏军收复失地。同时中共中央、中央军委迅速从关内调动 10 万主力部队、1.2 万名干部，以东北抗日民主联军名义挺进东北。1945 年 9 月 15 日，中央政治局决定成立东北中央局，负责对东北解放区的领导。

东北解放军在东北进军迅速，东北解放区范围不断扩大，迫切需要各级干部。东北工业的复苏也要求更多的管理和技术人员，但是老干部不敷所用，急需新干部来巩固东北解放区，干部教育成为当前关键问题。1947 年 8 月在哈尔滨召开的东北解放区第一次教育会议将干部教育提到国民教育的前面，制定了"干部教育第一，国民教育第二"的方针。

为了填补干部紧缺的空白，东北解放区双管齐下，一是重用老干部，二是提拔新干部，主要是开办各种训练班，注重从群众中选拔人才，委以基层领导工作。

（1）在职干部教育

东北解放区和其他解放区比起来，是新创建的解放区，但干部十分缺乏，特别是中下级干部，因此东北解放区各级党和政府十分重视培养干部工作，包括老的干部和新提拔的干部。

为了提高干部的素质，1948 年 10 月，东北局规定，在职干部学习"坚决执行首长负责，亲自动手，领导骨干同广大群众相结合，一般号召同个别指示相结合"的方针。"各级领导干部，必须真正将加强学习领导，列为经常领导任务之一，并当成思想领导中的重要组成部分。"[1]根据这一指示精神，各级党和政府成立了学习领导机构，并以县以上的中级干部为重点。

1949 年 5 月，东北局、东北行政委员会、东北军区制订了《直属机关在职干部学习计划》，要求把政治学习与业务学习结合起来。

在职干部教育的组织领导方面，东北局、东北行政委员会、

---

[1] 《进一步加强在职干部学习》，载《东北日报》，1948-10-03。

东北军区成立总学委会，各级党和政府成立了学习领导机构，负责检查督促所属单位干部的学习，并要求定期汇报、报告学习情况。同时，根据干部自身的不同情况给予不同的教育，有的侧重政治学习，有的侧重文化学习；有的编入高级班组，有的编入中级或初级班组，使干部学习逐步走向提高和深入。

在学习的内容方面，首先是中央新规定的《共产党宣言》《社会主义从空想到科学》《帝国主义论》《共产主义运动中的"左派"幼稚病》《国家与革命》《马恩列斯思想方法论》《马恩列斯论社会主义经济建设》等。其次是学习中共中央东北局有关的指示文件，定期组织开展各种政策问题的专题报告，如政治形势、财政经济、工业建设、公安保卫、政权、城市职工教育等。

在学习制度与方法方面，规定在职干部根据政治理论文化水平的不同，分别编为甲、乙、丙、丁 4 个组。丁组主要补习文化，并配合时事与政治学习。丙组主要学习时事政策，并配合文化知识的学习。凡具有相当政治理论文化水平，并有相当的工作和斗争经验的干部，编入甲、乙两组。这两类干部除学习时事政策外，应组织读指定的理论书籍。在职干部的分组不是一成不变的，根据学习情况的好坏，个人可以提出降级或升级请求，经学委会同意调整。在学习方法上，甲、乙两组是以自己阅读为主，集体讨论为辅，并定期进行报告。各人在阅读和讨论中，要有心得笔记，各机关首长及学委会有批阅笔记的责任。遇有疑难问题，交学委会聘请有关专家做报告或解答。有的地方还设了"函授信箱"，解决干部学习中所提出的问题。丙、丁两组在启发个人学习的基础上，加以督促与检查，根据他们学习的情况，有的在学习某一文件或某本书之前，做启发式报告，有的要在学习讨论之后做结论性的解答。

（2）干部学校教育和干部训练班教育

1945 年 8 月，中国人民抗日军政大学总校到东北后更名为"东北军政大学"，1946 年 7 月 1 日在北安举行开学典礼，由林彪任校长，彭真任政治委员，设预科、本科和入伍生队。1945 年 11 月，鲁迅艺术学院也从延安开赴东北，1946 年抵达佳木斯，设文学、美术、音乐、戏剧四系。与此同时，延安大学部分师生在校长张如心的率领下也抵达东北，1946 年 3 月，创建东北大学，其后陆续将吉林大学和国民政府统治区的东北大学、长春大学、长白师范学院并入，使东北大学成为一所大规模的高等学校。除了从关内迁入的高级干部学校与高等学校以外，共产党还在创建东北根据地的过程中大量举办干部学校和干部训练班。在工业等专门技术学校方面，东北解放区陆续创办了各类工业学校和科学研究所，其中以哈尔滨工业大学、沈阳工学院等最为瞩目。这些举措培养了深受群众爱戴的管理人员和技术人员，这些人为东北工业发展立下了汗马功劳。

东北解放区在扩大过程中又不断接管、改造原有大学和创办新的大学。

1949 年 8 月 1 日，中共中央东北局与东北行政委员会联合发布《关于整顿高等教育的决定》。经过整顿，东北高等教育与干部教育一度出现飞跃发展的形势，大学数目最多时曾达 30 余所，学生 3 万余人。其整顿措施可归纳如下。

一是调整与合并学校。二是通过整顿，把高等学校纳入正轨。三是针对当时高等学校学生 80％以上为地主、资产阶级以及中农以上成分，试办工农预备班与夜校，培养工农家庭出身的知识分子。

随着各项举措的落地，东北解放区的高等教育和干部教育得到长足发展。东北的干部状况得以改善，区、县机关的领导岗位都有新干部。受过短期教育的学生也被派往各个工作岗位。这些受过教育的干部素质较高，对东北发展起到了积极的作用，也巩固了共产党在东北的力量。

5. 中原解放区的干部教育

抗日战争胜利后，抗日战争中形成的鄂豫边区在全面反攻中迅速扩大。中原解放区属于新解放的地区，其建设迫切需要大批干部，原有知识分子有待训练，同时在革命迅速发展的形势下，大量知识分子和失学青年从国民党统治区涌进解放区，也需要教育和训练。这样，一批干部学校与带干部训练性质的中学应运而生。

（1）在职干部教育和干部训练班教育

中原解放区由于斗争形势的尖锐复杂、曲折反复，在职干部教育和训练班教育多是结合形势和斗争的需要进行的。许多情况下主要是学习中共中央、各级党的有关文件和指示，以及和当时当地具体的斗争情况结合起来学习。而且老区和新区不同，老区在许多情况下能够继续抗日战争时期的学习组织形式与学习制度，既学文化，又学政治，学习和工作结合起来；新区主要是学习政治，特别是学习时事形势，大多数干部还没有养成自觉的学习习惯，也没有形成较为固定的学习制度。

（2）干部学校教育

解放战争时期，大批知识分子参加工作，为了使这些知识分子以及地方军队干部得到学习的机会，中原解放区举办了不少训练班。到解放战争前夕，中原解放区已有大量的干部培训性质的中学及中等以上学校。主要有：中原大学、中原军区人民军事政治大学，豫皖苏解放区的豫皖苏建国学院、豫东沙河中学、雪枫公学、泉滨中学及各分区的 3 所中学，豫西解放区的洛阳县立中学、伊洛联合中学、现代中学和豫西干部学校（豫西军事政治学校），江汉解放区的江汉公学。还有江汉解放区的襄南公学（1948 年 3 月成立）和鄂豫解放区的鄂豫公学（1948 年 12 月建立）。专科学校有华中新闻专科学校（1946 年春成立，校址设在淮阴）、苏北工业专门学校（1945 年 8 月成立，1946 年 4 月并入华中建设大学）、农纺专门学校（1945 年冬成立，校长为熊梯云）等。解放战争后期有：工商干部学校（1948 年 6 月成立）、华中供给学校（1948 年 7 月成立）、华中邮政学校（1948 年 11 月成立）、华中行政干部学校（1948 年 11 月成立）、九分区财经专门学校（1948 年 5 月成立）、盐阜干部学校（1948 年秋成立）等。师范学校主要包括：苏皖教育学院及由此改组而成的华中建设大学师范学校、界首乡村师范学校（1945 年 10 月在高邮成立）、淮南师范学校（1946 年 3 月在泗县建立）等。此外，还有行政干部学校、通讯学校、卫生学校及各种短期训练班。

另外，比较著名的干部学校还有以下几所。

湖北人民革命大学，1949 年 6 月由中共湖北省委在鄂豫公学、江汉公学等学校基础上组建，校址在武昌，校长李先念。学校历时将近 4 年，先后办了 4 期，共培训干部 15613 人。1953 年春结束时，以学校一部为基础，并调进少数干部，组成了新的湖北省财经干部学校。湖北人民革命大学的教学方针始终坚持争取、团结、教育、改造的政策；始终坚持政治教育、思想改造为主，结合培训必要的基本业务知识的原则；始终坚持自我教育与互相教育相结合的原则，始终坚持一切课内与课外活动、一切组织活动都是为了使学员达到跟着共产党走，服从组织分配，忠实地为人民服务的基本原则。

中原民主建国大学，在 1945 年 9 月下旬创办的青年干部研究班、1945 年秋末改编成的中原军区工作团的基础上，于 1946 年 2 月成立，校址设在罗山县。学校共编为 3 个大队。1946 年 6 月，中原解放军主力部队突围，中原民主建国大学宣告结束。全体师生员工分散化装，随军突围。尽管中原民主建国大学前后存在仅有 4 个月的时间，却为党培养了不少工作干部。

第四章

新民主主义革命时期的青少年教育

青少年是祖国的未来、民族的希望，中国共产党自成立之初就十分重视青少年教育。新民主主义革命时期，中国青少年在马克思列宁主义、毛泽东思想的指引下，在中国共产党的领导下，通过创建共青团、少先队、共产儿童团、青救会等组织，充分参与到各种各样的教育活动中，如政治教育、军事教育、文化教育和社会教育等。在这些教育活动的培养下，青少年不仅提高了思想觉悟，学习到了文化知识，还积极参与到各时期的革命任务和社会实践中，为了民族的解放和祖国的富强，为了实现共产主义的远大理想，在反对帝国主义、封建主义和官僚资本主义的斗争中，不怕困难，不怕牺牲，不屈不挠，艰苦奋斗，英勇斗争。[①] 青少年教育为党的事业提供了源源不断的后续力量，对国家的长久发展产生了基础性和深远性的影响。

一、苏区的青少年教育

土地革命时期，苏区教育工作不仅依靠教育行政部门的领导和管理，而且共青团、少先队、共产儿童团等的配合也十分重要。1931 年 11 月通过的《中华苏维埃共和国宪法大纲》规定："中国苏维埃政权以保证工农劳苦民众有受教育的权利为目的。在进行国内革命战争所能做到的范围内，应开始施行完全免费的普及教育，首先应在青年劳动群众中施行并保障青年劳动群众的一切权利，积极地引导他们参加政治和文化的革命生活，以发展新的社会力量。"[②]苏区根据这一规定，彻底改革旧的教育制度，建立了服务于战争、结合生产、适应群众需要的新的教育制度、组织机构。

---

① 共青团中央青运史研究室：《中国青年运动史》，1 页，北京，中国青年出版社，1984。

② 《中华苏维埃共和国宪法大纲》，见中央教育科学研究所、陈元晖、璩鑫圭等：《老解放区教育资料(一)》，28 页，北京，教育科学出版社，1981。

(一)共青团、少先队和共产儿童团的创建

苏区在教育行政部门的领导和管理下，根据革命形势发展先后成立了共青团、少先队和共产儿童团三种组织，它们都为革命事业的发展起到了举足轻重的作用。

共青团的前身是 1920 年在各地党的早期组织领导下成立的社会主义青年团。1925 年上海召开的中国社会主义青年团第三次全国代表大会决定改社会主义青年团为"共产主义青年团"，简称"共青团"。它的主要任务是进行共产主义教育，提高团员的思想觉悟和文化水平。共青团的组织原则是民主集中制。各级团组织一方面受上一级团委的领导，另一方面也受同一级党委的领导。共青团的全国最高领导机关是团的中央委员会。1928 年 7 月，共青团举行了第五次全国代表大会，大会按照中共六大的精神，总结了革命斗争的经验教训，指出共青团应深入广大工农兵群众，将"工作青年化"和"组织群众化"作为共青团工作的基本原则。[①] 此后，革命根据地的团组织更加迅速地发展。1933 年春，共青团中央随中共临时中央由上海迁驻瑞金。此后，苏区共青团为了争取革命斗争的胜利，开展了大量卓有成效的工作。

少先队的全称是中国少年先锋队，它是土地革命时期在共

---

① 《青年团第五次全国代表大会文件》，见中共中央书记处：《六大以来》下册，589 页，北京，人民出版社，1980。

青团领导下创建的组织。少先队的运行组织原则是民主集中制，其上级领导机关是共青团。少先队是青年群众半军事化的武装自卫组织。根据 1932 年 8 月《中国共产青年团中央关于苏区少先队的决议》，少先队的任务包括巩固与扩大红军队伍、参加土地革命和反帝斗争、维护青年的利益、实行广大的共产主义教育等。[1] 在苏区，少先队是革命战争、分配土地斗争和其他各项工作中的尖兵，它在对劳动青年进行政治、军事和文化教育工作中也发挥着重要作用。

共产儿童团原称是劳动童子团。土地革命战争开始后，共青团五大通过的《全国第五次大会儿童运动决议案》规定："在苏维埃区域或公开的地方，我们应加紧鼓动宣传及扩大童子团的组织和增加我们的领导力量，并日常领导他们在各种实际斗争中得到训练，培养他们成为本团的后备军。"[2]其后制定的《赤色劳动童子团简章》规定的劳动童子团的目标是"保护劳动儿童切身利益，学习团体生活，了解列宁主义，造就英勇的工农战士，与成年工农斗争任务联合一致，推翻帝国主义国民党的统治，

---

① 《中国共产青年团中央关于苏区少先队的决议》，见中央教育科学研究所、陈元晖、璩鑫圭等：《老解放区教育资料（一）》，350～351 页，北京，教育科学出版社，1981。

② 《全国第五次大会儿童运动决议案》，见中央教育科学研究所、陈元晖、璩鑫圭等：《老解放区教育资料（一）》，385 页，北京，教育科学出版社，1981。

使千百万劳苦群众建立苏维埃政权，得到彻底的解放"①。共青团中央在 1930 年颁布的《儿童运动决议（草案）——根据少共国际执委决议与国际儿童局来信改造儿童运动》中指出劳动童子团"在苏维埃区域可以统一名称为'共产儿童团'"②，因此大部分革命根据地的劳动童子团便陆续改称共产儿童团。

（二）中国共产党在苏区开展的青少年教育

共青团在苏区的革命和建设工作中长期发挥着先锋作用。《中央关于青年工作的决定》规定"苏区与红军中的青年团，必须把教育、训练青年成为自己的基本任务"③，因此，苏区的各级共青团组织始终将文教工作置于重要的地位。1931 年 12 月，苏区团中央局通过了《团的建设问题决议》，提出要通过团内的教育工作来提高共青团工作的政治水平和理论水平。④ 在此背景下，共青团基于中国革命的实际情况，在苏区构建了广泛的教育网络，借助团的组织生活、团的报刊以及团校、训练班、读

① 《赤色劳动童子团简章》，见中央教育科学研究所、陈元晖、璩鑫圭等：《老解放区教育资料（一）》，380 页，北京，教育科学出版社，1981。

② 《儿童运动决议（草案）——根据少共国际执委决议与国际儿童局来信改造儿童运动》，见中国共产主义青年团中央委员会办公厅：《中国青年运动历史资料》第八册，472 页，出版地不详，出版者不详，1960。

③ 《中央关于青年工作的决定》，见团中央青年史研究室、中央档案馆：《中共中央青年运动文件选编》，442 页，北京，中国青年出版社，1988。

④ 皇甫束玉、宋荐戈、龚守静：《中国革命根据地教育纪事》，52 页，北京，教育科学出版社，1989。

书班、政治问题研究会等渠道，对团员干部和广大团员进行马列主义教育和共产主义教育，使每个团员都能通过训练掌握政治知识，提升文化素质。

就苏区少先队而言，其工作方式主要为练武、生产和学习相结合，并针对革命斗争的需要，经常性地开展政治教育和军事教育。少先队的政治教育一般是围绕苏区的中心工作，采用多种形式进行无产阶级的革命理论、政治形势等方面的教育。在军事教育中，少先队组织少先队员参加军事战斗进行实际锻炼，并开展一般的军事训练。1934年春，少先队中央总队部颁布了《少队读本》《少队游戏》和《少队体操》教材[1]，各苏区也组织人力编写了适合本地情况的少先队训练教材，出版了专门的青少年刊物。共产儿童团的教育活动以符合儿童发展特征的具体方法为目标，其教育场所与苏区的小学教育密切相关。

共产儿童团开展的活动形式包括：普遍地发动了儿童入学运动；协助政府办好小学，主要从生源、师资、教学方法、教学内容和教学方式等方面展开。此外，共产儿童团还积极组织校外儿童教育活动。例如，关于政治问题的儿童讨论、讲演，

---

[1] 《中华苏维埃共和国少年先锋队中央总队部命令第三号》，见赣南师范学院、江西省教育科学研究所：《江西苏区教育资料汇编（六）》，20页，出版地不详，出版者不详，1985。

组织读报，创办识字小组，等等。

(三)青少年对苏区教育工作的贡献

1928 年 7 月，共青团第五次全国大会通过的《苏维埃区域内青年团工作大纲》规定了共青团文教工作的重点，如开展识字运动、设立基层问事处等。[①] 在文件的指引下，各地共青团组织以共青团员为主要抓手，在工农群众中宣传读书识字[②]，协助苏区政府推动儿童教育工作，为苏区的小学、夜校建设贡献了力量。

1930 年 6 月，团中央公布的《少年先锋队工作大纲》重申了"运用各种宣传方式来作文化运动的宣传教育工作是非常重要的"[③]。1931 年 1 月，共青团中央通过的《苏维埃区域少年先锋队工作决议》指出苏区少先队在文教领域的重要工作即是积极开展青年群众中的识字教育运动，协助创立平民学校。[④] 根据这些文件的精神，少先队采取多种形式积极开展文化教育工作，

---

① 《苏维埃区域内青年团工作大纲》，见中共中央书记处：《六大以来》下册，608～609 页，北京，人民出版社，1980。

② 《苏区团第一次代表大会政治决议案》，见中国共产主义青年团中央委员会办公厅：《中国青年运动历史资料》第十册，127 页，1960。

③ 《少年先锋队工作大纲》，见中国共产主义青年团中央委员会办公厅：《中国青年运动历史资料》第七册，出版地不详，出版者不详，646 页，1959。

④ 吕良：《中央革命根据地教育史》，202～203 页，北京，教育科学出版社，1989。

如开展识字运动、建立读报室、设立俱乐部、开办学校、建立模范区等。

共产儿童团在开展各种教育活动的同时，也动员和组织广大儿童为实现革命的政治任务做了大量的社会工作。儿童受到了参加实际斗争的锻炼，也为发展和巩固苏区做出了贡献。共产儿童团进行的社会工作主要有以下几项：用实际行动拥护红军，如借助化装讲演、开会宣传和口头动员等办法鼓励青年工农入伍当兵，开展节省运动，攒钱募捐给红军等；积极配合苏维埃政府的工作，如在村中设卡放哨，破除封建迷信，组织"轻骑队"揭发不良现象等；组织儿童参加生产劳动，一面帮助自己的父母砍柴、拔草、春耕、收割、放牛，一面帮助红军家属做各种家务劳动。

（四）苏区青少年教育历史经验

土地革命时期，苏区的青少年组织积极地提升个人能力以面对各种艰苦环境，虽然走过一些弯路，但整体来看还是为党的事业发展做出了重大贡献。具体来看，它们一方面不断提高自身文化素质、政治素质和军事素质；另一方面采取不同的方式和方法，对群众进行了广泛的教育。它们在组织建设工作、宣传教育工作、扩红工作、支援前线工作等方面积累了宝贵的经验；在围绕党的中心工作、围绕青年群众实际、围绕时事政治主题等方面体现了苏区的时代特色，做出了积极的贡献。[①]但是，我们也要正视其中存在的问题：团组织发展缓慢，团员人数很少；党、团混淆问题；一度取消团的独立地位，给团的发展造成严重后果；小资产阶级的成分在团内占绝大多数，团内小资产阶级思想隐现。[②] 针对这些问题，刘少奇等领导人都提出了切实可行的方法举措：明确共青团的性质和任务以更好地成为党的助手与后备军；加强共青团员思想政治教育以体现全心全意为人民服务的根本宗旨；提出共青团的干部路线以正确引领青年的价值观。[③] 最终，这些问题得到了有效的解决，青少年组织也朝着健康的方向继续发展，为党的事业建设发挥了独特的辅助作用。

二、抗日根据地的青少年教育

抗日战争时期，由于中日民族矛盾空前激化，土地革命时期的共青团组织已经难以适应新的形势需要，中国共产党决定

---

① 徐天兰：《中央苏区共青团工作研究》，博士学位论文，南昌大学，2019。

② 孙启正、刘海晓：《布尔什维克化：苏区时期共青团基础之重建——以鄂豫皖苏区为中心的探讨》，载《赣南师范大学学报》，2018(1)。

③ 董一冰、毕志晓：《刘少奇共青团建设思想及其现实启示》，载《毛泽东思想研究》，2021(1)。

成立青年救国会（简称"青救会"），以便发动和团结全国青年投身抗日。同时，中国共产党委托青救会组织和领导抗日儿童团（简称"儿童团"）的相关工作。虽然这两个组织在斗争任务、阶级成分、组织形式等方面都是不同的，但它们的政治目标是一致的。

（一）青救会和儿童团的创建

青救会是抗战宏观背景下具有统一战线性质的青年团体。无论来自何种社会阶层，心怀抗日热情的青年皆可参加青救会。1937 年在延安召开的西北青年第一次救国代表大会确定青年救国联合会的中心目标是为实现中华民族的团结和统一而奋斗。1938 年中共中央决定在一定层级的党委中成立青年工作委员会，以便加强党对青年工作的领导。1945 年 4 月，《中央关于准备成立解放区青年联合会的指示》发布。此后，部分抗日根据地的青救会开始改称"青年联合会"。

在青救会的组织和领导下，根据各地革命形势的不同，儿童团在不同的时间点在各抗日根据地蓬勃发展起来：早在抗日战争全面爆发前不久，陕甘宁边区西北青年救国会（简称"西青救"）就在陕甘宁边区各地着手组织抗日儿童团；1939 年，晋察冀边区出现了"边区任何一个地方都有儿童团，团结着所有的儿童，成为儿童与学校家庭的乐园"①的局面。在组织结构上，儿童团大致有两种形式，一种是以乡、村为单位建立儿童团团部，下设分团部或中队、小队；另一种是参照军事建置，实行营、连、排、班等组织层级。各级组织的儿童团受相应级别的青救会领导。

(二)中国共产党在抗日根据地开展的青少年教育

1937 年 4 月西北青救会第一次代表大会颁布的决议指出，"必须用活的例子，实际的经验，以民族革命的精神来教育青年，在参加民族解放的斗争中来学习我们的知识"②。该决议还指出，教育的内容以政治文化教育、国防军事教育、国防技术教育和社会教育等方面为主体。上述决议中的工作目标逐步成为全国各个抗日根据地青救会的共同目标。各地根据该决议的精神，在青年中开展了广泛的教育，主要体现在：举办学校和训练班培养青年工作的干部；向青年进行抗战的宣传和动员。西青救不仅重视文化教育，而且重视青少年的思想与社会教育。从西青救的重要宣传阵地《青年呼声》的内容中，我们可以发现里面有很多抗日救国歌曲、红军的故事、漫画等宣传内容，如《全民抗战曲》《亡国奴当不得》等，都是通俗易懂、带有抗日救

---

① 董纯才、张腾霄、皇甫束玉：《中国革命根据地教育史》第二卷，270 页，北京，教育科学出版社，1991。

② 《目前政治形势与青年救亡运动任务的决议》，见中共中央书记处：《六大以来》下册，707 页，北京，人民出版社，1980。

国教育成分的歌曲。西青救对于青少年教育的重视，还表现在其社会教育上，要求会员学习基本的社会技能，如"植树常识""青年应怎么样参加选举活动""天花预防法"等，都是教授青年以基本的知识。

（三）青少年对抗日根据地教育工作的贡献

青救会大力开展社会教育和群众文化活动，比如，主动帮助组织外的人员开展各种各样的教育活动，包括识字、卫生、体育、反迷信等教育；积极协助小学教育的开展，表现在配合教育行政部门贯彻教育法令，来动员学龄儿童入学读书；与教师密切配合，建立革命的教学秩序，向学生进行抗战的政治教育、军事教育、生产教育和文化教育等。经过全体西青救会员一段时间的努力，原本边区薄弱的文化教育事业取得了重大改善，比如，6万会员涌进文化战线，入学儿童的数量大大增加，识100至300字的青少年也相当普遍。[1] 小学教育比以前增加了6倍，社会教育更普遍于每个农村，识字人数达百分之十，约增加了9倍。[2] 整体来看，1937年秋，边区小学已有545所，学生有10396人。1938年春，小学就发展到706所，学生发展到14207人，到1949

[1] 《青年是文化战线上的尖兵：普及教育突击年的总结》，载《新中华报》，1938-02-05。

[2] 《为扫除三万文盲而斗争》，载《新中华报》，1939-04-19。

年时，小学就达 1341 所，学生激增到 43625 人。在社会教育方面，1937 年冬，有学校 600 多处，学生 10000 多人。到 1938 年年底，识字组发展到 5834 个，组员达 39983 人，夜校发展到 208 所，学生达 11917 人。教育事业的发展，提高了边区人民的文化素质，进一步激发了广大群众的抗战热忱。①

在文化教育工作方面，儿童团的工作也富有成效，其主要内容是组织儿童参加文化教育的相关活动，提高儿童的文化政治水平。他们做的工作主要包括：第一，协助政府动员儿童入校读书；第二，组织校外儿童参加学习；第三，组织社会教育方面的工作，如抗日根据地的儿童团开展了"小先生运动"，培养识字的儿童团团员成为群众的"小先生"；第四，开展群众文化活动，成立了儿童剧团和儿童宣传队，宣传反对封建迷信、讲究清洁卫生、抵制旧传统和旧习惯等相关内容。

(四)抗日根据地青少年教育的历史经验

总体而言，青救会的工作方向是正确的，工作成绩也是突出的，但在工作中也存在一些失误：1939 年至 1941 年，一些地方的青救会出现了片面注重青年利益，偏离抗日统一战线中心任务的倾向；在抗日儿童团的一系列工作中，很多幼年儿童在战争中

---

① 曹军：《西北青年救国会的历史地位——兼谈西北青年的抗日救国运动》，载《理论学刊》，1987(4)。

丧失生命，缺乏全国性的联合组织①，没有团结全体儿童，缺乏计划，工作不民主②。但这些都不能影响对青少年工作的整体评价，例如，吴小强在《党领导下的西北青年救国联合会》一文中，从促进统一战线、抗战动员、青年教育三方面给予了西青救高度评价。③ 抗日战争时期，共产党领导通过青救会和儿童团两个组织，对组织内与组织外的青少年进行了各方面的教育，使他们树立了正确的斗争观念和革命精神，掌握了必要的文化知识，养成了为人民服务的意识，这些都为抗日战争的胜利奠定了重要的基础。

三、解放区的青少年教育

解放战争时期，革命形势相比抗战时期有了很大的变化，中共中央决定重建青年团，同时在各解放区建立了少先队或儿童团。解放战争时期的青年、儿童组织在解放区的人民教育工作中发挥了积极作用。

---

① 李慕雅：《山西革命根据地抗日儿童团工作探析》，载《青年与社会》，2020(24)。

② 王逸凡、张玮：《晋西北抗日根据地儿童组织探析》，载《学理论》，2020(9)。

③ 吴小强：《党领导下的西北青年救国联合会》，载《延安大学学报(社会科学版)》，1993(3)。

(一)青年团、少先队和儿童团的创建

解放战争初期，解放区青年团体和组织的发展状况亟待改善：在山东、华中、晋察冀和晋绥解放区，绝大部分成员对于组织和活动没有很大的兴趣，而进步的青年又不满足于一般性的活动；在陕甘宁边区和晋冀鲁豫边区，青年组织的相关工作进展也比较缓慢。在此背景下，1946 年 5 月，中共中央青年工作委员会开始着手研究重建青年团的问题。1946 年 11 月 5 日，根据毛泽东的意见，中共中央向各解放区发出《中央关于建立民主青年团的提议》。1947 年 9 月，刘少奇在西柏坡召开的解放区青年工作会议上指出："现在重建青年团，要有系统地搞青年工作，要在全国范围内搞。"[1]在 1949 年 1 月 1 日，《中国共产党中央委员会关于建立中国新民主主义青年团的决议》正式发布，文件指出："建立全国性的和各地方的新民主主义青年团，是当前青年运动的中心环节，是党在目前革命形势胜利发展下的极重要的工作之一。"[2]1949 年 4 月，中国新民主主义青年团第一次全国代表大会在北平召开。为了汇聚全国青年的力量，中国共产党在青年团的全国代表大会召开前后，还分别召开了全国学生代表大会和全国青年代表大会，成立了全

---

① 何启君等：《青年团的初建》，296 页，北京，中国青年出版社，1987。
② 《中国共产党中央委员会关于建立中国新民主主义青年团的决议》，见团中央青运史研究室、中央档案馆：《中共中央青年运动文件选编》，712 页，北京，中国青年出版社，1988。

国学联和全国青联。

抗日战争时期的抗日儿童团是各解放区的少年先锋队和儿童团的基础。中国共产党委托各地的青年联合会（简称"青联"）领导少先队和儿童团。各地的少先队和儿童团虽然没有统一的组织系统，但工作成效较为显著。其中，晋绥边区和陕甘宁边区设立少先队比较普遍。在晋绥边区，青联将少儿工作组织的性质定位为少年儿童的群众性文化组织，同时亦是半武装性的军事组织，组织按照民主集中制的原则运行，入队需经过本人申请、他人介绍、小队讨论通过、批准报备等流程。而在华北解放区和华中解放区，少年儿童组织被称作儿童团，儿童团以村或乡进行组织，凡是 8 岁至 15 岁的儿童，不分穷富，不分男女，志愿参加本团，遵守团章，过团的生活，并愿意积极工作的都可成为儿童团团员。为统一解放区的少年儿童团组织，中共中央在 1949 年 1 月决定由重建的青年团领导少年儿童工作。1949 年 10 月 10 日，青年团中央公布了《关于建立少年儿童队的决议》和《中国少年儿童队队章（草案）》。自此，中国少年儿童队作为一个全国统一的少年儿童组织正式成立。

（二）中国共产党在解放区开展的青少年教育

为了提高青年团干部和团员的政治水平，《中国共产党中央委员会关于建立中国新民主主义青年团的决议》明确提出："新民主主义青年团的基本任务，在于有系统地学习马克思列宁主义，从革命实践中不断地教育自己的团员和青年群众，同时应当以马克思列宁主义的精神组织广大青年群众积极地参加我党和人民民主政府所号召的各种运动。"①组织广大团员和青年学习马列主义是青年团的重要工作内容之一。各级青年团组织的工作形式主要有以下几种：第一，开办团校和团的训练班，通过培训提升广大团干部的马列主义水平和领导工作能力。第二，创办团刊、团报。在重建青年团的过程中，中央青委和各解放区都创办了团的刊物，使广大团员和青年从中汲取了丰富的政治营养，开阔了政治视野。第三，组织团员和青年参加革命活动。各地青年团组织积极动员团员和青年参军参战。第四，建立适合青年特点的青年团组织生活制度，注重政治思想教育，形式多样活泼。

(三)青少年对解放区教育工作的贡献

青年团总的目标，"在于团结和教育青年一代，在于领导青

---

① 《中国共产党中央委员会关于建立中国新民主主义青年团的决议》，见团中央青运史研究室、中央档案馆：《中共中央青年运动文件选编》，709页，北京，中国青年出版社，1988。

年学习建设新民主主义中国的各种理论与实际"①，因而以提高青年政治文化水平为主要内容的社会教育和学校教育与青年团的工作密切相关。在社会教育方面，1946 年 12 月，《延安县委关于普遍试办青年团的指示》提出"团员和广大青年娃娃组织识字组（识字多的教识字少的，由识字多的做小先生教大家学习）"②。青年团通过组建"青年俱乐部"和"青年识字班"，给广大青年、娃娃讲革命故事和革命道理，让他们学习识字。在学校教育方面，青年团的作用也不可或缺：在学习活动中起模范带头作用，帮助其他学生，保证教学工作顺利完成；发展青年教师为团员，认真进行教学改革，提高教育质量。

同时，解放区的少先队和儿童团也是学校教育、社会教育和社会活动中一支重要的力量。少先队和儿童团在解放区的文化教育事业中承担了许多工作：第一，组织少年儿童开展学习活动。一方面少先队通过号召和动员儿童去上学，另一方面举办校外儿童读书班来帮助那些不能到校读书的儿童，部分地区还组织秘密学习小组以躲避国民党的搜查。第二，对少年儿童开展思政教育，采用少年儿童乐于接受的方式，如生活检讨会、唱歌、跳舞、讲故事等，提高他们的革命觉悟。第三，组织少

① 任弼时：《在中国新民主主义青年团第一次全国代表大会上的政治报告》，见《任弼时选集》，488 页，北京，人民出版社，1987。

② 何启君等：《青年团的初建》，283 页，北京，中国青年出版社，1987。

年儿童喜闻乐见的文艺宣传活动，通过这些活动，少年儿童的文化水平、革命觉悟和斗争热情都得到了较大的提高。此外，解放区少先队和儿童团也积极组织和领导广大少年儿童参加对革命有益的社会活动，比如参加拥军优属、土地改革运动和生产劳动，让他们从实际斗争中长知识、长本领，并对革命事业做出实际的贡献。

解放战争时期，解放区的青年团、少先队、儿童团在提高自身文化、政治水平的同时，还广泛组织广大青少年学习文化知识，参加社会实践和革命斗争。通过这种方式，青年团、少先队、儿童团不仅自身得到了提高，而且还使大批的青少年儿童接受了锻炼、提高了思想觉悟，为争取革命的最后胜利做出了相应的贡献。

四、新民主主义革命时期的青少年教育历史经验

新民主主义革命时期中国青少年的革命组织是在中国共产党的关怀和领导下，在中国人民革命运动中诞生、壮大的。[①]在新民主主义革命时期，中国共产党根据革命形势的发展，不断对青少年组织做出新的部署和领导，帮助他们成为共产党的

① 段镇：《少先队学》，73页，上海，上海人民出版社，2015。

助手和后备军，以适应新的革命斗争需要。中国共产党在各个不同的历史阶段指明青少年运动的方向，规定青少年运动的方针、任务，为青少年组织的蓬勃发展提供了政治保证。①

针对青少年的教育，在土地革命战争时期、抗日战争时期和解放战争时期，中国共产党虽然面临着不同的革命形势和斗争任务，但始终能紧紧抓住青少年这一未来的生力军。一方面，共产党对他们进行政治教育和文化教育，提升他们的基础知识和政治水平；另一方面，让他们参与到服务学校和社会的实践中，提升他们的实践能力和服务意识。我们可以看到，不同的历史发展阶段，中国共产党所面临的内外部环境、矛盾、目标和任务都有所变化，党坚持对青少年进行马列主义教育，坚持在实践中培养和教育青少年，坚持对青少年进行科学文化知识教育，坚持党的领导等四个原则不变。② 这为革命事业培养了大量人才，为苏区、抗日根据地和解放区的教育事业做出了巨大贡献，为中华人民共和国的建设事业奠定了坚实的基础。

---

① 何玲、李瑞敏：《党对少先队工作领导体制机制的变迁》，载《少年儿童研究》，2021(6)。

② 黑龙江省延安精神研究会：《中国共产党加强青少年教育的基本经验研究——纪念中国共产主义青年团成立90周年》，载《奋斗》，2012(6)。

第五章

新民主主义革命时期中国共产党领导教育的基本经验

中国共产党在领导中国新民主主义革命的伟大实践中，以毛泽东为代表的中国共产党人在思想上科学地认识和阐明了马克思主义基本原理与中国革命实际相结合的辩证关系，逐渐把马克思主义理论与中国民主革命、教育实践相结合，从而形成了中国化的马克思主义教育理论——新民主主义教育理论，反过来又以这一中国化的马克思主义教育理论指导中国新民主主义教育实践。中国共产党自成立时起就把教育作为党的事业的重要组成部分，重视从政治上、思想上、组织上对教育的领导，并且根据不同阶段的形势、特点确定不同阶段教育的目标和任务。一方面坚持以工农大众为中心的教育，注重提高工农大众的文化知识和政治水平；另一方面特别注重对党的干部队伍的教育，把是否能培养数以万计的"才德兼备"的领导干部视为中国共产党能否担负起领导中国人民完成反帝反封建民主革命胜利的关键。新民主主义革命时期，中国共产党领导的教育所形成的经验如下。

一、在不懈探索中形成了中国化的马克思主义教育理论

新民主主义教育思想这一中国化的马克思主义教育理论，是在中国新民主主义伟大革命实践中逐渐形成的，又对中国新民主主义革命中的教育活动发挥了重要的指导作用。以李大钊、陈独秀、杨贤江、恽代英等为代表的中国早期马克思主义者，运用马克思主义理论分析中国革命、中国教育中的实际问题，以毛泽东为代表的中国共产党人既把马克思主义理论与中国民主革命、教育实践相结合，又有意识、有目的地把中国革命实际经验上升到马克思主义理论高度，从而形成了包括教育理论在内的中国化的马克思主义。

（一）科学地阐明了马克思主义基本原理与中国革命实际相结合的辩证关系

马克思主义科学地揭示了人类社会发展的一般规律，具有

世界性历史意义。中国共产党领导的新民主主义革命是以马克思主义基本原理（或普遍真理）为指导，并且逐渐认识到马克思主义基本原理与中国革命实际相结合的思想。1938 年 10 月，毛泽东在中共中央扩大的六届六中全会上所做的《论新阶段》的报告中明确且具体阐述了"马克思主义的中国化"①思想。1941 年 9 月，在中共中央政治局扩大会议上的讲话中，毛泽东又提出"要使中国革命丰富的实际马克思主义化"②的思想。"马克思主义的中国化"与"中国革命丰富的实际马克思主义化"的思想，辩证地阐述了马克思主义基本原理与中国革命实际之间的相互关系，构成了新民主主义思想的重要内容。

近代中国一步一步成为半殖民地半封建社会，一代又一代仁人志士探索救国救民的真理，在清末民初，先后发生了洋务自强、维新变法、共和革命等运动，出现了教育救国论、科学救国论、工商救国论等思潮，陆续有人倡导"兵战""商战""学战"等，但各种尝试或主张均归于失败。李大钊、陈独秀、毛泽东、周恩来等人从俄国十月革命的炮声中，找到了马克思列宁主义作为中国社会根本改造这一新的理论武器，毅然决然地走俄国革命之

---

① 毛泽东：《论新阶段》，见中共中央文献研究室、中央档案馆：《建党以来重要文献选编（一九二一——一九四九）》第十五册，650～651 页，北京，中央文献出版社，2011。

② 毛泽东：《反对主观主义和宗派主义》，见中共中央文献研究室：《毛泽东文集》第二卷，374 页，北京，人民出版社，1993。

路，产生了中国第一代马克思主义者。他们通过学习马克思和恩格斯的《共产党宣言》《社会主义从空想到科学的发展》《法兰西内战》《哥达纲领批判》《〈政治经济学批判〉序言》《雇佣劳动与资本》《哲学的贫困》与列宁的《国家与革命》《共产主义运动中的"左派"幼稚病》《苏维埃政权当前的任务》《无产阶级专政时代的经济和政治》《俄国的政党和无产阶级的任务》等著作，不仅初步形成了唯物史观、阶级斗争、暴力革命、无产阶级专政等革命理论，并且立即运用到中国反帝反封建的民主革命的伟大实践之中。中国共产党的诞生是马克思主义与中国革命实践相结合的产物，标志着近代中国向西方寻求救国救民真理的运动进入新的历史阶段。

"每一个时代的理论思维，从而我们时代的理论思维，都是一种历史的产物，它在不同的时代具有完全不同的形式，同时具体完全不同的内容。"[1]早期马克思主义者在中国共产党成立前后已开始认识到马克思主义与中国的国情、中国的具体历史特点相结合的问题。1919 年，李大钊在《我的马克思主义观》中指出，马克思主义学说"实在是一个时代的产物"，"我们现在固然不可拿这一个时代一种环境造成的学说，去解释一切历史，或者就那样整个拿来，应用于我们生存的社会"。[2] 1920 年，恽

---

① ［德］恩格斯：《自然辩证法》，见《马克思恩格斯选集》第四卷，284 页，北京，人民出版社，1995。

② 李大钊：《我的马克思主义观》，见中国李大钊研究会：《李大钊全集》第三卷，35 页，北京，人民出版社，2006。

代英认为"我们的任务，在寻求一个适合国情，而又合于共产主义的方针来"①。1926年，蔡和森提出应该把马克思主义列宁主义"应用到实际上去才行"，同时"要在自己的争斗中把列宁主义形成自己的理论的武器，即以马克思主义列宁主义的精神来定出适合客观情形的策略和组织才行"。② 但是，在中国共产党的幼年时期，党对马克思主义理论和对中国革命的实践还没有形成完整的统一的认识，加上共产国际、联共（布）及其驻中国代表把马克思主义俄国化并把俄国革命经验神圣化、教条化，因而严重影响了马克思主义中国化的进程。③ 1930年5月，毛泽东在《反对本本主义》一文中提出中国的革命斗争需要马克思主义理论，但是绝不能把马克思主义教条化、神圣化，"马克思主义的'本本'是要学习的，但是必须同我国的实际情况相结合。我们需要'本本'，但是一定要纠正脱离实际情况的本本主义"④。"本本主义"就是教条主义的另一种表述，毛泽东在党的历史上第一次提出了必须把马克思主义同"我国的实际情况相结

---

① 恽代英：《致刘仁静》，见《恽代英文集》上卷，258页，北京，人民出版社，1984。

② 蔡和森：《中国共产党史的发展（提纲）——中国共产党的发展及其使命》，见中央档案馆：《中共党史报告选编》，24页，北京，中共中央党校出版社，1982。

③ 杨奎松：《马克思主义中国化的历史进程》，7页，郑州，河南人民出版社，1994。

④ 毛泽东：《反对本本主义》，见中共中央文献研究室、中央档案馆：《建党以来重要文献选编（一九二一——一九四九）》第七册，237页，北京，中央文献出版社，2011。

合"，即马克思主义中国化的思想。1938 年 10 月，毛泽东在延安召开的中共中央扩大的六届六中全会上所做的《论新阶段》的长篇政治报告中，提出马克思列宁主义是"放之四海而皆准"的理论，但"不是把他们的理论当作教条看，而是当作行动的指南"，进而提出"具体的马克思主义"和"马克思主义的中国化"概念。"所谓具体的马克思主义，就是通过民族形式的马克思主义，就是把马克思主义应用到中国具体环境的具体斗争中去，而不是抽象地应用它"，"离开中国特点来谈马克思主义，只是抽象的空洞的马克思主义。因此，马克思主义的中国化，使之在其每一表现中带着中国的特性，即是说，按照中国的特点去应用它，成为全党亟待了解并亟须解决的问题"。[①] 中国共产党在学习和运用马克思主义基本原理指导中国民主革命斗争中第一次明确提出"马克思主义中国化"的概念。张闻天在次日的会议报告中不仅提出"中国化"问题，而且认为："将外国党的决定搬到中国来用，是一定要碰钉子的。所以不仅要懂得马克思主义的原则，而且要在民族环境中来实现这些原则。"[②]会后，"马

① 毛泽东：《论新阶段》，见中共中央文献研究室、中央档案馆：《建党以来重要文献选编（一九二一——一九四九）》第十五册，650～651 页，北京，中央文献出版社，2011。

② 张闻天：《组织工作要中国化》，见《张闻天选集》，226 页，北京，人民出版社，1985。

克思主义中国化"思想很快就成为全党的共识。①

马克思主义的中国化是马克思主义与中国革命具体实践相结合的一个方面，另一个方面是中国革命的实际经验上升到马克思主义理论水平的高度。1941 年 9 月，毛泽东在中共中央政治局扩大会议的讲话中，在总结当时中国革命经验教训时提出："我们反对主观主义，是为着提高理论，不是降低马克思主义。我们要使中国革命丰富的实际马克思主义化。"②毛泽东认为中国共产党自成立后领导的民主革命时间已有 20 年，与"丰富的实际"相比，自身的革命理论"就显得非常之落后"，因此，对中国革命的丰富实践经验进行总结，使之"上升成为理论"，"不犯经验主义的错误"，③ 成为摆在中国共产党人面前紧迫的时代理论课题。毛泽东提出"中国革命丰富的实际马克思主义化"这一新概念、新思想，就是首先要加强马克思主义理论学习，提高马克思主义理论水平，然后善于运用马克思主义的学说（立场、观点和方法），总结中国历史实际和中国革命的实践经验，从而

---

① 李君如：《马克思主义中国化思想史》，148 页，福州，福建人民出版社，2020。

② 毛泽东：《反对主观主义和宗派主义》，见中共中央文献研究室：《毛泽东文集》第二卷，374 页，北京，人民出版社，1993。

③ 毛泽东：《整顿党的作风》，见《毛泽东选集》第三卷，818～819 页，北京，人民出版社，1991。

做出"合乎中国需要的理论性的创造"①。

马克思主义基本原理与中国革命实际相结合包含了"马克思主义的中国化"与"中国革命的实际马克思主义化"两个双向互动的过程。这一过程既互相联系，又互相区别，且密不可分。②以毛泽东为代表的中国共产党人正是在这一理论自觉的情况下，于 20 世纪 40 年代初，科学地认识到马克思主义基本原理与中国革命实际相结合的辩证关系，用马克思主义理论总结中国革命丰富的实践经验，形成了中国化的马克思主义——新民主主义理论，不仅把中国革命自身的实际经验上升为理论，而且在中国革命实践中创造性地发展了马克思主义理论。"毛泽东在 20 世纪 30 年代末提出的种种概念中，最直率、最大胆地体现了他关于中国革命的独特性以及中国人需要以他们自己的方式解决他们自己问题的信念的，莫过于'马克思主义中国化'了。"③

(二)新民主主义教育思想是中国化的马克思主义理论

教育思想是马克思主义学说的重要组成部分，新民主主义教育思想也是新民主主义思想的组成部分。新民主主义教育思

① 毛泽东：《整顿党的作风》，见《毛泽东选集》第三卷，820 页，北京，人民出版社，1991。

② 雍涛：《马克思主义哲学中国化的历史进程》，19 页，武汉，武汉大学出版社，2006。

③ ［美］斯图尔特·R. 施拉姆：《毛泽东的思想》，田松年、杨德等译，71 页，北京，中国人民大学出版社，2005。

想也是马克思主义学说、马克思主义教育理论引入中国并日益中国化的产物。

早期马克思主义者还运用马克思主义理论，科学地论述了教育对社会的改造作用。陈独秀认为教育是改造社会的重要工具。恽代英早年认为教育是改造世界的唯一工具，接受马克思主义之后，修正为教育是改造社会的有力的工具。李大钊认为教育在阶级社会里具有阶级性，因此，一方面认为教育具有改造社会的作用，但是，另一方面又认为要真正发挥教育改造社会的作用，必须首先从政治入手，用革命的手段夺取政权，满足工农及其子弟的教育权，改造旧教育。恽代英认为改造教育与改造社会同时进行，不可偏废。李大钊、陈独秀、杨贤江、恽代英等人都认为教育改造社会的目的是通过教育培养对社会有益的人——"圆满发达的人""完全发达的人""能革命的人才"。

在早期马克思主义者的思想探索的基础上，中国共产党自二大开始便把教育问题纳入历次代表大会的宣言、议决案，明确提出了改良教育制度、面向工农大众办教育的新民主主义教育纲领。中国共产党人深入工厂、农村，积极开展工人、农民识字教育，宣传反帝反封建的革命思想。通过黄埔学校、上海大学、湖南自修大学、农民运动讲习所等学校，培养改革社会的革命人才，把教育作为革命工具的这一思想初步付诸实践。新民主主义教育纲领是马克思主义教育原理与中国新民主主义革命实践初步结合的产物，既是马克思主义教育理论中国化的开端，又为新民主主义教育思想——中国化的马克思主义教育理论——的形成奠定了基础。

为了解决中国民主革命中的实际问题，达到马克思主义中国化的目的，毛泽东一方面努力加强对马克思主义经典著作和中国传统文化经典的学习，另一方面积极开展对中国社会的调查研究。在土地革命战争时期，由于国民党对根据地的"围剿"和封锁，要想读到马列主义著作十分困难。1932年4月，红军攻下福建漳州后，获得了一些宝贵的书籍，此后直到长征途中，毛泽东如饥似渴地阅读了恩格斯的《反杜林论》、列宁的《两个策略》《共产主义运动中的"左派"幼稚病》《国家与革命》等理论著作。[1] 红军长征到达延安之后，环境相对安定，为了系统总结中国革命经验，指导中国革命继续前进，从理论上全面系统清算教条主义，毛泽东集中精力，"发愤攻读马列主义的书"[2]，包括马克思、恩格斯、列宁、斯大林、普列汉诺夫、布哈林等马列主义经典著作和李达、艾思奇、张如心等国内学者的著作，边读边认真做读书批注和笔记，并且与身边的理论工作者讨论

---

[1] 逄先知：《毛泽东读马列著作》，26～29页，见龚育之、逄先知、石仲泉：《毛泽东的读书生活》，北京，生活·读书·新知三联书店，2010。
[2] 逄先知：《毛泽东读马列著作》，31页，见龚育之、逄先知、石仲泉：《毛泽东的读书生活》，北京，生活·读书·新知三联书店，2010。

交流。① 毛泽东阅读马列主义著作的目的和方法，是"把马列主义基本观点运用到中国革命实际"和"用马列主义基本理论总结中国革命经验"。② 毛泽东也非常注意阅读《论语》《孟子》《荀子》《老子》《韩非子》《论衡》《张氏全书》《二十四史》《资治通鉴》《楚辞集注》《六祖坛经》等中国文化、历史著作③，以学习和继承中国珍贵的历史遗产，"用马克思主义方法给以批判的总结"④。1938 年 10 月，毛泽东号召全党学习研究马克思主义和我们民族的历史文化："一切有相当研究能力的共产党员，都要研究马克思、恩格斯、列宁、斯大林的理论，都要研究我们民族的历史，都要研究当前运动的情况和趋势。"⑤

中国化在 20 世纪 30 年代已成为一股重要的社会思潮，教育界学者表现尤为积极。20 年代，有学者开始提出"教育的本

① 胡为雄：《中国马克思主义哲学形态研究——毛泽东哲学思想》，70～71页，哈尔滨，黑龙江人民出版社，2013。

② 逄先知：《毛泽东读马列著作》，32 页，见龚育之、逄先知、石仲泉：《毛泽东的读书生活》，北京，生活·读书·新知三联书店，2010。

③ 逄先知：《博览群书的革命家——毛泽东读书生活我见我闻》，24～25页，见龚育之、逄先知、石仲泉：《毛泽东的读书生活》，北京，生活·读书·新知三联书店，2010。

④ 毛泽东：《论新阶段》，见中共中央文献研究室、中央档案馆：《建党以来重要文献选编(一九二一——一九四九)》第十五册，651 页，北京，中央文献出版社，2011。

⑤ 毛泽东：《论新阶段》，见中共中央文献研究室、中央档案馆：《建党以来重要文献选编(一九二一——一九四九)》第十五册，650 页，北京，中央文献出版社，2011。

国化""教育的民族性""新教育的中国化"主张。1931年9月，由欧洲文化教育学者组织的国际联盟教育考察团对中国教育进行了3个月的考察后，写成了考察报告书《中国教育之改进》，详细阐述和严厉批评了中国教育现代化过程中的美国化倾向，力倡教育的中国化。随后，中国一些教育学家、文化学家纷纷发表文章讨论报告书，引发了激烈的讨论、争论。有的学者明确赞成报告书所倡导的"教育中国化"观点；有的学者尽管不赞成教育已经美国化，但也不否认中国化的观点。[①] 教育中国化思潮为马克思主义中国化的形成提供了有利的文化环境。同一时期，日本不断扩大对中国的侵略战争，并且把中国古代"孔孟之道"与日本"皇民文化"相结合，大肆推行奴化教育。国民党政权则在一些统治区域推行复古教育，在文化思想上实行文化专制主义。针对国际国内的战争形势和文化教育潮流，1936—1939年，在中国共产党的指示下，艾思奇、陈伯达、张申府、何干之、柳湜、杨秀峰等人以报刊为舆论阵地，发起了一场思想文化救亡运动——新启蒙运动（思潮）。[②] 他们提出，为了创造一个新文化运动，就必须重新估量中国文化和西洋文化，"这个新

---

① 孙邦华：《中国教育现代化运动中的中国化与美国化、欧洲化之争——1932年国联教育考察团报告书〈中国教育之改进〉的文化价值观及其反响》，载《教育研究》，2013(7)。

② 黄岭峻：《新启蒙运动述评》，载《近代史研究》，1991(5)；黄一兵：《二十世纪三十年代"新启蒙"思潮研究》，载《中共党史研究》，2002(2)；卢毅：《新启蒙运动与新民主主义文化思想的形成》，载《长白学刊》，2008(1)。

启蒙运动应该是一个真正新的文化运动。所要造的文化不应该只是毁弃中国传统文化，而接受外来西洋文化；当然更不应该是固守中国传统文化，而拒斥西洋文化；乃应该是各种现有文化的一种辩证的或有机的综合"①，即把中国传统文化和西洋文化两种不同的文化有机"接合"或"综合"起来，以创造一种新文化。他们认为对待传统文化需要的是扬弃的态度，一方面反对旧道德、旧礼教；另一方面又要发扬光大我们的文化传统，"我们提出继承我们最好的传统文化，发扬民族固有的文化，保卫我们的民族文化。这种自觉是过去任何文化阶段所没有的"②。艾思奇、张申府、柳湜在运动中都提出了"中国化"或"民族化""大众化"的思想。其中，艾思奇不仅明确提出了马克思主义的中国化现实化，而且从哲学上阐释了马克思主义中国化现实化的内涵、可能性、基本路径等问题。他认为马克思主义的中国化就是在运用马克思主义研究和解决具体"特殊性"的中国现实问题时，既要坚持马克思主义的基本原理、基本精神、科学方法，又要在实际运用中发展、创造新的马克思主义。艾思奇提出，中国共产党人经过近 20 年的革命探索，特别是根据地革命的实践和经验总结，创造新的马克思主义——中国化马克思主

---

① 张申府：《五四纪念与新启蒙运动》，见张申府：《什么是新启蒙运动》，18～19 页，重庆，生活书店，1939。

② 柳湜：《抗战以来文化运动的发展》，载《战时文化》，1938，1(1)。

义——的条件已经成熟，"在这些实践的基础上，已经产生了一些发展马克思主义的理论，因此也就有了自己的马克思主义，这是中国的马克思主义的真正的著作，是中国马克思主义的书籍"①。30 年代的"中国化""民族化"思潮，特别是新启蒙运动（思潮）中明确提出的马克思主义中国化、民族化思想，为以毛泽东为代表的共产党人形成新民主主义文化纲领（新民主主义教育思想）奠定了必要的思想基础。②

1940 年 1 月 9 日，毛泽东在陕甘宁边区文化界救亡协会第一次代表大会上发表《新民主主义的政治与新民主主义的文化》讲演，后经修改，2 月《解放》周刊第 98、99 期合刊发表，并改名为《新民主主义论》，1940 年 3 月出版的《中国文化》创刊号上以原名《新民主主义的政治与新民主主义的文化》发表。③ 毛泽东在讲演和正式发表的文章中运用马克思主义的辩证唯物主义和历史唯物主义的观点和方法，深入分析了中国近代以来的民主革命特别是五四运动以来的新民主主义革命实践和文化教育运动，集当时文化教育界特别是共产党人关于文化教育思想的大成，科学、系

---

① 艾思奇：《论中国的特殊性》，载《中国文化》，1940，1(1)。

② 吕振羽认为毛泽东在《新民主主义论》中提出新民主主义文化纲领，就是"总结了新启蒙运动和以往新文化运动的全部经验，适应斗争形势发展的趋势和要求"。（吕振羽：《创造民族新文化与文化遗产的继承问题》，见钟离蒙、杨凤麟：《中国现代哲学史资料汇编 第三集第一册 抗日时期哲学思想战线上的斗争》，45 页，沈阳，辽宁大学出版社，1982。）

③ 刘辉：《〈新民主主义论〉正式发表的时间》，载《中共党史研究》，1993(1)。

统、精确地阐述了新民主主义的文化教育思想。毛泽东科学地论述了政治、经济与文化教育之间的辩证关系问题；明确了新民主主义革命的性质，决定了新民主主义教育的性质和基本任务；高度概括了新民主主义教育的性质和内容应该是民族的、科学的、大众的。随后，柳湜也提出共产党人所要创造的中国新文化"必须是民族的、民主的、科学的、大众的"①。所谓民族的文化，就是新民主主义的文化必须是反对帝国主义（文化）侵略，以争取中华民族的解放和独立，反对全盘西化的文化教育观，主张把优秀的民族文化（传统文化）与外国先进文化有机结合起来。所谓科学的文化，就是新民主主义的文化必须是汲取中国传统文化和西方文化中的"精华"，去除其"糟粕"。因为"马克思主义必须通过民族形式才能实现"，"学习我们的历史遗产，用马克思主义的方法给以批判的总结"。② 所谓大众的文化，就是新民主主义的文化必须为全民族绝大多数的工农大众服务，因而大众性与民主性直接相关，用先进的文化知识教育工农大众，使之脱离蒙昧状态，并且用马克思主义理论和革命思想教育大众，使之积极投入新民主主义革命活动之中。

---

① 柳湜：《抗战以来新文化运动发展的趋向》，见李玉非、宋荐戈、龚守静：《柳湜教育文集》，123 页，北京，教育科学出版社，1991。

② 毛泽东：《论新阶段》，见中共中央文献研究室、中央档案馆：《建党以来重要文献选编（一九二一——一九四九）》第十五册，651 页，北京，中央文献出版社，2011。

（三）新民主主义教育思想是中国新民主主义教育实践的行动指南

"没有革命的理论，就不会有革命的运动"；"只有以先进理论为指南的党，才能实现先进战士的作用"。[①] 理论源于实践，又要回到实践中去，接受实践的检验，并对实践发挥指导作用。新民主主义教育思想是马克思主义基本原理与中国新民主主义革命的教育实践相结合而形成的，并且对新民主主义革命的教育实践发挥了重要的指导作用，不断研究和解决着新民主主义革命中的实际问题。

任何理论只有付诸实践才具有生命力和真正的意义。新民主主义教育思想对新民主主义教育实践发挥指导作用，也就是马克思主义理论与中国新民主主义教育实际密切联系的过程。新民主主义教育思想对新民主主义教育实践的指导主要体现在三个层面的教育上：一是中国共产党坚持不懈地用马克思主义（新民主主义理论）教育全体党员，以提高党员的马克思主义理论水平，正确认识中国新民主主义革命的性质、任务、道路等问题；二是中国共产党注重用马克思主义（新民主主义理论）培养党和革命军队的干部，以造就掌握新民主主义理论的政治和军事领导者；三是中国共产党及其革命军队始终如一地用马克

---

① 列宁：《怎么办？》，见《列宁选集》第一卷，311、312页，北京，人民出版社，2012。

思主义（新民主主义理论）教育工农大众，以不断加强中国新民主主义革命主力军的作用。马克思主义是无产阶级的革命理论，中国共产党成立之初不仅确立了面向工农教育的新民主主义教育纲领，而且积极开展工农教育运动。

对中国共产党全体党员的马克思主义暨新民主主义思想的教育，中国共产党自成立之初就非常重视，明确提出"党内教育的问题非常重要"①。中国共产党在各地创立的早期组织，如李大钊在北京成立的马克思学说研究会、"共产党北京支部"，陈独秀在上海成立的马克思主义研究会、上海"中国共产党"，毛泽东等在长沙创办的共产党早期组织，都把学习并交流马克思主义作为重要活动。例如，林伯渠回忆共产党早期组织学习马克思主义的情况时说："约在一九二〇年十二月至一九二一年期间，我在上海一共参加共产主义小组座谈会四五次。头两次座谈，就是我与陈独秀、沈定一等三人，以后几次邓中夏、李汉俊也参加了，互相交谈的依据是《共产党宣言》和共产国际大会的几个决议文件。同年五、六月，我到了广州，又同谭平山、陈公博、杨匏安等座谈了两次，那时小组情形，只要彼此知道或经朋友介绍是研究俄罗斯问题和搞共产主义的，遇到就约个

_____

① 《党内组织及宣传教育问题议决案》，见中央档案馆：《中共中央文件选集》第一册，245 页，北京，中共中央党校出版社，1989。

地方谈谈，没有什么章程。"①1921 年 7 月，中国共产党正式成立后，党内的马克思主义团体建立了党员定期学习、研究马克思主义的制度，特别是集体学习、研究、讨论的制度。例如，北京大学马克思学说研究会活动公开化，积极开展组织会员学习马克思主义活动。1922 年 2 月 2 日通告集体学习的时间和方式，规定每周六晚七时召开一次讨论会，"先由会员一人述释该题之内容及其要点，然后付之讨论。一次讨论不完，下次续之"②。通过这种学习、研究、讨论，一定程度上提高了党员对马克思主义理论的认识水平。为了适应对党员进行马克思主义理论和无产阶级世界观教育的需要，中国共产党在成立之初，就在中共中央机关所在地上海成立人民出版社、中央编译委员会，译印马克思主义理论著作，并创办《向导》《党报》等理论刊物，其中《党报》是"我们现时秘密组织用以教育党员的最重要机关"③。

中国共产党自成立到大革命时期，工人出身者始终占多数。至 1927 年 4 月，工人出身者占到 53.8%，农民出身者占 18.7%，

① 林伯渠：《党成立时期的一些情况》，见吴殿尧：《亲历者说：建党纪事》，208 页，北京，解放军出版社，2011。

② 罗章龙：《回忆北京大学马克思学说研究会》，见吴殿尧：《亲历者说：建党纪事》，180 页，北京，解放军出版社，2011。

③ 《对于宣传工作之议决案》，见中央档案馆：《中共中央文件选集》第一册，377 页，北京，中共中央党校出版社，1989。

知识分子出身者占 19.1%。① 中国共产党领导民主革命的重心转入农村之后，大量吸收农民和小资产阶级的知识分子加入党组织，农民出身者开始取代工人，成为党员中的大多数。据 1929 年 5 月统计，赣南、闽西苏区的红四军，全军党员 1329 人，工人成分占 23.4%，农民成分占 47%，农民加上其他小资产阶级出身的党员达 70%。② 1931 年 3 月，刘少奇向共产国际报告说"党的成份多半是农民"③，在此情况下，党内和红军中不可避免地存在着农民和小资产阶级思想倾向等非无产阶级思想。1929 年 12 月，毛泽东负责起草并经古田会议通过的《中国共产党红军第四军第九次代表大会决议案》④（又称《古田会议决议》），认为"红军党内最迫切的问题，要算是教育的问题"，提出了用无产阶级思想（即马克思主义）建设党和红军党内教育的重要性、内容和方法。该文件标志着中国共产党内马克思主义教育开始走上制度化、规范化、科学化的轨道。⑤ 1931 年 11 月，中央苏区召开的党的第一次代表大会所通过的《党的建设问

① 沙健孙：《中国共产党通史》第三卷，777 页，长沙，湖南教育出版社，1997。

② 段瑞华等：《苏区思想发展历程》，173 页，南昌，江西高校出版社，1990。

③ 沙健孙：《中国共产党通史》第三卷，779 页，长沙，湖南教育出版社，1997。

④ 毛泽东：《中国共产党红军第四军第九次代表大会决议案》，见《毛泽东文集》第一卷，94 页，北京，人民出版社，1993。

⑤ 王侃：《中国共产党党内学习教育研究》，130～131 页，杭州，浙江人民出版社，2011。

题决议案》，提出要加强党内教育。党内教育主要是"实际斗争与理论问题能够很好的联系起来"，"对于马克思列宁主义基本理论与中国革命基本问题的教育，还须要注意有系统的进行"，党必须对新入党的党员"给以特别的教育与训练"，① 并提出了加强党内教育的系列措施办法。

延安时期②，中国共产党进一步加强了全党的马克思主义教育运动，特别是用中国化的马克思主义——新民主主义（教育）理论——深入、彻底地开展全党教育运动。国共合作进行的全民族抗战开始以后，党组织不断发展壮大。至 1938 年年底，党员人数已从全面抗战开始时的 4 万多人，猛增到 50 余万人，至 1940 年年底再增加到 80 多万人，1945 年 8 月抗战胜利时，达到了 120 多万人，中国共产党已发展成一个大党。③ 党组织发展较快，但绝大多数仍然出身于农民和小资产阶级④，势必需要加强对党员特别是新党员的教育。毛泽东、张闻天等领导人

---

① 《党的建设问题决议案》，见中央档案馆：《中共中央文件选编》第七册，475～477 页，北京，中共中央党校出版社，1991。

② 延安时期通常是指 1935 年 10 月中共中央带领工农红军到达陕北延安吴起镇至 1948 年 3 月毛泽东等率中共中央进驻河北省西柏坡村为止这一历史时期，历经土地革命战争后期、全面抗日战争时期、解放战争前期三个阶段，共计 13 年。

③ 周利生、王钰鑫：《民主革命时期马克思主义大众化研究》，227 页，北京，中国社会科学出版社，2017。

④ 中共中央党史研究室：《中国共产党历史》第一卷下册，614 页，北京，中共党史出版社，2011。

在延安时期的讲话、报告中，都不厌其烦地强调加强党内马克思主义理论学习的重要性。张闻天提出把党打造成"一个共产主义的熔炉"，把党员"锻炼成为有最高阶级觉悟的布尔什维克的战士"。① 毛泽东号召"来一个全党的学习竞赛"，"普遍地深入地"学习和研究马克思主义理论、我们民族的历史、当前运动的情况和趋势，② 从而把"全党变成一个大学校"，以建设成为一个"独立的、有战斗力的"大党为目标。③ 为了清除党员尤其是高级干部中仍然存在的主观主义（表现为教条主义和经验主义）的错误思想，教育全党学会运用马克思主义立场、观点和方法，研究和解决中国新民主主义革命中的实际问题，中共中央于1942 年 2 月至 1945 年 4 月开展了一场全党范围的整风运动。整风的方法是阅读文件④，撰写阅读笔记（或学习心得），联系个人思想和工作，进行自我反省，开展批评与自我批评，提高认

① 张闻天：《目前形势下党的策略》，见《张闻天选集》，77 页，北京，人民出版社，1985。

② 毛泽东：《中国共产党在民族战争中的地位》，见《毛泽东选集》第二卷，533 页，北京，人民出版社，1991。

③ 毛泽东：《在延安在职干部教育动员大会上的讲话》，见《毛泽东文集》第二卷，185、179 页，北京，人民出版社，1993。

④ 整风运动后期的学习文件是指中共中央宣传部于 1942 年 4 月 3 日通知的18 个文件和 4 月 16 日的通知增加的 4 个文件，22 个文件主要包括毛泽东当时的一系列报告、刘少奇的《论共产党员的修养》第二章部分内容、列宁和斯大林的文章等。毛泽东主持编辑了《六大以来》《六大以前》《两条路线》三部党的历史文献，成为整风运动后期的主要学习文件。

识，总结经验，以逐步取得思想认识的一致。中共中央成立总学习委员会（简称"总学委"），毛泽东担任主任，延安的各单位、各系统成立学习分委员会，各根据地也成立学习委员会，整风运动从延安开始，然后向各抗日根据地和国民党统治区的中共中央南方局展开。这场整风运动成了一场"普遍的马克思主义的教育运动"①，它重新教育和训练了老党员和老干部，也教育和训练了新党员，使他们"进一步地掌握了马克思列宁主义的普遍真理和中国革命的具体实践的统一这样一个基本的方向"②，即马克思主义中国化得到了全党普遍的认同。

工农大众是中国新民主主义革命的主力军，因此，中国共产党成立初期就十分注意派遣领导人深入工厂、农村，或者开办各种工人学校（补习学校、夜校、半日学校、识字班、平民学校等）、农民学校（农民夜校、农村学校、农民补习学校、识字班、平民学校、平民读书处等），或者建立工会、农民协会，或者创办通俗刊物，或者编写通俗的小册子，或者利用画报、标语、壁画、歌谣、幻灯、话剧等多种方式方法，对工人、农民进行识字教育的同时，用他们能够理解的话语和生活中的事例，说明工农大众贫穷、受压迫的根源，以唤起或动员工农大众参

---

① 毛泽东：《在中国共产党全国宣传工作会议上的讲话》，见《毛泽东文集》第七卷，275 页，北京，人民出版社，1999。

② 毛泽东：《目前形势和我们的任务》，见《毛泽东选集》第四卷，1252 页，北京，人民出版社，1991。

加反帝反封建斗争的自觉性、积极性。共产党创建农村根据地后，通过学校教育和社会教育的方式对乡村群众进行宣传革命思想和马克思主义理论。毛泽东早在率领工农红军创建革命根据地时就深刻阐明了红军的性质，红军除了进行武装斗争外，还要肩负起宣传群众、组织群众、武装群众并帮助群众建设革命政权的革命政治任务，"离了对群众的宣传、组织、武装和建设革命政权等项目标，就是失去了打仗的意义，也就是失去了红军存在的意义"[1]。党和红军对农民群众的宣传，既有比较高深的理论宣传，如布告红军进行反帝反军阀的斗争以夺取政权为民权革命为目的："红军宗旨，民权革命"，"打倒列强，人人高兴；打倒军阀，除恶务尽"，"全国工农，风发雷奋；夺取政权，为期日近。革命成功，尽在民众。布告四方，大家起劲"[2]；又有以马克思主义为中国革命的理论武器的宣传，如："国民党背叛民权革命，共产党领导民权革命"[3]以及"学习马克思列宁主义，坚决消灭敌人"[4]，并且尤其注意使用农民能够理

[1]　毛泽东：《中国共产党红军第四军第九次代表大会决议案》，见《毛泽东文集》第一卷，79 页，北京，人民出版社，1993。

[2]　《红军第四军司令部布告》，见井冈山革命根据地党史资料征集编研协作小组、井冈山革命博物馆：《井冈山革命根据地》上册，214～215 页，北京，中共党史资料出版社，1987。

[3]　《红军标语》，见柯华：《中央苏区宣传工作史料选编》，250 页，北京，中国发展出版社，2018。

[4]　周利生、王钰鑫：《民主革命时期马克思主义大众化研究》，204 页，北京，中国社会科学出版社，2017。

解、接受的语言。毛泽东特别提醒在办地方宣传品时，"要完全用本地的土话"，"不会写本地的土话，也要用十分浅白的普通话"，[①] 唯其如此，革命思想的宣传才能取得更好地发动群众、组织群众的效果。党和红军还注重征集、改编红色歌谣，然后在根据地群众中进行传唱，以浅显的语言、朗朗上口的形式，把高深的马克思主义革命理论简洁、生动、形象地表现出来。譬如，《革命歌》中唱到："革命是正宗，志愿大家同，红军真勇敢，威风。""共产善布政，出发场场胜，铲除作恶人，报应。"[②] 实践证明，"在工农群众中最容易发生效力的是歌谣及一切有韵的文字，因为最适合他们的心理，并且容易记忆"[③]。在全面抗日战争和解放战争时期，中国共产党继续坚持苏区时期的宣传群众、组织群众的经验和传统，并且更加重视通过学校教育和社会教育对群众开展识字教育的同时进行革命战争和马克思主义(新民主主义思想)的教育。

中国共产党人深入广大工农大众中，开展识字教育和革命思想教育，这也是马克思主义大众化的主要路径和重要表现。"理论一经掌握群众，也会变成物质力量。理论只要说服人……

---

① 毛泽东：《普遍地举办〈时事简报〉》，见柯华：《中央苏区宣传工作史料选编》，508页，北京，中国发展出版社，2018。

② 《革命歌》，见谢济堂：《中央苏区革命歌谣选集》，84页，厦门，鹭江出版社，1990。

③ 周利生、王钰鑫：《民主革命时期马克思主义大众化研究》，219页，北京，中国社会科学出版社，2017。

就能掌握群众；而理论只要彻底，就能说服人……"①工农大众的民主革命意识在中国共产党多种方式的教育下而唤起之后，工农运动不断高涨，促成了反帝反封建的新民主主义革命运动的不断发展，从而为中国共产党领导新民主主义革命取得最终胜利提供了坚实的群众基础。

二、始终把教育作为党的事业的重要组成部分

中国共产党成立后，不仅非常重视教育活动，积极开展党内教育、党和军队的干部教育、工农教育，而且重视从政治上、思想上、组织上对教育的领导，并且根据不同阶段的形势、特点确定不同阶段教育的目标和任务。中国共产党在新民主主义时期对教育的重视和领导是建立在党以马克思主义理论为武器从而正确认识和处理教育与政治、经济关系的基础之上的。

(一)坚持党对教育活动的重视和领导

在新民主主义时期，中国共产党以马克思主义关于教育与

---

① 马克思：《〈黑格尔法哲学批判〉导言》，见《马克思恩格斯选集》第一卷，9 页，北京，人民出版社，1995。

政治的辩证关系为理论基础，始终把教育作为反帝反封建的民主革命的斗争手段，因而十分重视教育活动，并且从政治、思想、组织上坚持对教育活动的领导。

毛泽东早在 1940 年 1 月的《新民主主义论》中就系统论述了中国的民主革命运动以五四运动为界划分为两个阶段，五四运动前是由资产阶级领导的旧民主主义革命，五四运动后是由无产阶级领导的新民主主义革命。"在'五四'以前，中国文化战线上的斗争，是资产阶级的新文化和封建阶级的旧文化的斗争。在'五四'以前，学校与科举之争，新学与旧学之争，西学与中学之争，都带着这种性质。"①中国传统社会建立的官学（国子监、府州县学等）、私学、书院以及与之相关的科举制度（选士制度），在清末已走向衰朽，与此同时，戊戌维新运动、辛亥革命运动、新文化运动推动了学校教育改革、西学东渐、思想启蒙等"新学"潮流的继之而起。清末民初时期（20 世纪初至 20 年代），科举制度的废除②、近代学制章程的颁布和修订③、德智

---

① 毛泽东：《新民主主义论》，见《毛泽东选集》第二卷，696 页，北京，人民出版社，1991。

② 科举制度作为一种选官（士）制度创立于隋朝，唐宋元明清时期在继承中发展，1904 年进行最后一次会试和殿试后，清政府宣布自丙午年（1906 年）起废除科举考试。

③ 清政府于 1902 年和 1904 年相继颁布壬寅学制和癸卯学制，北洋政府于 1912—1913 年、1922 年相继颁布壬子癸丑学制、壬戌学制。通过这些学制改革章程的颁布和不断修订，传统社会的官学、私学、书院等学校体制最终被初等教育、中等教育、高等教育等现代学校体制取代。

体美教育方针的提出①、各种教育思潮和改革运动②的兴起等陆续发生，代表了近代资产阶级新文化、新教育对封建主义旧文化、旧教育的斗争，不仅使资产阶级新文化、新教育占据了优势，而且为无产阶级领导的新民主主义文化的产生和发展奠定了重要基础。

五四运动之后，中国政治生力军——中国无产阶级和中国共产党——登上政治舞台，中国共产党有了完全崭新的文化生力军——共产主义文化思想。"这个文化生力军，就以新的装束和新的武器，联合一切可能的同盟军，摆开了自己的阵势，向着帝国主义文化和封建文化展开了英勇的进攻。"③中国共产党在二大上制定以"渐次达到一个共产主义的社会"为最终奋斗目标(即最高纲领)和以"消除内乱，打倒军阀，建设国内和平""推翻国际帝国主义的压迫，达到中华民族完全独立""统一中国本

---

① 1912 年，由教育总长蔡元培提出、经全国临时教育会议讨论通过的教育方针为：注重道德教育，以实利教育、军国民教育辅之，更以美感教育完成其道德。它包含了德智体美四育，以培养具有健全人格的共和国民为目的，反映了当时资产阶级对教育的要求。

② 在新文化运动影响下先后兴起了平民教育运动、国家主义教育思潮、工读主义教育思潮、科学教育思潮、职业教育思潮、留欧勤工俭学运动、白话文改革、新式教育方法改革实验(设计教学法、道尔顿制、文纳特卡制等)。

③ 毛泽东：《新民主主义论》，见《毛泽东选集》第二卷，697 页，北京，人民出版社，1991。

部（东三省在内）为真正民主共和国"①为现阶段反帝反封建的民主革命纲领（即最低纲领），确立了民主革命与社会主义革命分阶段进行的战略方针，把马克思主义理论与中国革命实际相结合，科学地阐述了中国社会的现状、任务，为中国民主革命指明了方向，从而为中国共产党肩负起领导中国民主革命的历史使命奠定了理论基础，也为中国共产党领导民主革命时期的教育活动奠定了政治和思想基础。中国共产党随后积极领导工农大众开展反帝反封建的革命运动，并且把教育作为服务于民主革命的手段，既从政治上、思想上、组织上加强对教育的领导，又开展面向工农和培养革命干部的教育活动。

中国共产党对教育的领导，最主要的是决定教育的政治属性和宗旨方向问题。五四运动时期，共产主义的知识分子、革命的小资产阶级知识分子和资产阶级知识分子组成的统一战线开展的文化革命运动，提倡新道德反对新道德，提倡新文学反对旧文学，提倡白话文反对文言文，"是彻底地反对封建文化的运动"。这场运动尽管提出了"平民文学"的口号，但是，"还没有可能普及到工农群众中去"②。中共二大提出了面向工农教育

① 《中国共产党第二次全国代表大会宣言》，见中共中央文献研究室、中央档案馆：《建党以来重要文献选编（一九二一——一九四九）》第一册，133页，北京，中央文献出版社，2011。

② 毛泽东：《新民主主义论》，见《毛泽东选集》第二卷，700页，北京，人民出版社，1991。

的思想，通过工会和农民协会，开展工人教育和农民教育。中国共产党帮助国民党进行改组，使国民党确立了联俄、联共、扶助农工的三大政策。第一次国共合作建立后，中国共产党通过自己的党团组织和国民党中央工人部和农民部等组织中的共产党员，扩大了对工人、农民、学生、妇女等民众的教育活动，促使工农群众运动不断高涨，反帝反封建的大革命高潮由此兴起。大革命失败后，中国共产党把革命斗争的重心转移到农村，在农村革命根据地建立代表工农兵利益的中华苏维埃共和国，苏维埃政权"以保证工农劳苦民众有受教育的权利为目的"，在"所能做到的范围内，应开始施行完全免费的普及教育"①，"教育事业之权归苏维埃掌管"②。1933 年 8 月 30 日，少共中央局和中央教育人民委员部提出教育工作的方针是"进行广泛的马克思共产主义的教育"③，10 月 30 日，再次提出"苏维埃的教育应当是共产主义的教育"，即苏区一切教育事业，"都应当从阶级斗争出发，从争取工农民主专政的胜利，从推翻地主资产阶级

---

① 《中华苏维埃共和国宪法大纲》，见中央教育科学研究所、陈元晖、璩鑫圭等：《老解放区教育资料（一）》，28 页，北京，教育科学出版社，1981。

② 《中华苏维埃共和国第一次全国工农兵代表大会宣言》，见中央教育科学研究所、陈元晖、璩鑫圭等：《老解放区教育资料（一）》，27 页，北京，教育科学出版社，1981。

③ 《关于目前教育工作的任务与团对教育部工作的协助的决议》，见中央教育科学研究所、陈元晖、璩鑫圭等：《老解放区教育资料（一）》，36 页，北京，教育科学出版社，1981。

的统治出发，从为着转变到社会主义的革命出发，从消灭阶级，
从消灭剥削人的制度，从为着共产主义的社会的斗争出发"。①
中共中央宣传部部长张闻天在同一时期也认为苏维埃政权的文
化教育政策应该是"以马克思列宁主义的教育，来教育全苏区广
大的工农群众"②。这一文化教育方针存在的一个问题是没有把
现阶段的新民主主义与长远的共产主义区别开来。1934年1月，
毛泽东拟定的苏维埃文化教育的总方针修正为"以共产主义的精
神来教育广大的劳苦民众"③。"共产主义的精神"教育工农民众
与宣传进行"共产主义的教育"，两者之间的本质区别是显而易
见的。1940年1月，毛泽东在《新民主主义论》中从理论上详细
阐述了新民主主义文化教育方针与共产主义的思想教育之间的
联系与区别。一方面，新民主主义的政治和经济决定了新民主
主义的文化教育，现阶段革命的基本任务是反对外国帝国主义
和本国封建主义，在性质上属于资产阶级民主主义革命，还不
是以推翻资本主义为目标的社会主义革命。同时中国现阶段的
革命又是世界无产阶级社会主义革命的一部分，因而现阶段的

① 《目前教育工作的任务的决议案》，见中央教育科学研究所、陈元晖、璩鑫圭等：《老解放区教育资料（一）》，60页，北京，教育科学出版社，1981。

② 张闻天：《论苏维埃政权的文化教育政策》，见张闻天选集编辑组：《张闻天文集》第一卷，403页，北京，中央党史资料出版社，1990。

③ 《中华苏维埃共和国中央执行委员会与人民委员会对第二次全国苏维埃代表大会的报告》，见中央教育科学研究所、陈元晖、璩鑫圭等：《老解放区教育资料（一）》，20页，北京，教育科学出版社，1981。

中国新文化也是世界无产阶级社会主义新文化的一部分。"这种一部分，虽则包含社会主义文化的重大因素，但是就整个国民文化来说，还不是完全以社会主义文化的资格去参加，而是以人民大众反帝反封建的新民主主义文化的资格去参加的。"因此，"就国民文化领域来说，如果以为现在的整个国民文化就是或应该是社会主义的国民文化，这是不对的。这是把共产主义思想体系的宣传，当作了当前行动纲领的实践；把用共产主义的立场和方法去观察问题、研究学问、处理工作、训练干部，当作了中国民主革命阶段上整个的国民教育和国民文化的方针"。另一方面，中国无产阶级（通过中国共产党）领导的新民主主义革命不同于资产阶级领导的旧民主主义革命，因而现阶段的中国文化也不能离开中国无产阶级文化思想的领导，"不能离开共产主义思想的领导"，也就是以共产主义这一最终目标为指引，把新民主主义革命与社会主义革命沟通起来，无产阶级领导新民主主义政治、经济、文化具有社会主义因素。但是，中国共产党在现阶段的任务是领导人民大众完成反帝反封建的政治革命和文化革命，"当作国民文化的方针来说，居于指导地位的是共产主义的思想，并且我们应当努力在工人阶级中宣传社会主义和共产主义，并适当地有步骤地用社会主义教育农民及其他群众。但整个的国民文化，现在也还不是社会主义的"。"所以现在整个新的国民文化的内容还是新民主主义的。"新民主主义文化教育方针概括为一句话就是"以无产阶级社会主义文化思想为领导的人民大众反帝反封建的新民主主义"，也就是民族的、科学的、大众的文化。① 中国共产党在领导新民主主义文化教育的实践中，以毛泽东为代表的中国共产党人不断地在理论上进行探索，总结实践经验，把马克思主义理论与中国具体实践相结合，从而在思想理论上科学、准确地阐明了中国新民主主义文化教育方针，为中国共产党在政治上、思想上领导新民主主义革命时期的文化教育提供了正确的理论指导。

在苏区时期，中国共产党在各级苏维埃政府中设置了专门的教育行政管理机构，为领导革命根据地的教育活动提供了组织保障。1933 年，在中央苏区，中华苏维埃共和国政府内部设立"中央教育人民委员部"，作为中国共产党领导各苏区（革命根据地）的最高教育行政机关，"在教育方针及政策上领导全国学校教育（普通教育）及社会教育"②。中央教育人民委员部设部长 1 人和副部长若干人，内设初等教育局、高等教育局、社会教育局、艺术局及编审局、巡视委员会。全国各革命根据地建立之时纷纷设置教育行政管理机构，但最初名称不一，有的称文化教育

---

① 毛泽东：《新民主主义论》，见《毛泽东选集》第二卷，704～706 页，北京，人民出版社，1991。

② 教育人民委员部：《教育行政纲要（原名教育工作纲要）》，见赣南师范学院、江西省教育科学研究所：《江西苏区教育资料汇编（二）》，5 页，出版地不详，出版者不详，1985。

委员会(如鄂豫皖、川陕、左右江、陕甘边等根据地)，有的称教育部(如江西、闽浙赣、湘鄂川黔等根据地)，有的称文化部(如闽西、湘赣、湘鄂赣等根据地)，有的称文教部(如湘鄂西根据地)。① 中华苏维埃共和国成立后，中央人民委员会于 1933 年 4 月颁布《省、县、区、市教育部及各级教育委员会的暂行组织纲要》，明确统一地方教育行政管理机构的名称和职责。该纲要规定省、县、区设教育部，直接隶属于上级教育部及中央教育人民委员部。城市设教育科，受市苏维埃政府的领导。乡设教育委员会，受乡苏维埃政府的领导。各级教育行政管理机构的任务是"正确执行中央政府及中央教育人民委员部关于文化教育的政策、计划、命令、训令，领导广大的工农群众，用教育与学习的方法，提高群众的阶级觉悟、文化水平与政治水平，打破旧社会习惯的传统，使能有力的动员起来加入战争，深入阶级斗争，参加苏维埃各方面的建设，以争取苏维埃运动在全中国的胜利"②。

　　1938 年 11 月，中共中央决定成立干部教育部，统一领导中央直属各学校制订教育方针、教育计划与教学方法，并且实际上领导了各抗日根据地的教育活动。干部教育部设党内干部教

---

　　① 董纯才、张腾霄、皇甫束玉：《中国革命根据地教育史》第一卷，75 页，北京，教育科学出版社，1991。

　　② 《省、县、区、市教育部及各级教育委员会的暂行组织纲要》，见赣南师范学院、江西省教育科学研究所：《江西苏区教育资料汇编(二)》，2～3 页，出版地不详，出版者不详，1985。

育科、国民教育科等机构。1940 年 6 月，中央干部教育部与中央宣传部合并，改称中央宣传教育部，10 月，又改为中央宣传部，此后，各抗日根据地的教育活动均由中央宣传部领导。各个抗日根据地在根据地政府成立后也设置了相应的教育行政管理机构，但名称并不统一。陕甘宁边区称教育厅；晋冀鲁豫边区先称教育厅，不久改为民教厅；晋察冀边区、鄂豫边区、淮南抗日根据地、淮北抗日根据地等称教育处；晋绥边区先称教育处，后改称民教处；皖中抗日根据地、苏北抗日根据地、苏中抗日根据地、苏南抗日根据地、浙东抗日根据地等均称文教处。在根据地下的专区、县、区、乡等各级政府也都设有相应的教育管理机构和管理者。①

　　在解放战争时期，随着革命形势的迅猛发展和新老解放区的不断扩大或巩固，各民主政府努力建立健全教育领导工作，从解放区到专区、区、乡分别建立教育行政机构并设置管理者。各解放区的教育行政管理机构名称不尽相同。陕甘宁边区、晋冀鲁豫边区、山东省、苏皖边区等政府的教育机构称教育厅；晋察冀边区称教育处；华北解放区（晋察冀与晋冀鲁豫于 1948 年 5 月合并为华北解放区）成立之初的教育机构称教育部，次年改称高等教育委员会；东北解放区于 1946 年 9 月成立之初的教

---

　　① 董纯才、张腾霄、皇甫束玉：《中国革命根据地教育史》第二卷，89～91 页，北京，教育科学出版社，1991。

育机构称教育委员会，1949 年 8 月改称教育部。各解放区都注重选拔优秀干部充实各级教育行政机关，同时大量吸收地方知名人士参加教育工作。[①]

(二)依据民主革命的中心工作确定不同阶段教育发展的目标和任务

当时的教育活动是服务于中国共产党领导的新民主主义革命运动(政治革命、经济革命、文化革命等)的。新民主主义革命的任务是推翻外国帝国主义的侵略和本国封建主义的压迫，完成民族民主革命。[②] 外国帝国主义和本国封建主义总是相互勾结的，因而民族革命和民主革命的两个基本任务既相关联，又有区别，不同时期的社会主要矛盾是不断变化的，不同时期革命的具体任务(中心工作)也会随着主要矛盾的变化而变化。中国共产党依据民主革命的中心工作及其理论上的认识确定了不同阶段教育发展的目标和任务。

中国共产党自成立前后到国共合作的大革命失败前的主要任务是发动工人和农民两大阶级进行反帝反封建的革命运动，因此，时代呼唤共产主义知识分子、共产党员深入工厂、乡村，对

---

① 董纯才、张腾霄、皇甫束玉：《中国革命根据地教育史》第三卷，48～50页，北京，教育科学出版社，1993。

② 毛泽东：《中国革命和中国共产党》，见《毛泽东选集》第二卷，637 页，北京，人民出版社，1991。

工人、农民进行识字教育和马克思主义理论宣传。早在五四运动前夕，李大钊就提出："要想把现代的新文明，从根底输入到社会里面，非把知识阶级与劳工阶级打成一气不可。"共产党领导人号召青年学子到民间去、到农村去，"开发"劳工阶级（特别是农民这个劳工阶级的大多数），教育他们"要求解放、陈说苦痛、脱去愚暗"的道理。① 李大钊指导北京大学学生邓康②、许德珩等人成立北京大学平民教育讲演团，讲演团成员奔赴卢沟桥、长辛店、丰台、海淀、罗道庄、通县、唐山等地农村、工厂，对农民、工人进行讲演，举办劳动补习学校，开展识字教育以及反帝爱国、民主思想的启蒙教育，让具有初步共产主义思想的知识分子走与工农群众相结合的道路。各地共产主义小组成立后，举办识字班、补习学校，对工人们进行识字教育以养成"高尚人格"③，并且出版《劳动界》《劳动音》《劳动者》《劳动与妇女》等刊物，宣传"劳工神圣""劳工万岁"④，讲述革命道理⑤，号召工人阶级起来

---

① 李大钊：《青年与农村》，见中国李大钊研究会：《李大钊全集》第二卷，304～305 页，北京，人民出版社，2006。

② 邓康(1894—1933)，又名邓中夏，中国共产党早期著名领导人、马克思主义理论家、工人运动领袖。

③ 刘明逵、唐玉良：《中国近代工人阶级和工人运动》第三册，829～830 页，北京，中共中央党校出版社，2002。

④ 刘明逵、唐玉良：《中国近代工人阶级和工人运动》第三册，881 页，北京，中共中央党校出版社，2002。

⑤ 刘明逵、唐玉良：《中国近代工人阶级和工人运动》第三册，835 页，北京，中共中央党校出版社，2002。

革命，掌握政权①，自己寻求解放②，宣传和普及马克思主义③。

　　中国共产党成立后，创办《劳动周刊》《工人周刊》《山东劳动周刊》《劳动周报》等刊物，继续在各地创办补习学校、工人夜校，对工人进行识字教育、革命思想和马克思主义理论教育，以动员工农大众参加党领导下的反帝反封建革命运动。比如，1922年1月，毛泽东、李能至（李隆郅）等人在安源创办工人补习学校（夜校），一开始入校工人就有60人左右，设国文、算术课。1922年10月编写《平民读本》4册，每册25课，内容与工农大众日常生活有关，并有社会、文化、科学和国际等启蒙知识，"特别重要的是介绍了马克思主义初步知识和俄国十月革命的方向"④。通过宣传和教育，工人运动在各地此起彼伏，反帝反封建的民主革命运动不断高涨。第一次国共合作建立后，中国共产党进一步加强了对工人运动和农民运动的领导，因而扩大了对工人、农民的教育实践活动。1925年，省港工人大罢工期间，中国共产党领导的中华全国总工会特设立教育宣传委员会。该委员会创办了劳动学

　　① 刘明逵、唐玉良：《中国近代工人阶级和工人运动》第三册，865页，北京，中共中央党校出版社，2002。

　　② 刘明逵、唐玉良：《中国近代工人阶级和工人运动》第三册，854页，北京，中共中央党校出版社，2002。

　　③ 刘明逵、唐玉良：《中国近代工人阶级和工人运动》第三册，857页，北京，中共中央党校出版社，2002。

　　④ 刘明逵、唐玉良：《中国近代工人阶级和工人运动》第四册，119页，北京，中共中央党校出版社，2002。

院、工人运动讲习班、工人补习学校、罢工妇女学校、工人俱乐部。劳动学院招收现任工会职员中有阅读书报能力且能按期上课的人，以培养省港工会运动人才为目的。邓中夏担任院长，由邓中夏、萧楚女、刘少奇、熊锐等人讲授省港罢工、中国政治状况、世界革命史、工会组织法、帝国主义侵略史等课程。中华全国总工会省港罢工委员会和教育宣传委员会先后设立临时宣传学校、速成宣传学校、同德宣传学校、工人宣传学校、特别宣传班，招收工人、农民、青年学生、商人、妇女等，以培养工农革命宣传人才为目的。学习课程包括帝国主义侵略史、中国革命史、劳动运动史、各国劳工状况、国民革命与阶级斗争、工人阶级与国民革命、中国职工运动史、农工联合的意义等。中国共产党党员以个人身份加入中国国民党后，也以国民党工人运动委员会名义设立工人运动养成所。中国国民党广东省党部工人部设立工人运动训练所，以培养从事工人运动的特种人才为目的。学习课程有军事训练、帝国主义与中国、工人运动须知、劳工政策、普通政治学、普通经济学、中国劳动运动史、广东劳动运动史、世界工人运动状况、工人运动策略等。中国共产党党员参加的中国国民党工人运动宣传委员会也在广州多处设立工人补习学校、工人俱乐部。① 为了支持和配合北伐战争，中国共产党通过各地

① 刘明逵、唐玉良：《中国近代工人阶级和工人运动》第五册，774～786页，北京，中共中央党校出版社，2002。

工会组织加强对工人的教育，普遍设立工人补习普通班、工人补习特别训练班、工人子弟学校班等各类工人学校，进行识字和宣传教育。因此，中国共产党领导下的工会，既是工人群众的组织，"又是领导工人群众作改善自身生活及参加政治运动的斗争机关，必须要群众知道斗争的意义和方法，工会乃能领导群众的行动。工会又是教育工人的学校，必须注意这一个问题，工会乃能从日常生活及一切行动中训练工人斗争的知识和能力"[①]。

中国共产党领导的农民运动和农民教育活动最早是从浙江省萧山县衙前村开始的。1921 年 4 月，上海的共产党早期组织发起人之一沈定一回到自己的家乡衙前村组织农民运动，并邀请进步师生创办衙门农村小学，发布宣言，明确宣布学校将坚持无产阶级的性质，免费招收农民子弟入学，学习文化知识和革命道理。广东海丰是农民运动和农民教育开始较早、影响较大的地区之一，在中国共产党农民运动领导人彭湃的组织领导下，1923 年 1 月成立了海丰农民总会。农会中设有教育部，主办农民教育，在一个多月时间里，就在当地创办了 10 余所农民学校、数所农民夜校。湖南是中国共产党领导的农民运动和农民教育开展得较早并有成效的又一个地区。从 1922 年起，毛泽东和其他共产党人先后在长沙、韶山等地建立农民协会、农民

---

① 刘明逵、唐玉良：《中国近代工人阶级和工人运动》第六册，152 页，北京，中共中央党校出版社，2002。

补习学校、农民夜校。1925 年 12 月，湖南农民第一次全省代表大会所通过的《农村教育决议案》，提出了农民教育的具体方案（包括内容、方式、方法等），要求农民协会竭力注意开办农民学校，分日班与夜班两种形式，日班教育农民子弟，夜班教育成年农民。农民学校应尽可能设立妇女班。①

　　中国共产党领导下的工农教育实践进一步促进了马克思主义与工农大众相结合，提高了工农革命的意识和斗争精神，极大地促进工农运动的发展和民主革命形势的高涨。特别是南方地区工农运动的发展，不仅很好地支持和配合了国共合作的北伐战争，而且为随后共产党领导的农村革命根据地的创建和教育活动奠定了良好的基础。

　　1927 年 4 月至 7 月，国民党发动反革命政变，国共合作破裂，中国共产党被迫实行武装暴动，并且把革命中心从城市转移到农村，创建农村革命根据地，走农村包围城市、武装夺取政权的道路。这一时期中国共产党的中心任务就是建立和巩固农村革命根据地，开展土地革命，对抗国民党政权的军事"围剿"和文化"围剿"。中国共产党在农村革命根据地（苏区）开展的教育都是服务于反"围剿"的革命战争的，"目前教育工作的方针与任务，应该从战争的环境与处在苏维埃政权条件之下的观点

① 顾明远、刘复兴：《从新民主主义教育到社会主义教育(1921—2012)》，45～48 页，北京，教育科学出版社，2015。

出发，这就是说从教育工作应该为着战争与进行广泛的马克思
共产主义的教育服务的观点出发，教育为着战争，就是说满足
战争的需要，用教育工作帮助战争的动员、战争的发展，随着
苏区的扩大与苏维埃工作的发展，需要广泛提高群众和干部的
政治文化水平，来执行新的任务；从帮助战争的动员，需要经
过教育的工作去提高广大工人与劳动群众的阶级觉悟"[①]。中国
共产党领导下的苏维埃政府在各农村革命根据地通过学校（普通
教育）、社会教育（俱乐部、各种读书、阅报、政治讲演、墙报、
剧社等）广泛开展党和红军干部教育及工农群众教育。按照苏维
埃中央教育人民委员会制定的学校制度，"对于一切人民，施以
平等的教育"，普遍地进行义务教育。在苏区建立的学校制度包
括四大类型：第一类学校是面向青年和成年的教育，以在消灭
文盲的同时进一步提高青年和成年的文化和政治水平为宗旨，
包括夜校与星期日学校、短期的职业学校、短期的政治学校、
短期的教员训练班；第二类学校为劳动小学校，包括劳动学校
和儿童补习学校，对 7～13 岁的儿童施行免费的强迫教育；第
三类为劳动学校和大学中间的学校，包括列宁师范学校、职业
学校、政治学校、蓝衫团学校；第四类学校为大学，以培养高

---

① 《关于目前教育工作的任务与团对教育部工作的协助的决议》，见中央教
育科学研究所、陈元晖、璩鑫圭等：《老解放区教育资料（一）》，35～36 页，北
京，教育科学出版社，1981。

等专门人才为目的。①

　　1937 年 7 月 7 日，日本发动卢沟桥事变，中国共产党根据国际国内形势的变化，适时改变斗争策略，实施抗日民族统一政策，促使第二次国共合作正式建立。中国共产党在发布的《抗日救国十大纲领》中提出"抗日的教育政策"："改变教育的旧制度旧课程，实行以抗日救国为目标的新制度新课程。实施普及的义务的免费的教育方案，提高人民民族觉悟的程度。实行全国学生的武装训练。"②教育为抗日救国服务，这一抗日救国教育又被称为"国防教育"。在国防教育新政策之下，必须"根本改革过去的教育方针和教育制度。不急之务和不合理的办法，一概废弃"③。国防教育的本质和任务是动员群众参加抗战、扩大和巩固抗日民族统一战线。④ 国防教育的实施首先从陕甘宁边区开始，后来也被其他边区或抗日根据地采用。陕甘宁边区教育厅规定边区国防教育的总方针包括两个方面："第一，就是为争取抗战胜利，建立独立、自由、幸福的新中国，培养有民族

　　①　《苏维埃学校建设决议案》，见中央教育科学研究所、陈元晖、璩鑫圭等：《老解放区教育资料（一）》，62～64 页，北京，教育科学出版社，1981。

　　②　《中国共产党抗日救国十大纲领》，见中共中央文献研究室、中央档案馆：《建党以来重要文献选编（一九二一—一九四九）》第十四册，477 页，北京，中央文献出版社，2011。

　　③　毛泽东：《反对日本进攻的方针、办法和前途》，见《毛泽东选集》第二卷，348 页，北京，人民出版社，1991。

　　④　柯柏年：《国防教育》，见陕西师范大学教育研究所：《陕甘宁边区教育资料·教育方针政策部分》，30～32 页，北京，教育科学出版社，1981。

意识、有胜利信心、有知识技能的抗日国民和抗日干部；第二，就是在抗日民族统一战线的原则下，建立教育界的统一战线，动员广大群众，参加抗战建国工作。"①在具体的教育办法或措施上，继续采用之前苏区关于学校教育与社会教育结合、群众教育与干部教育并举等类型，并仍然实行普遍的免费教育。但是在抗日的新形势下又有重要修改：一是实行干部教育第一、国民教育（群众教育）第二的政策，二是课程、教材和修业年限上的改变，课程、教材都以抗战建国为中心，修业年限适当缩短。②

1945 年 9 月，抗日战争取得最后胜利，中国出现了短暂的和平。1946 年 6 月，国民党政府武装悍然对中国共产党领导的陕甘宁边区、中原解放区等发动大规模进攻，国共之间的全面内战爆发。在此形势下，中国共产党需要广泛发动群众，动员一切可以动员的力量，从政治、军事上粉碎国民党政权的进攻，直至夺取人民自卫战争（即解放战争）的最终胜利。在这一时期，中国共产党领导的各解放区教育活动也都是直接或间接地服务于解放战争的。例如，陕甘宁边区政府提出："目前教育工作的中心任务是配合军事、政治、经济、群运等工作，争取人民自

①　《边区的文化教育状况》，见陕西师范大学教育研究所：《陕甘宁边区教育资料·教育方针政策部分》，23 页，北京，教育科学出版社，1981。

②　《边区的文化教育状况》，见陕西师范大学教育研究所：《陕甘宁边区教育资料·教育方针政策部分》，23~24 页，北京，教育科学出版社，1981。

卫战争的胜利。"①为达到此目的，边区政府采用社会教育与学校教育相联系、时事教育与文化教育相配合、教育内容与战争生活相结合、不同地区不同工作方式等实施原则。晋冀鲁豫边区政府根据"爱国自卫战争是全面的、全民的，一切要为战争的胜利来努力"这一形势，提出"教育与战争结合"的教育原则，"不仅是要支援前线——参战，而且教育组织要适合于战争形势"。② 山东省政府根据"一切为了争取自卫战争的胜利"这一目的，提出教育工作的原则和主要任务，表达了同样的思想："加强时事教育，提高战争观念，服从战争需要。在干部中、教师中、各级学校学生中以及广大群众中，进行普遍深入的思想动员，使教育与战争结合起来。"③随着人民解放战争取得节节胜利，特别是辽沈战役、平津战役、淮海战役、渡江战役的胜利，夺取全国胜利、建立新中国的目标即将实现，各解放区适时地对教育目标和任务进行调整。东北解放后，1948 年 10 月 10 日，东北行政委员会根据当时的中心任务是进行生产建设以支援战争，提出东北解放区教育工作的首要任务是培养大批有文化知

① 《陕甘宁边区战时教育方案》，见中央教育科学研究所：《老解放区教育资料（三）》，4 页，北京，教育科学出版社，1991。

② 《晋冀鲁豫边区政府教育厅关于本边区实施新教育方针的初步意见》，见中央教育科学研究所：《老解放区教育资料（三）》，50 页，北京，教育科学出版社，1991。

③ 《山东省政府关于目前教育工作的指示》，见中央教育科学研究所：《老解放区教育资料（三）》，82～83 页，北京，教育科学出版社，1991。

识、科学技术和革命思想的知识分子，以应建设事业的需要，因此应该拿出一定力量来办大学、中学和各种专门学校，以培养各种知识分子与干部。其次，注意和恢复发展国民教育，以新民主主义培植新国民。最后，有重点地进行社会教育，以提高人民大众的觉悟和文化，动员人民大众积极参与生产建设支援战争。① 1949 年 6 月 30 日，苏南行政公署根据新中国即将建立的新形势，提出学校教育的方针和任务是，坚持新民主主义的文化教育方针，对旧教育进行逐步改造，"使所有学校都能团结在建设新中国的总目标下，围绕着生产建设这一中心任务，并为这个中心工作而服务"②。

(三)正确处理教育与政治、经济的关系

中国共产党人从早期马克思主义者开始就用马克思主义的唯物辩证法分析和论述教育与政治、经济之间的辩证关系，并以之为理论基础，指导中国新民主主义革命实践中的教育与革命的关系问题。中国共产党对教育与政治、经济关系的论述不仅成为新民主主义教育理论的重要组成，而且对新民主主义教育实践的发展起到了重要的促进作用。

---

① 《东北行政委员会关于教育工作的指示》，见中央教育科学研究所：《老解放区教育资料(三)》，162 页，北京，教育科学出版社，1991。

② 《苏南行政公署关于目前学校教育工作的指示》，见中央教育科学研究所：《老解放区教育资料(三)》，144 页，北京，教育科学出版社，1991。

从清末到民国时期，一批又一批教育家提出"教育救国""教育独立""教育万能"等主张，或带着这样的思想从事教育实践，或以之作为教育改革、教育改造的舆论工具。尽管这些主张的形成有一定的合理性、必然性，且不乏一定的积极意义，但是，它们在理论上都带有一个共同的缺陷，就是没有科学、理性地认识到教育与社会之间的辩证关系。马克思和恩格斯在批评西欧资本主义社会的思想观念和教育时指出："你们的观念本身是资产阶级的生产关系和所有制关系的产物，正像你们的法不过是被奉为法律的你们这个阶级的意志一样，而这种意志的内容是由你们这个阶级的物质生活条件来决定的。""而你们的教育不也是由社会决定的吗？不也是由你们进行教育时所处的那种社会关系决定的吗？不也是由社会通过学校等等进行的直接的或间接的干涉决定的吗？"[1]李大钊既是中国最早接受和信仰马克思主义学说的人之一，也是较早发表文章，阐明一定社会的教育、政治、哲学等"精神构造"（"表层构造"，即上层建筑）决定于一定社会的经济基础（他称之为"社会经济的构造"，并且是"基础构造"），并且随着经济基础的变化而变化的人。另一方面，他又认为教育等"精神构造"对作为"基础构造"的经济基础有反作用。陈独秀接受马克思主义之后，也运用唯物史观论述

---

[1] 马克思、恩格斯：《共产党宣言》，见《马克思恩格斯选集》第一卷，289~290页，北京，人民出版社，1995。

教育与经济、政治之间的辩证关系。他形象地认为教育与知识、思想等一样，都是"经济的儿子"，"倘不全力解决政治问题，则必无教育、实业之可言"。① 早期马克思主义者杨贤江在《新教育大纲》《教育史 ABC》两部著作中，运用马克思主义唯物史观对教育与政治、经济的辩证关系以及教育的产生和发展等教育本质问题的阐述最为系统、深刻。杨贤江提出教育属于上层建筑，以社会的经济构造为基础并随经济发展而变动，也详细分析了教育与其他上层建筑相比所具有的特点。恽代英接受马克思主义之后，认为必须对包括经济、政治、教育等社会整体进行改造，并以经济制度和政治革命为前提，但改造社会离不开改造教育，改造社会与改造教育要同时进行。

以马克思主义关于教育与政治、经济辩证关系的思想为理论指导，中国共产党自创立时起即确立教育为中国新民主主义革命服务的教育观，重视党员的教育、党的干部教育、工农大众的教育实践，在教育活动中文化教育、政治教育兼顾，尤其重视政治教育。党员教育和党的干部教育培养既有文化又有马克思主义理论水平的人，以更好地担负起领导中国革命的重任。国共合作创办的上海大学、黄埔军校、农民运动讲习所等是中国共产党成立初期运用马克思主义培养干部的典型。李大钊、邓中夏、瞿秋

① 陈独秀：《答顾克刚》，见《陈独秀文章选编》上册，225 页，北京，生活·读书·新知三联书店，1984。

白、蔡和森、恽代英、萧楚女等共产党员在上海大学（特别是社会学系）进行唯物辩证法、社会进化史、社会主义、时事教育，以"改造社会为职志"的办学思想鼓励师生积极投身到反帝反封建的大革命运动之中。在黄埔军校，中国共产党参照苏联经验建立政治工作制度，设立政治部，负责学校政治工作。中共党员周恩来、熊雄先后担任政治部主任，专门制定《政治教育大纲》，规定政治教育的科目，出版了一批宣传革命的刊物。中国共产党先后在广州、武汉创办农民运动讲习所，进行基础理论、时事、农民革命、军事等教育。这些干部学校为党培养了一批杰出的政治、军事、工农运动的干部，他们纷纷投身于领导工农运动乃至于后来的根据地创立和发展革命实践之中。中国共产党人深入工人、农民之中，以识字教育为基础，以革命思想灌输为核心，以动员工农大众参加中国共产党领导的民主革命为目的。

在革命根据地（苏区）时期，中国共产党开展红军教育、干部教育、工农群众教育同样是把文化教育、政治教育、军事教育结合起来，以服务于革命战争和革命根据地各项建设。在革命根据地教育活动中，红军教育是产生较早也是具有重要战略地位的一种教育。早在井冈山根据地创立之时，毛泽东认为红军的成分，一部分来自农民、工人，另一部分来自游民无产者，大部分为旧式雇佣军。共产党对红军"加紧政治训练"之后，取得了明显的教育效果。"经过政治教育，红军士兵都有了阶级觉悟，都有了分配土地、建立政权和武装工农等项常识，都知道是为了自己和工农阶级而作战。"①面对国民党军队对苏区不断进行的军事"围剿"，苏区特别是中央苏区坚持一切活动都要服从革命战争，"我们的一切工作，一切生活，都要服从于革命战争。争取战争的胜利，是苏维埃与每个工农同志的第一等责任"②。在此形势下，加强对红军的政治教育，在精神上打造一支铁的红军，成为争取革命战争胜利的必要手段。"红军的政治训练是启发和提高指挥员战斗员的无产阶级的觉悟，使他们认清本阶级的利益，努力于本阶级的政治任务，与敌人作决死的斗争，去达到消灭敌人、解放本阶级的目的。"③在反"围剿"战争十分艰巨的形势下，曾经出现过有人主张服从战争而取消教育的错误思想④，中华苏维埃共和国中央教育人民委员部及其召开的全国教育建设大会曾经主张苏区教育应该进行"共产主义的教育"⑤。中央教育人民委员会认为在战争环境里，"文化教

---

① 毛泽东：《井冈山的斗争》，见《毛泽东选集》第一卷，64 页，北京，人民出版社，1991。

② 《中华苏维埃共和国临时中央政府成立两周年纪念对全体选民的工作报告书》，载《红色中华》，1933(122)。

③ 朱德：《怎样创造铁的红军》，见《朱德选集》，3 页，北京，人民出版社，1983。

④ 《全苏教育建设大会何凯丰同志的总结报告》，见中央教育科学研究所、陈元晖、璩鑫圭等：《老解放区教育资料(一)》，54 页，北京，教育科学出版社，1981。

⑤ 《目前教育工作的任务的决议案》，见中央教育科学研究所、陈元晖、璩鑫圭等：《老解放区教育资料(一)》，60 页，北京，教育科学出版社，1981。

育应成为战争动员一个不可缺少的力量”，“提高广大群众的政治文化水平，吸引广大群众积极参加一切战争动员工作”，① 因此，取消教育的错误思想不可能被接受。但是，把苏区教育确定为“共产主义的教育”显然超越了当时新民主主义革命的性质和任务。毛泽东把苏区的文化教育方针修正为“以共产主义的精神来教育广大劳苦民众”，“使文化教育为革命战争与阶级斗争服务”，“使教育与劳动联系起来”，“使广大中国民众都成为享受文明幸福的人”，② 从而把苏维埃文化教育方针又拉回到新民主主义革命阶段，并正确认识到了教育与政治、教育与战争的关系。

抗日战争时期，抗击日本帝国主义的侵略是全民族的任务，中国共产党在陕甘宁边区和其他抗日根据地实行抗战教育——国防教育政策，使教育为长期战争服务，以争取抗战的胜利，建立独立、自由、幸福的新中国为目标。在解放战争时期，中国共产党在各解放区实行自卫战争，在教育上广泛地实施新民主主义教育。新民主主义教育与新民主主义政治密切结合、相互作用，“没有新民主主义的教育，新民主主义革命就不会有完

---

① 《中华苏维埃共和国中央教育人民委员部训令第四号》，见中央教育科学研究所、陈元晖、璩鑫圭等：《老解放区教育资料（一）》，34 页，北京，教育科学出版社，1981。

② 《中华苏维埃共和国中央执行委员会与人民委员会对第二次全国苏维埃代表大会的报告》，见中央教育科学研究所、陈元晖、璩鑫圭等：《老解放区教育资料（一）》，20 页，北京，教育科学出版社，1981。

全的彻底的胜利，它是新民主主义革命的重要组成部分，离开它是不行的。教育就该为政治服务，没有新民主主义的政治，新民主主义的教育就绝对不可能存在与发展"[①]。在正确认识、处理教育与政治、经济关系的方针政策指引下，从土地革命战争时期至抗日战争、解放战争时期，各个阶段的革命根据地都因陋就简地采用学校教育与社会教育的形式，成功地进行了军队教育、干部教育、群众教育，这些教育活动都很好地发挥了服务于民主革命的政治功能。以赣西南苏区为例，工农大众经过文化教育、政治教育之后，对工农的阶级斗争觉悟和革命意识显著提高，"苏府范围内的农民，无论男女老幼，都能明白国际歌，少先歌，十骂反革命，十骂国民党，十骂蒋介石，红军歌，及各种革命的歌曲，尤其是阶级意识的强，无论三岁小孩，八十老人，都痛恨地主阶级，打倒帝国主义，拥护苏维埃及拥护共产党的主张，几乎成了每个群众的口头禅，最显著的是许多不认识字的工农分子，都能作很长的演说，国民党与共产党，刮民政府与苏维埃政府，红军与白军，每个人都能分别能解释"[②]。

1940 年 1 月，毛泽东论述了文化（教育）与政治、经济的辩

①　牛佩琮：《把教育工作做的更好一些》，见中央教育科学研究所：《老解放区教育资料（三）》，41 页，北京，教育科学出版社，1991。

②　《赣西南（特委）刘士奇（给中央的综合）报告》，见《中央革命根据地史料选编》上册，355 页，南昌，江西人民出版社，1982。

证关系："一定的文化是一定社会的政治和经济在观念形态上的反映。""至于新文化，则是在观念形态上反映新政治和新经济的东西，是替新政治新经济服务的。"①这是中国共产党人20年来对教育与政治、经济的认识和实践经验的总结，最终形成了科学、精辟、对立统一的思想。

三、坚持以工农大众为中心的教育

工农大众是中国共产党的根基（阶级基础），也是中国共产党的生存之本和力量之源。中国共产党从成立之时起就坚持以工农大众为中心的教育，通过学校教育和社会教育等多种形式实施工农大众教育，并且明确主张通过暴力革命完成反帝反封建的任务，建立真正的劳农专政的民主共和国，这样才能实现工农大众完全平等的教育机会。

（一）注重提高工农大众的文化知识和政治水平

中国共产党领导新民主主义革命以工农大众为革命的主力军，发动工农大众参加反帝反封建的革命运动的主要方式就是

---

① 毛泽东：《新民主主义论》，见《毛泽东选集》第二卷，694～695页，北京，人民出版社，1991。

教育。针对中国工农大众中的绝大多数都是不识字的文盲这种情况，中国共产党从成立时起就注重对工人、农民的识字和补习教育，以提高工农大众的文化知识和政治水平为重要目标。

中国是文明古国，学校教育产生早且绵延不绝。在古代中国，社会阶层分化为士、农、工、商四大类，学校教育基本上成了"士"阶层——或者说统治阶层——的专利，农、工、商——劳动阶层——难有受学校教育的权利和机会。即使是到了 20 世纪 20 年代的民国时期，据估算仍然有 80%[①]甚至 90%的民众是不识字的文盲。[②] 工农大众缺乏教育既是近代中国贫穷落后的重要根源，也是民主革命不能取得真正成功的根本原因之一。康有为、梁启超在戊戌维新运动期间提出"开民智""兴民权"的思想，清朝末年（20 世纪初）兴起简易识字运动，成效甚微。五四运动时期一些进步知识分子、青年学生提出"平民教育"的思想，并且面向城市市民和工人开办平民学校、夜校、补习学校，声势浩大。20 世纪 20—30 年代，晏阳初、陶行知、梁漱溟等教育家纷纷开展平民教育实验与乡村建设运动，从而把面向工农大众的识字教育运动推向高潮。1928 年，国民政府制定《识字运动宣传计划大纲》，从而在全国大力推行识字运动。[③]

---

① 马宗荣：《识字运动：民众学校经营的理论与实际》，2 页，上海，商务印书馆，1925。

② 《识字运动宣言》，载《教育月刊》，1928，2(3)。

③ 钟灵秀：《三十年来中国之识字运动》，载《教育杂志》，1937，27(3)。

晏阳初、陶行知、梁漱溟等教育家开展的平民教育实验与乡村
建设运动，是以识字教育为起点（基础）的，试图达到以教育改
造社会、挽救中国危亡的目的，取得了一定的成绩，产生了比
较大的社会影响。但是，他们过分夸大了教育的作用，并且相
信通过改良——教育和建设——解决中国社会问题。国民政府
推行的识字运动，是为实现其对民众的"训政"目的，"识字运动
是训政的基本工作"①。中国共产党开展和领导的面向工农大众
的文化知识和政治教育，在性质和目的上既不同于晏阳初、陶
行知等的平民教育、乡村建设，更不同于国民政府的识字教育
运动。

中国共产党是早期共产主义知识分子与工人阶级结合在一
起的产物，结合的主要方式就是对工人阶级开展文化知识和革
命斗争教育。各地党的早期组织成立后，工人补习学校在各地
创办起来。譬如：上海的共产党早期组织创办上海第一工人补
习学校（初名上海工人游艺会）②；北京的共产党早期组织创办
长辛店劳动补习学校、京奉铁路唐山制造厂工人夜校，指导京
汉铁路郑州工人夜校的创办③；广州的共产党早期组织在广州

---

① 《识字运动应用标语》，载《教育与社会》，1931，1(16～17)。

② 刘明逵、唐玉良：《中国近代工人阶级和工人运动》第三册，808 页，北
京，中共中央党校出版社，2002。

③ 刘明逵、唐玉良：《中国近代工人阶级和工人运动》第三册，828～835
页，北京，中共中央党校出版社，2002。

创办机械工人学校、工人夜校，领导广州理发工会设立劳动学校①；武汉的共产党早期组织在一些工厂（如武昌的武汉第一纱厂、汉口的英美烟厂、汉阳的几个兵工厂、裕华纱厂以及铁路工人等）为工人开办识字班，设立利群书社②；长沙的共产党早期组织在长沙市一些工厂为工人创办夜校、补习班、识字班，设立文化书社③；济南的共产党早期组织在一些学校为劳动者添设成年补习班。④ 各地的共产党早期组织在对工人进行识字教育的同时，也注意进行初步的革命思想的灌输。中国共产党成立后，1925 年 5 月，在广州组织召开的第二次全国劳动大会讨论通过的《工人教育的决议案》，提出工人教育的任务是"促进阶级觉悟"与"训练战斗能力"，应采取开办补习学校、工人子弟学校、工人阅书报社、化装演讲、公开讲演、游艺会等教育形式。⑤

　　中国共产党第二次全国代表大会所发表的宣言，提出了实现工农的教育权和男女平等的教育目标等面向工农大众的教育

　　① 刘明逵、唐玉良：《中国近代工人阶级和工人运动》第三册，845～846、862 页，北京，中共中央党校出版社，2002。

　　② 刘明逵、唐玉良：《中国近代工人阶级和工人运动》第三册，868～869 页，北京，中共中央党校出版社，2002。

　　③ 刘明逵、唐玉良：《中国近代工人阶级和工人运动》第三册，869～873 页，北京，中共中央党校出版社，2002。

　　④ 刘明逵、唐玉良：《中国近代工人阶级和工人运动》第三册，875～877 页，北京，中共中央党校出版社，2002。

　　⑤ 中华全国总工会中国工人运动史研究室：《中国工会历次代表大会文献》第一卷，30～31 页，北京，工人出版社，1984。

思想，从而进一步促进了中国共产党对工农教育的识字教育活动，尤其是农民教育活动的兴起。中国不识字的民众中，"最大多数是农民"①。中国共产党的阶级基础工人阶级也主要来自农民，因此，对工农的文化知识教育必须一起进行。中国共产党成立初期不仅开展工农识字教育活动，而且在思想上提出为工农争取普遍的义务教育和免除学费运动、男女教育平等主张，同时又提出对工农大众宣传要打破少数人垄断教育的问题非进行社会革命不能解决。② 革命根据地时期，毛泽东在拟定苏区文化教育方针和任务时，指出苏区的文化教育机关掌握在工农劳苦群众之手，"苏维埃政府用一切方法提高工农的文化水平"，"以共产主义的精神来教育广大的劳苦民众"，"工农及其子女享受教育的优先权"，"厉行全部的义务教育，是发展广泛的社会教育，是努力扫除文盲"，③ 阐明了苏区教育的目的、对象、任务和方式。中国共产党建立的苏维埃政府开展大规模扫除文盲运动，在实践上更加重视对工农群众的文化知识的教育。1933

---

① 毛泽东：《湖南农民运动考察报告》，见《毛泽东选集》第一卷，39 页，北京，人民出版社，1991。

② 《关于教育运动的议决案》，见中共中央文献研究室、中央档案馆：《建党以来重要文献选编（一九二一—一九四九）》第一册，83 页，北京，中央文献出版社，2011。

③ 《中华苏维埃共和国中央执行委员会与人民委员会对第二次全国苏维埃代表大会的报告》，见中央教育科学研究所、陈元晖、璩鑫圭等：《老解放区教育资料（一）》，16～20 页，北京，教育科学出版社，1981。

年 9 月 15 日，苏区刊物《红色中华》发出苏区兴办扫除文盲运动的倡议，10 月 20 日，苏区中央文化教育建设大会通过《消灭文盲决议案》，为了加强苏区消灭文盲运动，以乡为基本组织，建立从乡到中央的各级消灭文盲协会，作为独立系统的广泛的群众组织。[①] 1934 年 3 月，重订后的《消灭文盲协会章程》，修订为乡村以村消灭文盲协会为基本组织，城市以企业工厂或街道所设消灭文盲协会为基本组织。基本组织之下再分设若干消灭文盲小组，乡村、政府机关、群众团体、俱乐部、工厂均建立识字班或夜校或半日学校，在工厂设立业余补习学校（或工人补习学校）。"消灭文盲，提高广大劳动群众的文化水平和政治水平"[②]既是中国共产党领导苏维埃革命的重大任务之一，也是消灭文盲协会及其所开办的识字班、夜校、半日学校、业余补习学校共同的目的和任务。在这一目的和任务之下，学习内容除识字、写字、作文外，还有政治和科学常识等，以中央教育人民委员部所编的《成人读本》为教材，并以《捷报》《红色中华》《青年实话》《湘赣斗争》《列宁青年》《红色湘赣》以及墙报等为辅助教材。[③] 据毛泽东于 1933 年 12 月所写的《长冈乡调查》，长冈乡全

---

① 《消灭文盲决议案》，见中央教育科学研究所、陈元晖、璩鑫圭等：《老解放区教育资料（一）》，249 页，北京，教育科学出版社，1981。

② 《消灭文盲协会章程》，见中央教育科学研究所、陈元晖、璩鑫圭等：《老解放区教育资料（一）》，250 页，北京，教育科学出版社，1981。

③ 《夜校办法大纲》，见中央教育科学研究所、陈元晖、璩鑫圭等：《老解放区教育资料（一）》，255～256 页，北京，教育科学出版社，1981。

乡设有 9 个夜校，学习者约 300 人，男子占 30%，女子占 70%，16～45 岁的青年成年男女 412 人大多数进了夜校，也有少数 54 岁以上的老人入读。夜校非常受群众欢迎，识字班、俱乐部也办得很好。① 苏区对青少年一切男女儿童实施免费的义务教育（有时称强迫教育），6～11 岁的儿童有接受小学教育的权利和义务②，"但目前国内战争环境中，首先应该保证劳动工农的子弟得受免费的义务教育"③。相关的学校，以湘鄂赣苏区为例，包括普通学制的学校和专门学校。普通学制分为幼稚园、列宁小学校、特别学校（为残疾儿童而设）；专门学校是为适应实际生活的需要而设的，包括工厂学校、农场学校、教员养成学校等。④ 小学教育德、智、体、美、劳并举，文化知识教育和政治教育（革命斗争、反帝反封建等思想）相结合。"提高广大

---

① 毛泽东：《长冈乡调查》，见中央教育科学研究所、陈元晖、璩鑫圭等：《老解放区教育资料（一）》，12～13 页，北京，教育科学出版社，1981。

② 《闽西苏维埃政府目前文化工作总计划》，见中央教育科学研究所、陈元晖、璩鑫圭等：《老解放区教育资料（一）》，125 页，北京，教育科学出版社，1981。

③ 《中华苏维埃共和国小学校制度暂行条例》，见中央教育科学研究所、陈元晖、璩鑫圭等：《老解放区教育资料（一）》，308 页，北京，教育科学出版社，1981。

④ 《湘鄂赣省苏维埃政府训令文字第二号——颁布学制与实施目前最低限度的普通教育》，见中央教育科学研究所、陈元晖、璩鑫圭等：《老解放区教育资料（一）》，117～118 页，北京，教育科学出版社，1981。

群众的政治文化水平，吸引广大群众积极参加一切战争动员工作"①是苏区文化教育建设的目的和任务。苏区政府实施的以提高工农大众文化知识水平和政治水平为目的、以普通教育（青少年男女儿童的学校教育）和社会教育（成年男女的识字教育、补习教育）相结合的教育制度，随后被中国共产党领导的抗日根据地和解放区所继承，并且不断发展。

（二）坚持教育与生产劳动相结合，促进人的全面发展

中国共产党以马克思主义教育理论为指导，结合中国社会和农村革命根据地的实际情况，因时、因地制宜，对工农大众的学校教育和社会教育均坚持教育与生产劳动相结合，以促进人的全面发展。

古代社会，脑力劳动与体力劳动分离之后，造成学校教育被少数贵族子弟垄断的局面，"唯官有书，而民无书"，"唯官有器，而民无器"。"劳心者治人，劳力者治于人"，绝大多数下层民众被排除在学校教育之外，只能在生活、劳动中接受教育，教育与生产劳动分离。根据马克思主义教育观，这种教育制度是一种历史的产物。近代学制改革之后，新式学校逐渐取代了新旧学

---

① 《中华苏维埃共和国中央教育人民委员部训令第四号》，见中央教育科学研究所、陈元晖、璩鑫圭等：《老解放区教育资料（一）》，34页，北京，教育科学出版社，1981。

校，但是少数知识阶层与劳苦大众之间的分离仍然十分普遍。马克思主义教育理论认为教育与生产劳动相结合是现代生产发展的必然要求，是"改造现代社会的最强有力的手段之一"[1]，也是造就全面发展的人的唯一方法。[2] 周恩来、邓小平、朱德、蔡和森、赵世炎等早期共产主义知识分子远赴法、德、比利时开展勤工俭学，一边学习一边做工，把学习与劳动相结合的思想付诸实践。中国共产党成立初期，早期共产主义知识分子暨共产党员深入工农大众之中，为工人、农民开办识字班、补习学校，劳心者与劳力者、知识分子与工农相结合。20世纪30年代，中国共产党在苏区时期明确提出教育与生产劳动相结合。1930年8月，闽西苏维埃政府规定"以养成智力和劳力作均衡的发展为原则，并与劳动统一的教育之前途"[3]作为教育的方针。1934年1月，中华苏维埃共和国也提出把"教育与劳动联系起来"[4]作为苏维埃文化教育的总方针的重要内容。中华苏维埃政府所制定

① 马克思：《哥达纲领批判》，见《马克思恩格斯选集》第三卷，24页，北京，人民出版社，1972。

② 马克思：《资本论》第一卷，见《马克思恩格斯全集》第二十三卷，530页，北京，人民出版社，2006。

③ 《闽西苏维埃政府目前文化工作总计划》，见中央教育科学研究所、陈元晖、璩鑫圭等：《老解放区教育资料（一）》，125页，北京，教育科学出版社，1981。

④ 《中华苏维埃共产和中央执行委员会与人民委员会对第二次全国苏维埃代表大会的报告》，见《老解放区教育资料（一）》，20页，北京，教育科学出版社，1981。

的小学制度条例中进一步明确将教育与生产劳动相结合作为学校的办学原则，"要消灭离开生产劳动的寄生阶级的教育，同时要用教育来提高生产劳动的知识和技术，使教育与劳动统一起来"①。在这一思想指导下，有的苏区小学一度改称为"劳动小学"②；有的苏区实行统一的劳动小学制度，小学教育"以劳动为教育的本位"③。小学的一切科目（即课程）课内外活动都要使教育与生产劳动结合，"应当使学习与生产劳动及政治斗争密切联系，并在课外组织儿童的劳作实习及社会工作。劳作实习应当同当地经济情形相配合，有计划地领导学生学习各种工艺、园艺、耕种及其他生产劳动"④。小学的教育方法也要体现教育与生产劳动联系的原则，"要教育极广大的劳动群众的子弟，使他们成为有能思想的头脑，有能劳作的两手，有对于劳动的坚强意志的完全的新人物"⑤。在具体课程上，要求改良教授法，

① 《中华苏维埃共和国小学校制度暂行条例》，见中央教育科学研究所、陈元晖、璩鑫圭等：《老解放区教育资料（一）》，308页，北京，教育科学出版社，1981。

② 《闽西苏维埃政府目前文化工作总计划》，见中央教育科学研究所、陈元晖、璩鑫圭等：《老解放区教育资料（一）》，125页，北京，教育科学出版社，1981。

③ 《湘赣省文化教育建设决议草案》，见中央教育科学研究所、陈元晖、璩鑫圭等：《老解放区教育资料（一）》，97页，北京，教育科学出版社，1981。

④ 《小学课程教则大纲》，见中央教育科学研究所、陈元晖、璩鑫圭等：《老解放区教育资料（一）》，313页，北京，教育科学出版社，1981。

⑤ 《小学课程教则大纲》，见中央教育科学研究所、陈元晖、璩鑫圭等：《老解放区教育资料（一）》，316页，北京，教育科学出版社，1981。

有的课程要采用"实地教学法"，而不是固定在教室里，"如讲五谷植物等可以带学生到田边去观察"①。

在抗日战争和解放战争时期，中国共产党领导下的各个根据地的教育实践进一步继承和发展了教育与生产劳动相结合的原则，干部教育和国民教育（群众教育）、学校教育与社会教育、普通教育与职业教育都在努力贯彻这一原则。特别是抗日战争进入相持阶段之后，国民党顽固派先后对中国共产党领导的陕甘宁边区和其他抗日根据地进行经济封锁，中国共产党为了战胜困难、支持长期抗战，党政机关、军队、学校在各抗日根据地普遍开展了大生产运动。抗日根据地各级各类学校的师生广泛参加生产劳动，既是为了帮助学校解决经济问题，同时也有培养学生精神意志的教育意义。例如，1938年"抗大动态"谈到中国人民抗日军政大学（抗大）的生产劳动意义时说："抗大每一个人特别是学员，深刻了解生产运动的意义，它不只是在经济上开源节流，帮助学校解决经费问题，改善各队自己的营养，使同学们自己多吃些可口的菜蔬与肥美的猪肉，而且更有伟大的意义，这教育着同学以刻苦耐劳的方法，锻炼同学艰苦卓绝的意志，它是由实践中去学习艰苦的工作作风的一种方

---

① 《闽西各县、区文委联席会决议案》，见中央教育科学研究所、陈元晖、璩鑫圭等：《老解放区教育资料（一）》，135页，北京，教育科学出版社，1981。

法。"①解放战争时期的延安大学，学员文化课程学习占 80%，参加生产劳动的时间占 20%，此时干部学校的教育与生产劳动的结合仍然具有经济与教育的双重意义。"这种生产劳动一方面可以减轻政府及老百姓的负担，解决财政问题（学校经费要自给百分之七、八十）；同时是为使青年知识分子养成劳动习惯和劳动观念，纠正'万般皆下品，惟有读书高'、'劳心者治人，劳力者治于人'等错误观点，以便能够更好地和劳动人民结合，更有效地为人民服务。"②

根据地面向工农的国民教育实施的教育与生产劳动的结合有更加特别的意义和方法。根据地的工人和农民本身就是直接从事生产的劳动者，因为家庭生活的贫困，他们的子女不得不从小就开始参加一定的生产劳动，在这种情况下，想要让工农及其子女真正得到接受教育的机会，首先，必须克服学习和生产在时间上的矛盾。对于成年工农的教育，往往是在生产之余进行学习，男子的学习一般安排在晚上，白天生产活动中的小空隙也尽可能利用起来开展识字、计算、读报，学习生产知识、政治思想等教育活动。妇女因需要料理家务，大多把学习安排在中午，普遍利用冬季的农闲开展冬学运动。面向成人与儿童

---

① 《延安几所干部学校的生产劳动》，见教育科学研究所筹备处：《老解放区教育资料选编》，208 页，北京，人民教育出版社，1959。
② 《延安几所干部学校的生产劳动》，见教育科学研究所筹备处：《老解放区教育资料选编》，210 页，北京，人民教育出版社，1959。

的学校教育都注意根据不同地区、不同对象、不同季节变更教学时间和方式，因地制宜、因人制宜、因时制宜，随着农民的忙闲，灵活地创造了整日制、半日制、早午制、夜校、班级教学、小组教学或个别教授等办法。其次，注意把生产和劳动列为教育内容的重要组成部分，主要是在课程中增加生产常识，学以致用，密切联系实际，树立劳动光荣的观念，改造懒汉懒婆。[①] 根据地国民教育采取教育与生产劳动相结合的原则之后取得了良好的效果。一方面，工农子弟的家长认为小学生"学念书又学做活，真是文武双全，现在的小学真是庄稼人的小学了"，因而纷纷送子女入学，使根据地小学教育得到了发展。面向成人的民校，讲授生产常识，群众认为很有用，都爱听，"更密切了教育与劳动人民的联系，适合于广大人民的需要，因而也获得了广大人民的拥护与支持"。[②] 另一方面，培养了儿童从小重视生产劳动的观点、习惯，有利于他们树立为大众服务及互助合作的美德。[③]

[①] 刘皑风：《教育与生产劳动结合》，见人民教育社：《老解放区教育工作经验片断》第二辑，84～96页，上海，上海教育出版社，1959。

[②] 刘皑风：《教育与生产劳动结合》，见人民教育社：《老解放区教育工作经验片断》第二辑，85页，上海，上海教育出版社，1959。

[③] 刘皑风：《加强边区儿童的生产教育》，见人民教育社：《老解放区教育工作经验片断》第二辑，105～106页，上海，上海教育出版社，1959。

四、重视对党的干部队伍的培养

中国共产党从领导中国人民夺取中国新民主主义革命和革命胜利后的社会建设战略地位的高度重视对党的干部队伍的培养，并且重视对干部教育的统一领导，逐渐探索和形成了干部教育的方针、制度、方法，注重在干部教育中把马克思主义理论与中国民主革命实际相结合，以培养"才德兼备"的高素质的干部队伍为目标。

(一)重视对干部教育的组织和思想领导

中国共产党一贯重视对干部的教育和培养。党的干部教育既是党自身建设(包括思想上和组织上)的需要，也是中国共产党承担起领导工农大众开展新民主主义革命任务的必然要求。毛泽东指出："指导伟大的革命，要有伟大的党，要有许多最好的干部……我们党的组织要向全国发展，要自觉地造就成万数的干部，要有几百个最好的群众领袖。""我们的革命依靠干部，正像斯大林所说的话：'干部决定一切'。"[1]

中共中央及其组织、宣传部门对党的干部教育在组织上、思想上发挥了领导作用。中国共产党在成立初期召开的历次会议上都对干部教育进行了分析，所通过的会议决议不乏有关党

---

① 毛泽东：《为争取千百万群众进入抗日民族统一战线而斗争》，见《毛泽东选集》第一卷，277 页，北京，人民出版社，1991。

的干部教育的思想，并且把党的干部教育与马克思主义理论宣传、革命精神的培育密切联系在一起。党的一大不仅提出了党的马克思主义宣传工作任务，而且提出在一切产业部门成立工人学校，使工人学校"逐渐变成工人政党的中心机构"①。1924年5月，中共中央执行委员会扩大会议制定《党内组织及宣传教育问题决议案》，提出中央及区设立宣传部、组织部、工农部等组织机构，中央各部应该特别注意宣传部、工农部，重视和加强党内教育工作，"而且要急于设立党校养成指导人才"②。1925年1月，党的四大进一步认识到党的干部教育、思想宣传的重要性，系统提出了党的宣传、教育工作的理论基础、方针、内容、方法等。《对于宣传工作之议决案》提出党的支部是我们党的基本教育机关，此外，更要设立党校，"有系统地教育党员"，或开设各校临时讲演讨论会，"增进党员相互间对于主义的深切认识"。③

革命根据地创立后，对干部的需要和干部教育的要求提出了更新更高的要求。1930年8月，中央苏区闽西苏维埃政府提

---

① 《中国共产党第一个决议》，见中共中央文献研究室、中央档案馆：《建党以来重要文件选编(一九二一——一九四九)》第一册，5页，北京，中央文献出版社，2011。

② 《党内组织及宣传教育问题议决案》，见中共中央文献研究室、中央档案馆：《建党以来重要文件选编(一九二一——一九四九)》第二册，74页，北京，中央文献出版社，2011。

③ 《对于宣传工作之议决案》，见中共中央文献研究室、中央档案馆：《建党以来重要文件选编(一九二一——一九四九)》第二册，257页，北京，中央文献出版社，2011。

出将"养成在革命环境中所需要的革命工作的干部人材"作为"目前教育方针"之一[①]，1931 年 8 月 27 日，《中央关于干部问题的决议》指出，"干部是党的中心枢纽，实际解决一切问题的钥匙"，"目前革命高潮进一步的向前发展，更明显地反映着现时干部问题的严重性，万分迫切的要求全党加以最高限度的注意，采取最有力的办法求得解决"。[②] 1931 年 11 月，中央苏区第一次党代表大会通过的《党的建设问题决议案》提出"特别是对党的干部——尤其是红军中的干部，更加需要""注意有系统的进行"马克思列宁主义基本理论与中国革命基本问题的教育。[③]

　　抗日战争时期，中国共产党进一步加强了用马克思主义理论对干部教育的培养。1939 年 2 月，中共中央专门成立干部教育部，统一领导和决定党政军民各机关的干部学校和在职干部教育，以张闻天、李维汉为正、副部长。1940 年，干部教育部与中央宣传部合并，先称中央宣传教育部，后改称中央宣传部，中央宣传部就成为各根据地干部教育的领导机关。中共中央多次发布关于发展干部教育的决定、指示等文件，规定干部教育的方针、教育内容、教育方法等。1940 年 1 月 3 日，《中共中央

---

　　① 《闽西苏维埃政府目前文化工作总计划》，见中央教育科学研究所、陈元晖、璩鑫圭等：《老解放区教育资料（一）》，125 页，北京，教育科学出版社，1981。

　　② 《中央关于干部问题的决议》，见中央档案馆：《中共中央文件选编》第七册，341 页，北京，中共中央党校出版社，1991。

　　③ 《党的建设问题决议案》，见中央档案馆：《中共中央文件选编》第七册，476 页，北京，中共中央党校出版社，1991。

关于干部学习的指示》强调全党干部都应当学习和研究马克思列宁主义理论及其在中国的运用，并且要求各级组织的领导干部，尤其是主要领导干部必须以身作则地领导和提倡其他干部的学习。1941年12月17日，中央政治局通过《中共中央关于延安干部学校的决定》，对各类干部学校的办学方针、目的、学风建设、招生原则、教师队伍、教学内容、教学原则、教学方法、教材等提出了全方位的新要求、新标准，从而正确、有效地推动和指导了各抗日根据地干部学校教育。1942年2月28日，《中共中央关于在职干部教育的决定》明确提出"干部教育第一"的方针，要求根据地所有干部都要参加各类学习，学习以"做什么，学什么"为指导思想，在职干部教育应以业务教育、政治教育、文化教育、理论教育四种教育为内容。

解放战争时期，随着人民解放战争的快速推进和新民主主义革命胜利即将到来，一方面再次出现了党、政、军干部在数量上缺乏的"恐慌"局面，另一方面又对党、政、军干部在质量上提出了不少新的要求。1947年6月10日，朱德在冀中军区干部会上发表的讲话中指出："我们要大量培养干部。机关要精简，但学校要加强。要有计划地保留与训练出一批干部，准备将来打出去使用，这是很重要的任务。"[①]"夺取全国政权的

---

① 朱德：《关于干部问题》，见《朱德选集》，202页，北京，人民出版社，1983。

任务，要求我党迅速地有计划地训练大批的能够管理军事、政治、经济、党务、文化教育等项工作的干部。战争的第三年内，必须准备好三万至四万下级、中级和高级干部，以便第四年内军队前进的时候，这些干部能够随军前进，能够有秩序地管理大约五千万至一万万人口的新开辟的解放区。"①1949 年 3 月 5 日，毛泽东在党的七届二中全会上的报告就根据地党的工作重点即将从乡村转移到城市的新形势下的干部教育问题做出了新的指示："我们的同志必须用极大的努力去学习生产的技术和管理生产的方法，必须去学习同生产有密切联系的商业工作、银行工作和其他工作。只有将城市的生产恢复起来和发展起来，将消费的城市变成生产的城市了，人民政权才能巩固起来。"②

(二)逐渐建立成熟、系统的干部教育培养体制

在中共中央有关干部教育思想的指导下，中国共产党始终注意干部教育的实践，培养方式有国内教育与国外教育（苏俄）结合（干部教育初期）、国共联合建立干部学校（两次国共合作时期）等，但以中国共产党在国内独立培养干部教育为主，干部教

---

① 毛泽东：《中共中央关于九月会议的通知》，见《毛泽东选集》第四卷，1347 页，北京，人民出版社，1991。

② 毛泽东：《在中国共产党第七届中央委员会第二次全体会议上的报告》，见《毛泽东选集》第四卷，1428 页，北京，人民出版社，1991。

育类型有在职干部教育和学校干部教育两种。

中国共产党从成立到国共合作的大革命时期，干部教育采取国际与国内相结合的方式进行。中国共产党成立伊始，分批派遣中共党员、共青团员到苏俄莫斯科东方大学、莫斯科中山大学、莫斯科国际列宁学院、伏龙芝军事学院、莫斯科红军军事学校等学校接受马克思列宁主义理论、苏俄革命经验、军事斗争等方面的教育，为中国共产党培养了一大批杰出政治干部和高级军事人才，如刘少奇、张闻天、邓小平、朱德、陈云、王稼祥、任弼时、董必武、徐特立、吴玉章、刘伯承、聂荣臻、叶剑英、蔡和森、李维汉等。受苏俄干部教育的启发和共产国际驻中国代表的指导，中国共产党成立初期，创办了湖南自修大学、上海平民女校、各类党校（安源工人党校、湖南党团区委党校）等简易干部学校；国共合作建立后，既与国民党联合创办了上海大学、黄埔军校、农民运动讲习所、中山学院、中山军事学校等干部学校，又独立创办了劳动学院、各地方党校（北京、上海、湖南、湖北、广东等区委党校），有意识、有目的、有计划地用马克思主义理论培养党员干部和领导工农运动的干部。以上这些早期干部学校既培养出了一大批具有一定马克思主义理论水平和坚强意志的工农革命运动领导人，又积累了干部教育的初步经验。

在井冈山革命根据地和苏区时期，中国共产党更加重视用马克思主义培养党团干部和红军干部。在井冈山革命根据地，毛泽东和湘赣边界特委经常举办各种党员训练班、党团训练班。1927 年 11 月，工农革命军在位于井冈山的龙江书院创办军官教导队，1928 年 10 月，在井冈山茨坪成立红四军军官教导队，并举办党员干部、党团干部训练班，用马克思主义理论、中国革命、武装斗争、根据地建设等知识和思想造就党团和红军干部。苏维埃政府建立后，干部教育进一步得到重视和发展。中央及其他苏区的干部教育分为学校干部教育与在职干部教育两种形式，干部类型有红军干部、党政干部、各类专业人才等，初步形成了正规化、多层次、多规格的党的干部教育培训机构体系。① 培养工农红军干部的军事学校主要有中央红军学校、中国工农红军大学、红军步兵学校、红军卫生学校、中央红军医务学校、红军通讯学校、红军特科学校、中国工农红军学校第四分校、湘赣红军学校、中央红军学校湘鄂赣第五分校、洪湖军事政治学校、鄂北红色军事干部学校、彭杨军事政治学校、琼崖红军军事政治学校等，培养党政干部的学校主要有马克思共产主义学校、苏维埃大学、中央列宁团校、鄂豫皖苏区列宁高级学校、鄂东北党务干部学校、皖西北党员干部学校、湘赣省委党校、湘鄂西省委党校、湘鄂西省青年模范学校、赣东北

---

① 李小三：《中国共产党干部教育简史》，69 页，北京，中共党史出版社，2009。

省委共产主义学校、赣东北省三八女子学校、川陕省委党校、陕北省委党校等，培养各类专业人才的干部学校主要有中央列宁师范学校、高尔基戏剧学校、中央农业学校、中央商业学校、中央银行专修学校、红四方面军后方总医院附属红色医务学校、鄂豫皖红军纺织学校、鄂豫皖苏区财经学校、鄂豫皖苏区新集农业学校、红四方面军总医院红色卫生学校、川陕苏区农事学校、川陕苏区教师养成所等。在职干部教育包括在日常斗争和实际工作中的干部教育、各种类型的干部训练班、识字班与马克思主义研究会等形式。中国共产党干部教育体系初步建立，源源不断地培养和训练了一批又一批把马克思主义理论与中国革命实际相结合的政工和军事干部①，满足了当时中国共产党领导的革命根据地斗争与建设以及白区地下工作的需要，并且为中国共产党在随后的民主革命乃至社会主义革命和建设时期的干部教育积累了宝贵的经验。

抗日战争时期，党在各根据地建立了一套完整的、规模空前的干部教育体系，并继续采用学校干部教育与在职干部教育两种形式，培训干部类型包括军事干部、党政干部、各类专业

---

① 聂荣臻回忆说："在中央根据地，红军都办有各种在当时环境下堪称'正规'的学校，……学校培养再结合在工作岗位上培养（学校培养很重要，经常性的培养主要靠在工作岗位上培养），使我们培养了大批能将理论与实际相结合的干部，一茬接一茬，源源不断。……我们的干部队伍，始终后继有人。"参见《聂荣臻回忆录》，211 页，北京，解放军出版社，1986。

人才等。干部学校包括在延安集中建立并由中共中央直接领导的干部学校、各抗日根据地创办的干部学校以及国共合作建立的干部学校。中共中央直接领导的高等干部学校有中国人民抗日军事政治大学、中共中央党校、延安马列学院和中央研究院、鲁迅艺术文学院、陕北公学、自然科学院、泽东青年干部学校、延安中国女子大学、延安民族学院。陕甘宁边区建立的干部学校可分为高等干部学校和专业干部学校，高等干部学校主要有行政学院、边区党校，专业干部学校有边区农业学校、新文字干部学校、边区医药学校、艺术学校、毛纺织学校、畜牧业学校等。晋察冀边区的干部学校主要有华北联合大学、抗大第二分校、白求恩卫生学校、河北抗战学院、抗战建国学院、冀中民运干部学院、群众干部学校、冀中"五一"学院、定襄学院等。晋冀鲁豫边区的干部学校主要有晋冀鲁豫边区行政干部学校、抗大第六分校、抗大太岳分校、抗大太行分校、筑先抗战学院、太行抗战建国学院、晋东南鲁迅艺术学校等。晋绥边区的干部学校主要有军政干部学校、晋西北抗战学院、晋西青年干部学校、晋西行政干部学校、晋西北财经干部学校、晋西民运干部学校等。山东抗日根据地的干部学校主要有山东抗日军政干部学校、抗大第一分校、山东财政经济学校、胶东抗日军政干部学校、鲁西抗日军政干部学校、胶东财经学校、清河财经学校、清河建国学院、滨海建国学院、中共中央北方局党校等。华中抗日根据地建立的干部学校主要有新四军教导总队、抗大华中总分校、抗大第四分校、抗大第五分校、抗大第八分校、抗大第九分校、抗大第十分校、华东建设大学、江北军政干部学校、中共华中局党校、鲁迅艺术学院华中分院、洪山公学、淮南行政学院、浙东抗日军政干部学校、苏浙公学、鲁迅学院、建国公学等。华南抗日根据地的干部学校主要有琼崖抗日公学、琼崖抗日军事政治干部学校、东江纵队军政干部学校、东江纵队青年干部训练班等。这一时期国共合作的干部学校主要有南岳游击干部训练班、塘田战时讲学院、新疆新兵营和新疆航空队，以及山西牺牲救国同盟会建立的军政训练班、民训干部团、村政协助员训练班、牺盟会特派员训练班、军士训练团、国民兵军官教导团等。抗战时期，中共中央非常重视在职干部教育，并实行"在职干部教育第一"的战略方针。在职干部教育的制度包括坚持每天 2 小时学习制度、学习小组制度、轮训班制度、学习督导检查制度和学习辅导制度以及每日学习制度等。① 干部教育的内容有马克思主义基本理论、方针政策、文化知识、军事教育、中国革命的历史、思想作风等。毛泽东提出在职干部教育和干部学校的教育，"应确立以研究中国革命实际问题为

---

① 李小三：《中国共产党干部教育简史》，95～97 页，北京，中共党史出版社，2009。

中心，以马克思列宁主义基本原则为指导的方针"①，即以马克思主义基本原则与中国革命具体实践结合的中国化的马克思主义作为干部教育的方针。延安整风运动期间，中央党校、中央研究院停止其他课程，其他干部学校或多或少都停止了一些课程，用于学习中央宣传部下达的学习文件，中央党校的学习检查工作由毛泽东亲自负责。② 因此，延安整风运动的过程就是一种非同寻常的干部教育过程，是一场针对干部的"普遍的马克思主义的教育运动"。

在解放战争时期，为了解决革命形势快速发展对党政干部日益扩大的需求，中国共产党进一步加大了干部教育的培养力度，并且仍然坚持学校干部教育与在职干部教育两种形式相结合。在学校干部教育方面，多措并举，规模空前，类型更加多样化。首先，抗日战争时期的干部学校继续开办或扩大、改造。例如，陕甘宁解放区的延安大学、延安大学分校；华北解放区原华北联合大学和设立不久的北方大学合并组成华北大学，在华北解放区创办高级党校，沿用延安的马列学院；苏皖解放区创办华中大学、华中建设大学，同时根据实际需要新办各类干部学校，如中共中央西北局党校、西北医药专门学校、西北财

---

① 毛泽东：《改造我们的学习》，见《毛泽东选集》第三卷，802 页，北京，人民出版社，1991。

② 毛泽东：《关于整顿三风》，见《毛泽东文集》第二卷，413～419 页，北京，人民出版社，1993。

经学校、陕甘宁边区妇女职业学校、中医训练班、陕甘宁晋绥边区行政学校、西北艺术学校、成成学院、贺龙中学、绥蒙建国学院、新民主主义教育实验学校、晋察冀军政干部学校、冀东建国学院、冀鲁豫革命干部学校、冀中"五一"学院（冀中建国学院）、冀鲁豫建国学院、华北职业干部学校、张家口农科职业学校、白求恩医科大学、北方大学医学院、武训师范学校、太岳师范学校、邢台师范、东北大学、东北医科大学、哈尔滨大学、东北科学院、辽南建国学院、邮电学校、中原大学、襄南公学等。其次，新解放区民主政府对旧的大专院校、中学、职业学校进行接管后，在大专院校附设短期的速成学校或各类干部培训班。1948 年 7 月，中共中央决定在大学内开办抗大式训练班，通过短期培训办法，逐批对知识分子进行思想政治教育，同时，解放区设立了西北人民革命大学、西北军政大学、华北人民革命大学、华东军政大学、华东人民革命大学、华北军政大学、鄂豫皖军政大学、湖北人民革命大学等，旨在对各区域内的旧知识分子、旧官员进行思想改造。为了使老干部和新参加革命工作的知识分子干部适应解放战争发展的新形势，各解放区相继发布文件，制定和采取一些切实有效的措施，大力加强和实施在职干部教育，采用在职自学、业余学校、文化补习学校、短训班、"以会代训"、轮训班、听报告、小组讨论和大组辩论、写读书笔记、学习竞赛、定期测验、夜校、冬学等形式。这一时期的学校干部教育的核心仍然是学习马克思主义、新民主主义理论等基本理论和中国共产党的路线与政策，以提高各级干部的文化知识程度、理论素质、政策与政治水平、领导能力为目的，兼及培养管理城市和发展工业生产的各种专业知识与能力。[①]

(三)注重理论联系实际的干部培养学风

中国共产党对党政、军事和专业干部的培养，无论是在职干部教育，还是学校干部教育，都注重把马克思主义学说、武装斗争的理论与中国民主革命的实际问题结合起来的学风，以培养既有较高理论水平又有革命实际能力的干部。

中国共产党成立之初创办的简明干部学校就注意进行理论与革命实际的结合。比如，李达夫妇于 1921 年 12 月在上海创办的平民女校，以培养党的妇女干部为目的。陈独秀、李达、陈望道、沈泽民等党的早期领导人担任教师，除了进行文化知识教育外，还宣传反帝反封建思想、苏联十月革命理论和妇女运动等，并且带领学员走出课堂，在反帝反封建的革命斗争中锻炼和培养。"我们经常深入到工人群众中，把我们学到的革命道理向他们宣传，还宣传党的主张，散发党的传单，鼓动群众

---

① 《中共中央华北局关于在职干部教育的决定》，见中央教育科学研究所：《老解放区教育资料(三)》，240～242 页，北京，教育科学出版社，1991。

反帝，反封建，反军阀，援助和支持工人运动。"①国共合作创办的上海大学，"不是一个学院式的清高学府，而是一个革命的战士养成所"②。李大钊、瞿秋白、邓中夏、张太雷、恽代英、萧楚女等人在课堂、讲演时向学生大力宣传马克思主义学说、革命理论、反帝反军阀思想，并指导学生成立研究会、社团，把书本知识、理论与社会问题研究结合起来。师生们深入工农群众之中，办补习学校，宣传革命道理，积极组织或参加工人运动，"有的到各地学校教课，有的到军队、工厂、农村宣讲，把自己的革命热情和学得的革命理论，在广大群众中传播"③。"学校一方面在课堂上讲马列主义，从理论上武装我们，另一方面又引导我们理论与实际相结合，到群众中去开展工人运动、学生运动，在实践中锻炼我们。"④在国共合作创办的广州农民运动讲习所，彭湃、毛泽东、周恩来、阮啸仙、萧楚女等人都担任过负责人、教员，向学员讲解马克思主义、帝国主义理论、中国革命史、农民运动等。教员们始终坚持把马克思主义理论

---

① 钱希均：《我所知道的平民女校》，见张腾霄：《中国共产党干部教育研究资料研究丛书》第二辑，128 页，北京，中国人民大学出版社，1989。

② 凌山：《我们的纪念》，见张腾霄：《中国共产党干部教育研究资料丛书》第二辑，245 页，北京，中国人民大学出版社，1989。

③ 周启新：《上海大学始末》，见张腾霄：《中国共产党干部教育研究资料丛书》第二辑，421 页，北京，中国人民大学出版社，1989。

④ 《阳翰笙同志谈二十年代的上海大学》，见张腾霄：《中国共产党干部教育研究资料丛书》第二辑，429 页，北京，中国人民大学出版社，1989。

与中国革命、农民实际问题紧密结合起来的学风。"历届农讲所除进行系统理论教育外，都组织学生参加社会重大政治活动和到农村实习，从中了解社会状况和学习农民运动实际经验。"①彭湃等人既以自己的亲身实践向学员传授农民运动的理论和经验，又组织学员到海丰、韶关等地参观实习，引导学员组织农民协会。毛泽东以自己对农民运动的考察和认识与对社会各阶级的分析，深入浅出地说明中国革命的基本问题就是农民问题。农讲所引导学员组织成立了 13 个"农民问题研究会"，拟出有关农民问题的 36 个调查项目，对各地农村的政治、经济、军事等情况进行实地调查研究。②

根据地的干部教育旨在"养成在革命环境中所需要的革命工作的干部人材"③，无论是学校干部教育，还是在职干部教育，都继续坚持和发展理论联系实际的学风。干部学校的教育重在把理论与实际结合起来。例如，中央苏区创办的沈泽民苏维埃大学以造就苏维埃建设的各项高级干部为目的，学习课程包括

---

① 陈登贵、林锦文：《广州农民运动讲习所》，见张腾霄：《中国共产党干部教育研究资料丛书》第三辑，12 页，北京，中国人民大学出版社，1989。

② 郭绍仪：《回忆广州第六届农民运动讲习所》，见张腾霄：《中国共产党干部教育研究资料丛书》第三辑，63～71 页，北京，中国人民大学出版社，1989。

③ 《闽西苏维埃政府目前文化工作总计划》，见中央教育科学研究所、陈元晖、璩鑫圭等：《老解放区教育资料（一）》，125 页，北京，教育科学出版社，1981。

苏维埃工作的理论、实际问题和实习三项。[①] 校长瞿秋白要求学生努力参加实际的社会工作，中华苏维埃人民委员会主席张闻天要求学生在战斗环境中努力学习马列主义理论、学习领导或动员广大工农劳苦群众参加革命战争、学习改善工农群众生活或保护工农利益、学习管理苏维埃政权。[②] 中国工农红军大学旨在培训和提高红军中级军事指挥员和政治工作人员，该校校长兼政委何长工认为学校的教学方法继承和发扬了理论联系实际、理论与实际并重、前方与后方结合的原则。"我们的课堂、操场与野外一切活动，都尽量作到与作战现场逼真相似，毫无教条习气，由于我们的学员都是从各个根据地和红军各兵团有计划地轮番抽调来的指挥人员、政治工作人员、参谋人员和后勤工作人员，他们在枪林弹雨中，他们在残酷复杂的浴血斗争中一点一滴地积累下了相当丰富的经验，所以他们既作学生，又作先生，他们把这些经验，经过讨论，系统化起来，然后武装自己的思想。为着更加紧密地联系战斗实际，我们派人参加每次前线战斗的指挥集团的工作。……由于'红大'与前线建立了这样密切的联系制度，所以就能够随时收集前线丰富的作战经验与各方面的材料，更好地充实教学内容，使我们的教

———————————

① 《沈泽民苏维埃大学简章》，见中央教育科学研究所、陈元晖、璩鑫圭等：《老解放区教育资料(一)》，226～227页，北京，教育科学出版社，1981。

② 《国立沈泽民苏维埃大学志盛》，见中央教育科学研究所、陈元晖、璩鑫圭等：《老解放区教育资料(一)》，228～229页，北京，教育科学出版社，1981。

学更加生动、丰富，具有极大的现实性。"①中央苏区的马克思共产主义学校在教学方针上明确宣布采取理论与实际相结合、自修为主与重点讲解相结合，"检验学习成果的办法，不仅要在课堂考试，而且要深入实际进行实习"。实习是学员深入前线，"虚心向地方同志和红军指战员学习，亲自参与各项斗争"②。经过培训的学员重新回到苏区工作中，领导工农群众开展武装斗争、土地革命、根据地建设，"运用战斗的马克思列宁主义的理论到实际斗争中去"③。在职干部教育重在日常斗争或举办的训练班中提高干部的理论水平和工作能力，"在日常工作中加紧锻炼教育干部，各级党部各部各委的领导同志必须负责的提倡与切实的进行，建立各种列宁读书班，研究小组，学习会议，最广泛地进行个别教育的工作，用一切方法去提高干部的政治水平，使每个干部在日常工作中积极学习，在研究中紧张日常工作"④。

---

① 何长工：《二十几年前的红军大学》，见中央教育科学研究所、陈元晖、璩鑫圭等：《老解放区教育资料（一）》，194～195页，北京，教育科学出版社，1981。

② 肖锋：《忆在瑞金中央党校学习的日子里》，见赣南师范学院、江西省教育科学研究所：《江西苏区教育资料汇编（四）》，34、38页，出版地不详，出版者不详，1985。

③ 丘织云：《马克思共产主义学校新苏区班的毕业典礼》，见赣南师范学院、江西省教育科学研究所：《江西苏区教育资料汇编（四）》，31页，出版地不详，出版者不详，1985。

④ 《中央关于干部问题的决议》，见中央档案馆：《中共中央文件选集》第七册，342页，北京，中共中央党校出版社，1991。

20 世纪 30—40 年代，毛泽东多次指出中国共产党人必须把马克思主义普遍原理与中国革命实践相结合，既不能把马克思主义教条化（反对"本本主义"），又要运用马克思主义学说（立场、观点和方法）正确分析中国革命中所发生的实际问题，把中国革命的实践经验上升为理论。1938 年，党的六中全会政治决议提出"学会灵活的把马克思列宁主义及国际经验应用到中国每一个实际斗争中来"[1]。毛泽东在《改造我们的学习》中提出党的干部的学习态度和方法就是"要有目的地去研究马克思列宁主义的理论"，这个"目的"就是以马克思列宁主义之"矢"去射中国革命这个"的"。[2] 毛泽东进而要求党的在职干部教育和干部学校教育，"应确立以研究中国革命实际问题为中心，以马克思列宁主义基本原则为指导的方针，废除静止地孤立地研究马克思列宁主义的方法"[3]。这就为抗日战争和解放时期的干部教育提供了思想指导，从而进一步加强了党的干部教育中马克思主义理论与中国革命实际相结合的教育。1940 年 1 月，中央书记处发布《中央关于干部学习的指示》，要求："全党干部都应该学习和

① 《中共扩大的六中全会政治决议案》，见中央档案馆：《中共中央文件选集》第十一册，757 页，北京，中共中央党校出版社，1991。
② 毛泽东：《改造我们的学习》，见《毛泽东选集》第三卷，801 页，北京，人民出版社，1991。
③ 毛泽东：《改造我们的学习》，见《毛泽东选集》第三卷，802 页，北京，人民出版社，1991。

研究马列主义的理论及其在中国的具体运用。"①1941 年 12 月,
《中共中央关于延安干部学校的决定》针对当时干部学校教育中
仍然存在的理论与实际、所学与所用脱节的毛病,再次强调"学
习马列主义的理论的目的是为了使学生能够正确的应用这种理
论去解决中国革命的实际问题,而不是为了书本上各项原则的
死记与背诵","使学生既学得理论,又学得实际,并把二者生
动的联系起来"。② 1942 年 2 月,《中共中央关于在职干部教育
的决定》对中高级干部理论学习中如何贯彻理论与实际相联系的
原则做了指导:"政治科学以马列主义论战略策略的著述为理论
材料,以我党二十年奋斗史为实际材料;思想科学以马克思主
义的思想方法论为理论材料,以近百年中国的思想发展史为实
际材料;经济科学以马克思主义的政治经济学为理论材料,以
近百年中国的经济发展史为实际材料;历史科学则研究外国革
命史与中国革命史。"③陕甘宁边区创办的中国人民抗日军事政
治大学在"教育为抗战服务"的总方针下,在教学中坚持"理论联
系实际"的教育原则,做到"四化":原则化、中国化、通俗化、
具体化。原则化,即讲授内容严格要求坚持原则;中国化,即

---

① 《中央关于干部学习的指示》,见中央档案馆:《中共中央文件选集》第十
二册,227 页,北京,中共中央党校出版社,1991。

② 《中共中央关于延安干部学校的决定》,见中央档案馆:《中共中央文件选
集》第十三册,257、258 页,北京,中共中央党校出版社,1991。

③ 《中共中央关于在职干部教育的决定》,见中央档案馆:《中共中央文件选
集》第十三册,351~352 页,北京,中共中央党校出版社,1991。

一切问题不能脱离中国实际，一切问题要同中国当前的实际联系起来；通俗化，即用事实说明问题，使用群众常用常见的语言；具体化，即把问题与一定时间、条件联系起来讲解，而不是把理论看成孤立的条文、只从字义上解释。① 华北联合大学在教学中贯彻理论联系实际、学用一致的原则时，努力做到：学员学习课程和内容都根据客观实际提出的要求；学习理论之时，不能停留在理论本身，从概念到概念，而是要从实际中去理解理论，在从事实际工作之时，应以一定的理论为指导，善于总结经验，提高理论水平和认识能力；学校对于干部和学员的要求，不是看他理论讲得如何，而是看他能否用理论来改造自己的主观世界。②

　　毛泽东指出，在一个四亿多人的大国，中国共产党要负起领导伟大的民族民主革命重任，没有培养出数以万计的"才德兼备"的领导干部和领袖，是不可能完成这一艰巨的历史任务的。③ 这里所说的"才德兼备"的领导干部和领袖必须具备的素质和能力，是指"懂得马克思列宁主义，有政治远见，有工作能力，富于牺牲精神，能独立解决问题，在困难中不动摇，忠心耿耿地

---

① 李小三：《中国共产党干部教育简史》，103 页，北京，中共党史出版社，2009。

② 董纯才、张腾霄、皇甫束玉：《中国革命根据地教育史》第二卷，172 页，北京，教育科学出版社，1991。

③ 毛泽东：《中国共产党在民族战争中的地位》，见《毛泽东选集》第二卷，526 页，北京，人民出版社，1991。

为民族、为阶级、为党而工作"①。中国共产党从成立时起即重视和不断加强对干部队伍的培养，逐步探索、总结和发展，不仅形成了成熟、完善的干部教育体制，而且培养出了一批又一批在党务、军事、政治、文化、经济、民运等方面"才德兼备"的骨干人才，为党领导工农大众取得新民主主义革命的最终胜利提供了坚实的干部基础。"党依靠着这些人而联系党员和群众，依靠着这些人对于群众的坚强领导而达到打倒敌人之目的"②。

中国共产党在领导新民主主义革命的伟大教育实践中，不懈探索，形成了中国化的马克思主义教育理论、始终把教育作为党的事业的重要组成部分、坚持以工农大众为中心的教育、重视对党的干部队伍的培养等基本经验，不仅为中华人民共和国成立后的社会主义教育改造和建设准备了思想基础、干部基础、教育基础，而且赋予了中国当代教育改革和发展的"基本细胞"。简言之，中国共产党坚持把马克思主义教育基本原理与中国特色社会主义教育实践相结合，始终重视社会主义教育的改革和建设，并不断加强对教育事业的领导，坚持发展以人民为中心的教育事业，不断提高全民族的文化科学素质，始终重视和不断加强党的干部队伍的培养和建设。

---

① 毛泽东：《为争取千百万群众进入抗日民族统一战线而斗争》，见《毛泽东选集》第一卷，277 页，北京，人民出版社，1991。
② 毛泽东：《为争取千百万群众进入抗日民族统一战线而斗争》，见《毛泽东选集》第一卷，277 页，北京，人民出版社，1991。

参考文献

一、电子及数据库资料

[1] 大成老旧期刊全文数据库

[2] 大学数字图书馆国际合作计划（CADAL）数据库

[3] 抗日战争与近代中日关系文献数据平台

[4] 民国期刊全文数据库

二、近现代中文报刊

[1]《东北日报》

[2]《翻身报》（宿迁）

[3]《工人之路》

[4]《红色江西》

[5]《红色中华》

[6]《教育日报》

[7]《教育杂志》

[8]《解放日报》

[9]《进步日报》

[10]《晋察冀日报》

[11]《晋绥日报》

[12]《抗敌报》

[13]《抗战日报》

[14]《联合日报晚刊》

[15]《前进报》

[16]《人民日报》

[17]《太岳日报》

[18]《新华日报》

[19]《新华日报》(太岳版)

[20]《新建设》

[21]《新青年》

[22]《新中华报》

[23]《再生》

[24]《浙江日报》

[25]《中华教育界》

三、文献资料汇编

[1]《蔡和森文集》，长沙，湖南人民出版社，1979。

[2]《陈独秀文章选编》，北京，读书·生活·新知三联书店，1984。

[3]《陈云文选》第一卷，北京，人民出版社，1995。

[4]《成仿吾文集》，济南，山东大学出版社，1985。

[5]戴伯韬：《解放战争初期苏皖边区教育》，北京，人民教育

出版社，1982。

[6]《第一次国内革命战争时期的农民运动资料》，北京，人民
出版社，1983。

[7] 赣南师范学院、江西省教育科学研究所：《江西苏区教育资
料汇编（一）》，出版地不详，出版者不详，1985。

[8] 高新民、张树军：《延安整风实录》，杭州，浙江人民出版
社，2000。

[9] 李玉非、宋荐戈、龚守静：《柳湜教育文集》，北京，教育科
学出版社，1991。

[10] 编纂出版委员会：《中国教育大系：马克思主义与中国教
育》，武汉，湖北教育出版社，1994。

[11]《广东农民运动资料选编》，北京，人民出版社，1986。

[12] 河北省晋察冀边区教育史编委会：《晋察冀边区教育资料
选编（续集）》，北京，北京师范大学出版社，1991。

[13]《湖南农民运动资料选编》，北京，人民出版社，1988。

[14] 江西省教育学会：《苏区教育资料选编（1929—1934）》，南
昌，江西人民出版社，1981。

[15] 江西省文化厅革命文化史料征集委员会：《中央苏区革命
文化史料汇编》，南昌，江西人民出版社，1994。

[16] 教育科学研究所筹备处：《老解放区教育资料选编》，北
京，人民教育出版社，1959。

[17] 井冈山革命根据地党史资料征集编研协作小组、井冈山革
命博物馆：《井冈山革命根据地》上册，北京，中共党史资
料出版社，1987。

[18]《老解放区学校教育资料选集》，郑州，河南人民出版

社，1958。

[19]《李达文集》第一卷，北京，人民出版社，1988。

[20] 辽宁省教育科学研究所：《东北解放区教育资料选编》，北京，教育科学出版社，1983。

[21]《列宁选集》第一卷，北京，人民出版社，2012。

[22]《刘少奇选集》上卷，北京，人民出版社，1985。

[23]《马克思恩格斯选集》（第一～第四卷），北京，人民出版社，1972、1995。

[24]《毛泽东文集》，北京，人民出版社，1993、1996、1999。

[25]《毛泽东选集》，北京，人民出版社，1991。

[26]《青年运动回忆录——五四运动专集》第二集，北京，中国青年出版社，1979。

[27] 清华大学中共党史教研组：《赴法勤工俭学运动史料》第二册（上），北京，北京出版社，1980。

[28] 清华大学中共党史教研组：《赴法勤工俭学运动史料》第二册（下），北京，北京出版社，1980。

[29] 清华大学中共党史教研组：《赴法勤工俭学运动史料》第三册，北京，北京出版社，1981。

[30] 清华大学中共党史教研组：《赴法勤工俭学运动史料》第一册，北京，北京出版社，1979。

[31]《任弼时选集》，北京，人民出版社，1987。

[32]《杨贤江全集》，郑州，河南教育出版社，1995。

[33] 陕西省档案局：《陕甘宁边区法律法规汇编》，西安，三秦出版社，2010。

[34] 陕西省高等院校自然辩证法研究会延安大学分会：《陕甘

宁边区自然辩证法研究资料》，西安，陕西人民出版社，1984。

[35] 陕西省教育厅：《陕甘宁边区的普通教育》，西安，陕西人民出版社，1959。

[36] 陕西师范大学教育研究所：《陕甘宁边区教育资料·高等教育和干部学校部分》，北京，教育科学出版社，1981。

[37] 陕西师范大学教育研究所：《陕甘宁边区教育资料·教育方针政策部分》，北京，教育科学出版社，1981。

[38] 陕西师范大学教育研究所：《陕甘宁边区教育资料·社会教育部分》，北京，教育科学出版社，1981。

[39] 陕西师范大学教育研究所：《陕甘宁边区教育资料·小学教育部分》，北京，教育科学出版社，1981。

[40] 陕西师范大学教育研究所：《陕甘宁边区教育资料·在职干部教育部分》，北京，教育科学出版社，1981。

[41] 陕西师范大学教育研究所：《陕甘宁边区教育资料·中学教育部分》，北京，教育科学出版社，1981。

[42] 本书编委会：《20世纪20年代的上海大学》，上海，上海大学出版社，2014。

[43] 团中央青运史研究室、中央档案馆：《中共中央青年运动文件选编》，北京，中国青年出版社，1988。

[44] 王谦：《晋察冀边区教育资料选编·干部教育分册》，石家庄，河北教育出版社，1990。

[45] 王谦：《晋察冀边区教育资料选编·回忆录分册》，石家庄，河北教育出版社，1990。

[46] 王谦、刘佐秀、宋荣江等：《晋察冀边区教育资料选编·教

育方针政策分册》，石家庄，河北教育出版社，1990。

[47] 温济泽：《延安中央研究院回忆录》，北京，中国社会科学出版社，1984。

[48] 吴介民：《延安马列学院回忆录》，北京，中国社会科学出版社，1991。

[49]《吴玉章教育文集》，成都，四川教育出版社，1989。

[50] 中共四川省委党史工作委员会《吴玉章传》编写组：《吴玉章文集》，重庆，重庆出版社，1987。

[51] 习近平：《论中国共产党历史》，北京，中央文献出版社，2021。

[52] 谢济堂：《中央苏区革命歌谣选集》，厦门，鹭江出版社，1990。

[53] 新教育学会：《论新民主主义文化》，大连，大连大众书店，1947。

[54]《恽代英文集》，北京，人民出版社，1984。

[55] 张腾霄：《中国共产党干部教育研究资料丛书》第二、第三辑，北京，中国人民大学出版社，1989。

[56]《张闻天文集》第一卷，北京，中央党史资料出版社，1990。

[57]《张闻天文集》第二、第三卷，北京，中共党史出版社，1993、1994。

[58]《张闻天选集》，北京，人民出版社，1985。

[59] 中共浙江省委党史资料征集研究委员会、中共萧山县委党史资料征集研究委员会：《衙前农民运动》，北京，中共党史资料出版社，1987。

［60］中共中央书记处：《六大以来》，北京，人民出版社，1980。

［61］中共中央文献研究室、中国延安干部学院：《延安时期党的重要领导人著作选编》上册，北京，中央文献出版社，2014。

［62］中共中央文献研究室、中央档案馆：《建党以来重要文献选编（一九二一——一九四九）》，北京，中央文献出版社，2011。

［63］中共中央宣传部办公厅、中央档案馆编研部：《中国共产党宣传工作文献选编》，北京，学习出版社，1996。

［64］中共中央组织部：《干部教育工作重要文献选编》，北京，党建读物出版社，1999。

［65］中国革命博物馆、湖南省博物馆：《新民学会资料》，北京，人民出版社，1980。

［66］中国李大钊研究会：《李大钊全集》，北京，人民出版社，2006。

［67］中国李大钊研究会：《李大钊文集》，人民出版社，1999。

［68］中国社会科学院现代史研究室、中国革命博物馆党史研究室：《"一大"前后——中国共产党第一次代表大会前后资料选编》，北京，人民出版社，1980。

［69］中国新民主主义青年团中央委员会办公厅：《中国青年运动历史资料(1915—1924)》，北京，中国青年出版社，1957。

［70］中华全国总工会中国工人运动史研究室：《中国工会历次代表大会文献》第一卷，北京，工人出版社，1984。

［71］中华全国总工会中国工人运动史研究室：《中国工会历次代表大会文献》第一卷，北京，工人出版社，1984。

[72] 中央档案馆：《中共中央文件选集》，北京，中共中央党校出版社，1989—1992。

[73] 中央教育科学研究所、陈元晖、璩鑫圭等：《老解放区教育资料（一）》，北京，教育科学出版社，1981。

[74] 中央教育科学研究所：《老解放区教育资料（二）》，北京，教育科学出版社，1986。

[75] 中央教育科学研究所：《老解放区教育资料（三）》，北京，教育科学出版社，1991。

[76] 中央教育科学研究所：《徐特立教育文集（修订本）》，北京，人民教育出版社，1986。

[77]《中央苏区文艺史料集》，武汉，长江文艺出版社，2017。

[78] 柯华：《中央苏区宣传工作史料选编》，北京，中国发展出版社，2018。

[79]《周恩来早期文集》，北京，中央文献出版社，天津，南开大学出版社，1998。

[80] 朱文通：《李大钊全集》，石家庄，河北教育出版社，1999。

[81]《朱德选集》，北京，人民出版社，1983。

四、研究著作、论文集

[1] 本书编写组：《习近平总书记教育重要论述讲义》，北京，高等教育出版社，2020。

[2] 曹剑英、刘茗、石璞等：《晋察冀边区教育史》，石家庄，河北教育出版社，1995。

[3] 陈桂生：《徐特立教育思想研究》，沈阳，辽宁教育出版社，1993。

［4］陈桂生：《中国干部教育（1927—1949）》，上海，华东师范大学出版社，2009。

［5］成林萍：《延安时期马克思主义学习运动研究》，北京，首都经济贸易大学出版社，2021。

［6］邓明以：《陈望道传》，上海，复旦大学出版社，2005。

［7］董宝良：《中国教育思想通史》第七卷，长沙，湖南教育出版社，1994。

［8］董纯才、张腾霄、皇甫束玉：《中国革命根据地教育史》，北京，教育科学出版社，1991、1993。

［9］董源来、范程、张挚：《中央苏区教育简论》，南昌，江西高校出版社，1999。

［10］段瑞华：《苏区思想发展历程》，南昌，江西高校出版社，1990。

［11］高平叔：《蔡元培年谱长编》第一卷，北京，人民教育出版社，1998。

［12］龚育之、逄先知、石仲泉：《毛泽东的读书生活》，北京，生活·读书·新知三联书店，2010。

［13］顾明远、刘复兴：《从新民主主义教育到社会主义教育（1921—2012）》，北京，教育科学出版社，2015。

［14］郭夏云：《教育的革命与革命的教育——冬学视野中的根据地社会变迁》，太原，山西人民出版社，2009。

［15］韩作黎：《延安教育研究》，郑州，文心出版社，2003。

［16］郝世昌、李亚晨：《留苏教育史稿》，哈尔滨，黑龙江教育出版社，2001。

［17］河北省李大钊研究会：《李大钊研究》第 1 辑，石家庄，河北人民出版社，1991。

[18] 皇甫束玉、宋荐戈、龚守静：《中国革命根据地教育纪事》，北京，教育科学出版社，1989。

[19] 黄正夏：《湖北老区教育史》，武汉，武汉大学出版社，2000。

[20] 金冲及、中共中央文献研究室：《周恩来传（一）》，北京，中央文献出版社，2011。

[21] 金立人：《恽代英教育思想研究》，沈阳，辽宁教育出版社，1993。

[22] 金林祥：《中国教育思想史》第三卷，上海，华东师范大学出版社，1995。

[23] 赖志奎：《苏区教育史》，福州，福建教育出版社，1989。

[24] 雷甲平：《陕甘宁边区教育史》，西安，陕西人民出版社，2004。

[25] 李根寿：《中央苏区时期马克思主义中国化研究》，北京，人民出版社，2015。

[26] 李国强：《中央苏区教育史（修订本）》，南昌，江西教育出版社，2001。

[27] 李浩吾(杨贤江)：《新教育大纲》，上海，南强书局，1930。

[28] 李君如：《马克思主义中国化思想史》，福州，福建人民出版社，2020。

[29] 李祥兴：《延安时期的教育与马克思主义大众化研究》，北京，中共党史出版社，2015。

[30] 李小三：《中国共产党干部教育简史》，北京，中共党史出版社，2009。

[31] 丁晓强、李立志：《李达学术思想评传》，北京，北京图书馆出版社，1999。

[32] 李新：《百年中国乡土教材研究》，北京，知识产权出版

社，2015。

[33] 李彦福：《著名无产阶级教育家教育思想史》，南宁，广西人民出版社，1990。

[34] 栗洪武：《延安干部教育模式研究》，北京，中国社会科学出版社，2009。

[35] 刘建军：《中国共产党思想政治教育的理论与实践》，北京，中国人民大学出版社，2008。

[36] 刘淑珍：《晋西北抗日根据地教育简史》，成都，四川教育出版社，2000。

[37] 刘宪曾、刘端棻：《陕甘宁边区教育史》，西安，陕西人民出版社，1994。

[38] 刘学照：《话语与观念：近代中国思想文化的演进》，北京，商务印书馆，2016。

[39] 柳国庆：《马克思主义中国化历史经验研究》，杭州，浙江大学出版社，2006。

[40] 柳建辉：《中国共产党历史与经验》，北京，中共中央党校出版社，2016。

[41] 陆有铨：《躁动的百年——20世纪的教育历程》，济南，山东教育出版社，1997。

[42] 吕良：《中央革命根据地教育史》，北京，教育科学出版社，1989。

[43] 罗荣渠：《现代化新论——世界与中国的现代化进程》，北京，北京大学出版社，1993。

[44] 潘懋元：《马克思主义教育理论家杨贤江》，北京，光明日报出版社，2005。

[45] 潘懋元、宋恩荣、喻立森：《马克思主义教育理论家杨贤江》，北京，光明日报出版社，2005。

[46] 彭小奇等：《毛泽东教育思想研究（卷二）·毛泽东中央苏区教育实践与教育思想研究》，湘潭，湘潭大学出版社，2013。

[47] 钱亦石：《现代教育原理》，福州，福建教育出版社，2006。

[48] 任建树：《陈独秀大传》，上海，上海人民出版社，2012。

[49] 沙健孙：《中国共产党通史》，长沙，湖南教育出版社，1995—2002。

[50] 《山东解放区教育史》，济南，明天出版社，1989。

[51] 申志诚、孙增福、张振江等：《中原解放区教育》，开封，河南大学出版社，1989。

[52] 沈寂：《陈独秀传论》，合肥，安徽大学出版社，2007。

[53] 石劲松：《井冈山时期马克思主义中国化研究》，北京，人民出版社，2017。

[54] 石玉：《中国革命根据地教科书研究》，北京，知识产权出版社，2015。

[55] 宋荐戈：《成仿吾教育实践与教育思想》，长沙，湖南教育出版社，1997。

[56] 宋荐戈、张腾霄：《简明中国革命教育史》，北京，中国文史出版社，2016。

[57] 宋镜明：《李达传记》，武汉，湖北人民出版社，1986。

[58] 孙邦华：《西学东渐与中国近代教育变迁》，北京，中国社会科学出版社，2012。

[59] 孙耀文：《风雨五载——莫斯科中山大学始末》，北京，中央编译出版社，1996。

［60］田酉如：《中国抗日根据地发展史》，北京，北京出版社，1995。

［61］田正平：《中国教育思想通史》第六卷，长沙，湖南教育出版社，1994。

［62］王侃：《中国共产党党内学习教育研究》，杭州，浙江人民出版社，2011。

［63］王奇生：《中国留学生的历史轨迹（1872—1949）》，武汉，湖北教育出版社，1992。

［64］王予霞：《中央苏区文化教育史》，厦门，厦门大学出版社，1999。

［65］王玉珏：《抗战时期陕甘宁边区社会教育研究》，北京，中国社会科学出版社，2015。

［66］王仲清：《党校教育历史概述（1921—1947）》，北京，中共中央党校出版社，1992。

［67］吴汉全：《李大钊早期思想体系与中外思想文化》，长春，吉林人民出版社，2014。

［68］吴汉全、王中平：《留学生与近代中国社会变迁》，长春，吉林人民出版社，2012。

［69］吴林根：《中国共产党干部教育九十年》，上海，东方出版中心，2011。

［70］鲜于浩：《留法勤工俭学运动史》，北京，人民出版社，2016。

［71］肖东波：《中国共产党理论建设史纲（1921—1949）》，北京，中共党史出版社，2004。

［72］徐素华：《马克思主义哲学在中国——传播·应用·形态·前景》，北京，北京出版社，2002。

[73] 许启贤：《中国共产党思想政治教育史》，北京，中国人民大学出版社，2004。

[74] 杨奎松：《马克思主义中国化的历史进程》，郑州，河南人民出版社，1994。

[75] 杨天平、黄宝春：《中国共产党教育方针90年发展研究》，重庆，重庆大学出版社，2015。

[76] 杨先农：《马克思主义中国化研究纲要》，成都，四川人民出版社，2008。

[77] 雍涛：《马克思主义哲学中国化的历史进程》，武汉，武汉大学出版社，2006。

[78] 余子侠：《中俄（苏）教育交流的演变》，济南，山东教育出版社，2010。

[79] 元青：《五千年中外文化交流史》，北京，世界知识出版社，2001。

[80] 湛风涛：《民主革命时期中国共产党干部教育研究》，北京，人民日报出版社，2017。

[81] 张金辉：《晋察冀解放区高等教育研究（1937—1949）》，北京，中国言实出版社，2018。

[82] 张申府：《什么是新启蒙运动》，重庆，生活书店，1939。

[83] 张腾霄：《中国共产党的干部教育·抗日战争时期》，北京，中国人民大学出版社，1988。

[84] 张泽宇：《留学与革命——20世纪20年代留学苏联热潮研究》，北京，人民出版社，2009。

[85] 郑谦：《中国共产党指导思想发展史》，广州，广东教育出版社，2012。

[86] 郑德荣：《毛泽东与马克思主义中国化》，长春，东北师范大学出版社，1997。

[87] 中共中央党史研究室科研局：《李大钊研究文集》，北京，中共党史出版社，1991。

[88] 中共中央党史研究室：《中国共产党历史》第一卷，北京，中共党史出版社，2011。

[89] 中共中央文献研究室：《周恩来年谱（一八九八——一九四九）》（修订本），北京，中央文献出版社，1998。

[90] 周谷平：《马克思主义教育思想的中国化历程——选择·融合·发展》，杭州，浙江大学出版社，2008。

[91] 周利生、王钰鑫：《民主革命时期马克思主义大众化研究》，北京，中国社会科学出版社，2017。

[92] 朱汉国：《中国共产党建设史》，成都，四川人民出版社，1991。

[93] 朱乔森、李玲玉：《中国共产党历史经验研究》，北京，中共中央党校出版社，1997。

[94] 朱志敏：《李大钊传》，济南，山东人民出版社，1998。

五、学术论文

[1] 董子蓉：《中央苏区教育：历史贡献与当代启示》，载《福建论坛》，2018(9)。

[2] 杜君、王金艳：《浅谈东北解放区各级教育的发展历程及基本经验》，载《史学集刊》，2009(6)。

[3] 杜君、赵志宇：《浅谈土地革命战争时期党的干部教育》，载《东北师大学报》，2011(1)。

[4] 高盼望、于翠翠、徐继存：《苏维埃地区的乡村教化及其历史镜鉴》，载《江西社会科学》，2016(11)。

[5] 顾明远：《从新民主主义教育到社会主义教育——纪念中国共产党成立 90 周年》，载《教育研究》，2011(7)。

[6] 何忠乐：《中国共产党干部教育的优良传统》，载《中共福建省委党校学报》，2019(5)。

[7] 黄存林：《浅论华北抗日根据地的干部教育和群众教育》，载《河北师范大学学报》，2010(11)。

[8] 黄岭峻：《新启蒙运动述评》，载《近代史研究》，1991(5)。

[9] 黄一兵：《二十世纪三十年代"新启蒙"思潮研究》，载《中共党史研究》，2002(2)。

[10] 霍益萍：《20 年代勤工俭学学生在法受教育实况》，载《近代史研究》，1996(1)。

[11] 栗洪武：《陕甘宁边区"干校教育模式"及其影响》，载《高等教育研究》，2005(7)。

[12] 刘辉：《〈新民主主义论〉正式发表的时间》，载《中共党史研究》，1993(1)。

[13] 刘芹：《早期中国共产党人对马克思主义的体认——以中共旅欧支部成员为例》，载《南开学报》，2018(6)。

[14] 卢毅：《新启蒙运动与新民主主义文化思想的形成》，载《长白学刊》，2008(1)。

[15] 石仲泉：《马克思主义中国化的历史发展》，载《中共党史研究》，2006(4)。

[16] 石仲泉：《马克思主义中国化的历史进程和基本经验研究》，载《马克思主义与现实》，2010(4)。

［17］双传学：《毛泽东与中央苏区的学校干部教育》，载《江西社会科学》，2003(8)。

［18］孙邦华：《中国教育现代化运动中的中国化与美国化、欧洲化之争——1932年国联教育考察团报告书〈中国教育之改进〉的文化价值观及其反响》，载《教育研究》，2013(7)。

［19］谢文雄：《中共在苏区时期的农民教育实践》，载《中共党史研究》，2017(6)。

［20］杨洪：《陕甘宁边区的文化教育建设及历史作用》，载《西北大学学报》，2006(5)。

［21］张晓萌：《中国共产党在延安时期开展马克思主义教育的实践——基于陕北公学的历史考察》，载《教育研究》，2020(6)。

［22］张学凤：《新民主主义革命时期农民思想政治教育的历史考察》，载《中共党史研究》，2011(12)。

［23］朱永新：《中国共产党和中国教育》，载《教育研究》，2001(7)。

索　引